O FATOR RESILIÊNCIA

7 Dicas para Encontrar sua Força Interior e Superar os Obstáculos da Vida

O FATOR RESILIÊNCIA

KAREN REIVICH e
ANDREW SHATTÉ

ALTA BOOKS
GRUPO EDITORIAL
Rio de Janeiro, 2024

O Fator Resiliência

ISBN: 978-85-508-2358-4

Alta Life é uma Editora do Grupo Editorial Alta Books.

Translated from original The Resilience Factor © 2002 by Karen Reivich, Andrew Shatté. ISBN 978-0-767-91191-7. This translation is published and sold by Random House, Inc., the owner of all rights to publish and sell the same. PORTUGUESE language edition published by Starlin Alta Editora e Consultoria Eireli, Copyright © 2024 by STARLIN ALTA EDITORA E CONSULTORIA LTDA.

Impresso no Brasil — 1ª Edição, 2024 — Edição revisada conforme o Acordo Ortográfico da Língua Portuguesa de 2009.

Dados Internacionais de Catalogação na Publicação (CIP)
(BENITEZ Catalogação Ass. Editorial, MS, Brasil)

R319f
1.ed. Reivich, Karen
O fator resiliência : 7 dicas para encontrar sua força interior e superar os obstáculos da vida / Karen Reivich, Andrew Shatté ; tradução Ana Gabriela Dutra. – 1.ed. – Rio de Janeiro : Alta Books ; Selo Alta Life, 2024.
368 p.; il.; 15,7 x 23 cm.

Título original: The resilience factor.
ISBN 978-85-508-2358-4

1. Autoajuda. 2. Autoconhecimento (Psicologia). 3. Desenvolvimento pessoal. 4. Otimismo. 5. Resiliência – Aspectos psicológicos. 6. Superação. I. Shatté, Andrew. II. Dutra, Ana Gabriela. III. Título.

10-2024/97 CDD 158.1

Índice para catálogo sistemático:
1. Resiliência : Psicologia 158.1
Aline Graziele Benitez – Bibliotecária – CRB-1/3129

Grupo Editorial Alta Books

Produção Editorial: Grupo Editorial Alta Books
Diretor Editorial: Anderson Vieira
Editor da Obra: Gorki Starlin
Vendas Governamentais: Cristiane Mutüs
Gerência Comercial: Claudio Lima

Produtor Editorial: Thiê Alves
Tradução: Ana Gabriela Dutra
Copidesque: Wendy Campos
Revisão: Hellen Suzuki
Diagramação: Rita Motta

ALTA BOOKS
GRUPO EDITORIAL

Rua Viúva Cláudio, 291 — Bairro Industrial do Jacaré
CEP: 20.970-031 — Rio de Janeiro (RJ)
Tels.: (21) 3278-8069 / 3278-8419
www.altabooks.com.br — altabooks@altabooks.com.br
Ouvidoria: ouvidoria@altabooks.com.br

Editora **afiliada à:**

ASSOCIADO

Para Veronica e meus pais,
Betty e Lloyd

— AJS

✦ ✦ ✦

Para meu marido, Guy, e nossos três filhos,
Aaron, Jacob e Jonathan

— KJR

Sumário

INTRODUÇÃO

Na última semana, quantas vezes você disse a si mesmo: "Não aguento mais esse estresse", "Por que continuo tendo reações exageradas a detalhes tão insignificantes?" ou até mesmo "É só isso que a vida tem a oferecer?". Ou talvez esteja "tudo bem", mas ainda há a sensação de que falta algo. Se você é como a maioria das pessoas, que trabalham demais ou se sentem exaustas por conciliar muitas obrigações, é provável que teve pensamentos como esses recentemente. O que você precisa é de mais resiliência — a capacidade de perseverar e se adaptar quando as coisas dão errado.

Todo mundo precisa de resiliência, pois uma coisa é certa: a vida envolve adversidades. Há os inevitáveis inconvenientes diários — trabalho pendente às 16h45, filhos que precisam estar em lugares diferentes ao mesmo tempo, desentendimentos com o parceiro. Provavelmente também há grandes contratempos — um emprego perdido, um relacionamento fracassado. E eventos recentes mostraram que nossa vida também pode ser afetada por grandes traumas. Mas, se você aumentar sua resiliência, conseguirá superar a maioria dos obstáculos que a vida coloca em seu caminho.

É um conceito tão importante que merece ser repetido: todo mundo precisa de resiliência. Mais de cinquenta anos de pesquisa científica comprovaram que a resiliência é o segredo para o sucesso no trabalho e a satisfação na vida. Seu nível na curva de resiliência — suas reservas naturais de resiliência — afeta seu desempenho na escola e no trabalho, sua saúde física, sua saúde mental e a qualidade de seus relacionamentos. É o ingrediente básico para a felicidade e o sucesso.

Quão resiliente você é? Nossa pesquisa mostra que grande parte das pessoas se considera bastante resiliente. Mas a realidade é que a maioria de nós não está emocional ou psicologicamente preparada para lidar com a adversidade, ou seja, em vez de enfrentar nossos problemas com coragem e confiança, corremos o risco de desistir e de nos sentirmos incapazes.

E, mesmo que você seja resiliente de certas maneiras e em áreas específicas de sua vida, pode precisar de ajuda em outras. Nossos estudos indicam que a resiliência é composta de sete habilidades distintas, e quase ninguém é bom em todas.

Você pode aumentar sua resiliência? Com certeza. Trata-se de mudar a forma como você *pensa* sobre a adversidade. Por mais de três décadas, os psicólogos têm investigado como os processos de pensamento afetam a resiliência e qual é o papel da resiliência na obtenção de sucesso e satisfação. Como psicoterapeutas e cientistas, nós nos concentramos em mudar o pensamento das pessoas para que elas desenvolvam maior resiliência, e tivemos um enorme sucesso aumentando a resiliência de pais, casais, trabalhadores do mundo corporativo e ajudando crianças em risco de depressão e universitários com baixo desempenho.

Neste livro, você terá a oportunidade de medir sua resiliência, descobrindo seus pontos fortes e as áreas em que pode melhorar. Nosso objetivo é ensinar as sete habilidades de resiliência que desenvolvemos nos últimos quinze anos. Essas habilidades possibilitarão uma compreensão completa de como e por que você pensa de determinada maneira. Munidos da autoconsciência que elas proporcionam, milhares de crianças, adolescentes, pais e funcionários corporativos usaram as habilidades para se tornarem mais felizes, produtivos, bem-sucedidos e equilibrados.

Um Exercício Mental

Você poderia nos conceder alguns minutos? Pedimos que você se coloque no papel principal da cena a seguir. Imagine que, ultimamente, você tem trabalhado mais horas do que o habitual. Embora seu trabalho tenha períodos de intensa demanda que duram alguns dias ou até uma semana, esse último período tem sido uma maratona — semanas de dias absurdamente longos que o deixam esgotado.

Hoje é um dia particularmente difícil. As tribulações começam assim que você chega ao escritório às 8h. Três mensagens de voz o aguardam. A primeira é de um cliente reclamando por ainda não ter recebido uma entrega do seu departamento, esperada dias antes. A segunda é do seu assistente anunciando com tristeza que os números que ele lhe entregou ontem, os quais você passou a maior parte do dia incorporando ao seu projeto principal, têm uma "pequena inconsistência". A terceira é do seu diretor exigindo saber quando o trabalho será concluído e lembrando-o, como se precisasse, de que o projeto já está atrasado e acima do orçamento. Tudo isso antes das 9h.

O resto do dia é mais do mesmo. Ao encerrar o expediente às 18h30 e dirigir para casa, você se perde em um devaneio sobre estar com seus entes queridos e afundar naquele sofá grande e confortável. Sua filha mais nova já estará dormindo — é a segunda vez na semana que você perde a hora de dormir. Ainda assim, você vai ler para seu filho por um tempo, comer algo e conversar com seu cônjuge. Mas não é o que acontece.

Ao entrar pela porta da frente, já é possível sentir a tensão. Você mal tem tempo de relaxar quando seu cônjuge diz com raiva: "Sei que ambos concordamos que você deveria aceitar esse emprego, que seria bom para sua carreira. Mas está sendo muito frustrante. Estou sobrecarregado com a maioria dos afazeres, e as crianças sentem muito sua falta."

O que passa pela sua mente enquanto você vivencia essa cena? Que emoções está sentindo? O que faz?

Da mesma forma, o que passa pela sua mente quando você ouve rumores constantes de redução de funcionários em sua empresa? Como se sente? O que faz? Como você reage quando está fazendo uma longa viagem de carro e alguém o corta na rodovia? O que você pensa, sente e faz quando flagra sua filha adolescente fumando? Ou quando a equipe que você gerencia não cumpre o prazo do projeto? Quando você perde o emprego ou quando seu relacionamento entra em crise? Ou quando percebe que a saúde de seus pais idosos está se tornando frágil?

Você se irrita rápido? Costuma se sentir culpado? Reprime seus sentimentos e sofre em silêncio? Talvez você se sinta abatido com frequência. Este livro o ensinará a identificar seu *estilo de pensamento*. Mais de vinte anos de pesquisas conduzidas em todo o mundo comprovam que a forma como analisamos os eventos que nos acometem tem um efeito profundo em nossa resiliência. Sua reação a situações como as que acabamos de descrever reflete algo chamado estilo de pensamento. O estilo de pensamento é como uma lente através da qual vemos o mundo. Todos têm essa lente, e ela colore a forma como interpretamos os acontecimentos em nossa vida. Seu estilo de pensamento é o que faz você responder emocionalmente aos eventos, portanto, é o que determina seu nível de resiliência — sua capacidade de lidar, superar e se recuperar quando a adversidade surge.

Desenvolvendo Resiliência

Todos conhecemos pessoas resilientes. Elas nos inspiram. Parecem prosperar apesar das dificuldades e dos traumas que enfrentam. Na verdade, as pessoas mais resilientes buscam experiências novas e desafiadoras porque aprenderam que só é possível expandir os horizontes por meio do esforço e da superação de limites. Elas não buscam o perigo, mas também não recuam diante de situações arriscadas. As pessoas resilientes entendem que os fracassos não são o fim da linha. Elas não sentem vergonha ao falhar. Em vez disso, são capazes de aprender com os erros, usando esse conhecimento para voar ainda mais alto. As pessoas resilientes identificaram um sistema — e é de fato um sistema — para se fortalecer e enfrentar os problemas de forma cuidadosa, minuciosa e enérgica. Assim como todos nós, elas se sentem ansiosas e têm dúvidas, mas aprenderam como evitar que a ansiedade e as dúvidas as sobrecarreguem. Ao vê-las superarem os obstáculos com integridade e paciência, nós nos perguntamos: sou capaz de fazer o mesmo?

A resposta é sim. Ao contrário da altura, por exemplo, a capacidade de resiliência não é uma característica definida pela genética e não há limites genéticos para o quão resiliente você pode se tornar. Embora você possa melhorar seu desempenho em uma corrida de 5km, se seu corpo não for feito para a velocidade, a prática não o transformará em uma estrela olímpica do atletismo. No entanto, com prática, qualquer um pode dominar a resiliência.

A resiliência está sob seu controle. Você *pode* ensinar a si mesmo a ser resiliente. Pode mudar profundamente o quão bem lida com contratempos, o nível de entusiasmo com que encara desafios. Na verdade, você provavelmente *precisa* aprender a ser resiliente. Embora alguns de nós nasçamos em circunstâncias que moldam a resiliência desde cedo, a maioria tem que aprender a enfrentar a adversidade sem recuar. Precisamos aprender a pensar com clareza quando surgem conflitos, a extrair conhecimento e significado dos contratempos e dos fracassos. E precisamos aprender a escutar nossos pensamentos, nossa voz interior, pois eles nos orientam em meio ao caos que a vida às vezes traz.

A resiliência permite que você alcance os mais altos níveis no trabalho, tenha relacionamentos gratificantes e agradáveis e crie filhos saudáveis, felizes e bem-sucedidos. Ela permite que você atenda às suas demandas profissionais e ainda tenha tempo e energia para estar com seus familiares. Ela permite que você se recupere rapidamente após uma crise no trabalho ou em casa. A resiliência o ajuda a lidar com os momentos de estresse causados por seu filho adolescente, seu ex ou seu novo parceiro.

A resiliência é de vital importância ao tomar decisões rápidas e difíceis em situações caóticas. Além disso, ela concede a capacidade de decidir com paciência, humor e otimismo. A resiliência transforma. Transforma a dificuldade em desafio, o fracasso em sucesso, a fragilidade em poder. A resiliência transforma as vítimas em sobreviventes e possibilita que os sobreviventes prosperem. Pessoas resilientes se recusam a permitir que até mesmo grandes contratempos as desviem de seu curso de vida.

Quem precisa de resiliência? Ela é importante apenas para pessoas passando por dificuldades ou que tiveram uma infância difícil? Não. Independentemente da quantidade de dinheiro que você tem, do grau de negligência ou cuidado de seus pais, de quão bem você está no trabalho ou nos relacionamentos, aumentar a resiliência trará benefícios. A resiliência não é uma característica que se tem ou não. É um *continuum*, e não importa onde você esteja nesse *continuum* hoje, é possível aumentar sua capacidade de enfrentar os desafios de amanhã com determinação e ânimo.

O que torna uma pessoa resiliente e outra não costuma ser determinado durante a infância. A forma como analisamos os eventos depende dos estilos de pensamento que aprendemos ao longo da vida e que entram em ação reflexivamente, de modo instintivo, quando as coisas não saem como esperado. Estilos de pensamento não resilientes podem nos levar a crenças equivocadas sobre o mundo e a estratégias inadequadas de resolução de problemas que consomem energia emocional e recursos valiosos de resiliência.

Então, como podemos tornar você mais resiliente? Passamos os últimos quinze anos aplicando o que foi aprendido nos laboratórios e nas salas de terapia a fim de desenvolver sete habilidades que qualquer um pode usar para pensar com mais precisão sobre si mesmo e seu mundo. Dominar essas habilidades o levará a relacionamentos mais gratificantes, a uma carreira mais produtiva e a uma sensação de mais entusiasmo e energia. Trabalhamos com executivos de empresas, pais, crianças, professores e atletas — e temos provas de que as habilidades ensinadas funcionam. Este livro mostrará como reforçar o que está certo em sua vida, bem como corrigir o que está errado.

Se você verificar os títulos na seção de autoajuda de qualquer livraria, encontrará livros que oferecem conselhos sobre como superar a depressão, perdoar pais etilistas ou gerenciar o transtorno de déficit de atenção do seu filho. Embora sejam relevantes, esses livros focam a correção, ou seja, se concentram em consertar o que está quebrado. E, embora seja importante minimizar os danos causados pela depressão, pelo etilismo ou pelo TDAH, se você se prender a uma abordagem de controle de danos para encarar a vida, nunca prosperará. Neste livro, não recorremos à correção. Você aprenderá habilidades fundamentais para superar seus pontos fracos e, igualmente importante, aprimorar seus pontos fortes. Você aprenderá a desenvolver a resiliência e a usá-la para viver com vitalidade, curiosidade e inspiração.

Seu Comprometimento com a Jornada

Convém explicar: as habilidades transmitidas neste livro podem mudar sua vida, mas não são uma solução rápida. Se pudéssemos oferecer uma pílula, uma frase impactante ou uma regra simples que lhe permitisse desviar dos inevitáveis obstáculos da vida de uma só vez, acredite, nós o faríamos. Mas, sejamos sinceros, no mundo real é necessário muito esforço para melhorar a vida. Você não vai terminar este livro e, magicamente, aumentar dez vezes sua resiliência. Não é uma palestra motivacional em forma de livro, da qual você sai se sentindo pronto para conquistar o mundo e, três dias depois, não consegue se lembrar muito bem de como deveria fazer isso. Vivemos em um mundo de soluções rápidas, mas as soluções rápidas raramente duram. Nossa pesquisa mostra que todos podem aumentar a resiliência — permanentemente — ao aprender e colocar em prática as sete habilidades que desenvolvemos.

Aumentar a resiliência exigirá esforço de sua parte, bem como honestidade sobre como você enxerga a si mesmo e os outros. Energia e comprometimento serão necessários. Felizmente, aprender as habilidades de resiliência não é como fazer dieta. A maioria das pessoas que fazem dieta costuma passar por semanas de privação e frustração antes de ver resultados satisfatórios.

Desenvolver resiliência é o oposto. Ao aprender a repelir seu estilo de pensamento negativo, como autocríticas severas e infundadas ("Sou muito egoísta", "Estou estragando meus filhos", "Nunca vou me dar bem neste trabalho"), você evitará essa espiral de pessimismo, o que trará uma sensação agradável — imediatamente. Você passará a gostar mais de si mesmo. Terá mais energia e estará pronto para lidar com os contratempos. Da mesma forma, se seu estilo de pensamento o leva a culpar os outros ou as circunstâncias externas por seus problemas ("A falta de vendas não é culpa minha

— o mercado está impossível" ou "Não estamos nos entendendo porque ela não *me* considera uma prioridade"), as habilidades possibilitarão que você assuma a responsabilidade e adquira o controle para resolver o dilema.

Neste livro, você aprenderá a "escutar" os pensamentos não resilientes que perpassam sua mente de forma automática quando há um problema ou uma situação estressante, bem como a identificar como esses pensamentos geram sentimentos e comportamentos contraproducentes. Você perceberá que esses pensamentos e crenças são como um filme que passa pela sua cabeça repetidamente, reforçando interpretações errôneas da adversidade enfrentada. Você aprenderá a pausar esse filme para encarar os problemas com mais clareza e resolvê-los com mais eficácia. Aprenderá a reconhecer "regras de vida" improdutivas — como "Devo ter êxito em tudo, o tempo todo, do contrário, sou um fracasso" ou "Se *ele* não me ama, então não devo ser digna de ser amada" — que estão minando sua motivação e dificultando seu sucesso sem que você perceba. Aprenderá a combater suas crenças não resilientes assim que elas ocorrerem, para que seu tempo não seja desperdiçado e sua energia não seja drenada. Aprenderá a minimizar emoções negativas e aumentar sua experiência de emoções positivas. Em resumo, você aprenderá a desenvolver sua resiliência para alcançar objetivos pessoais e profissionais. Garantimos que, após ler este livro e dominar essas habilidades, você terá uma nova compreensão de quem é e por que se comporta de determinada maneira.

PARTE UM

O Comprometimento com a Mudança

CAPÍTULO 1

A Importância da Resiliência

Para um observador comum, Robert vivia o sonho americano. Por meio de esforço e um pouco de acaso, ele avançou na hierarquia de uma empresa da Fortune 1000. Ele e a esposa, Jeannie, tinham acabado de comemorar vinte anos felizes juntos. Eles moravam em uma casa modesta, mas de bom gosto, em um subúrbio arborizado da Filadélfia, e em poucos anos quitariam o financiamento do imóvel, que passaria a ser totalmente deles. Os três filhos de Robert e Jeannie, com 17, 15 e 9 anos, sempre foram motivo de muita alegria.

Mas, ultimamente, o sonho havia desaparecido para Robert. O filho de 9 anos enfrentava dificuldades na escola desde a primeira série e, havia seis meses, essas dificuldades receberam um diagnóstico: transtorno de déficit de atenção. Sua animada e expressiva filha de 15 anos foi substituída por uma estranha introspectiva e rebelde. Outrora sua maior confidente, Robert se viu relegado a respostas curtas e mal-humoradas, nas ocasiões cada vez mais raras em que ela estava em casa. O trabalho e o casamento eram os dois pilares da vida de Robert, mas nenhum deles lhe proporcionava o mesmo entusiasmo de antes. Ele dedicou quinze anos à empresa, mas sua carreira havia estagnado nos últimos anos, e as promoções já não eram certeza. Com os recentes rumores de redução de funcionários, Robert ficava cada vez mais ansioso com o futuro financeiro da família. Três faculdades precisariam ser pagas, e pouco dinheiro tinha sido investido para a aposentadoria. E ainda havia o casamento. Robert e Jeannie sempre foram próximos, mas, entre as exigências do trabalho e as crianças, raramente ficavam sozinhos.

Aos 47 anos, Robert estava mal preparado para lidar com as adversidades, por mais rotineiras ou banais que pudessem parecer. De alguma forma, em algum lugar, ele havia perdido o rumo. As partes de sua vida que antes proporcionavam satisfação agora provocavam uma sensação de vazio.[1]

Qual É Sua "Gota D'água"?

Com quais aspectos da situação de Robert você mais se identifica? O que você mais deseja mudar em sua vida? Quer aumentar a produtividade no trabalho? Será que os relacionamentos com familiares ou amigos não são tão proveitosos e gratificantes quanto você gostaria? Precisa de ajuda para conciliar trabalho e casa? O que o levou a escolher este livro? Seja qual for o seu propósito, muito provavelmente você não está sozinho. A maioria das pessoas se preocupa com a prosperidade e a felicidade futuras.[2] Como cultura, buscamos maneiras não só de melhorar a nossa vida, mas também de a "engrandecer". E essa busca é fervorosa e ocorre em massa.

A maioria de nós pode se identificar com um aspecto ou outro das decepções de Robert. Talvez você esteja falhando em concretizar seu potencial de carreira e tenha dificuldades para entender o porquê. É improvável que o problema seja a falta de comprometimento; os norte-americanos já têm a semana mais longa de trabalho do mundo, e os EUA são o único país industrializado em que as horas de trabalho estão aumentando.

Talvez você queira melhorar a convivência em casa. À medida que trabalhamos mais, passamos menos tempo cultivando os relacionamentos que mais importam para nós. Não é que estejamos evitando a convivência com nosso parceiro e nossos filhos. Na verdade, estamos buscando-a freneticamente. O guia de relacionamentos de John Gray, *Homens São de Marte, Mulheres São de Vênus*, vendeu mais de 7 milhões de cópias apenas nos EUA.[3] Sua coluna de jornal atraía 30 milhões de leitores semanalmente. Ainda assim, continuamos em busca de uma resposta.

Para muitos, o ímpeto é mais pessoal. Talvez você deseje se livrar daquela ansiedade persistente que o mantém acordado de madrugada ou talvez esteja lutando contra um vício. Talvez eventos mundiais recentes, como terrorismo e guerra, tenham abalado seu senso de segurança e controle. Você pode ter sofrido crises de depressão que o deixaram desmotivado e desconectado. Você não está sozinho. Mais de 20 milhões de norte-americanos participam de grupos de apoio, incluindo de dependência de drogas e álcool, luto, sobrevivência ao câncer, problemas emocionais e crossdressing.[4] Ou talvez sua filha tenha baixa autoestima e se sinta desanimada a maior parte do tempo, e você queira incutir confiança, realizações, diversão e aventura na infância dela. Como este livro pode ajudá-lo?

Por quase quinze anos, na Universidade da Pensilvânia, conduzimos pesquisas sobre o papel da resiliência na vida das pessoas e descobrimos que ela é essencial para o sucesso e a felicidade. Com isso em mente, desenvolvemos um conjunto de habilidades para ajudar pessoas de todas as classes sociais a alcançar seus objetivos, aumentando sua capacidade de resiliência.[5] Ensinamos aos pacientes as habilidades necessárias para se recuperar das adversidades — tratar uma dependência, lidar com o luto, enfrentar a perda de emprego ou o divórcio —, que muitas vezes acarretam a depressão clínica e a ansiedade. Criamos um programa de prevenção para crianças em risco de depressão, ajudando-as a superar os altos níveis de conflito familiar e os baixos níveis de coesão familiar vivenciados diariamente. Até dois anos após aprenderem as habilidades, as crianças do programa apresentaram metade das taxas de depressão em comparação ao grupo de controle. Elaboramos um programa paralelo para novos universitários em risco de baixo desempenho, ajudando-os a superar os obstáculos ao sucesso que todos os calouros enfrentam. E trabalhamos com outras pessoas que, embora geralmente satisfeitas, queriam otimizar sua vida e alcançar seu pleno potencial. Nesse sentido, as habilidades que identificamos como essenciais para o desenvolvimento da resiliência ajudaram os atletas a atingir o máximo desempenho, os pais a aprimorar a parentalidade, os professores a atender melhor às necessidades complexas dos alunos e os funcionários corporativos a melhorar a produtividade e a satisfação, além de conciliar melhor trabalho e casa.

As habilidades são um meio para alcançar diversos fins — superar obstáculos da infância, lidar com novas adversidades, recuperar-se de grandes contratempos e expandir os horizontes. Em outras palavras, elas promovem a resiliência, levando as pessoas a resolver os próprios problemas, assumir riscos apropriados e prever com precisão as implicações de uma adversidade. As habilidades também oferecem uma oportunidade notável para a autoanálise, o verdadeiro autoconhecimento e a conexão profunda com os outros.

Nossa pesquisa demonstrou que o principal obstáculo para a resiliência não é a genética, nem as experiências da infância, nem a falta de oportunidade ou de riqueza. O principal obstáculo para explorar a força interior é nosso estilo cognitivo, que chamaremos de estilo de pensamento — maneiras de observar o mundo e interpretar eventos que todos nós desenvolvemos desde a infância. Os seres humanos não são receptores passivos de dados sensoriais do mundo ao redor. Processamos ativamente as informações, simplificando-as e organizando-as de formas idiossincráticas. Quando há uma adversidade, usamos atalhos mentais para descobrir suas causas e implicações, de modo que consigamos compreender rapidamente a abundância de informações que nos bombardeiam. Às vezes, esses atalhos nos ajudam a lidar com a sobrecarga de informações; outras vezes, eles nos confundem. À medida que traçamos nosso caminho pelo mundo, presumimos que estamos respondendo a uma leitura direta desse mundo, que é abrangente e precisa. Mas não estamos. Nossos estilos de pensamento influenciam nossa perspectiva, acarretando padrões de comportamentos que costumam ser autodestrutivos. Por exemplo, devido a um estilo de pensamento que as faz considerar os problemas como insuperáveis, algumas pessoas desistem mesmo em situações nas quais têm controle.

Como você pode aumentar sua resiliência? Aprendendo a entender seus estilos de pensamento e desenvolvendo habilidades para contorná-los, de modo que consiga identificar as verdadeiras causas da adversidade e o efeito em sua vida. E é a resiliência que o ajudará a alcançar seus objetivos — independentemente de qual era sua intenção ao escolher este livro.

Nossa Jornada, Nosso Processo

Queremos acompanhá-lo em uma jornada de autodescoberta. Queremos compartilhar o processo que ajudou milhares de pessoas com quem trabalhamos — e que também nos ajudou, como você verá nos exemplos de nossa vida. Vamos guiá-lo para que você entenda seus estilos de pensamento e tenha insights sobre os prós e os contras desses estilos em sua vida. Você aprenderá sete habilidades de resiliência a fim de maximizar o desempenho no trabalho, aprimorar os relacionamentos significativos, melhorar a saúde e encontrar a coragem para aproveitar novas experiências.

A primeira etapa da nossa jornada, a Parte Um deste livro, define a resiliência. O que é essa poderosa qualidade subjacente a nossos esforços de resolução de problemas? Compartilharemos pesquisas que revelaram os sete fatores principais que contribuem para o desenvolvimento e o fortalecimento da resiliência. No Capítulo 2, você terá a oportunidade de medir seu nível de resiliência com nosso Teste de QR e determinar seus pontos fortes e fracos. Ao superar os pontos fracos e desenvolver os pontos fortes, você ficará surpreso com a facilidade de encarar a vida — e todos os inevitáveis obstáculos e conflitos — com flexibilidade, adaptabilidade e confiança. No Capítulo 3, detalharemos a filosofia e os alicerces do nosso programa.

Agora, apresentaremos uma breve visão geral das habilidades e, na Parte Dois, abordaremos cada uma delas, mostrando por que são necessárias e ensinando como usá-las de forma eficaz.

1. **APRENDER SEUS ABCs.** Quando confrontado com um problema ou desafio, você já se surpreendeu com sua reação ou desejou reagir de forma diferente? Você já pressupôs que conhecia os fatos de uma situação e depois descobriu que os interpretou mal? Se os pensamentos que passam pela sua cabeça ao se deparar com a adversidade forem confusos, sua capacidade de responder adequadamente a essa adversidade será comprometida. Vamos ensiná-lo a "escutar" seus pensamentos, a identificar o que diz a si mesmo quando enfrenta um desafio e a entender como os pensamentos afetam seus sentimentos e comportamentos.

2. **EVITAR ARMADILHAS DE PENSAMENTO.** Quando as coisas dão errado, você automaticamente se culpa? Culpa os outros? Tira conclusões precipitadas? Acha que sabe o que outra pessoa está pensando? Quando confrontadas com a adversidade, as pessoas costumam cometer oito erros que prejudicam a resiliência. Vamos ensiná-lo a identificar seus erros frequentes e como corrigi-los.

3. **DETECTAR ICEBERGS.** Todos têm crenças profundamente arraigadas sobre como as pessoas e o mundo devem funcionar, sobre quem são e quem desejam ser. Chamamos essas crenças de icebergs, pois muitas vezes elas "flutuam" abaixo da superfície de nossa consciência, sem nem sequer percebermos. Muitas vezes, essas crenças nos fazem agir de acordo com nossos valores. No entanto, às vezes, essas crenças profundas interferem em nossa capacidade de viver o tipo de vida que desejamos. Elas explicam nossa reação exagerada a problemas aparentemente insignificantes ou nossa dificuldade em tomar decisões que parecem simples. Vamos ensiná-lo a identificar suas crenças profundas e a determinar quando elas estão agindo a seu favor ou contra você.

4. **DESAFIAR CRENÇAS.** Um componente-chave da resiliência é a resolução de problemas. Quão eficaz você é em resolver os problemas do dia a dia? Você perde tempo buscando soluções improdutivas? Sente-se incapaz de mudar situações? Insiste em uma abordagem mesmo quando percebe que ela não está trazendo os resultados desejados? Muitas vezes, é o seu estilo de pensamento que o faz interpretar mal as causas de um problema,

levando-o a buscar as soluções erradas. Vamos ensiná-lo a testar a precisão de suas crenças sobre os problemas e a encontrar soluções eficazes.

5. **COLOCAR EM PERSPECTIVA.** Você fica preso em pensamentos hipotéticos, transformando cada fracasso ou problema em uma catástrofe? Desperdiça tempo e energia valiosos se preocupando com eventos que nem sequer ocorreram até adentrar um estado de ansiedade paralisante? Vamos ensiná-lo a evitar os "e se" a fim de que você esteja mais bem preparado para lidar com problemas que realmente existem ou são mais prováveis de ocorrer.

6. **ACALMAR E FOCAR.** Você se sente sobrecarregado pelo estresse? As emoções às vezes surgem tão repentina e intensamente que você nem consegue pensar direito? Os pensamentos "aleatórios" dificultam sua concentração? Para que você consiga se concentrar em determinada tarefa, mostraremos como manter a calma e o foco diante das emoções ou do estresse. Esta "habilidade rápida" é frequentemente usada com a Habilidade 7.

7. **RESILIÊNCIA EM TEMPO REAL.** Há situações em que pensamentos contraproducentes dificultam seu envolvimento? Certos pensamentos negativos tendem a se repetir? Vamos ensinar uma habilidade poderosa para que você consiga transformar seus pensamentos contraproducentes em pensamentos mais resilientes — com resultados imediatos.

Não é preciso usar todas as habilidades diariamente para ver melhorias em sua resiliência. Na verdade, muitas pessoas constatam mudanças significativas na resiliência após dominar e aplicar apenas duas ou três habilidades. Explicaremos o que suas pontuações no Teste de QR dizem sobre sua personalidade e indicaremos quais fatores de resiliência cada uma das habilidades é destinada a aprimorar; assim, você poderá se concentrar em aprender as habilidades que mais o beneficiarão.

Na Parte Três, aplicaremos as habilidades de resiliência às principais áreas da vida — relacionamentos, parentalidade, trabalho e experiências. Você conseguirá desenvolver relacionamentos mais satisfatórios com amigos e familiares ou com seu cônjuge. Você se beneficiará do mesmo treinamento que fornecemos a milhares de funcionários, desde altos executivos a vendedores e representantes de atendimento ao cliente, maximizando sua produtividade e tendo maior equilíbrio entre trabalho e casa. Você aprenderá técnicas para se tornar um genitor mais eficaz e carinhoso. Mostraremos como usar as habilidades de resiliência para melhorar a saúde física e mental. E, juntos, exploraremos como as habilidades podem nos ajudar a lidar com as grandes questões existenciais que todos os humanos enfrentam — luto e perda, nossa própria mortalidade e a busca de significado para a vida.

A Natureza da Resiliência

A pesquisa sobre resiliência foi assumida por um pequeno grupo de profissionais de saúde mental composto por psicólogos, psiquiatras e sociólogos. Embora seu trabalho tenha se concentrado quase exclusivamente em crianças, suas descobertas revelam as características que moldam adultos resilientes. A era moderna de investigação sobre a natureza da resiliência teve início há mais de cinquenta anos, com um estudo pioneiro que acompanhou a trajetória de crianças em situação de alto risco ao longo dos seus primeiros 35 anos de vida, um estudo que abordaremos no Capítulo 2. Desde então, munidos de uma série de projetos de pesquisa e metodologias estatísticas, os pesquisadores mapearam amplamente o terreno da resiliência, delineando as variáveis que a prejudicam e as que a preservam.

Seu trabalho indica que o processo que determina a resiliência na fase adulta é dinâmico — uma interação complexa entre elementos dos mundos externo e interno de uma criança. Muitas das primeiras pressões externas sobre a resiliência — baixo peso ao nascer devido à má nutrição materna, pobreza, divórcio ou abuso físico na infância — jamais podem ser revertidas.[6] Elas pertencem ao passado. Mas algumas das causas internas da baixa resiliência, como estilos de pensamento, podem ser modificadas, até mesmo neutralizadas. E, mais importante, ao mudar seu estilo de pensamento, você pode usá-lo para reverter as consequências negativas decorrentes de eventos na infância que estavam fora de seu controle.

As pesquisas também revelaram que os humanos têm quatro usos fundamentais para a resiliência. Alguns precisam aplicar as reservas de resiliência para *superar* os obstáculos da infância — um lar desestruturado, a pobreza ou até mesmo a negligência emocional ou o abuso físico. Precisamos de resiliência para afastar os danos ocorridos em nossa juventude e assumir a responsabilidade de criar a vida adulta que desejamos.

Todos nós precisamos de resiliência para *enfrentar* as adversidades cotidianas — discussões com amigos e familiares, desentendimentos com o chefe ou uma despesa inesperada. A vida é repleta de estresse e aborrecimentos, mas, se você for resiliente, não permitirá que as tribulações diárias interfiram na produtividade e no bem-estar.

Em algum momento da fase adulta, a maioria de nós se depara com um grande revés, um acontecimento que altera o curso da vida. Para alguns, é uma perda de emprego ou um divórcio. Para outros, a morte de um genitor ou filho. São crises terríveis que sobrecarregam a resiliência. E, dependendo de nossas reservas de resiliência, acabamos desamparados e conformados ou nos *recuperamos* e encontramos uma forma de seguir em frente.

Esses três usos da resiliência são reativos por natureza, determinando nossa resposta à adversidade. Também exploramos um quarto uso da resiliência que transcende nosso desejo de nos proteger e nos defender. Aqueles cujo objetivo é encontrar um novo significado e propósito e se abrir a novas experiências e desafios podem aplicar a resiliência para *expandir*, ir além e, assim, alcançar todo o seu potencial.[7]

Superação

Conhecemos Deb no verão de 2000, quando ela inscreveu sua equipe em nosso workshop de resiliência, antecipando as altas taxas de burnout comuns em organizações de serviço social como a dela. Nós a admiramos desde o início. Contra todas as probabilidades, essa mulher corajosa alcançou o status de executiva em uma empresa da Fortune 500. Após atingir seus objetivos no mundo corporativo, ela renunciou ao cargo para realizar um sonho — fundar uma organização dedicada a ajudar novos imigrantes a encontrar trabalho. E construiu seu sonho do zero.

Os clientes de Deb participam de aulas de informática, assertividade e técnicas de apresentação. Eles aprendem o que vestir em entrevistas, como descrever seus talentos, quais perguntas fazer sobre benefícios e remuneração. Deb criou programas de desenvolvimento de habilidades para guiar seus clientes rumo ao sucesso. Ela queria que os alunos conseguissem e mantivessem empregos, mas, igualmente importante, queria que desfrutassem de dignidade e orgulho. Tínhamos um enorme respeito por Deb e por tudo o que ela havia conquistado. E pouco a pouco, ao longo de vários meses, sua história de vida veio à tona, e o respeito e a admiração se transformaram em fascínio ao descobrirmos o que Deb havia superado para chegar aonde está.

Deb cresceu em Miami, filha de dependentes químicos. Ela e os irmãos moraram com diferentes famílias adotivas, mas, de alguma forma, Deb superou todas as desvantagens enfrentadas. Apesar de uma infância marcada pelo caos e por relações familiares instáveis, ela floresceu acadêmica, social e espiritualmente, alcançando um grande sucesso profissional. Em vez de se contentar com suas conquistas, ela decidiu ajudar outras pessoas a ter êxito. Deb é um exemplo de como a resiliência pode ser usada para a superação. Mas como uma criança que sofreu a maioria dos clássicos contratempos causadores da baixa resiliência se tornou uma adulta tão resiliente?

Quando ouvimos histórias de privação nos primeiros anos de vida, sabemos intuitivamente que essas crianças estão em desvantagem — elas correm um alto risco de não alcançar o sucesso na fase adulta. As pesquisas identificaram muitas das circunstâncias da infância que representam a maior ameaça à resiliência: baixo peso ao nascer, baixo nível socioeconômico, baixa escolaridade materna, estrutura familiar instável e maus-tratos submetem qualquer criança ao risco de insucesso. Mas como essas características do mundo externo da criança exercem influência em sua vida interna, motivação, realização e resiliência?[8]

Com algumas variáveis, o impacto é direto. O baixo peso ao nascer muitas vezes se correlaciona com uma estrutura cerebral comprometida, o que limita o funcionamento intelectual da criança, interferindo no desenvolvimento de estratégias de enfrentamento eficientes. Outras variáveis contribuem indiretamente. A pobreza pode ter um impacto direto na resiliência se for grave o bastante para acarretar a desnutrição infantil, mas também causa um efeito indireto menos perceptível. Os pais que lutam contra a pobreza costumam ficar depressivos. A depressão, por sua vez, afeta a relação entre pais e filhos, geralmente resultando em baixo envolvimento parental. Isso significa que a criança muitas vezes é deixada à própria sorte, sem a proteção e os cuidados necessários para garantir seu desenvolvimento saudável.

O mesmo se aplica ao conflito conjugal. Após a separação e o divórcio, os pais costumam se tornar ausentes física e emocionalmente. Os pais que passam por desavenças muitas vezes não têm a resistência emocional para fornecer aos filhos a atenção, o carinho e a supervisão de que precisam. Após um divórcio, muitas crianças se tornam mais emotivas, sentem-se tristes e zangadas com o genitor que saiu de casa, tendo dificuldade em encontrar conforto no lar. Para um genitor que já se sente esgotado, as necessidades emocionais da criança podem ser um fardo pesado demais. De fato, segundo as pesquisas, o aspecto mais importante para prever o progresso dos filhos após o divórcio é a qualidade do relacionamento com o genitor com quem eles moram. Embora os genitores que ficam com os filhos (normalmente as mães) muitas vezes se esforcem para manter um relacionamento próximo com eles, as falhas na criação — comunicação e supervisão inadequadas, demonstrações de amor e afeto insuficientes — são tão comuns e intensas que os primeiros anos após um divórcio foram apelidados pelos pesquisadores de "diminuição da parentalidade".[9]

Qual é a causa desses problemas parentais? Na maioria dos casos, a interação de diversos fatores dificulta que os pais permaneçam tão engajados e atenciosos quanto antes. Após o divórcio, é comum que um ou ambos os genitores apresentem sintomas de depressão que interferem na parentalidade adequada. É quase impossível se dedicar inteiramente ao filho e reagir com amor e paciência quando se está lutando contra os demônios da depressão. As mudanças no mundo real também contribuem para as mudanças nas práticas parentais. A rotina familiar costuma mudar após o divórcio. Uma mãe em tempo integral talvez precise voltar ao trabalho. Aquelas que já estão empregadas talvez precisem trabalhar mais. A alteração no cronograma dos pais geralmente implica períodos de menor supervisão para a criança ou mais tempo na companhia de babás ou cuidadores, o que acarreta menos consistência nos estilos de brincadeira, na disciplina e na qualidade geral da interação. Em outras palavras, é difícil permanecer em sintonia com o filho e atender às necessidades dele quando toda sua resiliência está sendo usada para enfrentar o divórcio doloroso e as várias mudanças de vida que o acompanham. No entanto, assim como Deb foi capaz de superar os aspectos negativos de sua infância, as pesquisas mostram que algumas crianças lidam melhor com o estresse do divórcio do que outras.[10]

Sem dúvida, o mundo em que somos criados é importante e, como crianças, há pouco que possamos fazer para alterar esse mundo. Mas, conforme comprovado por pessoas como Deb, nem todos em circunstâncias difíceis sucumbem ao risco. Algumas crianças se saem bem, outras até prosperam, apesar de suas origens menos favorecidas. Então, quais são as características específicas que determinam o progresso de uma criança? Como a própria criança contribui para essa equação? Pesquisadores de resiliência buscaram os fatores que possibilitam que pessoas como Deb prosperem, enquanto muitas outras sucumbem a adversidades semelhantes. Um desses fatores é o QI, que se mostrou um ingrediente importante para superar as desvantagens inevitáveis, mesmo nas circunstâncias mais desfavorecidas. Em geral, pessoas com QI mais alto acabam sendo mais bem-sucedidas do que as com QI mais baixo. Isso significa que Deb teve sucesso apenas porque era inteligente? Não necessariamente. Por mais importante que seja o QI, outros fatores desempenham papéis ainda mais significativos quando se trata de prever a transição bem-sucedida de uma criança para a fase adulta e o sucesso subsequente. Como argumenta Howard Gardner, psicólogo da Universidade

Harvard, a inteligência medida por testes padronizados (aptidão verbal e quantitativa) não contribui com mais de 20% para a totalidade dos possíveis fatores que determinam o sucesso na vida. De fato, foram descobertas desse tipo que levaram os psicólogos Peter Salovey e John Mayer a estudar o que chamaram de inteligência emocional — a capacidade de monitorar as próprias emoções e as dos outros, regulá-las e usar o pensamento baseado em emoções para orientar as ações.[11]

A pesquisa sobre inteligência emocional mostra que, embora a inteligência tradicional seja importante, a maneira como ela exerce seu efeito não é tão direta quanto parece. Em um estudo com duração de 22 anos que acompanhou crianças até a fase adulta, os pesquisadores constataram que aquelas com QI mais alto usavam estratégias de enfrentamento sociais e cognitivas mais eficazes e maduras, como a capacidade de compreender a perspectiva alheia, e tinham boas habilidades de resolução de problemas que lhes permitiam ter sucesso. Ou seja, as crianças com maiores pontuações de QI se tornaram adultos mais bem-sucedidos devido a habilidades sociais e cognitivas mais sofisticadas, mais bem descritas como inteligência emocional. Embora seja difícil aumentar o QI, é totalmente possível melhorar a resiliência, um componente-chave da inteligência emocional. E é aí que entramos em cena.

Não podemos eliminar a pobreza em que você nasceu, reverter o divórcio de seus pais ou melhorar sua pontuação em testes de inteligência padronizados. Não podemos mudar sua infância. Como podemos, então, ajudá-lo a superar as circunstâncias de sua juventude? Ao ensiná-lo a analisar e mudar as crenças não resilientes que você desenvolveu sobre si mesmo e sua capacidade de controlar a vida durante esses anos iniciais. Podemos lhe ensinar um processo para mantê-lo motivado, produtivo, envolvido e feliz, mesmo diante do estresse no trabalho ou em casa.

Como as Debs do mundo bem sabem, libertar-se de uma infância difícil exige muito esforço e determinação. Requer a capacidade de manter o foco e fazer distinções precisas entre o que se pode e não pode controlar. As sete habilidades de resiliência que apresentamos neste livro fornecerão as ferramentas para alcançar esse objetivo.

Enfrentamento

Talvez você tenha tido uma infância feliz e tranquila — dinheiro e amor suficientes, bons valores e apoio e supervisão de adultos atenciosos. Nem todo mundo tem uma história que precisa ser superada. Mas isso significa que a resiliência é menos importante para você? Não. Todos precisam de resiliência, pois todos têm problemas, estresse e aborrecimentos, afinal, eles fazem parte do dia a dia. Pessoas resilientes usam seus recursos internos para lidar com a rotina normal da vida — atrasos em reuniões, discussões com colegas de trabalho, a agenda agitada de uma criança, uma lista de tarefas cada vez maior — sem ficar sobrecarregadas e pessimistas. A pessoa resiliente consegue navegar pelas águas turbulentas da vida sem perder o rumo. Pesquisas mostram que o ingrediente essencial para *enfrentar* o estresse crônico é a autoeficácia — a crença de que você pode dominar seu ambiente e resolver os problemas de forma eficaz à medida que surgem.

As pessoas com autoeficácia abundante permanecem comprometidas em resolver seus problemas e não desistem quando descobrem que a solução original não funciona. Comparadas às pessoas que duvidam da própria capacidade, elas são mais propensas a experimentar novas maneiras de resolver um problema, persistindo até encontrar uma solução viável. E, ao resolver problemas, sua confiança é fortalecida, aumentando a probabilidade de perseverarem ainda mais na próxima vez que surgir um desafio. Em contraste, as pessoas que não acreditam na capacidade de beneficiar a própria vida são mais passivas quando se deparam com um problema ou uma nova situação. Elas evitam novas experiências — ter um novo hobby, candidatar-se a um novo emprego, ingressar em um grupo social —, pois acham que não estão preparadas para enfrentar os desafios resultantes disso. Quando surge um problema profissional ou familiar, como negociar com um cliente difícil ou se conectar com um adolescente introspectivo, elas recuam e recorrem aos outros para encontrar soluções. Se forem forçadas a resolver um problema por conta própria, a falta de confiança faz com que desistam ao primeiro sinal de dificuldade. Isso se torna uma profecia autorrealizável. Cada vez que desistem ou falham em resolver um problema, a crença de que não conseguem lidar com as pressões da vida é reforçada e a insegurança aumenta.

Iniciamos este capítulo com um breve perfil de Robert, Jeannie e seus três filhos. Quando nos procurou, Robert se sentia "à deriva". Sua vida não estava péssima — ele amava a família e se sentia comprometido com o trabalho —, mas percebia que estava perdendo o rumo e não sabia como retomá-lo. Ele nos disse que sempre foi o tipo de homem que assumia o controle quando as coisas davam errado, mas ultimamente não se sentia mais "o capitão do navio". Sua autoeficácia havia chegado ao fundo do poço.

Vamos analisar um dia na vida de Robert e observar como ele descreve sua capacidade de lidar com o estresse. Quando o alarme toca às 5h45,

Robert aperta o botão de soneca instintivamente, sabendo que sua resolução de Ano Novo, correr todos os dias, mais uma vez será ignorada. O café da manhã é caótico. A filha de 15 anos, Dianne, ainda se recusa a falar com ele devido a uma ofensa percebida, e seu filho, Jeff, está cantando algum tema de TV enquanto coloca cereal na tigela. Robert sente uma pontada de culpa ao pensar que não vê a hora de chegar ao trabalho. "Sentado ali, eu olho para minha família e não sei como melhorar a situação. Quero entender por que Dianne está irritada, quero me conectar com Jeff, mas não sei como. Então, termino o café o mais rápido possível e me apresso para o trabalho." Ele está ciente de que sua capacidade de interagir com a família foi prejudicada, e a percepção de sua ineficácia o faz querer escapar.

O desejo de estar no trabalho desaparece assim que Robert chega. À sua espera, há vários e-mails urgentes que sinalizam mais uma manhã desperdiçada com impasses. A caminho do refeitório, ele encontra Brenda e Jim, dois colegas que trabalhavam em seu departamento. Eles reclamam do plano de aposentadoria, do preço das ações da empresa e dos recentes rumores de redução de funcionários. Brenda e Jim especulam sobre qual departamento, o deles ou o de Robert, será mais afetado e se perguntam quem terá escolhido a direção certa quando a poeira baixar. "Esse tipo de negatividade e pânico nunca me incomodou. Eu sabia que era bom no meu trabalho e que, se continuasse a produzir e liderar, estaria protegido. Mas agora essas conversas me abalam. Em vez de voltar ao escritório e fazer meu trabalho como de costume, a insegurança me distrai. E se meu departamento for cortado? E se eu não conseguir pagar a faculdade de meus filhos? Imagino cenários pessimistas, entro em pânico e acabo desperdiçando o dia. Ao recuperar o foco, não há mais tempo para o projeto que sou forçado a deixar de lado todos os dias em favor das demandas que chegam como prioridade máxima." Em vez de sair do trabalho satisfeito por ter cumprido as metas do dia, Robert sai preocupado e duvidando ainda mais de sua capacidade de recolocar a carreira nos trilhos.

Robert chega em casa e encontra o boletim escolar de Jeff, que atesta o declínio acadêmico do filho. Ironicamente, o custo da medicação de Jeff para TDAH continua aumentando, enquanto suas notas só diminuem. Quando Robert vê a conta do telefone, sabe que precisa falar com Dianne sobre as ligações que ela tem feito — uma conversa que ele teme. A filha de 17 anos, Cathy, acabou de pedir as chaves do carro e ele concordou, o que significa outra noite de preocupação até ouvir o portão da garagem fechar por volta da meia-noite.

Robert não é uma pessoa lamuriosa, nem deixa de reconhecer os sucessos e as bênçãos de sua vida. Seu esforço de garantir um cliente foi reconhecido em uma das reuniões matinais. Após o jantar, ele e Jeff interagiram ao navegar juntos na internet, buscando informações sobre Benjamin Franklin para um projeto escolar. Mais tarde naquela noite, Robert e Jeannie se sentaram na varanda com uma taça de vinho e conversaram como costumavam fazer antes de terem filhos. Mas as adversidades cotidianas, por menores que pareçam, drenam a reserva de resiliência de Robert, e parece existir uma escassez de experiências positivas para reabastecê-la.

Robert é um homem perspicaz. Quando nos procurou, ele já sabia que a crença em si mesmo era tudo o que havia mudado; a vida não estava mais difícil, os desafios não eram mais severos do que antes. Em suas palavras, ele estava acostumado com "as constantes águas turbulentas" da vida, mas a crença em sua capacidade de navegar pela correnteza havia desaparecido. "Em algum momento, perdi a autoconfiança. A fé na minha capacidade de lidar com os aborrecimentos diários da vida sumiu, deixando-me à mercê de qualquer coisa que surgisse em meu caminho."

Robert estava passando por uma crise de autoeficácia que o privava da capacidade de enfrentar o estresse crônico. Ele não conseguia identificar um momento específico em que perdeu a fé em suas habilidades, e, francamente, não acreditávamos que essa informação fosse essencial. Em vez disso, nosso foco era ajudar Robert a recuperar a confiança em si mesmo, resolvendo os problemas atuais de sua vida, um de cada vez. A pior maneira de desenvolver a autoeficácia de alguém é estimulá-lo com banalidades do tipo "você consegue". Na melhor das hipóteses, frases e palestras motivacionais para aumentar a autoestima não surtem efeito. Na pior das hipóteses, elas prejudicam ainda mais a resiliência e o enfrentamento eficaz. Por quê? Porque a autoestima é o subproduto de florescer na vida — encarar desafios, resolver problemas, se esforçar e não desistir. Você se sentirá bem consigo mesmo quando prosperar no mundo. Isso é autoestima saudável. No entanto, muitas pessoas e muitos programas tentam reforçar a autoestima diretamente, incentivando-nos a repetir frases otimistas, a nos elogiarmos com frequência e a acreditar que podemos alcançar o que quisermos. A falha fatal dessa abordagem é que ela não é verdadeira. Não podemos fazer tudo que desejamos, independentemente de quantas vezes dissermos a nós mesmos o quão especiais e maravilhosos somos e de quão determinados estamos. Karen pode passar seus dias sonhando em vencer o Nobel de Física, e Andrew em conquistar o ouro olímpico nos 100 metros rasos. Porém, se seus talentos forem outros, ambos falharão, mesmo que dediquem o resto da vida a alcançar esses objetivos.

Sabemos que, à medida que as pessoas adquirem um histórico de pequenos sucessos resolvendo problemas, a autoeficácia surge naturalmente. Desenvolver a autoeficácia é mais difícil e demorado do que aumentar a autoestima. Nosso treinamento de resiliência funciona porque as habilidades ensinadas fornecem as ferramentas para resolver os problemas e encarar os desafios. Embora não soubéssemos por que a autoeficácia de Robert havia desaparecido, sabíamos quais habilidades ele precisava aprender e praticar para recuperá-la. Então, esse foi nosso ponto de partida; nos dois meses seguintes, nos reunimos regularmente com ele e ensinamos as sete habilidades de resiliência. Algumas eram familiares para Robert; ele já as dominava "inconscientemente". Nosso objetivo era melhorar sua resiliência, conscientizando-o das habilidades que já possuía a fim de que pudesse usá-las de forma mais eficaz e deliberada. As habilidades que eram novas para ele se tornaram ferramentas adicionais em seu "kit de resiliência". Da última vez que conversamos, Robert nos disse: "Sinto que retomei o rumo. Minha vida ainda é repleta de aborrecimentos e estresse, os problemas são constantes, mas estou lidando com cada um deles à medida que surgem. Defini uma meta profissional, tenho um plano para alcançá-la ao longo de cinco anos e, dia após dia, estou encontrando maneiras de me aproximar dos meus filhos e de Jeannie." Robert voltou a ser o capitão do navio, capaz de enfrentar as adversidades diárias graças à sua força interior e resiliência.

Recuperação

Algumas adversidades são particularmente traumáticas e parecem exigir níveis mais altos de resiliência do que os dedicados ao enfrentamento. O revés é tão extremo, tão emocionalmente devastador, que a recuperação requer cada gota de resiliência.

Em 1979, Cindi Lamb estava dirigindo com a filha pequena, Laura, em Maryland, seu estado natal, quando de repente foram atingidas por um carro a 190km/h. Como resultado do acidente, Laura, com pouco mais de 5 meses na época, ficou tetraplégica. O motorista estava alcoolizado.

Menos de um ano depois, do outro lado dos EUA, em Sacramento, Califórnia, um homem embriagado, com duas condenações anteriores e uma carteira de motorista ainda válida, atropelou e matou Cari Lightner, de 13 anos, enquanto ela caminhava do jogo de softbol para uma festa na escola. Um policial rodoviário disse a Candace, mãe de Cari, que o motorista provavelmente não cumpriria pena na prisão. Era como o sistema funcionava, afirmou ele.

A maioria de nós só pode imaginar a devastação causada por eventos como esses. Não seria incomum que essas duas mães se isolassem do mundo, imersas em um ciclo de ruminações, autocríticas e depressão. Mas Lamb e Lightner seguiram outro caminho. Elas fundaram a MADD.

Em 1981, nasceu a Mothers Against Drunk Driving (MADD). Começando com pouco mais do que um subsídio para criação de um programa nacional de segurança rodoviária, Lamb e Lightner espalharam sua mensagem. No outono de 1982, a MADD tinha 70 agências. Em março de 1983, 192 agências operavam em 35 estados. No décimo ano, a organização cresceu para 492 escritórios, com filiais no Canadá, na Inglaterra, na Nova Zelândia e na Austrália. E, em seu vigésimo aniversário, contava com mais de 600 agências nos 50 estados norte-americanos, além de filiais ao redor do mundo.[12] Essas duas mães, embora devastadas, encontraram a força interior para se recuperar, canalizando a dor em uma campanha contra a própria causa de sua terrível perda.

O que é necessário para se recuperar de traumas como os sofridos por Lightner e Lamb ou por pessoas que vivenciaram tiroteios em escolas e desastres como o 11 de Setembro? Imediatamente após um evento traumático, os sintomas debilitantes de depressão e ansiedade são comuns, e os recursos de enfrentamento podem ficar sobrecarregados, mesmo que não sejamos pessoalmente afetados pelo trauma. Desastres do tipo que testemunhamos em 11 de setembro podem causar ansiedade extrema, problemas para dormir, perda de apetite e depressão, tanto em crianças quanto em adultos. É muito provável que, após os ataques terroristas, a maioria dos norte-americanos tenha apresentado um ou todos esses sintomas. Para as pessoas particularmente próximas do trauma, a reação pode ter sido muito mais intensa. O transtorno de estresse pós-traumático (TEPT) é um transtorno psicológico que afeta muitas pessoas após a exposição a traumas graves. Aqueles que desenvolvem TEPT revivem o trauma por meio de imagens, pensamentos ou sonhos recorrentes e tentam evitar sentimentos ou conversas associadas à experiência traumática. Eles têm níveis elevados de excitação fisiológica — o corpo fica em alerta máximo —, o que faz com que se assustem facilmente, dificulta o sono e a concentração e leva à irritabilidade e à raiva. Nos dias seguintes a um trauma, muitas pessoas experimentam uma reação aguda de ansiedade, que inclui os sintomas descritos, mas começam a se sentir melhor após algumas semanas. No TEPT, os sintomas podem durar meses e, se não forem tratados, até anos. Pesquisas mostram que os melhores preditores do TEPT são as características do evento: a gravidade, a duração e a proximidade da exposição a ele. As pessoas que vivem em Nova York ou Washington, D.C., que perderam um amigo ou parente no 11 de Setembro e que dedicam-se à recuperação são mais propensas a ter desenvolvido TEPT do que aquelas que vivenciaram os eventos pela televisão e pelo rádio.

Isso não quer dizer que a resiliência não desempenhe um papel na recuperação do trauma ou na minimização do risco de TEPT. A Dra. Judith Herman, renomada especialista em trauma e autora de *Trauma and Recovery,* descreve como a resiliência aumenta a resistência de uma pessoa ao estresse e reduz suas chances de desenvolver o TEPT.[13] As pessoas mais resilientes diante do trauma exibem três características principais que agem em conjunto para protegê-las do TEPT e acelerar a recuperação: um estilo de enfrentamento orientado a tarefas, com ações incrementais e intencionais para lidar com a adversidade; uma crença profunda em sua capacidade de controlar as consequências da vida; e o conhecimento de como usar as conexões com os outros para lidar com sua experiência.

Podemos observar essa tríade de resiliência na reação de uma jovem mãe ao 11 de Setembro. Stacey tem três filhos, mora em Greenwich, Connecticut, e trabalha na cidade de Nova York. Embora a família e os amigos próximos não tenham sido vítimas do ataque, ela conhecia pessoas que morreram quando as torres desabaram. Como a maioria dos norte-americanos, Stacey foi afetada pelo evento e ficou totalmente abalada. Sua primeira preocupação era proteger os filhos pequenos de imagens e conversas sobre o desastre. Ela mantinha a televisão e o rádio desligados sempre que as crianças estavam presentes e até impedia que o filho de 4 anos brincasse na casa do amigo, onde a televisão ficava ligada e a discussão dos horrores seguia sem censura. No entanto, quando estava sozinha, ela acompanhava as notícias e alternava entre tristeza e raiva ao ouvir as histórias individuais de perda e sofrimento. Stacey costumava chorar incontrolavelmente à noite e passava horas relembrando os detalhes da tragédia com o marido e os amigos. Ela dormia pouco e se sentia irritada, ansiosa e distraída, mas tentava seguir em frente.

Por fim, conseguiu reunir forças para superar o trauma dos ataques terroristas. Como descreveria Herman, um ingrediente-chave da recuperação foi sua capacidade de manter uma rotina e exercer controle sobre o que pudesse. Isso ajudou a restaurar sua crença na previsibilidade e na segurança. Stacey explicou: "Como muitas pessoas, eu me sentia assustada e ficava pensando em como nosso mundo havia se tornado inseguro e imprevisível. E eu não sabia como refutar esses pensamentos. Mas, então, me forcei a voltar à rotina — ir à academia, levar meus filhos ao parque e até mesmo sair com meu marido nas noites de quinta-feira. E descobri que a previsibilidade da rotina era suficiente para que eu me sentisse menos vulnerável. Eu não precisava me convencer de que o mundo era seguro, apenas que minha parte dele estava protegida."

Junto com a fé na capacidade de controlar o próprio destino, Stacey recorreu a suas conexões para enfrentar as primeiras semanas. Ela estava disposta a conversar abertamente com o marido e os amigos sobre seus sentimentos, e quanto mais falava, melhor se sentia. É comprovado que o apoio social reduz o sofrimento psicológico após o trauma e ajuda as pessoas a se recuperarem de eventos que podem paralisá-las. As pessoas menos resilientes têm mais dificuldade em compartilhar suas experiências, às vezes porque não dispõem das relações próximas que essa abertura exige, às vezes porque se sentem menos confortáveis com suas emoções e ficam constrangidas de discutir suas reações. A falta de conexão com os outros dificulta a recuperação; a resiliência mantém os vínculos e a conexão auxilia a cura.

Mas a conexão, o ato de recorrer a outras pessoas em busca de auxílio ou conforto, vai além de compartilhar pensamentos e sentimentos sobre um trauma. De acordo com Herman, as pessoas mais resilientes são capazes de se conectar com os outros por meio de ações intencionais, enquanto as pessoas menos resilientes se sentem paralisadas e isoladas pelo medo. Stacey buscou essa conexão ao organizar um fundo de ajuda no bairro e doar o dinheiro para a Cruz Vermelha. Junto com os professores da pré-escola do filho, ela também promoveu dois "grupos de apoio" noturnos para quem quisesse compartilhar experiências. Embora Stacey tenha se sentido abalada por várias semanas, sua resiliência permitiu que ela encontrasse uma forma de ajudar a si mesma e os outros a se curarem.

A Resiliência Não É Apenas Reativa

Quando conversamos com pais, gerentes e CEOs, a maioria compreende a necessidade de resiliência para lidar com os contratempos. Eles sabem que ela é a capacidade de responder a adversidades ou traumas de maneira saudável e produtiva, que ela é essencial para gerenciar o estresse diário. Mas percebemos que as habilidades de resiliência são igualmente importantes para ampliar e enriquecer a vida de alguém. Como sabemos? Sabemos porque as pessoas a quem ensinamos essas habilidades nos contam. Ao falarmos com alunos, pais e clientes corporativos sobre as mudanças observadas em sua vida, eles começam dizendo que estão menos preocupados com os problemas — sentem-se mais resistentes, fortes e confiantes. Mas não é só isso. Eles também afirmam que se sentem mais conectados às pessoas, motivados a buscar novas experiências e dispostos a correr riscos. Como nos disse uma mulher: "Minha vida parece maior agora."

Queremos convencê-lo de que a importância da resiliência não se limita a encarar os contratempos; é possível aplicar as mesmas sete habilidades para criar uma vida mais enriquecedora. A resiliência é uma mentalidade que possibilita buscar novas experiências e enxergar a vida como um trabalho em andamento. A resiliência desenvolve e mantém a atitude positiva do explorador. Concede a confiança para assumir novas responsabilidades no trabalho, afastar o constrangimento de abordar alguém que você gostaria de conhecer e buscar experiências que o desafiarão a aprender mais sobre si mesmo e a se conectar mais profundamente com os outros. Chamamos esse uso da resiliência de *expansão*. Ao expandir, sua vida se torna mais rica; suas conexões, mais profundas; e seu mundo, mais amplo.

Expansão

Algumas pessoas vivem uma vida estreita. Elas seguem uma rotina funcional — acordam às 7h, se exercitam, começam a trabalhar às 9h, almoçam às 13h (uma refeição balanceada), voltam para casa às 18h, jantam, assistem à televisão por uma hora, respondem algumas mensagens, leem por vinte minutos e dormem. Sentem-se confortáveis, até felizes, quando essa rotina corre bem. Para essas pessoas, a vida é melhor quando é previsível e conhecida. Na maioria das vezes, elas não reclamam e não sentem que estão perdendo algo. Você provavelmente conhece alguém assim. Talvez seja você.

E há pessoas que encaram a vida como se fosse um buffet livre. Prato na mão, elas voltam para pegar mais, experimentando um pouco disso e um pouco daquilo. Às vezes, é caviar; outras vezes, é uma caçarola de atum que está há muito tempo sob as luzes quentes. Mas elas não deixam o risco impedi-las. Essas pessoas encontram alegria em se conectar com os outros e ter novas experiências. Qual é o segredo? Assim como a resiliência é necessária para superar experiências negativas, enfrentar o estresse ou se recuperar de traumas, ela também é necessária para uma vida significativa, profunda em conexões e comprometida com a busca de aprendizado e novas experiências.

Joan está na casa dos 60 anos e exibe com orgulho as fotografias dos quatorze netos. Ela aprecia novas experiências, mesmo que às vezes não deem certo. Mergulhar, esquiar e dançar salsa, por exemplo, não funcionaram. Mas ela ficou satisfeita com seu progresso no novo computador, adorou a aula de meditação e considerou a viagem que fez pelo Alasca há alguns anos uma grande aventura.

Joan não foi criada para assumir riscos. Na verdade, ela teve uma infância limitada. Seus pais, assustados com o sofrimento dos judeus europeus durante a guerra e temendo o antissemitismo ainda existente, restringiram as amizades a um pequeno grupo de judeus da região. Joan só saiu de casa quando se formou na faculdade e se casou um mês depois.

"Felizmente, meu marido ganhou uma bolsa para estudar no exterior e nos mudamos para Londres", afirmou Joan. "A mudança transformou minha vida." Ela cresceu em um momento difícil para muitos judeus norte-americanos. Os pais tentaram protegê-la ao estreitar seu mundo. Mas, já adulta, Joan teve a oportunidade de ampliá-lo — e a aproveitou. Ela descobriu que, ao viajar, poderia fazer conexões com pessoas ao redor do mundo, e a crença em si mesma aumentou junto com essas conexões. Sua vida se enriqueceu. Em suas palavras: "Quando adulta, aprendi a ampliar os limites da minha vida e a me sentir segura e confiante ao encarar novas experiências e conhecer novas pessoas. Não foi fácil. No começo, eu me sentia apreensiva, mas desenvolvi a autoconfiança ao experimentar coisas novas."

As viagens aprofundaram as conexões de Joan, e o ativismo lhe deu a oportunidade de moldar o mundo ao qual ela se sentia tão conectada. Ela dedicou a vida a criar um mundo seguro para todos, trabalhando como ativista dos direitos humanos e organizando manifestações contra armas nucleares. Atualmente, Joan está coordenando uma campanha local para conscientizar o público sobre as minas terrestres e proibir seu uso.

Muitas pessoas acreditam que indivíduos como Joan tiveram sorte, que de alguma forma foram abençoados com a capacidade de encontrar um propósito na vida, conquistando relações próximas e um amor pelo aprendizado. Quantas vezes você ouviu alguém ser descrito como "caseiro" ou "não apto para relacionamentos", implicando que é uma característica imutável? Certamente há aspectos temperamentais básicos que podem ser incentivados, mas mudanças radicais são improváveis. Não faz sentido, por exemplo, forçar um introvertido a ser sociável. Mas a disposição de Joan de experimentar coisas novas não surgiu naturalmente. Ela se esforçou para ter uma vida significativa. Nosso trabalho mostrou que os principais componentes da expansão são baseados em uma combinação de desejo e habilidade. Não podemos incutir em você um desejo de intimidade ou uma paixão por novas experiências. Mas podemos ajudá-lo a desenvolver a resiliência necessária para obtê-los. E talvez você perceba que, ao se tornar mais resiliente, surgirá o interesse em expandir.

As pessoas que expandem, como Joan, têm três qualidades: sabem avaliar riscos; se conhecem bem; e encontram significado e propósito na vida.

Primeiro, as pessoas que sabem avaliar riscos têm bom senso e o usam para distinguir o risco aceitável do risco irracional. Elas são realisticamente otimistas — preveem com precisão as adversidades potenciais e desenvolvem estratégias para enfrentá-las ou evitar que ocorram. A confiança em sua capacidade de avaliar os riscos e encarar os problemas lhes proporciona uma rede de segurança interna que facilita a busca de novas experiências e a criação de novos vínculos. Quando se tem fé na capacidade de reagir à incerteza, a expansão se torna menos assustadora.

Segundo, as pessoas com um profundo autoconhecimento se sentem confortáveis em expressar pensamentos e sentimentos. Essa autenticidade está associada a um senso de alteridade e a um desejo genuíno de compreender a vida. Assim como Joan, elas se sentem confortáveis ao conhecer novas pessoas. Isso não quer dizer que sejam descomedidamente sociáveis, entrando e saindo de relacionamentos, compartilhando histórias de vida íntimas logo na primeira xícara de café. Não confunda tagarelice com intimidade. As pessoas que expandem não são invasivas nem tentam forçar revelações pessoais. Em vez disso, usam a consciência emocional para detectar sinais sutis na receptividade alheia. Suas habilidades interpessoais aprimoradas permitem que os relacionamentos floresçam.

As pessoas que expandem precisam saber quando continuar e quando parar. Devem ser capazes de avaliar se há uma "harmonia perfeita" entre quem são e o que estão experimentando. Como Joan explicou, nem todas as atividades eram adequadas. "Tentei esqui na neve, esqui aquático, mergulho e patinação no gelo. Por mais que eu gostasse de me ver como atleta, percebi que meus esportes favoritos eram caminhada e minigolfe. Eu poderia ter insistido, mas sei que não tenho habilidade natural em certas áreas, então fazia mais sentido tentar atividades que se encaixam melhor ao meu perfil." Como se conhece e se sente confortável com quem é, a vergonha ou a sensação de fracasso não afeta Joan quando suas tentativas falham. A capacidade de recuar é tão importante quanto a capacidade de avançar. As habilidades de resiliência ajudam a determinar a atitude apropriada.

Terceiro, as pessoas que têm uma vida ampla encontraram significado e propósito em seus esforços e valorizam suas conquistas e experiências. Encontrar significado na vida requer o foco no aqui e agora, uma atenção plena que muitos não possuem, aliado à capacidade de ver o quadro geral. Joan explica como se mantém comprometida apesar do lento progresso. "Sei que minhas atividades não trarão a 'paz mundial' e, às vezes, me sinto sem esperança. Mas aprendi duas maneiras de lembrar o significado do esforço. A primeira é se concentrar no presente, o máximo possível, e encontrar algo de valor imediato no que estou fazendo. Então, quando dou uma palestra sobre os perigos das minas terrestres, digo a mim mesma: 'Estou fazendo um bom trabalho e isso é valioso.' A segunda é mudar o foco para o quadro geral. Penso nos milhões de pessoas ao redor do mundo que se importam com os mesmos aspectos que eu. Sinto-me conectada a outras pessoas que partilham de meus valores sobre justiça e responsabilidade pessoal para tornar o mundo melhor, e sinto que minha vida tem um propósito."

A expansão é arriscada. Conhecer pessoas, experimentar coisas novas e se dispor a buscar atividades significativas exigem muita coragem e força interior. Cada vez que você abre o coração para alguém, cada vez que se propõe a aprender algo, corre o risco de rejeição e fracasso, de constrangimento e tristeza. Sempre que você expande, coloca-se em perigo. Mas a resiliência o fortalece. As habilidades de resiliência melhoram a capacidade de avaliar riscos e se planejar para possíveis problemas. Elas aprofundam a consciência emocional e as habilidades interpessoais. E podem ser usadas para aumentar a capacidade de permanecer focado no presente e encontrar significado na vida. Com as sete habilidades de resiliência, você se torna capaz de expandir.

O que permitiu que Deb superasse sua infância desfavorecida? Que reserva de força possibilitou que Cindi Lamb e Candace Lightner transformassem suas terríveis perdas em conquistas humanitárias? E por que Joan busca oportunidades para dominar algo novo e permanecer comprometida com seus ideais? Cada uma dessas pessoas tem resiliência natural e, graças a décadas de pesquisa científica, agora podemos ensiná-lo a encontrar essa resiliência em seu interior.

CAPÍTULO 2

Quão Resiliente Você É?

Michael e Mary nasceram no mesmo lugar e no mesmo ano: Kauai, 1955. Kauai é uma ilha com montanhas, florestas tropicais e praias de águas cristalinas, localizada no extremo noroeste da cadeia havaiana. O próprio nome evoca imagens de uma infância idílica passada pescando, fazendo trilhas e nadando. E provavelmente foi assim para muitas das crianças nascidas lá em meados da década de 1950, mas não para Michael e Mary.

Michael, um bebê prematuro, passou as primeiras três semanas de vida em uma enfermaria de hospital, separado da mãe adolescente. O pai, que servia o exército, se ausentou até ele completar 2 anos. Em seu oitavo aniversário, Michael já tinha três irmãos mais novos, os pais eram divorciados e a mãe deixou Kauai, rompendo os laços com a família. Mary nasceu na pobreza, filha de um trabalhador rural sem instrução e de uma mãe com transtorno mental. Entre os 5 e os 10 anos de idade, sua vida foi marcada por abusos físicos e emocionais recorrentes, pontuados pelas várias internações da mãe.

Duas crianças em uma situação desfavorável. E, ainda assim, aos 18 anos, Michael e Mary eram populares e bem-sucedidos na escola, tinham valores morais sólidos e eram muito otimistas em relação ao futuro. Como eles conseguiram emergir da desordem dos primeiros anos de vida e se tornar tão resilientes?

Michael e Mary fizeram parte de um ambicioso estudo pioneiro, conduzido por Emmy Werner e Ruth Smith, ilustres psicólogas do desenvolvimento.[1] O estudo, mencionado no Capítulo 1, marcou o início da era moderna de pesquisa sobre os fatores da primeira infância que moldam a resiliência. Em 1955, 833 crianças nasceram em Kauai, e Werner e Smith acompanharam cerca de 698 delas desde os meses pré-natais até depois dos 30 anos. Seu objetivo era determinar por que algumas crianças prosperam e outras sofrem déficits graves, apesar de experiências semelhantes. Os dados coletados nos ajudam a entender os componentes da resiliência.

A maioria das crianças acompanhadas por Werner e Smith era descendente de asiáticos do Sudeste que foram para Kauai a fim de trabalhar nas plantações de açúcar e abacaxi. As psicólogas constataram que uma em cada três crianças estava em desvantagem; era "vulnerável" por muitas das razões observadas no Capítulo 1 — fatores socioeconômicos e familiares que estavam além de seu controle. Os genitores não haviam concluído o ensino médio e tinham empregos de baixa remuneração. As famílias dessas crianças vulneráveis eram particularmente pobres, e a vida era marcada por brigas e divórcios. Muitos dos genitores eram etilistas e tinham altas taxas de transtornos mentais. Duas a cada três crianças vulneráveis tiveram a resiliência prejudicada, e as implicações negativas se manifestavam desde o início. Elas apresentavam déficits de aprendizagem significativos e problemas de comportamento, como hiperatividade e impulsividade aos 10 anos. Quando esse grupo completou 18 anos, prisões, gestações e sérios problemas de saúde mental eram comuns. As circunstâncias de sua primeira infância privaram esses jovens da resiliência, e eles adentraram uma trajetória descendente que afetaria os níveis de desempenho ao longo da fase adulta.

Mas havia uma criança em cada três que se tornava um adulto confiante, realizado e conectado, como Michael e Mary. A resiliência dessas crianças foi de alguma forma preservada e lhes permitiu superar as circunstâncias da infância. Na verdade, a maioria dos estudos mostrou que, mesmo entre crianças expostas a vários fatores de risco, como pobreza, parentalidade inadequada e predisposição genética para transtornos mentais, apenas metade sucumbe. A outra metade prospera.

Werner e Smith descobriram que uma proporção significativa das crianças vulneráveis se destacou. Ao analisar as entrevistas com essas crianças sob a ótica de nosso conceito, percebemos que elas aplicaram a resiliência das quatro maneiras listadas no Capítulo 1. Superaram os obstáculos precoces da pobreza, dos problemas de saúde e do abuso, enfrentaram a adversidade contínua dos genitores ausentes, se recuperaram do trauma do divórcio de seus pais e tiveram resiliência suficiente para expandir, buscando aventuras e novas experiências. Como um dos participantes do estudo relatou em uma entrevista final: "Agradeço a Deus por me conceder o poder e a força para chegar aonde estou. Tenho só 30 e poucos anos... e ainda há tantas coisas que desejo alcançar que o resto da vida não parece o bastante."[2]

Como Podemos Impactar a Resiliência?

O trabalho de Werner, Smith e outros evidencia que as circunstâncias da primeira infância afetam a resiliência até a fase adulta. Por que esses efeitos são tão duradouros? Porque eles moldam os sistemas de crenças e as habilidades, que permanecem estáveis mesmo quando as crianças se tornam adultas. No Capítulo 1, mencionamos algumas dessas características pessoais, essas crenças e habilidades, que levam as pessoas a serem resilientes. Descobrimos que as pessoas resilientes são capazes de monitorar e regular as próprias emoções e os estados emocionais alheios. Assim como Deb, elas se mantêm focadas e determinadas a resolver problemas, identificando os aspectos que podem ou não controlar. Assim como Robert, elas têm autoeficácia elevada — acreditam que podem dominar seu ambiente e agem com confiança. As pessoas resilientes, como Stacey, têm conexões sólidas e recorrem a elas nos momentos difíceis. E aquelas que expandem, como Joan, veem os desafios como oportunidades e estão dispostas a assumir riscos que ampliem sua vida. As pessoas não resilientes carecem dessas habilidades e crenças.

E, mais uma vez, como psicólogos e pesquisadores, é aí que entramos em cena. Fatores ambientais da infância — pobreza, divórcio, genitores com transtornos mentais etc. — são aspectos do passado. Eles estão além da nossa capacidade de mudança. Mas as crenças podem ser alteradas, e as habilidades, impulsionadas. A resiliência é um conceito nebuloso — difícil de entender —, então como podemos tornar alguém mais resiliente? Nosso trabalho sobre a natureza da resiliência mostra que ela é composta de sete capacidades: regulação emocional, controle de impulsos, empatia, otimismo, análise causal, autoeficácia e expansão. Esses sete fatores podem ser medidos, ensinados e aprimorados.

Desenvolvemos um teste de resiliência que mede o nível nessas sete capacidades, bem como o Quociente de Resiliência Geral, ou QR.[3] Ele foi concluído por milhares de pessoas em diferentes tipos de trabalho e classes sociais, provando-se um grande preditor do sucesso no mundo real. Por exemplo, em uma grande empresa de telecomunicações, comparamos os QRs dos funcionários da linha de frente com os dos gerentes que haviam sido promovidos. As pontuações dos gerentes foram significativamente maiores. Em uma empresa de investimento, medimos os QRs dos consultores financeiros recém-contratados e acompanhamos seu desempenho no número de clientes e nos ativos sob sua gestão. Aqueles com QRs mais altos no momento da contratação se saíram melhor em ambos os casos.

As sete habilidades foram desenvolvidas para incentivar as sete capacidades, e nossa pesquisa indica que elas funcionam. Ensinamos as sete habilidades de resiliência, apresentadas na Parte Dois deste livro, ao departamento de vendas e atendimento ao cliente de uma empresa da Fortune 100. Três meses depois, esses funcionários superaram o grupo de controle nas quatro avaliações de desempenho mais relevantes do cargo. Em outro estudo, ensinamos as sete habilidades a vendedores e gerentes que tinham QRs mais baixos do que os colegas. Um mês depois, em comparação a esses mesmos colegas, seu desempenho foi 50% superior em uma avaliação e 100% em outra. A resiliência é importante e pode ser aprendida.

Lembre-se de que vamos acompanhá-lo em uma jornada. Bem, você chegou ao começo. O primeiro passo é medir seu QR. Ao identificar seu nível nos fatores de resiliência, você saberá quais habilidades são mais necessárias.

O Teste de QR

Por favor, complete o Teste de QR, composto de 56 itens.* Não gaste muito tempo; ele deve levar cerca de dez minutos.

Avalie cada item quanto à sua veracidade, usando a seguinte escala.

1 = nada verdadeiro
2 = às vezes ou pouco verdadeiro
3 = moderadamente verdadeiro
4 = geralmente verdadeiro
5 = totalmente verdadeiro

1. Ao tentar resolver um problema, confio nos meus instintos e escolho a primeira solução que me ocorre.
2. Mesmo que me prepare para uma discussão com meu chefe, um colega de trabalho, meu cônjuge ou meu filho, ainda me vejo agindo emocionalmente.
3. Eu me preocupo com minha saúde futura.
4. Sou bom em eliminar qualquer coisa que me distraia da tarefa em questão.
5. Se minha primeira solução falhar, consigo voltar atrás e continuar tentando soluções diferentes até encontrar uma que funcione.

* Direitos autorais da Adaptiv Learning Systems. Não pode ser reproduzido sem autorização.

6. Sou curioso.
7. Não consigo aproveitar emoções positivas para me concentrar em determinada tarefa.
8. Sou o tipo de pessoa que gosta de experimentar coisas novas.
9. Prefiro fazer algo em que me sinta confiante e relaxado do que algo que seja bastante desafiador e difícil.
10. Ao analisar expressões faciais, reconheço as emoções alheias.
11. Eu me rendo ao desejo de desistir quando as coisas dão errado.
12. Quando surge um problema, penso em muitas soluções possíveis antes de tentar resolvê-lo.
13. Consigo controlar o que sinto quando a adversidade surge.
14. O que os outros pensam sobre mim não influencia meu comportamento.
15. Quando surge um problema, tenho consciência dos primeiros pensamentos que me vêm à mente.
16. Sinto-me mais confortável em situações em que não sou o único responsável.
17. Prefiro situações em que posso depender da capacidade de outra pessoa em vez da minha.
18. Acho melhor acreditar que os problemas são controláveis, mesmo que nem sempre seja verdade.
19. Quando surge um problema, reflito sobre sua causa antes de tentar resolvê-lo.
20. Tenho dúvidas sobre minha capacidade de resolver problemas no trabalho ou em casa.
21. Não perco tempo pensando em fatores que estão fora do meu controle.
22. Gosto de fazer tarefas simples e rotineiras que não mudam.
23. Deixo-me levar pelos meus sentimentos.
24. É difícil entender por que as pessoas se sentem de determinada maneira.
25. Sou bom em identificar o que estou pensando e como isso afeta meu humor.
26. Se alguém faz algo que me aborrece, consigo esperar o momento apropriado para discutir o assunto com calma.
27. Ao presenciar uma reação exagerada a um problema, costumo pensar que a pessoa está de mau humor naquele dia.
28. Espero me sair bem na maioria das situações.
29. As pessoas muitas vezes me procuram para ajudá-las a resolver problemas.
30. Não consigo entender por que as pessoas reagem de determinada maneira.

31. Minhas emoções afetam a capacidade de me concentrar no que preciso fazer em casa, na escola ou no trabalho.
32. O esforço sempre vale a pena.
33. Após concluir uma tarefa, temo que ela seja avaliada negativamente.
34. Se alguém está triste, irritado ou constrangido, tenho uma boa noção do que a pessoa pode estar pensando.
35. Não gosto de novos desafios.
36. Não me planejo no trabalho, nos estudos ou nas finanças.
37. Se um colega está chateado, tenho uma boa noção do porquê.
38. Prefiro agir espontaneamente do que planejar com antecedência, mesmo que signifique que não dará certo.
39. Acredito que a maioria dos problemas é causada por circunstâncias além do meu controle.
40. Vejo os desafios como uma forma de aprender e melhorar.
41. Já me disseram que interpreto mal eventos e situações.
42. Se alguém está chateado comigo, ouço o que a pessoa tem a dizer antes de reagir.
43. Quando me pedem para pensar no meu futuro, acho difícil me imaginar como alguém bem-sucedido.
44. Já me disseram que tiro conclusões precipitadas quando surgem problemas.
45. Sinto-me desconfortável ao conhecer pessoas novas.
46. Eu me "perco" com facilidade em um livro ou filme.
47. Acredito no ditado "é melhor prevenir do que remediar".
48. Na maioria das situações, acredito que sou bom em identificar as verdadeiras causas dos problemas.
49. Acredito que tenho boas habilidades de enfrentamento e que respondo bem à maioria dos desafios.
50. Meu cônjuge e/ou amigos próximos me dizem que eu não os entendo.
51. Sinto-me mais confortável em rotinas estabelecidas.
52. Acho que é importante resolver os problemas o mais rápido possível, mesmo que signifique renunciar à plena compreensão do problema.
53. Quando me deparo com uma situação difícil, tenho confiança de que tudo dará certo.
54. Meus colegas e amigos me dizem que eu não escuto o que eles falam.
55. Se decido que quero algo, saio e compro imediatamente.
56. Quando discuto um assunto "polêmico" com um colega ou parente, consigo manter minhas emoções sob controle.

Regulação Emocional e Resiliência

A regulação emocional é a capacidade de manter a calma sob pressão. As pessoas resilientes usam um conjunto de habilidades bem desenvolvido que as ajuda a controlar as emoções, a atenção e o comportamento. A autorregulação é importante para estabelecer relações próximas, ter sucesso no trabalho e manter a saúde física. Pessoas com dificuldade de regular as emoções muitas vezes esgotam seus parceiros em casa e são complicadas de interagir no trabalho. Pesquisas mostram que as pessoas incapazes de regular as emoções têm dificuldade em construir e manter amizades. Há muitas razões para isso, sendo a mais evidente o fato de que a negatividade afasta os outros. Ninguém gosta de conviver com pessoas irritadas, mal-humoradas ou ansiosas. Não é apenas desgastante, mas contagioso. Quanto mais você convive com essas pessoas, mais irritado, mal-humorado e ansioso se torna.

Claro, nem todas as emoções precisam ser reparadas ou controladas. Não acreditamos que toda raiva, tristeza, ansiedade e culpa devam ser minimizadas, gerenciadas ou reprimidas. Pelo contrário, expressar emoções, negativas e positivas, é saudável e construtivo; de fato, a expressão emocional adequada faz parte da resiliência. Mas, assim como o brilho da vida é ofuscado se ocultarmos nossas emoções, ficar à mercê delas interfere na resiliência e esgota as pessoas ao redor.

Algumas pessoas são propensas a experimentar níveis mais elevados de ansiedade, tristeza e raiva, tendo dificuldade em recuperar o controle quando estão chateadas. Elas são mais suscetíveis a emoções negativas e menos eficazes em lidar com as adversidades e resolver os problemas. Essas pessoas acham quase impossível recorrer aos outros e buscar novas experiências, pois são dominadas por suas emoções.

Considere o caso de Beth, gerente de uma empresa de telecomunicações. Quando criança, ela era emocionalmente instável e incapaz de melhorar seu humor. Essa inconstância permaneceu até a fase adulta. Como Beth descreve com franqueza, a montanha-russa emocional em que vive prejudica sua eficiência como mãe. "Tenho duas filhas adolescentes e sei que elas relutam em conversar comigo sobre seus problemas. Sei que elas acham que não conseguirei lidar com minhas reações emocionais e que, em vez de ajudá-las a entender seus sentimentos, me perderei no que estou sentindo. Tento mostrar que posso manter a calma e escutá-las, mas confesso que é difícil. Minha emotividade atrapalha a competência de ser uma boa mãe."

Se você se identificou com a história de Beth, provavelmente a regulação emocional é uma capacidade necessária. Mas como regular as emoções? Há várias técnicas eficazes para se acalmar, melhorar o humor e diminuir a ansiedade, muitas das quais discutiremos no Capítulo 9. Das variadas técnicas de regulação emocional, constatamos que as mais eficazes são as estratégias que alteram suas crenças sobre a adversidade — os pensamentos que surgem com os problemas e que são a fonte de suas emoções.

Se a meta for aprimorar a regulação emocional, as Habilidades 1 e 6 são particularmente úteis. Ao aprender seus ABCs, você conseguirá detectar a crença responsável pela emoção contraproducente; ao acalmar e focar, obterá os meios para induzir a resposta de relaxamento e controlar as emoções.

Regulação Emocional			
Anote sua pontuação nos itens a seguir:		**Anote sua pontuação nos itens a seguir:**	
Item 13	______	Item 2	______
Item 25	______	Item 7	______
Item 26	______	Item 23	______
Item 56	______	Item 31	______
Total Positivo	______	Total Negativo	______

Total Positivo menos Total Negativo = ____________
(esta é sua pontuação de regulação emocional).

Acima da Média:	Pontuação maior que 13
Na Média:	Pontuação entre 6 e 13
Abaixo da Média:	Pontuação menor que 6

Controle de Impulsos e Resiliência

Dan Goleman, autor de *Inteligência Emocional,* realizou um estudo fascinante na década de 1970.[4] Crianças com cerca de 7 anos eram levadas a uma sala pequena, onde outro pesquisador as aguardava. Ele explicava que precisava sair por alguns minutos, mas, antes, oferecia um marshmallow. A criança poderia comê-lo imediatamente, mas, se esperasse o retorno do pesquisador, ganharia um segundo marshmallow. Dez anos depois, Goleman rastreou os participantes do experimento, que já estavam no ensino médio. Aqueles que conseguiram controlar os impulsos, que esperaram para ganhar dois marshmallows, tinham um desempenho social e acadêmico significativamente melhor.

A falta do controle de impulsos prejudica Louis, um professor universitário de 35 anos. Ele é estimado pela maioria dos colegas, que o consideram divertido e animado, mas também é alvo de muitas piadas, pois deixa escapar comentários inapropriados nas reuniões do corpo docente, verbalizando cada pensamento. Ele é rápido em se desculpar, mas igualmente rápido em cometer o mesmo erro. Ele bebe demais socialmente, come em excesso e já levantou suspeitas sobre seus relacionamentos com alguns alunos. O id de Louis é mais dominante do que o superego, ou seja, os desejos hedonistas costumam prevalecer sobre a mente racional. Seu padrão é ficar entusiasmado com um novo projeto e dedicar-se com afinco, mas, de repente, perder o interesse e desistir. Nas palavras de Louis: “Sinto-me uma criança de 12 anos. Sou impulsivo na vida pessoal e profissional. Tenho dificuldade em controlar as emoções e em dizer não a mim mesmo. Quando fico empolgado com alguma coisa, eu me empenho, mas não consigo manter o interesse.”

Faz sentido inferir que a regulação emocional e o controle de impulsos estão estreitamente relacionados, e nossas análises comprovam isso — as pessoas com alta pontuação de controle de impulsos tendem a ter um resultado similar na regulação emocional. Acreditamos na conexão entre esses fatores porque eles exploram sistemas de crenças semelhantes. Portanto, se o seu controle de impulsos for baixo, você aceitará a primeira crença impulsiva sobre determinada situação e agirá de acordo. Isso pode acarretar consequências negativas que prejudicam a resiliência. Assim como no caso da regulação emocional, a primeira habilidade-chave para o controle de impulsos é aprender seus ABCs, que discutiremos na próxima seção. O ABC explica a forma como os pensamentos determinam as emoções e o comportamento. Após dominar essa habilidade, é possível avançar. Ao evitar armadilhas de pensamento, você detectará as crenças impulsivas e entenderá como elas sabotam a resiliência. E, ao desafiar crenças, conseguirá aumentar o controle de impulsos e ter pensamentos mais precisos, obtendo uma regulação emocional mais eficaz e um comportamento mais resiliente.

Controle de Impulsos			
Anote sua pontuação nos itens a seguir:		**Anote sua pontuação nos itens a seguir:**	
Item 4	_______	Item 11	_______
Item 15	_______	Item 36	_______
Item 42	_______	Item 38	_______
Item 47	_______	Item 55	_______
Total Positivo	_______	Total Negativo	_______

Total Positivo menos Total Negativo = ____________
(esta é sua pontuação de controle de impulsos).

Acima da Média:	Pontuação maior que 0
Na Média:	Pontuação entre -6 e 0
Abaixo da Média:	Pontuação menor que -6

Otimismo e Resiliência

"Ah, sim, o jogo consiste em encontrar alegria em qualquer situação", respondeu Poliana, com ar sério. "E começamos com as muletas."

"Não vejo motivo para ficar contente — ganhar muletas quando se quer uma boneca!"...

"Ora, é só ficar contente por não precisar delas!"

— ELEANOR H. PORTER, *POLIANA*[5]

As pessoas resilientes são otimistas. Elas acham que as coisas podem melhorar, têm esperança no futuro e acreditam que controlam a direção de sua vida. Em comparação com os pessimistas, os otimistas são fisicamente mais saudáveis, têm menos probabilidade de sofrer depressão, se saem melhor nos estudos, são mais produtivos no trabalho e vencem mais nos esportes. Esses fatos são corroborados por centenas de estudos.

O otimismo, é claro, significa enxergar o futuro como relativamente promissor. Ele abarca a crença na capacidade de lidar com as adversidades que inevitavelmente surgirão. E, sem dúvida, reflete o senso de autoeficácia, a fé na capacidade de resolver os próprios problemas e dominar o próprio mundo, outro fator importante da resiliência.

Nossa pesquisa mostra que o otimismo e a autoeficácia costumam estar associados. O otimismo é uma grande vantagem se estiver ligado à verdadeira autoeficácia, pois ele motiva você a buscar soluções e a continuar se esforçando para melhorar sua situação. Vale ressaltar que as pessoas que nutrem um otimismo desenfreado, do tipo Poliana, podem não se beneficiar. Na verdade, o otimismo irrealista pode levar as pessoas a ignorar ameaças para as quais precisam se preparar. Um otimista do tipo Poliana, quando diagnosticado com uma doença grave, pode dizer a si mesmo: "Ah, não é grande coisa. Minha condição não é séria. Ficarei bem", sendo improvável que ele siga as recomendações para aumentar as chances de recuperação. Portanto, o segredo para a resiliência e o sucesso é ter um otimismo realista, aliado à autoeficácia. E, como veremos, a autoeficácia é resultado da resolução bem-sucedida de problemas, que pode ser significativamente aprimorada ao desafiar crenças e colocar em perspectiva — duas habilidades que nos permitem dominar os elementos de nosso mundo que estão sob nosso controle.

Otimismo

Anote sua pontuação nos itens a seguir:		**Anote sua pontuação nos itens a seguir:**	
Item 18	_______	Item 3	_______
Item 27	_______	Item 33	_______
Item 32	_______	Item 39	_______
Item 53	_______	Item 43	_______
Total Positivo	_______	Total Negativo	_______

Total Positivo menos Total Negativo = ____________
(esta é sua pontuação de otimismo).

Acima da Média:	Pontuação maior que 6
Na Média:	Pontuação entre -2 e 6
Abaixo da Média:	Pontuação menor que -2

Análise Causal e Resiliência

Análise causal é um termo que usamos para nos referir à capacidade de identificar com precisão as causas dos problemas. Se não tivermos essa capacidade, estamos condenados a cometer os mesmos erros repetidas vezes.

Nosso mentor, Martin Seligman, e colaboradores identificaram um estilo de pensamento particularmente importante para a análise causal: o estilo explicativo.[6] É a maneira habitual de explicar os acontecimentos bons e ruins. O estilo explicativo possui três dimensões: personalização ("eu/não eu"), permanência ("sempre/não sempre") e abrangência ("tudo/não tudo"). Uma pessoa "Eu, Sempre, Tudo" automática e reflexivamente acredita que ela causou o problema (eu), que ele é duradouro e imutável (sempre) e que prejudicará todos os aspectos da vida (tudo). A seguir, apresentamos duas crenças "Eu, Sempre, Tudo":

1. "Meu filho está indo mal na escola *porque não passo tempo suficiente garantindo que ele faça a lição de casa. Sou uma péssima mãe."*
2. "Não fui promovido *porque sou muito tímido e não tenho boas habilidades interpessoais."*

Quando surgem problemas, uma pessoa "Não Eu, Não Sempre, Não Tudo" acredita que os outros ou as circunstâncias causaram o problema (não eu), que ele é efêmero e mutável (não sempre) e que não afetará muito a vida (não tudo). Tal pessoa interpreta as mesmas situações de forma muito diferente da pessoa "Eu, Sempre, Tudo":

1. "Meu filho está indo mal na escola *porque não tem estudado ultimamente."*
2. "Não fui promovido *porque eles não percebem o quanto tenho a oferecer."*

O estilo explicativo desempenha um papel tão importante na resiliência que retomaremos o assunto no próximo capítulo. No Capítulo 7, "Desafiar Crenças", você terá a oportunidade de mapear seu estilo explicativo e aprenderá um processo para sair da rotina de pensamento que ele representa.

Já testemunhamos como o estilo explicativo pode afetar profundamente o desempenho. Kathy e Len são um casal de meia-idade que conhecemos durante as aulas de psicologia anormal que lecionávamos. Ficávamos impressionados com as perguntas perspicazes de Len e Kathy e sua maneira incisiva, mas respeitosa, de desafiar algumas das teorias apresentadas. Antes da primeira prova, presumimos que ambos teriam as notas mais altas da turma. Para nossa surpresa, Kathy tirou 7,5 e Len tirou 5. Quando vieram conversar sobre a prova, a diferença de propósito ficou evidente.

Kathy estava bem mais chateada do que Len, embora sua nota fosse maior, e isso fazia sentido dadas as explicações deles. Segundo Kathy, ela tirou 7,5 porque não era "inteligente o bastante para a psicologia". Len, por outro lado, disse: "Acho que tirei 5, pois ainda não descobri a melhor maneira de estudar para as provas." O estilo "Eu, Sempre, Tudo" de Kathy a deixou desanimada, enquanto o estilo de Len o fez buscar soluções.

É fácil perceber como o estilo explicativo afeta a análise causal. As pessoas que remoem as causas "sempre, tudo" de seus problemas não conseguem enxergar uma forma de mudar a situação. Elas se sentem incapazes e sem esperança. As que se concentram nas causas "não sempre, não tudo" se sentem motivadas e capazes de encontrar soluções. Mas as pessoas mais resilientes são aquelas que possuem flexibilidade cognitiva e conseguem identificar todas as causas significativas das adversidades, sem se prender a um estilo explicativo específico. Elas são realistas no sentido de que não ignoram os fatores permanentes e abrangentes. E também não culpam os outros por seus erros a fim de preservar a autoestima ou se eximir da responsabilidade. Elas não desperdiçam suas valiosas reservas de resiliência ruminando os eventos ou as circunstâncias fora de seu controle. Elas direcionam seus recursos de resolução de problemas para os fatores controláveis e, por meio de mudanças incrementais, começam a superar, enfrentar, se recuperar e expandir. Assim como alguém que sente a necessidade de melhorar o controle de impulsos e o otimismo, se você precisa aprimorar a análise causal, desafiar crenças provavelmente é a habilidade mais eficaz.

Análise Causal

Anote sua pontuação nos itens a seguir:		**Anote sua pontuação nos itens a seguir:**	
Item 12	______	Item 1	______
Item 19	______	Item 41	______
Item 21	______	Item 44	______
Item 48	______	Item 52	______
Total Positivo	______	Total Negativo	______

Total Positivo menos Total Negativo = ____________
(esta é sua pontuação de análise causal).

Acima da Média:	Pontuação maior que 8
Na Média:	Pontuação entre 0 e 8
Abaixo da Média:	Pontuação menor que 0

Empatia e Resiliência

Sua pontuação de empatia representa o quão capaz você é de decifrar os estados psicológicos e emocionais de outras pessoas. Alguns de nós são hábeis em interpretar o que os psicólogos chamam de sinais não verbais — expressões faciais, tom de voz, linguagem corporal — e identificar pensamentos e sentimentos. Alguns não desenvolveram essas habilidades e, portanto, são incapazes de se colocar no lugar do outro, apenas presumindo ações e sentimentos alheios. Essa incapacidade de interpretar sinais não verbais pode ser prejudicial nos negócios, em que o progresso na hierarquia geralmente requer habilidades de networking, e para os gerentes, cujo trabalho é entender a melhor forma de motivar os funcionários. Também pode ser prejudicial nas relações pessoais, em que as pessoas precisam se sentir compreendidas e valorizadas. Aqueles com baixa empatia, mesmo os bem-intencionados, tendem a repetir os mesmos padrões de comportamento não resilientes e são conhecidos por "menosprezar" as emoções e os desejos alheios. Mas a pontuação de empatia pode ser aprimorada.

Na Parte Dois, você descobrirá como aprender seus ABCs e detectar icebergs, reconhecendo o que o motiva a traçar seu caminho pelo mundo. Essas mesmas habilidades podem ser aplicadas à forma como você lida com os outros — para se conectar melhor com as pessoas queridas e para entender por que determinado funcionário procrastina em projetos importantes ou por que seu filho adolescente se tornou introvertido e taciturno.

Empatia			
Anote sua pontuação nos itens a seguir:		**Anote sua pontuação nos itens a seguir:**	
Item 18	______	Item 24	______
Item 34	______	Item 30	______
Item 37	______	Item 50	______
Item 46	______	Item 54	______
Total Positivo	______	Total Negativo	______

Total Positivo menos Total Negativo = __________
(esta é sua pontuação de empatia).

Acima da Média:	Pontuação maior que 12
Na Média:	Pontuação entre 3 e 12
Abaixo da Média:	Pontuação menor que 3

Autoeficácia e Resiliência

A autoeficácia é a sensação de que somos eficazes no mundo. Ela representa nossa crença de que conseguiremos resolver os problemas, bem como nossa fé na capacidade de prosperar. Já dedicamos muito tempo à discussão da autoeficácia, então vamos mostrar como ela é usada em uma situação real. No trabalho, os indivíduos que confiam em sua capacidade de resolver problemas emergem como líderes, enquanto aqueles que carecem dessa confiança se perdem na multidão. Sem querer, eles transmitem sua insegurança aos colegas, que passam a recorrer a outras pessoas.

Lynn e Greg trabalham no mesmo departamento de uma empresa de telecomunicações da Fortune 500. Ambos são novos na empresa e têm uma formação semelhante. Após seis meses em seus respectivos cargos, duas trajetórias de carreira surgiram. Greg alcançou pequenos sucessos, mas nenhum deles o convenceu de que estava à altura da função. Ele ainda não acredita que consegue concluir o projeto esperado. Por outro lado, os pequenos êxitos de Lynn aumentaram a confiança dela. A cada conquista, ela acredita que possui os talentos e as habilidades genuínas para controlar o ambiente de trabalho. A diferença está na forma como Lynn e Greg respondem aos desafios profissionais. A autoconfiança de Lynn e a crença em sua capacidade de resolver os problemas permitiram que ela enfrentasse as inevitáveis complicações do trabalho. Em contraste, Greg se mostrou passivo diante de desafios semelhantes, sentindo-se incapaz de encontrar soluções e despreparado para colocar em prática as sugestões de outras pessoas. Como resultado de sua resiliência, Lynn se destacou. Ela assumiu mais responsabilidades e recebeu a oportunidade de participar de um treinamento avançado, direcionado aos profissionais em progressão de carreira.

A resiliência de Lynn possibilita uma trajetória de carreira positiva, enquanto a insegurança e a ineficácia de Greg acentuam as dificuldades. Na Parte Dois, ensinaremos as habilidades para desenvolver a confiança e melhorar a eficácia — ao evitar armadilhas de pensamento, você afastará as suposições sobre as causas das adversidades e, ao desafiar crenças, se tornará mais preciso na resolução de problemas. Com essas habilidades, você se sairá melhor no trabalho e nos relacionamentos, adquirindo uma nova confiança e um senso de autoeficácia.

Autoeficácia			
Anote sua pontuação nos itens a seguir:		**Anote sua pontuação nos itens a seguir:**	
Item 5	_______	Item 9	_______
Item 28	_______	Item 17	_______
Item 29	_______	Item 20	_______
Item 49	_______	Item 22	_______
Total Positivo	_______	Total Negativo	_______

Total Positivo menos Total Negativo = ____________
(esta é sua pontuação de autoeficácia).

Acima da Média:	Pontuação maior que 10
Na Média:	Pontuação entre 6 e 10
Abaixo da Média:	Pontuação menor que 6

Expansão e Resiliência

Até o momento, compartilhamos seis capacidades que possibilitam a resiliência diante dos problemas. Mas, como vimos, a resiliência não se trata apenas de superar, enfrentar e se recuperar. Ela também nos permite melhorar os aspectos positivos da vida. A resiliência é a fonte da nossa capacidade de expandir, e um número surpreendente de pessoas não consegue fazê-lo. Por que alguns têm medo de expandir? Porque aprenderam desde cedo que o constrangimento deve ser evitado a todo custo. É melhor permanecer na zona de conforto, mesmo que signifique uma vida limitada, do que se expor ao fracasso e à ridicularização. Para outros, como veremos no Capítulo 8, essa incapacidade reflete a tendência de superestimar a probabilidade de adversidades futuras. E, como veremos no Capítulo 5, as pessoas costumam valorizar as falhas por ação e menosprezar as falhas por omissão. Ou seja, o fracasso ao agir é considerado mais prejudicial ao sucesso do que a inação.

A expansão é afetada pelo receio de explorar os verdadeiros limites da capacidade. Inconscientemente, as pessoas com esse estilo de pensamento, conhecido como autossabotagem, reprimem suas ações: "Se eu não tentar, posso dizer a mim mesmo que falhei por não agir; assim, não precisarei enfrentar o fato de que não sou bom o suficiente." Essas pessoas tendem a superestimar a probabilidade de que tentativas fracassadas levem a resultados catastróficos. Se você deseja melhorar a capacidade de expandir, nossas habilidades certamente ajudarão. Mostraremos como detectar icebergs para descobrir as crenças profundas que o impedem de criar vínculos e encarar novos desafios. Explicaremos como desafiar crenças para testar suas suposições e ensinaremos a colocar em perspectiva para conter seus medos de expandir. Apresentaremos a resiliência em tempo real para que você possa combater as crenças não resilientes à medida que elas surgem.

Expansão			
Anote sua pontuação nos itens a seguir:		**Anote sua pontuação nos itens a seguir:**	
Item 6	_______	Item 16	_______
Item 8	_______	Item 35	_______
Item 17	_______	Item 45	_______
Item 40	_______	Item 51	_______
Total Positivo	_______	Total Negativo	_______

Total Positivo menos Total Negativo = ___________
(esta é sua pontuação de expansão).

Acima da Média:	Pontuação maior que 9
Na Média:	Pontuação entre 4 e 9
Abaixo da Média:	Pontuação menor que 4

Lembre-se: É Possível Aumentar a Resiliência

Algumas pessoas ficam surpresas por não terem obtido uma pontuação mais alta no Teste de QR. Não desanime. Com as habilidades ensinadas neste livro, você conseguirá aprimorar cada uma das sete capacidades. Como veremos no próximo capítulo, mudanças significativas são possíveis.

CAPÍTULO 3

Preparando o Terreno

Ao comprar este livro, você tomou uma decisão importante. Decidiu acreditar que seu destino pode ser alterado e moldado — que você é capaz de assumir o controle de seu comportamento e a direção de sua vida. Compartilhamos dessa crença. Mas, antes de aprender as sete habilidades que incitarão essas mudanças, é pertinente considerar a história por trás delas. Para tanto, neste capítulo, apresentaremos a base sobre a qual nosso trabalho é construído.

Nosso trabalho é fundamentado em décadas de pesquisa dedicada ao estudo da resiliência, das variáveis que a prejudicam, dos fatores que a preservam e dos seus efeitos no progresso posterior.[1] No entanto, de muitas maneiras, seguimos uma direção diferente e traçamos um caminho distinto dos cientistas que nos antecederam. Neste capítulo, compartilharemos os quatro princípios nos quais nosso trabalho se respalda — os quatro pilares que fornecem a base para as habilidades de resiliência. Em nossos anos ministrando palestras, constatamos que, antes de se dedicarem às habilidades, algumas pessoas gostam de analisar a teoria subjacente. Este capítulo é uma oportunidade de "testar" nossa filosofia. Outras pessoas se preocupam menos com a base teórica e estão ansiosas para aprender as habilidades. Nesse caso, sinta-se à vontade para ir direto para a Parte Dois.

Ao examinarmos os últimos quinze anos de nossa pesquisa, temos a sensação de que o caminho percorrido foi, de alguma forma, inevitável. Como cientistas, acreditamos que nossa filosofia deve ser moldada pelos dados, e as descobertas de pesquisas em nossa área nos impulsionaram em direção aos quatro princípios que defendemos. E, a partir desses princípios, nossa missão foi definida — desenvolver e validar programas que aumentem a resiliência por meio de um pensamento mais preciso.

Pilar 1: A Mudança de Vida É Possível

Como mencionado, compartilhamos da crença de que as pessoas podem mudar sua vida. É um conceito poderoso, mas recente. A noção de que os humanos não estão aprisionados pelas consequências da primeira infância, de que são capazes de mudar seu comportamento, parece óbvia para algumas pessoas. Mas, historicamente, acreditava-se que a mudança duradoura era impossível. E, ainda hoje, muitos se apegam à ideia de que os primeiros anos de vida determinam todos os aspectos de uma pessoa e seu futuro. No início do século XX, Sigmund Freud, conhecido como o "pai" da psicologia moderna, afirmou que nossa personalidade é em grande parte formada por volta dos 5 anos, e ele era pessimista sobre nossa capacidade de mudança. Freud foi bastante influenciado pela filosofia racionalista de Thomas Hobbes, que tinha uma visão sombria da humanidade, condenando nossa natureza como sórdida e egoísta e nossa vida como brutal e curta. Poderíamos transcender esse egoísmo e nos redimir? De acordo com Hobbes, não. Nossa personalidade era inata e fixa, e nada poderia mudá-la. Freud estava disposto a admitir que, após anos de terapia dispendiosa e demorada, alguns resultados positivos poderiam surgir. Mas certamente, em sua opinião, ninguém poderia confiar em si mesmo para se "consertar", e nenhum livro de autoajuda faria diferença na patologia existente em todos nós.

As últimas oito décadas na psicologia representam uma batalha sobre a natureza humana. Freud participou do debate em torno de uma questão crucial: quais são as forças que moldam nosso comportamento e elas podem ser controladas? As respostas definem o cerne do que significa ser humano.

Na década de 1920, havia certa insatisfação com as ideias de Freud entre os psicólogos. Os dissidentes adotaram uma filosofia muito diferente da freudiana, fundamentando-se no empirismo de John Locke e Jean-Jacques Rousseau, que propuseram que nascemos como uma *tabula rasa*, não com egoísmo e ganância inatos, mas como páginas em branco, aguardando as impressões formativas das experiências. Eles concluíram que, assim como a aprendizagem molda nossa essência e nossas atitudes, podemos superar o passado a partir de novos aprendizados. O que é aprendido pode ser desaprendido.

De acordo com essa abordagem, as pessoas não são vítimas fatalistas da ancestralidade ou do passado. Somos livres para mudar nossa vida a qualquer momento — se tivermos o motivo, a motivação e as habilidades apropriadas. A teoria de que somos os mestres de nosso destino é libertadora e está alinhada ao pensamento moderno. E os dados de pesquisa a corroboram — as pessoas *podem* mudar de forma positiva e permanente. Adotamos esse princípio como o primeiro pilar de nossa base teórica.

O Pessimismo de Freud

Por que Freud era tão pessimista sobre nossa capacidade de mudar a nós mesmos e nossa vida radicalmente? Duas facetas de sua teoria acarretaram esse pessimismo. Primeira, ele acreditava que eram as misteriosas forças da mente inconsciente que nos levavam a nos comportar de determinada maneira, que só podíamos ter vislumbres ocasionais desse reino inconsciente, tornando quase impossível adquirir qualquer tipo de controle sobre a atividade da mente. Segunda, ele acreditava que o cerne do desenvolvimento da personalidade se formava nos primeiros cinco anos de vida. Todo o desenvolvimento subsequente apenas se envolvia em torno desse cerne, como se fosse uma segunda pele, mas não poderia afetar nossa essência. Essa essência estava enraizada em nossa psique — em grande parte fora do alcance de quaisquer efeitos positivos trazidos por novas experiências ou terapias de curto prazo.

Freud centrou sua teoria no inconsciente por mero acaso. Após se formar na faculdade de medicina da Universidade de Viena, ele foi para Paris fazer um estágio com Jean-Martin Charcot. Charcot, renomado hipnotista, se especializou no tratamento da histeria. Pacientes histéricos costumavam perder a visão ou os movimentos, mas nenhum médico conseguia encontrar uma causa física óbvia. Sob a hipnose de Charcot, os pacientes eram capazes de enxergar e andar — pelo menos até que o transe hipnótico fosse interrompido. Quando eles saíam da hipnose, suas enfermidades voltavam.

A experiência com Charcot deixou uma impressão profunda e duradoura em Freud, na época com 29 anos. Ele suspeitava que a cegueira e a paralisia aconteciam devido a conflitos na mente inconsciente. Esses conflitos inconscientes geravam culpa, ansiedade e agressividade exacerbadas, bem como impulsos de agir que, se expressos, poderiam sobrecarregar os pacientes. O ego trabalhava para protegê-los desses segredos sombrios, para manter os conflitos longe da consciência. A cegueira ou a paralisia fazia parte da estratégia do ego. Mas, com o ego enfraquecido pela hipnose, o comportamento reprimido não podia ser refreado, e os pacientes eram capazes de enxergar ou andar. Após a experiência com Charcot, Freud concluiu que a mente inconsciente, com seus conflitos e sua energia fixa, era o principal motor do comportamento humano. E, como o inconsciente estava, por definição, fora da consciência, era praticamente impossível para as pessoas mudarem a si mesmas e impossível para um psicólogo facilitar a mudança sem um processo terapêutico prolongado. Como consequência, surgiu o pessimismo de Freud.

O que aconteceu nesses cruciais quarenta anos, aproximadamente entre as décadas de 1920 e 1960? Os seguidores otimistas de Locke e Rousseau, que enfatizaram a capacidade de mudança por meio da aprendizagem, discordaram de Freud em outra questão fundamental. Freud era um grande pensador, até mesmo um filósofo, mas não um cientista. Ele desenvolveu grande parte de sua teoria antes do método científico se tornar popular. A nova geração de psicólogos queria introduzir a prática científica na psicologia.

Os cientistas realizam experimentos. Contrariando o dogma da época, Galileu acreditava que os objetos caíam na mesma velocidade, independentemente de seu peso. Para testar, ele subiu até o topo da Torre de Pisa (uma subida reta naqueles dias, já que não havia começado a inclinar), soltou várias esferas de diferentes pesos e cronometrou as quedas. De forma sistemática, ele alterou um aspecto do ambiente e observou o resultado. Esse é o verdadeiro método científico. Assim, para que a psicologia fosse uma ciência, argumentava-se que os psicólogos deveriam ser capazes de alterar sistematicamente, ou "manipular", no jargão científico, uma variável observável de cada vez.

As teorias de Freud não poderiam ser testadas dessa maneira. Conflitos não resolvidos não podem ser manipulados experimentalmente; as defesas inconscientes do ego não podem ser observadas. A nova psicologia insistia que havia apenas um aspecto relevante para o campo de estudo — não as emoções ou os estados mentais, que não podem ser vistos, mas o comportamento, que é passível de observação. E foi assim que a nova onda recebeu o nome de *behaviorismo*.

No entanto, à medida que a ênfase no comportamento como o único nível adequado de estudo se tornou mais radical, os psicólogos se desiludiram com a escola behaviorista, uma situação que quase certamente foi motivada por seus líderes. John B. Watson, o primeiro grande behaviorista norte-americano, queria que todas as referências a estados mentais e emocionais fossem banidas da psicologia. B. F. Skinner, outro grande defensor do behaviorismo, apresentou uma face igualmente não humanitária. Na verdade, ele desenvolveu e recomendou um berço que atendia a todas às necessidades da criança sem que o cuidador estivesse presente, já que considerava o cuidado de hora em hora uma tarefa árdua. Em sua primeira entrevista na televisão, Skinner foi questionado: "Se precisasse escolher, você queimaria seus filhos ou seus livros?" Sem hesitar, ele respondeu que queimaria os filhos, já que a contribuição de seu trabalho para o futuro da sociedade era muito maior do que a de seus genes.[2]

De nossa perspectiva do século XXI, tudo isso nos parece estranho. Mas, nas décadas de 1920, 1930 e 1940, a psicologia mergulhou de cabeça no behaviorismo, construindo laboratórios por todos os EUA com a premissa de que o estudo do reforço e da punição em ratos, cães e pombos revelaria tudo o que queríamos saber sobre o comportamento humano. Qualquer referência a emoções, estados mentais e mente foi excluída do cenário da psicologia. Morton Hunt, historiador magistral da psicologia, cita um comentário perspicaz da época: "Primeiro, a psicologia perdeu a alma para Darwin; agora, perdeu a cabeça para Watson."[3]

Pode ser mais fácil aplicar a ciência ao estudo do comportamento do que ao estudo dos pensamentos e das emoções. Mas, se os pensamentos e as emoções impulsionam o comportamento, então, mesmo que o método científico seja mais difícil, eles devem ser estudados se quisermos entender as pessoas — incluindo sua resiliência. Há uma velha piada sobre o behaviorismo entre os psicólogos. Um behaviorista perde a chave do carro e começa a procurá-la freneticamente no estacionamento. Um colega o encontra procurando a chave sob um poste de luz e oferece ajuda. Após cerca de trinta minutos, o colega pergunta se o behaviorista tem certeza de que perdeu a chave ali. "Não", responde ele. "Na verdade, tenho quase certeza de que a perdi naquele beco escuro. Mas a luz é muito melhor aqui." Pode ser mais fácil lançar a luz da ciência sobre o comportamento, mas, se o pensamento é a chave para aumentar a resiliência, é ele que precisamos estudar.

Pilar 2: O Pensamento É a Chave para Aumentar a Resiliência

A década de 1960 foi o momento oportuno para um ressurgimento do interesse no estudo das emoções e dos pensamentos. Essa revolução silenciosa foi liderada por um psiquiatra despretensioso de Providence, Rhode Island: o Dr. Aaron Beck. Ele parecia um avô comum, não transmitindo a imagem de um revolucionário que transformaria a prática da psicologia. Apenas os cabelos brancos chamativos e a gravata borboleta colorida indicavam um iconoclasta. Mas Beck certamente revolucionou a psicologia.

Quando Beck nasceu, em julho de 1921, Freud estava no auge da carreira. Aaron Beck aderiu a essa tradição ao ingressar no programa de psiquiatria de Yale, em 1942. Como psiquiatra em formação, ele se viu tentando seguir o modelo psicanalítico no qual havia sido treinado, desvendando as camadas de defesa dos pacientes para liberar, do inconsciente, a energia fixa que supostamente causava a depressão e a ansiedade. Mas, diante das técnicas psicanalíticas, os pacientes reagiam de forma "estranha". Para a maioria, não era natural falar sobre seus sonhos ou sua mãe. Eles queriam falar sobre os acontecimentos *atuais* de sua vida, sobre o que os havia levado à terapia. E compartilhavam os pensamentos sobre si mesmos, sobre seu mundo e sobre seu futuro. "Não consigo fazer nada direito"; "Minha vida está fora de controle"; "Ninguém consegue me amar".

Beck notou que esses pensamentos, ou *cognições,* eram compartilhados quase simultaneamente com as emoções durante as sessões de terapia. Ao longo dos anos, ele passou a reconhecer o que inúmeras pesquisas agora confirmam — as cognições provocam emoções, e as emoções são importantes para determinar quem permanece resiliente e quem sucumbe. Beck desenvolveu uma abordagem chamada terapia cognitiva, na qual os pacientes aprendem a mudar seu pensamento para superar a depressão e a ansiedade. A terapia cognitiva ganhou renome mundial, e Beck fundou seu Centro de Terapia Cognitiva na Universidade da Pensilvânia, onde estávamos concluindo nossa formação como psicoterapeutas quando Joe tornou-se nosso paciente.

Joe chegou ao centro após oito anos malsucedidos de psicanálise freudiana. Ele estava cético, desiludido e muito pessimista sobre a capacidade de mudar qualquer coisa em sua vida. Suas primeiras palavras para Andrew foram inesquecivelmente desanimadoras: "Não espero que essa terapia cognitiva funcione. Mas, como está me custando dinheiro, ficarei feliz se você falhar em menos tempo do que meu ex-psicanalista." Joe era um caso difícil. Ele se sentia incapaz e sem esperança, muitas vezes externalizando sua frustração. As primeiras semanas de terapia foram como enfrentar uma tempestade. Ele costumava arremessar canetas e outros objetos e, em certa ocasião, arrancou uma estante da parede do consultório de Andrew. No entanto, ao aprender as habilidades necessárias para reforçar a resiliência, em surpreendentemente pouco tempo, ele conseguiu recolocar a vida nos trilhos e se tornar um ser humano funcional.

Joe explicou como desejava que a terapia cognitiva fosse diferente da psicanalítica. "Eu me sentia como a vítima de um acidente", disse. "Era como se a ansiedade e a depressão tivessem me atropelado, deixando-me em uma vala à beira da estrada. Meu ex-psicanalista passou oito anos me examinando — bem ali, enquanto eu estava caído. Ele detalhou cada osso quebrado e órgão rompido, cada inchaço e hematoma. Mas não mudou nada. Não tratou as fraturas nem aliviou a dor. Nem sequer me tirou da vala. Não quero mais saber o quão ferido estou. Procuro alguém que me cure."

Suas lembranças de se sentir ansioso e depressivo remontavam à pré-escola. Joe se lembrava de poucos momentos em que se sentiu verdadeiramente feliz. Aos 30 e poucos anos, a situação começou a piorar. Ele apresentava todos os sinais de transtorno do pânico — crises de ansiedade repentinas e angustiantes que ocasionavam medo intenso, sudorese, tremores, palpitações, falta de ar e um pensamento persistente de que estava morrendo ou enlouquecendo. Joe começou a se afligir no trabalho, o que interferia profundamente em seu desempenho como representante de marketing. Ele também foi diagnosticado com transtorno de ansiedade generalizada, caracterizado por preocupações crônicas e infundadas. Depressivo a maior parte do tempo, ele se sentia sem esperança e desamparado, e muitas vezes chorava sem motivo aparente.

Joe recorreu à terapia cognitiva por recomendação de um amigo. A terapia cognitiva é uma forma de diálogo entre o terapeuta e o cliente. Juntos, eles lidam com os sistemas de crenças e pensamentos-cognições imprecisos. A abordagem é baseada em técnicas e tem um limite de tempo, com ênfase em equipar os pacientes com habilidades eficazes que estabilizem a vida o mais rápido possível. Ela é focada no aqui e agora, com pouca ou nenhuma dedicação a explorar as relações com os genitores na infância ou os pormenores do desfralde. É otimista sobre a capacidade das pessoas de melhorar radicalmente sua vida, reconhecendo que mudanças reais e duradouras podem ser efetuadas em questão de semanas ou meses.

Junto com Andrew, Joe começou a lidar com seu quadro sintomático, empregando as técnicas cognitivo-comportamentais mais recentes. Em poucos meses, ele não apresentava mais sintomas, retornando ao trabalho e se sentindo melhor do que nunca. Após algumas sessões de acompanhamento, ficou evidente que Joe havia dominado as habilidades, e ele e Andrew se despediram.

A terapia cognitiva funciona para a maioria das pessoas, assim como funcionou para Joe. Inúmeras evidências demonstram que a terapia cognitiva é um tratamento altamente eficaz para a ansiedade e a depressão. O otimismo pós-freudiano foi comprovado — as pessoas são capazes de mudar sua vida se encontrarem as ferramentas certas. Essas ferramentas funcionaram para Joe porque ele se concentrou no que realmente importava: suas crenças, seus pensamentos e suas emoções. O sucesso dessa abordagem ressalta o que muitos de nós já suspeitávamos — os pensamentos e as emoções são o cerne de quem somos; eles representam nossa essência como seres humanos. E a terapia cognitiva é a base das sete habilidades deste livro.

Pilar 3: O Pensamento Preciso É o Segredo

Por muito tempo, uma suposição básica na psicologia tem sido que a saúde mental se baseia na sólida compreensão da realidade. De acordo com essa visão, o modelo de saúde mental é a pessoa que consegue avaliar com precisão seus pontos fortes e fracos, identificar com precisão os riscos e as consequências, determinar com precisão as verdadeiras causas dos problemas e avaliar com precisão a si mesma e os outros. A noção de que o pensamento realista é importante foi reforçada pelos primeiros teóricos da cognição, que afirmavam que as pessoas geralmente interagiam com o mundo como um cientista faria. Em outras palavras, as pessoas coletam dados de forma imparcial, agregam os dados de maneira lógica e, em seguida, chegam a uma conclusão precisa e empiricamente respaldada. Claro, a cognição humana na vida real é muito menos organizada. Quando se trata de avaliar a nós mesmos, os outros e as situações, somos péssimos cientistas. Coletamos dados incompletos, usamos atalhos para processá-los, fazendo avaliações tendenciosas, e cometemos erros de interpretação que muitas vezes corroboram nossa hipótese preferida. Como dois psicólogos descreveram: "Em vez do cientista imparcial, que adentra o ambiente em busca da verdade, encontramos a imagem desfavorável do charlatão, que tenta manipular os dados da maneira mais vantajosa para suas crenças já estabelecidas."[4]

Certamente, todos reconhecem que distorções drásticas da realidade, como delírios e alucinações, são características de transtornos mentais graves, como esquizofrenia e bipolaridade. Do mesmo modo, a maioria concorda que alguém que insiste que é um astro do basquete, mas não é capaz de fazer uma simples cesta, erra a maior parte dos lances livres e não consegue driblar sem tropeçar, está enganando a si mesmo e os outros. Encontraríamos falhas em sua versão da realidade e duvidaríamos de sua saúde mental. No entanto, alguns psicólogos reconsideraram a importância da precisão e do realismo e começaram a questionar o quão sólida a compreensão da realidade deve ser.

Dois psicólogos, Shelley Taylor e Jonathan Brown, são responsáveis pelo renovado interesse da psicologia na importância da precisão para a saúde mental. Eles argumentam que as pessoas processam o mundo de uma forma que muitas vezes leva a ilusões positivas — padrões gerais e duradouros de erro e viés que acarretam autoavaliações irrealisticamente favoráveis, percepções exageradas de controle e otimismo irrealista. Taylor e Brown relatam que, em vez de manter um equilíbrio na avaliação de positivo e negativo, as pessoas costumam ter autopercepções fortemente inclinadas para o lado positivo da escala. Além disso, Taylor e Brown sugerem que essas ilusões podem melhorar a saúde mental. Eles afirmam que as pessoas mais saudáveis tendem a superestimar seu nível de controle do ambiente, a se enxergar de forma excessivamente positiva e a ser irrealisticamente otimistas em relação ao futuro.[5]

Mas estamos dispostos a debater essa afirmação. A preponderância dos dados sugere que há perigos óbvios nas ilusões otimistas e vantagens óbvias no que chamamos de "otimismo realista". Por exemplo, pesquisas mostram que as pessoas irrealisticamente otimistas tendem a subestimar o risco de problemas de saúde e que, longe de ser útil, a atitude "não acontecerá comigo" as faz evitar ações preventivas. Os fumantes que não acreditam em sua suscetibilidade ao câncer são menos propensos a largar o vício e, muitas vezes, recorrem ao autoengano para continuar desfrutando da experiência de fumar. Afinal, seria muito difícil saborear um cigarro ao se concentrar na crença de que os pulmões estão escurecendo e no risco real de câncer de pulmão ou garganta. Da mesma forma, as adolescentes que acreditam que não engravidarão ou que não contrairão uma doença sexualmente transmissível são menos propensas a usar preservativos e a procurar tratamento quando os sintomas surgem. Descobriu-se também que o otimismo irrealista diminui a resistência ao estresse. Em um estudo, os pesquisadores constataram que as pessoas irrealisticamente otimistas sobre seu estado de saúde eram menos resistentes ao estresse, conforme medido por sintomas fisiológicos, como frequência cardíaca acelerada e pressão arterial diastólica elevada, do que as pessoas verdadeiramente saudáveis ou, mais importante, que estavam preocupadas com seus problemas de saúde. Do mesmo modo, as pessoas que reprimem as emoções negativas e tentam se concentrar apenas nos sentimentos positivos têm reações fisiológicas mais intensas ao estresse do que aquelas que são mais realistas e aceitam as emoções negativas.[6]

O otimismo realista é a capacidade de manter uma visão favorável sem negar a realidade, apreciando ativamente os aspectos positivos de uma situação sem ignorar os aspectos negativos. É almejar e esperar por resultados positivos, esforçando-se para obtê-los sem presumir que são uma certeza. O otimismo realista não pressupõe que coisas boas acontecerão automaticamente. Ele consiste na crença de que coisas boas podem acontecer e merecem ser buscadas, mas que o esforço, a resolução de problemas e o planejamento são necessários para alcançá-las.

Pilar 4: Reorientar os Pontos Fortes

> *Não vivemos plenamente; não preenchemos todos os poros com sangue; não inspiramos e expiramos o suficiente...*
>
> *Poderia um fole nos ajudar? Para que nossa respiração provocasse o vento em um dia calmo! Vivemos apenas uma fração da vida. Por que não deixamos a inundação levantar as comportas e colocar as engrenagens em movimento? Aquele que tem ouvidos para escutar, escute.*
>
> — HENRY DAVID THOREAU, *JOURNAL*, 13 DE JUNHO DE 1851

Você se lembra de Joe, o paciente de Andrew? Cerca de um ano após finalizar a terapia, livre de depressão e ansiedade, ele telefonou para Andrew. "Doutor", disse, "você se lembra da minha história da vala?". Como Andrew poderia esquecer? "Bem, você me ajudou a andar de novo. Mas pode me ajudar a correr?"

Joe se livrou dos sintomas de ansiedade e depressão que o atormentaram a maior parte da vida. Ele não estava mais chorando inesperadamente, se afligindo no trabalho ou sentindo medo quando separado das pessoas que amava. Mas ainda não era o bastante, pois não estava "florescendo". No final do telefonema, enquanto Joe e Andrew marcavam uma consulta para a semana seguinte, Andrew observou os títulos em sua estante de livros. *Walden*, de Henry David Thoreau. O barulho provocado pela depressão e pela ansiedade havia diminuído na vida de Joe; agora seu desespero era do tipo silencioso. Ele queria preencher todos os poros com sangue, colocar as engrenagens em movimento. Mas, mesmo com as ferramentas clínicas à disposição, Andrew não tinha técnicas para guiar Joe à "vida plena". Uma situação que logo mudaria.

A terapia cognitiva deu a Joe a resiliência de "superação" para dissipar os medos que o assombravam desde a infância; concedeu-lhe a resiliência de "enfrentamento" para encarar as preocupações cotidianas no trabalho e em casa; e até lhe deu a resiliência de "recuperação" para lidar com o câncer de sua irmã. Mas a resiliência vai além — Joe não estava "expandindo".

A Nova Missão da Psicologia: Expandir

A psicologia nem sempre se concentrou nas doenças e na remediação. Certamente, diagnosticar e curar transtornos mentais tem sido uma parte essencial da psicologia desde a era de Hipócrates, no século V a.C. Mas, antes da Segunda Guerra Mundial, a psicologia tinha duas missões adicionais: nutrir os talentos acima da média e promover a satisfação e a realização em todas as pessoas. No entanto, com o advento da Administração de Veteranos em 1946, os profissionais descobriram que poderiam ganhar a vida tratando "os doentes". Em 1947, surgiu o Instituto Nacional de Saúde Mental, que concedia grandes subsídios a psicólogos pesquisadores, desde que sua área de estudo fosse transtornos mentais. Assim, devido a áreas de financiamento estritamente definidas, a psicologia mudou profundamente o foco, passando dos aspectos positivos para os negativos.[7]

Os anos do pós-guerra foram marcados por uma mudança radical na psicologia, que está começando a se recuperar só agora. Os psicólogos se tornaram dedicados cronistas dos transtornos mentais, explorando as muitas variedades e desenvolvendo categorias e subcategorias cada vez mais complexas. A Associação Americana de Psiquiatria publicou pela primeira vez o *Manual Diagnóstico e Estatístico de Transtornos Mentais (DSM)* em 1952, uma lista de sintomas que se tornou a bíblia do diagnóstico. A edição tinha cem páginas. *O DSM-IV*, edição publicada em 1994, excedia novecentas páginas. Cada geração sucessiva de psicólogos foi imersa nesse modelo, sendo treinada nas metodologias de diagnóstico e na tradição de tratamento.

Em 1998, Martin Seligman, então presidente da Associação Americana de Psicologia, reconheceu uma oportunidade para restaurar as duas missões esquecidas. As sociedades em condições de ameaça ou déficit, como nos anos do pós-guerra, tendem a focar os aspectos negativos da vida. Mas, no final do século XX, os EUA experimentavam uma prosperidade sem precedentes. Com o fim da Guerra Fria e os indicadores econômicos atingindo máximas históricas, era o momento de ir "além da remediação". As inovações tecnológicas possibilitaram a medição e a categorização dos transtornos mentais, bem como a investigação de suas bases neurológicas, levando à criação de tratamentos eficazes. Essas mesmas metodologias, argumentou Seligman, poderiam ser aplicadas aos pontos fortes e às virtudes — por exemplo, coragem, habilidade interpessoal, racionalidade e realismo, discernimento, otimismo, honestidade, perseverança, capacidade de sentir prazer e de colocar os problemas em perspectiva, mentalidade futura e busca de propósito. Seligman defendeu a construção de uma nova ciência e prática — uma disciplina dedicada às duas missões negligenciadas.[8]

Chamada de psicologia positiva, essa nova ciência social visa criar um corpo de conhecimento empírico sobre o funcionamento humano ideal. O movimento da psicologia positiva tem dois objetivos básicos: aumentar a compreensão dos pontos fortes por meio do desenvolvimento de sistemas de classificação e de métodos para medir esses pontos fortes; e inserir esse conhecimento em programas e intervenções eficazes, destinados a encorajar os pontos fortes dos participantes em vez de remediar seus pontos fracos.

Nosso funcionamento no mundo é como um indicador, com números negativos e positivos. Quando procurou a terapia, Joe estava no lado negativo, lutando com sintomas graves que dificultavam sua capacidade de manter um emprego e encontrar um relacionamento afetivo. Ainda jovem, quase convencido de que a terapia não poderia ajudá-lo, ele se sentia terrivelmente desesperado ao encarar anos de agonia e sofrimento, muitas vezes pensando em acabar com a própria vida.

A terapia cognitiva fez com que Joe saísse dos números negativos, mas ele não estava aproveitando ao máximo a vida nem buscando oportunidades com coragem e determinação. A resiliência de "expansão" é necessária para chegarmos aos números positivos. Quando se reencontraram, Joe e Andrew traçaram um plano para promover os pontos fortes. O que Joe esperava alcançar? Eles consideraram as crenças impeditivas, que dificultavam os números positivos no indicador. Porém, mais importante, eles analisaram os domínios em que Joe já estava inconscientemente aplicando a resiliência de "expansão" e, ao adaptar essas lições, ampliaram seu alcance para as áreas em que estava recuando. Mais uma vez, Joe e Andrew se despediram, com Joe determinado a implementar o novo plano.

Alguns anos depois, Andrew recebeu uma carta de Joe, atualizando-o sobre sua vida. Desde a última consulta, ele e a namorada se casaram e compraram uma casa. Joe aceitou uma promoção no trabalho, oferecida há muito tempo, mas evitada por medo do fracasso. Ele restabeleceu as relações com a família e ampliou o círculo de amigos. O casal começou a experimentar diferentes hobbies, dedicando os fins de semana à reforma da casa e à compra de antiguidades. Joe estava florescendo.

A resiliência é a força básica que sustenta todas as características positivas no emocional e no psicológico de uma pessoa. A falta de resiliência é a principal causa do funcionamento negativo. Sem resiliência, não há coragem, racionalidade, discernimento. Ela é o alicerce sobre o qual todo o restante é construído. Alguns precisam de mais resiliência para sair dos números negativos. Outros, como Joe, desejam mais resiliência para prosperar. As habilidades ensinadas podem ajudá-lo a alcançar ambos os objetivos.

Nosso Caminho para a Resiliência

Sempre tivemos interesse em conduzir pesquisas que fizessem a diferença para as pessoas, e não apenas preenchessem centenas de revistas de psicologia. Ao longo de nossa colaboração, seguimos um princípio: se você desenvolve uma teoria sobre o mundo, não a teste em um laboratório, mas no mundo real. Nossa pesquisa nos convenceu de que os estilos de pensamento determinam a resiliência e que a resiliência determina o progresso. Sabíamos que, se conseguíssemos criar intervenções que corrigissem os estilos de pensamento, aumentaríamos a resiliência das pessoas e melhoraríamos seu desempenho no mundo. Ao reconhecer o enorme potencial para aprimorar a vida alheia, elaboramos programas e os testamos em ambientes do mundo real — escolas, faculdades e locais de trabalho.

PREVENINDO A DEPRESSÃO EM CRIANÇAS E UNIVERSITÁRIOS

As taxas de depressão atingiram proporções epidêmicas. Nos países ocidentais, testemunhamos um aumento de dez vezes na incidência de depressão ao longo de duas gerações no século XX. E o transtorno está afetando pessoas cada vez mais jovens. Quando éramos estudantes de graduação, nossos professores nos ensinaram que 10% dos norte-americanos sofrem de depressão clínica pelo menos uma vez na vida e que o primeiro episódio geralmente ocorre no final dos 20 anos ou no início dos 30. Agora, nós somos os professores e lamentavelmente relatamos aos alunos que 20% dos norte-americanos sofrerão de depressão clínica e que a epidemia está afetando crianças em idade escolar.[9]

Ficou evidente para os profissionais de saúde mental que algo precisava ser feito. E nos parecia que encontrar uma forma de prevenir a depressão era melhor do que tentar curá-la. Assim, no início dos anos 1990, o Dr. Martin Seligman e alguns de seus alunos de pós-graduação (incluindo Karen) começaram a desenvolver um programa de prevenção, conhecido como Programa de Resiliência Penn (PRP), para crianças em idade escolar com alto risco de depressão. Andrew, que trabalhava em programas de prevenção na Austrália, juntou-se à equipe do PRP em 1992, momento em que aguardávamos ansiosamente os resultados de um estudo de acompanhamento de dois anos com as crianças.

O programa foi surpreendentemente bem-sucedido. Além de as crianças apresentarem menos sintomas de depressão do que o grupo de controle em todas as fases de teste, esse efeito aumentou com o tempo. Após dois anos, sem nenhuma sessão de reforço, as crianças que aprenderam as habilidades ensinadas no programa exibiam metade da taxa de depressão daquelas que não participaram.[10]

Nos oito anos seguintes, financiados pelo Instituto Nacional de Saúde Mental, trabalhamos com professores, orientadores, assistentes sociais e enfermeiros em vários distritos escolares, aliando o treinamento de resiliência às habilidades básicas de leitura, escrita e matemática.[11] E, assim como em nosso primeiro estudo, os alunos que aprenderam as habilidades de resiliência apresentaram menos depressão em comparação com o grupo de controle. Desde então, treinamos centenas de professores e orientadores como facilitadores do PRP, e eles implementaram o programa em mais de vinte locais nacionais e internacionais, incluindo áreas urbanas e suburbanas nos EUA, áreas rurais na Austrália e Pequim.

Enquanto trabalhávamos com crianças em idade escolar, junto com nossos colegas, desenvolvemos um programa semelhante para prevenir a depressão e a ansiedade em universitários com estilos de pensamento de risco.[12] Três anos após a implementação do programa, os participantes apresentavam menos ansiedade e depressão e eram fisicamente mais saudáveis do que os colegas que não aprenderam as habilidades de resiliência.[13]

Ensinando a Resiliência aos Genitores

"É ótimo que vocês tenham um programa para as crianças e que capacitem os professores a ensinarem as habilidades aos alunos. Mas e os genitores?" O diretor da escola, que também era pai, descreveu a dificuldade de criar vínculos com os genitores e trabalhar com eles como uma equipe. Ele mencionou outros programas, como mediação entre pares e habilidades de recusa, que são oferecidos nas escolas para reduzir o uso de drogas, mas que carecem, em suas palavras, de "poder de permanência" por não incluírem os pais. Enquanto ele falava, outras pessoas assentiram. Concordamos e, no outono de 2000, testamos um programa para genitores no distrito escolar de Cherry Hill, em Nova Jersey. Os pais participaram de um programa parental de seis semanas e os filhos participaram do PRP. Seis meses depois, quando analisamos seu progresso, constatamos que 33% das crianças do grupo de controle relataram níveis moderados a graves de sintomas depressivos, mas apenas 10% das crianças que participaram do workshop de resiliência com os pais relataram sintomas nessa faixa.[14]

As Empresas Também Precisam de Resiliência

No verão de 1994, recebemos um telefonema do diretor de treinamento de uma empresa de saúde da Fortune 100. Os funcionários enfrentavam adversidades críticas no trabalho. Talvez o mais estressante fosse a responsabilidade pessoal pelos resultados, com a persistente ameaça de redução das equipes. Eles se sentiam compelidos a passar mais horas na empresa em uma tentativa vã de manter o ritmo, o que prejudicava a capacidade de conciliar as responsabilidades no trabalho e em casa. O treinamento tradicional não atendia às necessidades e demandas do local de trabalho contemporâneo. Os funcionários precisavam de mais resiliência.

Em resposta a essa necessidade, criamos a Adaptiv Learning Systems, por meio da qual oferecemos treinamento de resiliência no cenário corporativo.[15] A Adaptiv trabalhou com milhares de participantes em diversas organizações e setores, incluindo representantes de atendimento ao cliente no setor de telecomunicações; representantes de vendas no setor de seguros, varejo e gestão financeira; gerentes no setor público, de comércio, educação e pesquisa; e vice-presidentes de empresas da Fortune 1000. Aumentamos com sucesso a resiliência, quantificada nos resultados.

Toda a nossa pesquisa e nossa consultoria representam uma resposta a uma necessidade genuína. Nossa meta inicial era prevenir a depressão em crianças e logo aprendemos que a melhor forma de fazer isso era aumentar sua resiliência, o que levou à descoberta de que a resiliência tinha implicações muito mais amplas do que a depressão. À medida que respondemos a diferentes necessidades, percebemos que o tema unificador é a resiliência. Se o objetivo é superar a depressão, vender mais seguros ou fortalecer os relacionamentos, a resiliência é o segredo.

PARTE DOIS

Dominando as Sete Habilidades

CAPÍTULO 4

Aprender Seus ABCs

Conheça a Si Mesmo, Depois Mude

Agrupamos as sete habilidades de resiliência em duas categorias: habilidades de autoconhecimento e habilidades de mudança. As três habilidades de autoconhecimento são projetadas para propiciar uma melhor compreensão de como a mente funciona. Elas ajudam a desenvolver a autoconsciência. As habilidades de autoconhecimento — aprender seus ABCs, evitar armadilhas de pensamento e detectar icebergs — fornecem um mapa de suas crenças, sentimentos e comportamentos e explicam como eles estão interconectados. Após dominar essas três habilidades, você terá insights mais profundos sobre si mesmo, o mundo e suas reações a certos eventos.

O insight é o primeiro passo para a mudança, mas não é suficiente. Lembra-se de Joe? Ele passou oito anos em terapia orientada a insights e alcançou o ápice da autoconsciência, mas ainda não conseguia ser o autor da própria vida para escrever um novo capítulo. A mudança continuava fora de alcance porque, para a maioria das pessoas, o insight por si só não é suficiente. É por isso que, após as habilidades de autoconhecimento, ensinaremos as quatro habilidades de mudança. Você aprenderá a identificar as verdadeiras causas de um problema e avaliar com precisão as áreas sob seu controle para corrigi-lo ou se recuperar dele. Aprenderá como manter as implicações dos problemas em perspectiva e como combater as crenças não resilientes em tempo real.

Você É o que Você Pensa

O alicerce das sete habilidades de resiliência é a simples compreensão de que as emoções e os comportamentos são desencadeados não pelos eventos em si, mas pela forma como os interpretamos. A primeira habilidade é aprender seus ABCs. Especificamente, ela o orienta a um melhor entendimento das situações em que você é menos resiliente. O ABC propicia a habilidade de detectar os pensamentos em meio a uma adversidade e de entender o impacto emocional dessas crenças. Considere quantas vezes já ocorreu a seguinte situação: você chega em casa após um longo dia de trabalho e descobre que, mesmo que seu cônjuge tenha chegado antes, ele ainda não preparou o jantar. Como você reage? Sente raiva? Fica decepcionado? E, se alguém lhe perguntasse o que o fez se sentir assim, você provavelmente apontaria para a mesa de jantar vazia e declararia o óbvio: "É por isso que estou chateado. O jantar não está pronto. De novo." Porém, mesmo que a razão para sua raiva pareça evidente, essa resposta não está correta. Você não está com raiva porque seu cônjuge não preparou o jantar, mas, sim, porque interpretou essa falha como uma violação de seus direitos. Sua *interpretação* das ações dele, não as ações em si, provocou a raiva.

Todos nós enfrentamos adversidades, o "A" no modelo ABC. Na situação mencionada, a adversidade consiste no fato de que o cônjuge não preparou o jantar. As adversidades são eventos que desencadeiam uma reação. Elas podem ser graves — a perda de um emprego, o término de um relacionamento ou a morte de um ente querido — ou relativamente irrisórias — a perda de um prazo, a discussão com um amigo ou o atraso para uma reunião. A maioria de nós acredita que as adversidades levam diretamente a consequências emocionais e comportamentais (o "C" no modelo), ou seja, o que sentimos e fazemos em resposta ao evento. No exemplo apresentado, o C é a raiva ou a tristeza. À primeira vista, parece apropriado concluir que o funcionamento do mundo é A–C. Quando algo bom acontece, experimentamos uma emoção positiva. Promoções no trabalho, encontros amorosos, dias ensolarados fazem com que nos sintamos felizes, orgulhosos ou satisfeitos. Quando algo ruim acontece, experimentamos uma emoção negativa. Pneus furados, bolos solados, crianças birrentas fazem com que nos sintamos irritados, mal-humorados ou desanimados.

No entanto, por mais lógica que pareça, essa conclusão não é adequada. Na verdade, não são os eventos que provocam sentimentos e comportamentos, mas, sim, os pensamentos ou, como os chamaremos, a base de crenças (o "B" no modelo) sobre esses eventos. O funcionamento do mundo não é A–C, mas A–B–C. Um bolo solado causará desânimo na pessoa que pensa: "Claro que o meu bolo solou. Eu mal consigo fazer um misto quente." Mas causará raiva na pessoa que pensa: "Esta revista de culinária é ridícula. Segui a receita e deu tudo errado. Aposto que os editores não testam as próprias receitas." E pode até causar alegria na pessoa que pensa: "Uau! Um bolo diferente! As crianças vão adorar. Vamos dar boas risadas." Basicamente, na maioria das situações, as crenças provocam os sentimentos e os comportamentos.[1]

A. Adversidades — O que Te Impacta?

Na maioria dos casos, respondemos de forma adequada e produtiva aos eventos, mostrando-nos à altura das circunstâncias e reagindo com eficácia a contratempos e conquistas, às vezes até com parcimônia. No entanto, determinados eventos nos abalam — as chamadas adversidades impactantes. O primeiro passo na habilidade ABC é identificar essas adversidades que desafiam a resiliência. As adversidades variam no grau de emoções e comportamentos negativos, bem como na intensidade em que afetam a resiliência. Dependendo da pessoa, um evento pode ser considerado uma adversidade ou uma vantagem. Por exemplo, muitos apreciam o raro momento consigo mesmos ou valorizam a promoção no trabalho. Mas, para alguns, esse tempo a sós é um grande estressor, ocasionando dúvidas e tristeza. E tivemos um número surpreendente de clientes que, em vez de ficarem felizes por serem promovidos, adentraram uma espiral de ansiedade.

A seguir, apresentamos uma lista parcial de possíveis adversidades:

- Manter o equilíbrio entre trabalho e família.
- Conciliar várias tarefas.
- Recuperar-se de um término.
- Lidar com a irritação alheia.
- Dividir responsabilidades domésticas com o parceiro.
- Perder o emprego.
- Receber convidados para jantar.
- Ser diagnosticado com uma doença grave.

Vivemos tranquilamente os dias em que não surgem adversidades. Mas Andrew, por exemplo, explode de raiva quando alguém o fecha no trânsito.

E Karen se irrita nas manhãs em que seus gêmeos de 4 anos choram em uníssono com o irmão de 2 anos. (Sim, até mesmo os psicólogos encaram adversidades que os abalam.) Ao nos depararmos com as adversidades impactantes, somos mais propensos a sair dos trilhos porque o pensamento se torna confuso e a resolução de problemas fica comprometida. Sentimos o desejo de nos esquivar. Todo mundo passa por esse tipo de adversidade, e a resiliência é uma arma para combatê-la.

Leia a lista a seguir e classifique, em uma escala de 1 a 5, sua dificuldade em lidar com as várias situações e emoções descritas — 1 significa que não é nada difícil e 5 significa que é extremamente difícil. Para qualquer evento classificado como 4 ou 5, tente se lembrar de um exemplo específico em que você se sentiu insatisfeito com seu esforço de responder à situação.

Cada situação classificada como 4 ou 5 representa uma adversidade. Reserve um momento para procurar padrões nessas adversidades. Elas costumam surgir em sua vida pessoal ou profissional? Determinadas áreas, como conflitos, gerenciamento de tempo ou interação com figuras de autoridade, são particularmente problemáticas? Você se sente preso a certas emoções, sejam positivas ou negativas? Ao analisar sua lista, as adversidades têm características em comum?

Rachel trabalha no departamento de recursos humanos de uma universidade da Ivy League, onde oferecemos nosso treinamento de resiliência. Ela é uma mãe solo que, como muitos de nós, se esforça para manter uma carreira gratificante enquanto cuida da família. Ao refletir sobre suas adversidades, Rachel identificou um padrão: a maioria delas estava relacionada a conflitos e raiva. Os conflitos no trabalho eram os mais difíceis, sobretudo aqueles que giravam em torno da divisão equitativa de tarefas entre as pessoas do escritório, mas os confrontos com os filhos também a desequilibravam. Em casa, os conflitos referentes à rotina, como hora do jantar, hora do banho e hora de dormir, eram os mais desagradáveis. Rachel questionou se sua tendência a ficar sobrecarregada pelos conflitos com os filhos poderia estar relacionada à raiva que às vezes sentia por não ter um parceiro para ajudá-la. Ao analisar as adversidades que lhe causam os maiores problemas, preste atenção às características em comum. Isso evidenciará o motivo pelo qual essas adversidades, e não outras, o impactam profundamente.

Quais Adversidades Te Impactam?

1 = nada difícil; 2 = pouco difícil; 3 = moderadamente difícil; 4 = muito difícil; 5 = extremamente difícil

Conflitos com colegas de trabalho	1	2	3	4	5
Conflitos com superiores no trabalho	1	2	3	4	5
Conflitos com parentes	1	2	3	4	5
Conflitos com amigos	1	2	3	4	5
Receber feedback positivo	1	2	3	4	5
Receber feedback negativo	1	2	3	4	5
Sucesso	1	2	3	4	5
Fracasso	1	2	3	4	5
Passar um tempo a sós	1	2	3	4	5
Não ter tempo suficiente para si mesmo	1	2	3	4	5
Assumir novas responsabilidades no trabalho	1	2	3	4	5
Organizar uma rotina agitada	1	2	3	4	5
Conciliar várias tarefas	1	2	3	4	5
Adaptar-se à mudança	1	2	3	4	5
Participar de eventos sociais	1	2	3	4	5
Equilibrar vida pessoal e profissional	1	2	3	4	5
Lidar com emoções negativas alheias	1	2	3	4	5
Lidar com emoções positivas alheias	1	2	3	4	5
Lidar com:					
a própria raiva	1	2	3	4	5
a própria tristeza	1	2	3	4	5
a própria ansiedade	1	2	3	4	5
o próprio constrangimento	1	2	3	4	5
a própria culpa	1	2	3	4	5
o próprio tédio	1	2	3	4	5
a própria frustração	1	2	3	4	5
a própria vergonha	1	2	3	4	5
Apreciar a felicidade ou a satisfação	1	2	3	4	5

B. Base de Crenças Instantâneas

Uma vez que identificamos o A (adversidades), podemos nos concentrar no B (base de crenças). Na sessão de treinamento, pedimos a Rachel e ao restante de seu departamento que imaginassem estar no escritório com a porta fechada quando, de repente, um colega entra explodindo de raiva. Ele sacode uma pilha de papéis e diz: "Não acredito que você entregou este projeto sem me consultar. Você sabe que tenho trabalhado nele desde o início. Não lhe ocorreu que eu gostaria de dar uma olhada no relatório antes de você enviá-lo? Quero acreditar que foi apenas um descuido, mas, sinceramente, não é o que parece. Exijo uma explicação." Então pedimos a Rachel e aos outros que anotassem três aspectos: como se sentiriam, o que fariam e o que pensariam ao ouvir aquelas palavras.

Se o funcionamento do mundo fosse A–C, a resposta dessas pessoas à adversidade seria uniforme. O discurso do colega suscitaria um certo padrão de sensações corporais, talvez raiva ou medo, e a consciência dessas sensações provocaria a mesma emoção em cada indivíduo. Mas não foi o que constatamos. Quando perguntamos a Rachel e seus colegas o que eles sentiriam nessa situação, as respostas variaram entre irritação, culpa, constrangimento e tristeza. A mesma variedade de respostas ocorreu quando perguntamos o que eles fariam. Alguns disseram que gritariam com o colega, outros afirmaram que se desculpariam e uma pessoa declarou que tentaria ir embora o mais rápido possível. Rachel alegou que "perderia o controle". Ela imaginou que explodiria com o colega e sairia furiosa do escritório.

Pedimos que Rachel relatasse seus pensamentos durante o conflito imaginário com o colega. Ela nos disse que pensou: "Nossa, ele está com raiva. Mas não deveria falar assim comigo. É falta de educação." Reconhecemos que, embora fosse uma versão censurada do que ela estava pensando, não parecia real. Queríamos descobrir suas crenças *instantâneas*, vê-las como se fossem um filme passando em uma tela à nossa frente. Um pouco tensa, Rachel nos contou a versão inalterada: "Quem diabos ele pensa que é? Esse idiota acha que pode invadir meu escritório e gritar comigo e que eu vou ouvir e ficar quieta?! E quem ele está querendo enganar? Trabalhei duro nesse relatório e ele não fez nada, como sempre. Agora está tentando levar o crédito. Não vou permitir!" Conseguimos acessar as crenças sem censura de Rachel, o que ela disse a si mesma naquele momento. Rachel previu que gritaria com o colega e sairia furiosa do escritório, o que parece provável se considerarmos suas crenças instantâneas. As crenças instantâneas são os pensamentos que passam pela sua cabeça — às vezes de forma imperceptível — e determinam suas emoções e suas atitudes diante de uma adversidade, um desafio ou uma nova experiência. Na maioria das vezes, essas são as crenças nas quais você se concentrará ao usar as habilidades de resiliência. (Discutiremos as crenças mais arraigadas — icebergs — no Capítulo 6.) Suas crenças instantâneas o colocam em uma trajetória emocional e comportamental que facilitará a capacidade de lidar com a situação ou fará com que você recue e fracasse. Em outras palavras, elas afetam diretamente as emoções e as atitudes em resposta à adversidade.

Quão consciente você está de suas crenças instantâneas? O que você está pensando agora, enquanto lê esta frase? Para aqueles que já são ouvintes atentos de seu fluxo de crenças instantâneas, o próximo passo é desenvolver a capacidade de identificar os sentimentos e os comportamentos específicos que surgem dessas crenças. Aqueles que não passam muito tempo escutando esse fluxo precisam aprender a sintonizar com mais frequência. Você não precisa fazer isso a todo momento — seria um desperdício de recursos mentais. Mas, se deseja melhorar a capacidade de responder às adversidades, deve escutar o que diz a si mesmo quando elas ocorrem.

A ATIVIDADE DO BIPE

A atividade do bipe é uma forma útil de desenvolver a percepção de suas crenças instantâneas. É bem simples. Programe seu relógio ou computador para emitir um bipe em intervalos aleatórios (se não for possível, a cada hora). Sempre que ouvir o bipe, direcione a atenção para suas crenças e anote os pensamentos que passarem pela sua cabeça naquele momento. De início, você pode se surpreender com a monotonia de suas crenças instantâneas. Como um universitário que usou a atividade do bipe nos disse: "Nossa, não acontece quase nada na minha cabeça. É apenas uma sequência repetitiva de 'Estou com fome. Estou entediado. Estou com fome. Estou entediado'." Mas, à medida que você desenvolver a capacidade de escutar a si mesmo, descobrirá que há muito mais do que notou inicialmente. No entanto, pode levar algum tempo. Planeje fazer a atividade do bipe duas ou três vezes por semana, até que você consiga escutar suas crenças instantâneas sem muito esforço. Ao aprimorar essa capacidade, treine para escutar suas crenças instantâneas diante de uma adversidade. Por exemplo, se os conflitos no trabalho forem uma adversidade, sempre que ocorrerem, questione: "O que estou pensando agora?" Quanto mais você se sintonizar com suas crenças, mais fácil será dominar as outras seis habilidades de resiliência.

CRENÇAS DO PORQUÊ E CRENÇAS DO DEPOIS

"Por que Isso Aconteceu?"

Duas categorias de crenças instantâneas são particularmente importantes para desenvolver a resiliência: crenças causais, que chamamos de "crenças do porquê"; e crenças de implicação, que chamamos de "crenças do depois".

Como desenvolvedores em uma empresa de software, Jennifer e William trabalharam juntos em muitos projetos. Infelizmente, sua colaboração, que costumava ser frutífera, havia se deteriorado. Grande parte do tempo era gasto em desentendimentos acirrados, discussões descabidas e debates intermináveis sobre os custos e os benefícios de cada decisão que precisavam tomar. Quando nos conheceram, a colaboração havia se tornado um prejuízo para suas carreiras.

Para Jennifer e William, o conflito no trabalho era uma adversidade. Pedimos que nos contassem sobre suas crenças instantâneas, o que eles diziam a si mesmos enquanto discordavam. As crenças instantâneas de Jennifer envolviam crenças do porquê: "William está sendo desagradável de propósito. Ele ficou bravo porque nosso chefe rejeitou sua última ideia e está descontando em mim. Quer que eu me sinta tão mal quanto ele." Suas crenças eram orientadas ao passado. Em essência, suas crenças instantâneas respondiam às perguntas: por que isso aconteceu? O que causou o problema? Em sua mente, Jennifer acreditava que a colaboração era difícil porque William estava descontando sua frustração nela. E essa crença a deixava com raiva.

Como espécie, provavelmente estamos evolutivamente preparados para buscar as causas das adversidades: a identificação precisa das causas é essencial para encontrar soluções viáveis — e colocar as soluções em prática proporciona uma vantagem evolutiva. Pesquisas mostram que, diante de problemas, nos perguntamos espontaneamente o "porquê", sobretudo quando o resultado é inesperado, como o fracasso ao almejarmos o sucesso ou como um desejo não atendido.[2] Faz sentido tentarmos entender as causas dos problemas e os resultados inesperados, afinal, isso nos ajuda a corrigir a situação e aumenta a probabilidade de alcançarmos nossos objetivos. Se Jennifer não se perguntasse o "porquê", ela não saberia o que fazer para melhorar a colaboração com William.

Os principais pesquisadores de "atribuição causal", incluindo Martin Seligman, descobriram que todas as respostas ao "porquê" se encaixam em três dimensões. Você lembrará que Seligman chamou essas dimensões de personalização ("eu/não eu"), permanência ("sempre/não sempre") e abrangência ("tudo/não tudo") e que as pessoas tendem a responder ao "porquê" da mesma forma, repetidamente. Ao escutar suas crenças do porquê, comece a procurar padrões. Diante da adversidade, você tende a culpar a si mesmo ou os outros? Vê a causa do problema como duradoura ou passageira? Acredita que a causa afetará todos os aspectos de sua vida ou é específica para a adversidade em questão? Quanto melhor você for em identificar e rotular suas crenças do porquê, mais fácil será mudá-las quando elas interferirem em sua capacidade de responder às adversidades.

"O que Acontecerá?"

As crenças instantâneas de William não se concentravam no porquê do conflito entre ele e Jennifer, mas, sim, no que esse conflito significava para eles no futuro, o que chamamos de "crenças do depois": "Não estamos nos dando bem ultimamente. Se não resolvermos isso, o projeto nunca sairá do papel e nossas carreiras serão arruinadas. Esse tipo de projeto exige o trabalho em equipe e, se Jennifer e eu não colaborarmos, acho que não conseguirei trabalhar com mais ninguém." Suas crenças são orientadas ao futuro e expressam o que ele acredita que acontecerá, dada a situação em questão. Nesse caso, o futuro parece sombrio, então a ansiedade é um resultado óbvio. Assim como as crenças do porquê, as crenças do depois proporcionam uma vantagem evolutiva. Nossos antepassados que não se preocupavam com ameaças se mostravam despreparados diante de uma ameaça genuína — talvez vagassem para longe da fogueira do clã por não preverem os predadores nas sombras. Mas muitos de nós temos crenças do depois que são catastróficas e altamente improváveis. Longe de nos preparar para uma ameaça real, a ansiedade que essas crenças provocam dificulta nossos esforços de resolução de problemas e prejudica nossa resiliência.

QUAL É O SEU PADRÃO?

Às vezes, as crenças instantâneas não são crenças do porquê nem crenças do depois. Por exemplo: "Mike e eu estamos brigando de novo. É nossa quinta discussão do dia. Parece que só sabemos discordar." Essa explicação não aborda a causa do problema, nem faz afirmações sobre o futuro. Esse tipo de crença é apenas uma narração dos eventos à medida que se desenrolam. Em outros casos, as crenças instantâneas são avaliações: "Estou cansado de brigar com Julie. Não aguento mais. Não suporto quando discutimos."

As crenças instantâneas de algumas pessoas são uma miscelânea: avaliações, narrações, ideias sobre o porquê, previsões. Mas, na maioria das vezes, as pessoas têm um estilo dominante, concentrando-se quase exclusivamente nas causas dos problemas, nas implicações do evento ou no relato do que aconteceu. Se suas crenças instantâneas costumam ser relatos do evento ou avaliações sobre como você se sentiu, é necessário aprender a considerar as causas e as implicações da adversidade, pois a resiliência requer um equilíbrio entre pensar no passado e planejar o futuro. Nos Capítulos 7 e 8, ensinaremos como garantir que suas crenças do porquê e do depois aumentem a resiliência em vez de prejudicá-la. Por enquanto, é importante escutar suas crenças instantâneas e observar se há um padrão. Você tende a focar o porquê ou o depois? Passa a maior parte de sua vida interna narrando ou avaliando? O desafio atual é aprimorar a compreensão de como você pensa. Os ajustes vêm mais tarde.

C. Consequências São Sentimentos e Comportamentos

A essa altura, você já começou a pensar no A, as adversidades que o impactam, e no B, a base de crenças que passam pela sua cabeça durante as adversidades. As crenças são importantes, pois moldam o tipo e a intensidade de seus sentimentos e influenciam seus comportamentos — suas consequências (o C), a maneira como você se sente e o que faz *no momento* de uma adversidade ou desafio. Mas por que toda essa preocupação com sentimentos e comportamentos? Por uma razão muito simples: o sucesso no trabalho e nos relacionamentos, a saúde mental e, em grande parte, até mesmo a saúde física nada mais são do que uma combinação de humor e comportamentos. As pessoas resilientes são capazes de regular as emoções e controlar as reações, respondendo adequadamente a qualquer situação. O objetivo não é estar sempre de bom humor ou nunca desistir. Pelo contrário, o objetivo é que as emoções e os comportamentos sejam respostas produtivas e apropriadas aos fatos da situação, e não reações instintivas às crenças instantâneas.

Reserve um momento para refletir sobre suas emoções e reações imediatas a contratempos, desafios e novas experiências. Você parece estar preso a uma rotina emocional: quando sente raiva, culpa ou constrangimento, é difícil parar de se sentir dessa forma? Sua vida emocional é limitada? Se você registrasse as emoções que sente ao longo de uma semana, alguma delas seria predominante, talvez raiva, tristeza ou ansiedade? Ou, em vez de ficar preso a uma emoção negativa, você percebe que não experimenta muitas emoções positivas? No lado comportamental, você se vê cometendo os mesmo erros, como procrastinar, ser muito insistente ou ceder com facilidade, apesar de as estratégias se mostrarem inúteis? Você lida com os problemas de forma eficaz, mas hesita em sair da zona de conforto? Você se "esquece" de se inscrever na aula de degustação de vinhos que está pensando em fazer? Não tem tempo para convidar a mãe do colega de seu filho para tomar um café? O outono está no auge, mas você só aprecia as cores da estação entre seus afazeres? Ao se tornar mais resiliente, será capaz de superar os obstáculos e ainda arranjar tempo para aprender coisas novas e aproveitar a vida.

Pares de Base de Crenças/Consequência

Até agora, falamos sobre o importante papel que as crenças desempenham na determinação das emoções e dos comportamentos. O diálogo interno de cada pessoa tem o próprio ritmo e a própria linguagem, mas, apesar dessas diferenças, as crenças podem ser categorizadas. Para cada tipo de crença que rotulamos, é possível prever a emoção e o comportamento decorrentes. Nós nos referimos a essas categorias como conexões B–C, e elas sempre se mantêm. Esses pares de base de crenças/consequência são universais e, como discutiremos, fazem sentido de uma perspectiva evolutiva. Vamos analisar os vários tipos de crenças e as emoções e respostas que elas causam.

Conexões B–C

BASE DE CRENÇAS	CONSEQUÊNCIA
Violação de seus direitos	Raiva
Perda no mundo real ou perda de autoestima	Tristeza, depressão
Violação de direitos alheios	Culpa
Ameaça futura	Ansiedade, medo
Comparação negativa com os outros	Constrangimento

Você deve ter notado que, na lista B–C, todos os cinco Cs são negativos. Onde estão as emoções positivas, como felicidade, orgulho e serenidade? Claro, as emoções positivas são uma parte importante de nossa vida, mas elas são menos relevantes para a resiliência do que as negativas. O que importa na resiliência é como lidamos com a adversidade — e a adversidade geralmente leva a emoções negativas.

A Violação de Seus Direitos Provoca Raiva

A família de emoções relacionadas à raiva, incluindo aborrecimento, irritabilidade, acrimônia, indignação, fúria e ira, para citar apenas algumas, é desencadeada pela crença de que alguém violou intencionalmente seus direitos, de que alguém se propôs a prejudicá-lo. O psicólogo Dolf Zillmann estudou os gatilhos da raiva e descobriu que, na maioria das vezes, os insultos à autoestima nos fazem sentir lesados ou achar que nossos direitos foram violados.[3] A raiva surge quando acreditamos que fomos tratados de forma injusta, frustrados na busca de um objetivo, mesmo que, por mais irracional que seja, responsabilizemos um objeto — "Maldito carro que não quer ligar" — ou uma circunstância — "Está chovendo só para piorar meu dia".

Porém costumamos considerar outra pessoa a responsável pelo dano e acreditamos que o comportamento dessa pessoa foi intencional. Imagine que alguém o corta no estacionamento e pega a vaga que você tinha escolhido. O que você pensa? "Ele viu que eu estava esperando e passou na minha frente" é o que chamamos de crença de violação de direitos. Ou imagine que seu filho o ignora quando você pede ajuda para arrumar a mesa. Se você pensa "Ele acha que devo servi-lo", é uma crença de violação de direitos, assim como "Minha esposa sempre me encarrega de disciplinar as crianças. Não é justo". Em cada um desses exemplos, duas crenças são expressas:

- Outra pessoa é a culpada pelo dano sofrido.
- Essa pessoa poderia ter agido de outra forma.

Observe que, em cada exemplo, as crenças instantâneas que precedem a raiva são crenças do porquê — elas respondem à pergunta: "Por que isso aconteceu comigo?" Você é uma pessoa do tipo "porquê"? Se for o caso e você tiver a tendência de identificar causas externas para os problemas que surgem, particularmente envolvendo outras pessoas, é provável que sentirá muita raiva em sua vida.

De um ponto de vista evolutivo, a forma primitiva da crença de violação de direitos é centrada na percepção de que um inimigo está próximo. Nossos ancestrais que eram rápidos em perceber e reagir aos inimigos, bem como ao dano potencial que eles representavam, tinham maior probabilidade de sobrevivência do que aqueles que falhavam em interpretar o perigo iminente. Isso não significa que toda raiva é benéfica. Como veremos, as pessoas que percebem mal o dano e acham que seus direitos foram violados acabam sofrendo muito e carecem de resiliência. As pessoas que se irritam facilmente e têm pouco controle de impulsos prejudicam a própria vida e a vida daqueles ao redor. Parafraseando Aristóteles, é fácil ficar com raiva. Mas é difícil ficar com raiva da pessoa certa, no momento certo, da maneira certa.[4] As pessoas resilientes dominaram o desafio de Aristóteles.

A Perda no Mundo Real ou a Perda de Autoestima Provoca Tristeza e Depressão

Em vez de ficar com raiva, talvez você se sinta triste, desanimado ou depressivo com mais frequência do que gostaria. A tristeza e a depressão surgem quando você acredita que perdeu algo real — como um relacionamento, um emprego, um ente querido — ou intangível — como a autoestima. Por exemplo, imagine que você se orgulha de ser um bom escritor e envia um artigo de sua autoria para várias revistas, mas ele acaba sendo rejeitado por todas. Se você pensar "Acho que não sou talentoso o bastante", sentirá tristeza. Ou imagine que você se tornou amigo de uma colega de trabalho e descobre que ela convidou outras pessoas do escritório para uma festa, mas o deixou de fora. Se você pensar "Ela não deve gostar de mim tanto quanto eu achava", se sentirá magoado ou triste.

Qual é o valor de sobrevivência da tristeza? À primeira vista, a tristeza e, certamente, a depressão parecem desvantajosas. A tristeza causa choro, perda de energia e queixas corporais, resultando em passividade, dificuldade de concentração e pensamentos de morte. Por que a evolução se beneficiaria desses comportamentos? Os psicólogos evolucionistas argumentam que a função da tristeza é facilitar nossa adaptação ao abandono, como a morte de um ente querido. A introspecção e a reclusão proporcionam a oportunidade de buscar significado na perda e pensar em planos para o futuro. A tristeza é uma emoção desconfortável que nos incita a mudar o que está errado em nossa vida, sendo amenizada ao longo do processo. A perda de energia mantinha a pessoa triste e cognitivamente prejudicada — portanto, mais vulnerável — perto de casa, onde estava a salvo de perigos. O choro e a passividade provocavam comportamentos de cuidado por parte de parentes, o que pode ter fortalecido as conexões familiares. Assim, o benefício evolutivo da tristeza, talvez até da depressão, é desencadear uma reação de apoio e proteção de outros membros do grupo após uma experiência de perda ou abandono.

As perguntas que você deve responder agora são: qual é a natureza das minhas crenças instantâneas? Sou alguém cujas emoções se concentram em uma sensação de perda? Tenho a tendência de me culpar pelos meus problemas, mesmo quando não é totalmente minha culpa? As pessoas orientadas pelo "porquê" e que focam as causas internas dos problemas são mais propensas a sentir tristeza e depressão quando as coisas dão errado. Nada prejudica a resiliência mais rapidamente do que a depressão. Nada.

A Violação de Direitos Alheios Provoca Culpa

Pedimos a universitários que monitorassem sua vida emocional por um dia. A felicidade, talvez como já era de se esperar, foi a emoção positiva mais relatada, enquanto a culpa foi a emoção negativa mais comum. Os estudantes se sentiam culpados por usar o xampu dos colegas de quarto, por não ligar para os pais, por flertar com outras pessoas fora do relacionamento. Eles também se sentiam culpados por não se exercitar, por comer e beber demais e por desperdiçar o dinheiro dos genitores. Em outro estudo sobre a culpa, os pesquisadores solicitaram que adultos na faixa dos 20 anos usassem relógios digitais pré-programados por uma semana. Cada vez que o relógio apitava, a pessoa registrava sentimentos, pensamentos e atividades daquele momento específico. A culpa era onipresente. Quando os pesquisadores extrapolaram os resultados e consideraram oito horas de sono por noite, os dados sugeriram que, em média, os adultos sentem culpa moderada por 39 minutos por dia. É uma quantidade significativa de culpa.[5] E, de maneira semelhante aos relatos dos universitários, as situações que provocaram a culpa nesses jovens adultos podem ser agrupadas em duas categorias:

- Falhas na autorregulação, incluindo procrastinação, consumo excessivo de alimentos e álcool, falta de exercícios físicos e gastos desenfreados.
- Falhas no comprometimento, incluindo infidelidade sexual, tempo insuficiente com a família e tendência a ignorar as necessidades dos amigos.

Quantos minutos você gasta por dia se sentindo culpado? E pelo que se sente culpado?

Se sua vida emocional é governada pela culpa, você está desperdiçando muita energia nessa emoção. Isso não significa que toda culpa é ruim — certa quantidade é favorável. A culpa pode ter evoluído porque nos ajuda a mudar nosso curso de ação e nos redimir. Quando a culpa decorre de situações como comer demais, procrastinar ou desperdiçar dinheiro, há um sinal de que houve uma falha no autocontrole. A culpa age como um freio interno, forçando-nos a perceber as atitudes que nos fazem senti-la. Ela nos obriga a fazer uma pausa e nos dá a oportunidade de recuperar o autocontrole. Todos nós já experimentamos essa função de "freio interno". Lembra a última vez que você faltou à academia, bebeu em excesso ou gastou mais do que deveria? A culpa e o remorso decorrente são as emoções que nos fazem subir na esteira, pagar a conta do bar e ir embora, devolver um item caro e solicitar reembolso. A culpa é uma emoção poderosamente motivadora.

Uma função útil da culpa é nos fazer interromper a atitude que a provoca. Outra é nos motivar a pedir desculpas. Quando nos sentimos culpados por prejudicar alguém, podemos nos redimir e tentar reparar o relacionamento danificado, o que, para uma espécie que depende dos outros para sobreviver, é uma estratégia evolutivamente sólida. Claro, o ideal seria sentir culpa *antes* de fazer ou dizer algo estúpido, de modo que não precisássemos recuperar o autocontrole ou consertar relações debilitadas. (Afinal, desculpas nem sempre são aceitas.) Bem, não é o que acontece. Todos nós conhecemos a sensação de culpa que se alastra, aumenta e nos domina, mesmo que não tenhamos feito nada de errado. Talvez você esteja saindo do trabalho e fantasie não voltar para casa, deixando que seu cônjuge lide com as crianças birrentas, a cozinha bagunçada e a rotina estressante. Ou talvez, enquanto assiste à televisão tarde da noite, você se perca em devaneios sobre como seria divertido retribuir os olhares não tão inocentes daquela pessoa atraente do seu escritório. Ou, mesmo que você esteja seguindo a dieta e a rotina de exercícios, não seria ótimo parar para comer um doce, talvez até dois? Nesses casos, apenas *cogitar* uma transgressão já é o bastante para desencadear o que os psicólogos chamam de culpa antecipatória. Antes de desviarmos do caminho de casa, retribuirmos os olhares de paquera ou comermos uma caixa de brigadeiros, nos sentimos culpados. Muitas vezes, a culpa antecipatória é desagradável o suficiente para nos impedir de cometer um deslize.

Assim como o azul e o verde são cores básicas, a raiva e a tristeza são consideradas emoções básicas; até mesmo crianças muito pequenas as experimentam. O desenvolvimento da culpa, no entanto, leva tempo. Como vimos, a culpa envolve uma preocupação com um comportamento ou uma transgressão específica. Quando nos sentimos culpados, somos consumidos pela ideia de que fizemos "algo ruim" ou deixamos de fazer "algo bom". Como adultos, sentimos culpa ao acreditar que prejudicamos intencionalmente outra pessoa (ou a nós mesmos) ou que agimos de forma inadequada. Ao contrário da raiva, que é provocada por uma causa externa percebida (o "porquê"), a culpa é desencadeada por crenças internas sobre a causa. Por exemplo, imagine que você não comparecerá à apresentação de sua filha na escola, pois seu chefe pediu um relatório até o final do dia. Se você pensar "Eu deveria ter dito que entregaria o relatório de manhã. Minha filha vai ficar chateada", sentirá culpa, visto que magoará sua filha e poderia ter agido de outra forma ao enfrentar o chefe. Observe que você também sentirá certa tristeza por não se enxergar como um bom genitor. A culpa e a tristeza se misturam na dimensão interna. Se, em vez disso, sua crença instantânea for "Estou cansado desse emprego. Meu chefe fala sobre a importância de equilibrar trabalho e família, mas é só conversa fiada", você ficará com raiva, pois atribuirá o problema a razões externas e volitivas — o chefe poderia cumprir com a palavra dele, mas optou por não fazê-lo.

A culpa tem um parente próximo que vale a pena mencionar. Quando pedimos às pessoas que nos contassem sua experiência de culpa mais impactante, muitas mencionaram a vergonha. Tanto as histórias de culpa quanto as de vergonha envolviam coisas que as pessoas desejavam desfazer: colar em uma prova, espalhar segredos de um amigo, trair um cônjuge. No entanto, as diferenças surgiram no nível das crenças do porquê. As crenças instantâneas que precediam a culpa se concentravam em ter feito algo ruim, ter se comportado de maneira inadequada. A vergonha, por outro lado, se relacionava às crenças de ser uma pessoa má; ou seja, as crenças prévias se concentravam no caráter, e não no comportamento.

Os pesquisadores apontam que, embora alguns sintam culpa e vergonha, muitos parecem ser mais propensos a uma delas.[6] As pessoas propensas à vergonha acreditam que as fraquezas em seu caráter e as falhas em si mesmas são a causa da maioria das transgressões que cometem. As pessoas propensas à culpa tendem a permanecer no nível do comportamento — acreditam, por assim dizer, que fizeram algo ruim, mas não são pessoas más.

Você é mais propenso à culpa ou à vergonha? É importante descobrir, pois a vergonha é tóxica. Como já sugerimos, a culpa funciona para facilitar as reparações. De fato, a propensão à culpa parece ser adaptativa, sobretudo no âmbito dos relacionamentos. As pessoas que obtiveram pontuações altas no aspecto "culpa sem vergonha" (tendência a experimentar culpa, mas não vergonha) eram mais empáticas em seus relacionamentos e usavam estratégias mais construtivas de controle da raiva em comparação com aquelas que sentiam mais vergonha. As pessoas propensas à vergonha, por outro lado, tinham muito mais dificuldade em ser empáticas; eram mais irritadas e hostis; não conseguiam controlar bem a raiva; e, em geral, eram mais suscetíveis à depressão. A natureza letal da vergonha talvez possa ser mais bem compreendida pela incapacidade que ela gera. Sabemos como mudar comportamentos, mas nos sentimos incapazes de mudar nosso caráter. O desamparo e a incapacidade decorrentes da vergonha não nos impulsionam ao autocontrole e à reparação, mas, sim, à fuga e ao distanciamento.

A Ameaça Futura Provoca Ansiedade e Medo

Com que frequência você se sente ansioso? Essa ansiedade interfere na sua capacidade de lidar com a situação ou o impulsiona a praticar e se preparar? Todos experimentam ansiedade. Para alguns, é uma onda que surge de vez em quando — apenas o suficiente para ficarmos acordados até tarde terminando um projeto ou testando uma receita para o jantar de sábado. Para outros, a ansiedade é incapacitante. Cara, uma das pacientes de Karen, era uma cantora talentosa. Ela procurou a terapia, pois, no ano anterior, havia sofrido ataques de pânico e, ultimamente, ao fazer apresentações solo, era acometida pela ansiedade. “Eu adorava cantar, mas algo mudou. Agora, me sinto sobrecarregada pela ansiedade. Quando estou no palco e encaro a plateia, tenho receio de que minha voz falhe e que eu não consiga atingir as notas. Então, meu coração dispara e sinto minhas mãos tremerem. Meu peito fica apertado e esqueço a letra da música. Mal consigo olhar para a plateia, pois parece que as pessoas estão rindo de mim. Sei que deveria apenas cantar, mas me sinto completamente paralisada. Às vezes, quando consigo cantar, minha voz sai comprimida e isso, é claro, só piora a situação.”

A ansiedade e o medo afetam quase todos os sistemas de nosso corpo. Nossa fisiologia muda. A ansiedade leva a distúrbios no nosso sistema cardiovascular — palpitações, pressão arterial alta (ou baixa) e coração acelerado. Nosso sistema respiratório é comprometido. Nossa respiração se torna fraca e rápida, como se estivéssemos sufocando. Na verdade, é esse último sintoma que está na raiz da palavra “ansiedade” — *angere*, em latim, significa “sufocar” ou “estrangular”. Nosso sistema gastrointestinal sofre os efeitos da ansiedade. Perdemos o apetite. Sentimos dor abdominal e, quando comemos, temos azia. Há mudanças neuromusculares: resposta de sobressalto exagerada, tremor nas pálpebras, agitação nas pernas e nos braços, espasmos musculares e andar impaciente. Até nosso sistema urinário é afetado. Sentimos uma vontade incontrolável de urinar e podemos ter a necessidade de ir ao banheiro a cada poucos minutos.

Como se tudo isso não fosse ruim o bastante, o comportamento e o pensamento também mudam. Nossa fala perde a fluência, nossa coordenação fica prejudicada, nossa postura desmorona. Nossa mente se torna nebulosa, o mundo parece irreal, nos sentimos cada vez mais inseguros, nossa memória falha, nos distraímos, nosso raciocínio fica confuso, nossos medos e preocupações aumentam. Qualquer um que já sofreu de ansiedade pode atestar: é uma verdadeira tortura.

Foi somente quando cognitivistas como Aaron Beck ganharam destaque que as crenças passaram a ser reconhecidas não apenas como um sintoma da ansiedade, mas, ainda mais importante, como sua causa. Beck e outros terapeutas cognitivos argumentaram que, embora o corpo entre em desordem, a característica central da ansiedade são os pensamentos, especificamente aqueles sobre ameaça e perigo. As pessoas propensas à ansiedade costumam ter crenças do depois. As pessoas do tipo "porquê" olham para trás e consideram as causas; as pessoas do tipo "depois" olham para frente e, no caso de ansiedade, veem o perigo no horizonte. Se você é orientado ao depois, preste muita atenção às suas crenças. Você imagina o futuro como agradável e seguro ou ameaçador e avassalador? Naturalmente, a ansiedade é um resultado esperado se a resposta for a segunda opção.

Mesmo que o nível de ansiedade seja leve, é possível aprender a identificar as crenças do depois que desencadeiam a emoção. Ao se sentir ansioso antes de uma reunião de equipe, o que você diz a si mesmo? Talvez algo como "Não vai dar certo" ou "Aposto que vão me passar outro projeto. Não posso assumir mais nada". Ao se sentir ansioso enquanto se prepara para um encontro, tente captar seus pensamentos. É algo do tipo "Ele vai pensar que sou chato" ou "Aposto que ela vai dizer 'não é você, sou eu'"? O importante é que, com prática, você pode identificar os pensamentos que provocam a ansiedade. Após ser capaz de fazer isso, você descobrirá que todos eles giram em torno de ameaças futuras e iminentes.

Se a ansiedade é muitas vezes incapacitante, que vantagem evolutiva ela poderia propiciar? Beck descreve como a ansiedade e o medo podem ter servido de freio para comportamentos excessivamente imprudentes.[7] Por exemplo, embora o comportamento agressivo seja uma parte necessária da exploração e da competitividade, ambas essenciais à sobrevivência da espécie, se ele não for controlado, pode levar a lesões e morte. Imagine dois de nossos ancestrais humanos, os habitantes das cavernas que chamaremos de Throgg e Dregg. Throgg tem uma paixão pela exploração. Certo dia, enquanto caminha por um território desconhecido, algo no ambiente o leva a pensar: "Pode haver tigres-dentes-de-sabre por aqui." Essa crença desencadeia sinais físicos de ansiedade, que são desconfortáveis e aversivos — Throgg quer interrompê-los. Ele é capaz de cessar a ansiedade ao acatar o alerta e retornar a um território mais seguro e conhecido. Mas e se a conexão entre a crença e a resposta física não existisse? Imagine que Dregg suspeita de que há tigres por perto, mas não apresenta nenhum dos sintomas físicos em resposta. Não sente desconforto. Não recebe um alerta interno de perigo potencial, então continua em direção ao perigo. Nessa versão primitiva de *Survivor,* Throgg sobreviverá por mais tempo do que Dregg, pois há uma forte conexão entre sua avaliação cognitiva de ameaça e sua experiência corporal de ansiedade. Dregg provavelmente morrerá porque, diante da possibilidade de ameaça, seu corpo respondeu como se não existisse perigo.

Portanto, a ansiedade em certa medida tem valor de sobrevivência, mas, como discutiremos no Capítulo 8, um nível excessivo de ansiedade interfere na vida bem-sucedida. Ao se prender a uma ameaça futura e sucumbir à catastrofização, enxergando perigo iminente quando não há, você não apenas perde tempo e energia se preocupando com situações ruins que nunca acontecerão, mas também experimenta níveis de ansiedade que podem enfraquecer a resiliência e prejudicar seu desempenho e sua saúde mental.

A Comparação Negativa com os Outros Provoca Constrangimento

Você se lembra do bolo solado? Imagine que você convidou alguns amigos para jantar. Todos estão reunidos na cozinha, tomando drinques e compartilhando histórias, enquanto você dá os retoques finais na refeição. Tudo pronto, você abre o forno para retirar a tão esperada sobremesa e descobre, assim como seus amigos, que o bolo está solado e queimado. Como você se sentiria? Agora imagine se deparar com o mesmo bolo solado e queimado, mas sem ninguém por perto. O que você sentiria no momento da descoberta?

André Modigliani, um dos principais pesquisadores de emoções, argumenta que o constrangimento é uma perda aguda de autoestima, causada não por qualquer comportamento (como não conseguir fazer um bolo perfeito), mas, sim, pelo reconhecimento de que o comportamento foi observado e avaliado negativamente por outras pessoas.[8] O constrangimento requer uma plateia. No entanto, outros pesquisadores mostraram que o constrangimento às vezes ocorre quando agimos de maneira inconsistente com nossos padrões pessoais.[9] Presteza, aptidão atlética, comportamento liberal e criatividade são exemplos de padrões pessoais. Embora infringir um valor pessoal na presença dos outros intensifique o constrangimento — como o atleta que erra um chute na frente dos colegas no jogo de futebol da empresa —, o aspecto social não é uma condição *necessária*. Se houver o reconhecimento pessoal do constrangimento, podemos nos sentir constrangidos, independentemente de outras pessoas estarem presentes ao abrirmos o forno.

A noção de padrões pessoais ajuda a explicar por que há uma grande variação nas situações que desencadeiam o constrangimento; o que gera constrangimento em algumas pessoas não tira a paz de outras, pois nem todos nós temos os mesmos padrões pessoais. Peter, um apreciador da gastronomia, se sentiria constrangido com o bolo solado porque sua crença instantânea seria "E eu me achava um bom cozinheiro! É óbvio que não sou". Por outro lado, Lynn, adepta da comida congelada, não se sentiria constrangida, pois não tem esse padrão de "cozinheira competente".

O debate sobre o papel da plateia no constrangimento também é relevante. É provável que algumas pessoas se sintam constrangidas mesmo quando não há ninguém por perto. Mas pode ser que, mesmo quando estamos sozinhos e cometemos um erro, imaginemos como os outros reagiriam se tivessem testemunhado nossas ações. (Por exemplo, o que você faz imediatamente após tropeçar? Olha ao redor para conferir se alguém notou.) No entanto, é evidente que o constrangimento está enraizado na comparação social. Nós nos sentimentos mais constrangidos na presença dos outros.

O mais importante no contexto da resiliência é a forma como você reage a momentos de interação social — quando sua ideia é rejeitada pela equipe de trabalho, quando você é repreendido na frente dos amigos, quando o chefe diz que está desapontado com seu desempenho. Ao relatar suas crenças instantâneas no momento do constrangimento, as pessoas quase sempre incluem referências a outras pessoas. Elas se concentram no receio de perder o prestígio diante daqueles cujas opiniões importam.

Como Usar as Conexões B-C

O conhecimento das conexões B–C é o alicerce da autoconsciência. Ao escutar sua base de crenças instantâneas, é possível entender, até mesmo prever, as emoções e os comportamentos decorrentes. E, como você verá, cada uma das próximas seis habilidades de resiliência se respalda no ABC.

Existem dois usos importantes das conexões B-C. Você pode usá-las para desenredar a miscelânea de emoções que sente ao se deparar com uma adversidade impactante; ou para identificar as crenças que o "prendem" a uma emoção específica, compreendendo por que reagiu de determinada forma e aprendendo a manter o equilíbrio mesmo nas circunstâncias mais estressantes.

DESENREDAR AS EMOÇÕES

Nossas emoções nem sempre são isoladas; às vezes, elas parecem surgir em um turbilhão. O emaranhado de emoções é particularmente comum após um grande estresse. Como Paul constatou, as conexões B–C podem ajudar a desenredar e compreender essa miscelânea de emoções.

Paul se juntou a um renomado escritório de advocacia em Manhattan e se mudou com a esposa e a filha para a cidade. Ele fez essa escolha porque vários advogados lhe disseram que o escritório reconhecia a importância da família e possibilitava que os funcionários encontrassem um equilíbrio viável entre vida pessoal e profissional. Seis meses após assumir o cargo, Paul acreditava em seu bom desempenho e tinha uma ótima colaboração com os outros advogados. Nessa época, a filha de Paul, Mary, com 1 ano de idade, começou a apresentar várias infecções respiratórias. Jody, a esposa, se ausentava muito do trabalho para ficar em casa com a filha doente ou levá-la ao médico. Certa manhã, Jody ligou para Paul no escritório e perguntou se ele poderia levar Mary a uma consulta, pois seu chefe estava irritado com a frequência com que ela saía mais cedo ou chegava atrasada. Quando Paul mencionou a um dos sócios que precisava ir embora para levar a filha ao médico, a resposta foi sarcástica: "Não torne isso um hábito." Paul reagiu com um turbilhão de emoções, sentindo uma mistura de raiva, culpa, constrangimento e até mesmo vergonha. A complexidade da reação o surpreendeu. "Eu me orgulho de ser um cara bem direto e transparente. Costumo ter uma boa noção do motivo pelo qual me sinto de determinada forma e acho que sou bastante resiliente. Aquele comentário sarcástico me desorientou. Eu não conseguia entender por que ele desencadeou tantas emoções e me afetou daquela forma. Eu saí para levar Mary ao médico, mas fiquei chateado por muito mais tempo do que deveria."

A miscelânea de emoções sobrecarregou Paul, que teve dificuldade em se concentrar pelo restante do dia, pois se sentia distraído e irritado.

Ele decidiu que queria confrontar o sócio sobre o comentário, mas sabia que, para manter a compostura, precisava desenredar suas emoções. O conhecimento das conexões B–C o ajudou a obter clareza sobre a situação. Ao articular seu processo de pensamento, Paul foi capaz de identificar e, assim, controlar as emoções que o dominavam. "Eu estava com raiva, pois achava que o comentário contrariava um dos princípios da empresa. A ênfase no compromisso com a família foi uma das razões pelas quais entrei no escritório. Eu nunca tinha saído mais cedo, e me senti desrespeitado pela atitude arrogante." Paul interpretou o comentário como uma violação de seus direitos — ele acreditava que a empresa o havia enganado durante o período de recrutamento.

"Eu não achava que sair mais cedo era errado, então não conseguia entender por que sentia culpa. Não havia motivo para me desculpar se minha atitude não era inadequada. Depois percebi que não estava me sentindo culpado por sair mais cedo, mas, sim, devido ao meu papel de pai. Lembro que, quando estava saindo do escritório, pensei que queria ser mais prestativo quanto à doença da minha filha e que a decisão de trabalhar para a empresa talvez significasse que eu não conseguiria ajudar muito. Imaginei que futuros pedidos para sair mais cedo seriam recusados, já que o primeiro foi recebido com hostilidade. Ao achar que estava decepcionando minha esposa e minha filha, eu me senti culpado." As crenças de Paul sobre causar danos à família provocaram o sentimento de culpa.

Paul também foi capaz de identificar as crenças que causaram o constrangimento: "Quando estava saindo do escritório, olhei para o relógio e vi que eram 14h14. Imediatamente, passei os olhos pela sala para verificar se algum dos meus colegas estava me observando. Claro, mesmo que me vissem indo embora, eles não saberiam o motivo e não se importariam, mas meu pensamento foi 'Se me pegarem saindo mais cedo, vão achar que não estou tão comprometido com a empresa quanto eles e vão me desprezar por isso'." Paul sentiu constrangimento por imaginar que seria julgado.

Ao identificar sistematicamente as crenças que desencadearam cada uma de suas emoções, Paul conseguiu desvendar as muitas questões trazidas à tona por um único comentário infeliz. Esse processo o ajudou a separar as questões pessoais daquelas que deveria discutir com seus empregadores. Os dez minutos que Paul levou para trabalhar nas conexões B–C o salvaram de horas de ruminação e possivelmente até mesmo de uma atitude inadequada com o chefe e os colegas. Ele foi capaz de enfrentar o conflito de forma mais eficaz, usando a autoconsciência promovida pelas conexões B–C para orientar sua resolução de problemas.

IDENTIFIQUE AS CRENÇAS QUE O PRENDEM

Embora as conexões B–C tenham evoluído para ajudar os humanos a entender seu mundo e reagir adequadamente, às vezes as pessoas desenvolvem vieses e gravitam em torno de um ou dois tipos de crenças. Elas aplicam essas interpretações como cortadores de biscoito, modelando todas as situações ambíguas da mesma forma. Outra maneira de pensar nas conexões B–C é como um radar. Algumas pessoas, talvez por causa de suas primeiras experiências, examinam seu mundo em busca do que poderia machucá-las. Elas têm um radar de ameaças futuras e, portanto, se sentem ansiosas a maior parte do tempo. Mark, que tem um radar de violação de direitos, costuma se vitimizar. Ele se atrasou para o trabalho porque a prefeitura foi imprudente e iniciou reformas ao longo do trajeto. Ele e a mãe brigaram porque ela não respeitou sua privacidade. Ele e a colega de trabalho discordaram porque ela não considerou sua experiência na empresa. Como a tendência era acreditar que as pessoas se propunham a irritá-lo, prejudicá-lo e traí-lo — uma violação de seus direitos —, Mark passava a maior parte do tempo com raiva.

Joy, por outro lado, sempre tenta detectar o perigo. Sua ansiedade oscila entre um zumbido baixo e um crescendo ensurdecedor. Se uma amiga não retorna sua ligação, Joy começa a achar que, de alguma forma, a ofendeu. Se uma segunda ligação não é atendida, Joy se convence de que a amiga não quer falar com ela porque está com raiva. Quando a amiga telefona alguns dias depois e explica que estava viajando a trabalho, Joy se sente irritada consigo mesma por desperdiçar tanta energia se preocupando com o fim da amizade. Após o nascimento de seu primeiro bebê, a ansiedade de Joy piorou — a saúde e a segurança do filho trouxeram novas preocupações. A tendência de ver ameaças e perigos em cada esquina desgastava seu casamento e dificultava a autonomia de seu filho à medida que ele crescia.

As pessoas não ficam presas a crenças que causam apenas emoções negativas. Beverly é confiante, feliz e realizada, mas se prende ao orgulho. À primeira vista, parece estranho descrever alguém como "preso" a uma emoção positiva. Mas, assim como surgem problemas quando há raiva ou ansiedade constante, também surgem problemas quando há certas emoções positivas injustificadas. Sempre que as coisas dão certo — contratos bem-sucedidos, reuniões produtivas, vitórias da equipe —, Beverly assume o crédito pelo sucesso. Seu viés é acreditar que ela foi a responsável pelas situações favoráveis, deixando de reconhecer as contribuições alheias. Inicialmente, as pessoas se aproximavam de Beverly devido ao seu estilo otimista e confiante, mas logo se desiludiam. Os colegas a consideravam arrogante e prepotente, e ela adquiriu a reputação de egocêntrica. Embora a fizesse se sentir bem, o viés de Beverly causava problemas profissionais e pessoais.

Talvez você não seja afetado pela raiva, pela ansiedade ou pelo orgulho inapropriado, mas pode ter um viés na forma como interpreta os eventos bons e ruins em sua vida. Se for o caso, você está prejudicando a resiliência, pois seu viés o impede de enxergar os fatos da situação. Às vezes, Mark está certo — em determinadas situações, as pessoas têm a intenção de nos prejudicar. E Joy com certeza notará perigos reais. Mas os estilos de pensamento enviesados acarretam uma interpretação equivocada do significado dos eventos com muito mais frequência do que ajudam a compreendê-lo. Mark gasta muito tempo respondendo a hostilidades imaginadas e Joy a perigos imaginados. Os relacionamentos de Beverly não progridem porque os amigos a acham cansativa. Os estilos de pensamento enviesados tornam as pessoas menos eficazes e menos felizes.

FAÇA UM REGISTRO DE EMOÇÕES E DESCUBRA SE VOCÊ ESTÁ PRESO

Use seu conhecimento das conexões B–C para identificar o padrão de crenças que limita sua vida emocional. Ao longo da próxima semana, faça um registro de suas emoções. Sempre que surgir uma emoção forte ou houver uma mudança repentina de emoção, anote o que está sentindo e com que intensidade. No final da semana, agrupe essas emoções em "famílias" de raiva, tristeza, culpa, ansiedade e constrangimento.

Não existe uma fórmula específica. Apenas observe se suas emoções abrangem o espectro de sentimentos ou se tendem a se agrupar em uma família. Se elas se agruparem, você pode ter um viés em seu estilo de pensamento, com um foco acentuado em uma das cinco variedades de crenças, como violação de direitos ou comparação negativa com os outros. Preste bastante atenção às emoções decorrentes das adversidades impactantes, pois, nessas situações, a resiliência precisa de mais impulso. Às vezes, as pessoas descobrem que, diante de poucas adversidades impactantes, sua vida emocional é ampla e variada, mas, diante de situações estressantes, é dominada por um sentimento. À medida que aprender as habilidades de "mudança", você desejará direcioná-las às crenças que governam sua vida emocional.

Como Usar o ABC em Sua Vida

Use a habilidade ABC sempre que estiver confuso com sua reação a uma adversidade ou sempre que suas reações forem contraproducentes. O objetivo do ABC é a análise da experiência em A, B e C. Você só conseguirá mudar as crenças contraproducentes quando for capaz de distinguir as crenças sobre o evento; os fatos do evento; e, em seguida, as reações ao evento. Antes de examinar suas crenças, é preciso isolá-las.

Pense em uma adversidade recente com a qual você não lidou muito bem. O primeiro passo é descrever a adversidade (A). Você pode fazer isso como um exercício mental, mas é melhor anotar em um papel. Use a Planilha Aprender Seus ABCs, disponível na página 93, como modelo. Certifique-se de descrever a adversidade de forma objetiva; não deixe que as interpretações do evento influenciem a descrição dos fatos. Concentre-se apenas em quem, o que, quando e onde. Por exemplo: "Minha chefe e eu discordamos sobre como devo abordar um cliente que pode estar divulgando nossos materiais sem autorização. Eu queria telefonar, mas ela acha que devo enviar uma carta." Essa é uma descrição direta e objetiva da adversidade. A seguinte não é: "Minha chefe e eu discordamos sobre como devo abordar um cliente que pode estar divulgando nossos materiais sem autorização. Eu queria telefonar, mas ela acha que minha hostilidade ao telefone piorará a situação. Ela nunca confia na minha postura profissional e constantemente desrespeita minha autonomia." O problema da última descrição é que ela está repleta de crenças — que são importantes, mas o objetivo é distinguir os fatos da situação e as crenças sobre esses fatos. Suas crenças são a forma como você interpreta um evento; nós as discutiremos em breve.

O segundo passo é identificar o C. O que você sentiu e como reagiu à medida que o evento se desenrolava? Tente identificar suas emoções e seus comportamentos e observe a intensidade emocional. Ela foi leve, moderada ou extrema? Passamos de A para C e deixamos o B de lado por enquanto, pois é assim que experimentamos o fluxo com mais frequência no mundo real. Um evento acontece e, antes de identificarmos o que dissemos a nós mesmos (B), precisamos observar os sentimentos e as respostas decorrentes desse evento. Nosso B não costuma ser tão evidente quanto nossas reações. Retomando nosso exemplo, segue uma boa descrição do C: "Eu me senti irritado e ansioso. Muito irritado. Ligeiramente ansioso. Minha primeira reação foi fazer um comentário afrontoso, que, é óbvio, não foi muito bem recebido. Então comecei a procrastinar. Em vez de escrever a carta, acabei me dedicando a outras tarefas."

O terceiro passo é uma versão mental de ligar os pontos. Após determinar a adversidade e as consequências, a tarefa é descobrir as crenças que conectam o A ao C. Pergunte a si mesmo: quais foram os pensamentos que desencadearam esses sentimentos e essas ações? Lembre-se: o objetivo é identificar as crenças reais, e não convertê-las em uma versão mais aceitável. O conteúdo de sua crença instantânea, as próprias palavras que a compõem, é importante porque captura o significado que você atribui ao evento. Assim, se a sua crença instantânea for "Ela é controladora" e você transformá-la em "Ela é exigente", perderá informações importantes sobre a forma como interpreta suas motivações e a dinâmica do relacionamento. Em nosso exemplo, duas emoções e comportamentos fluem da situação: irritação moderada a extrema, que acarreta um comentário afrontoso, e ansiedade leve seguida de procrastinação.

Use o conhecimento das conexões B–C para fazer uma verificação mental de sua lógica. Sabemos que uma crença de violação de direitos acarretará a raiva e que uma crença de ameaça futura acarretará a ansiedade. Se suas crenças não se enquadram em nenhuma das categorias, então você não as identificou de forma apropriada. Lembre-se: as conexões B–C, elencadas na página 79, sempre se mantêm. Se você não acertou sua avaliação da primeira vez, tente novamente. A seguir, aplicamos nosso exemplo na planilha.

Procure padrões à medida que utilizar o ABC em diferentes cenários. Suas crenças instantâneas têm um determinado tema? Você é mais orientado a crenças do porquê do que a crenças do depois? Você percebe a predominância de um tipo específico de crença — violação de direitos, perda, comparação com os outros? Quanto mais eficaz sua detecção de padrões, melhor, pois ela possibilita antecipar e, posteriormente, prevenir reações não resilientes. À medida que pratica o ABC, você pode perceber que sua lista de Cs aumenta ou que sua crença instantânea é mais complexa do que parecia. É um bom sinal, pois revela o progresso da autoconsciência.

O último passo do ABC é a verificação cruzada. Cada base de crença deve se conectar a um sentimento e comportamento, e cada sentimento e comportamento deve se conectar a uma base de crença — seus Bs e Cs devem estar atrelados. Se houver um B ou C solitário, reserve um momento para verificar se há emoções remanescentes que passaram despercebidas ou crenças agindo de forma mais sutil. Como na maioria das habilidades, há uma curva de aprendizado. Nas primeiras vezes que praticar o ABC, não se surpreenda se você tiver menos pares B–C do que o esperado.

Mas como saber que você usou a habilidade de forma eficaz? Você terá o que chamamos de epifania — dirá a si mesmo: "Ah, agora entendo por que estava me sentindo assim. Tudo faz sentido." Você compreenderá o que sente e por que se sente de determinada maneira. Após essa epifania, você estará pronto para um estudo mais minucioso das crenças que impulsionam suas reações, certificando-se de que não está caindo em armadilhas de pensamento, um processo que exploraremos no próximo capítulo.

Planilha Aprender Seus ABCs

1. Descreva a adversidade de forma objetiva (quem, o que, quando e onde) e registre-a aqui: "Minha chefe e eu discordamos sobre como devo abordar um cliente que pode estar divulgando nossos materiais sem autorização. Eu queria telefonar, mas ela acha que devo enviar uma carta."
2. Identifique as consequências (emoções e comportamentos durante a Adversidade) e registre-as na coluna C.
3. Identifique sua base de crenças instantâneas durante a adversidade e registre-a na coluna B. (Lembre-se: sem censura!)
4. Verificação cruzada: Certifique-se de que você identificou uma base de crença para cada consequência e de que há uma consequência para cada base de crença.

B: Base de Crenças Instantâneas	C: Consequências (Emoções e Comportamentos)
Ela acha que minha hostilidade ao telefone piorará a situação. Ela nunca confia na minha postura profissional e constantemente desrespeita minha autonomia.	Muito irritado. Fiz um comentário afrontoso.
E se estivermos errados? O cliente ficará chateado e pode até nos causar problemas.	Ligeiramente ansioso. Eu procrastinei.

Exceções do ABC

Às vezes, suas crenças não importam muito.

E, nesse ponto, precisamos nos contradizer: em alguns casos, os eventos são tão graves que suas reações *são* impulsionadas pelo evento em si, não por suas crenças sobre o evento. Quando um ente querido morre, as emoções decorrem em grande parte da tragédia em si, não de suas interpretações da tragédia. Nas horas ou dias após um desastre — como o 11 de Setembro —, a magnitude do evento dita suas crenças, e questionar sua precisão ou utilidade não é particularmente proveitoso.

Esse fato não invalida o papel das crenças na cura após uma tragédia e nem a eficácia da habilidade ABC. Pelo contrário, as crenças e a resiliência determinam a rapidez e a facilidade com que você retomará o controle das emoções e dos comportamentos após experiências de grande magnitude.

Há outro caso em que o modelo ABC não se aplica. Você já ouviu a expressão "sequestro da amígdala"?[10] Considere a história a seguir. Barb e Jim namoravam há dois anos. No aniversário de Barb, Jim a pediu em casamento, e eles planejaram uma grande festa para o verão seguinte. Três meses antes do casamento, ela descobriu que Jim a havia traído com uma mulher do escritório e terminou o noivado. Barb não retornou as ligações nem atendeu a porta. Eles não se viam ou se falavam há três semanas. Certa noite, suas amigas a convenceram a sair para tomar um drinque após o trabalho. De pé no bar, enquanto observava o ambiente, Barb viu Jim sentado de costas, ao lado de uma mulher atraente. Com o drinque na mão, ela se dirigiu à mesa. Quando Jim se virou, surpreso, Barb jogou a bebida no rosto dele. Isso é um sequestro da amígdala.

A amígdala é uma estrutura neural em forma de amêndoa, localizada acima do tronco encefálico, uma metade de cada lado do cérebro. Ela faz parte do sistema límbico, e sua principal função é o processamento das emoções: gerar emoções, armazenar memórias emocionais, fornecer significado emocional à nossa vida. Sem a amígdala, você não sentiria alegria, tristeza, medo ou raiva; a vida seria desprovida de emoções e paixão. O hipocampo (outra estrutura do sistema límbico) é responsável por armazenar os fatos do evento. Para Barb, o hipocampo codificou o que ela estava bebendo, onde estava de pé e o que o ex-noivo estava vestindo quando o viu no bar. A amígdala, em contraste, armazena os aspectos emocionais — a raiva que Barb sentiu ao encontrar Jim com outra mulher e a humilhação que experimentou ao descobrir a traição.

Em algumas situações, a amígdala pode se sobrepor ao neocórtex, que serve às funções motoras, sensoriais e cognitivas, fazendo com que nossas emoções prevaleçam sobre nosso racional. Na maioria das situações, a via neural vai do tálamo ao neocórtex, onde os sinais são processados e as informações sobre o objeto (o que é, o que significa, qual é o seu valor) se tornam conhecidas. O restante do cérebro recebe sinais do neocórtex e, por fim, o corpo responde. Mas, em alguns casos, o sinal recebido pela amígdala atua como um alarme e o restante do cérebro é mobilizado antes que o neocórtex complete o processamento. Para Barb, a visão de Jim acionou o alarme da amígdala. Sem o processamento complexo dos estímulos, ela avistou Jim e reagiu com raiva. Sua amígdala, em essência, gritou "Perigo! Perigo!", e seu corpo reagiu.

A velocidade com que a amígdala reage tem um nítido valor de sobrevivência. Os sinais que viajam diretamente do tálamo para a amígdala são processados milissegundos mais rápido do que aqueles que seguem a rota mais longa, passando do tálamo para o neocórtex e, em seguida, para a amígdala. A boa notícia é que esses milissegundos são cruciais em situações de emergência. A má notícia é que informações importantes e detalhadas são perdidas quando o neocórtex é excluído do processo. Esse dilema entre velocidade e eficácia é benéfico em algumas situações, mas prejudicial em outras. Certamente, a velocidade é mais importante do que a eficácia em verdadeiros momentos de crise — a marca e o modelo do carro que se aproxima têm pouca importância. Mas em muitas situações em que nossas emoções prevalecem sobre nosso pensamento, as informações mais detalhadas fornecidas pelo neocórtex teriam sido vantajosas. Barb evitaria um profundo constrangimento se tivesse notado que o homem de camisa azul-marinho tinha olhos azuis e usava brinco, ao contrário de Jim, que tem olhos castanhos e jamais furaria a orelha. A amígdala pode nos salvar, mas também pode nos trazer grandes problemas.

Muitas vezes, quando as pessoas descobrem o sequestro da amígdala, concluem erroneamente que somos submissos a nossas emoções e que qualquer tipo de intervenção no nível do "pensamento" é inútil. Isso não é verdade. É importante lembrar que esses momentos de sequestro da amígdala são a exceção, não a regra. A maioria das emoções segue um processamento mais extenso do neocórtex, incluindo nossas interpretações do estímulo em questão. Embora, tal como Barb, possamos nos descontrolar sem pensar muito, isso acontece com pouca frequência para algumas pessoas e quase nunca para outras. Mais comuns são os momentos em que ruminamos até adentrar um estado de ansiedade ou raiva, quando sentimos uma crescente tristeza ao analisarmos detalhadamente nossa última briga com o cônjuge ou quando a raiva, o constrangimento ou a culpa nos consome após uma avaliação tendenciosa e carregada de crenças da situação atual.

O fato de que, em algumas circunstâncias, as emoções confundem o pensamento indica uma necessidade maior, e não menor, de racionalidade. Sim, é mais difícil avaliar uma situação com precisão quando suas emoções estão a todo vapor, mas é possível, e até mesmo necessário. A intervenção é um passo essencial para sair do modo de amígdala e entrar no modo de pensamento mais racional. Quando suas emoções surgem rápido e intensamente, a estratégia mais eficaz é acalmar o corpo para que a mente assuma o controle. No Capítulo 9, o ensinaremos a acalmar e focar, para que consiga recuperar a resiliência mesmo quando seu cérebro age contra você.

Uma a Menos, Seis Restantes

Você acabou de aprender sua primeira habilidade de resiliência — o alicerce de todas as outras. Com seu conhecimento do ABC, agora você é capaz de identificar as adversidades mais desafiadoras, de reconhecer as crenças instantâneas — o que diz a si mesmo quando confrontado com a adversidade — e de compreender como suas crenças o fazem se sentir e se comportar. Você pode usar sua compreensão do ABC para desvendar uma resposta que o surpreendeu: "Ah, não é de admirar que eu me sinta tão culpado. Afinal, eu acreditava que tudo era culpa minha." E pode aplicar as mesmas informações B–C para aumentar a empatia pelos outros: "Para se sentir tão constrangida, ela deve estar se comparando negativamente a mim. Talvez seja melhor conversar com ela e me certificar de que está bem."

Pratique o ABC todos os dias. Ao detectar uma mudança repentina de humor, questione: o que eu disse a mim mesmo para me sentir dessa forma? Quando souber que uma adversidade está prestes a acontecer — digamos, uma reunião com um colega complicado ou um dia caótico em casa —, certifique-se de ouvir suas crenças instantâneas e observar o efeito que elas têm sobre você. Quanto melhor você identificar o que diz a si mesmo em um momento de adversidade, mais fácil será mudar suas crenças não resilientes para que elas não o desviem do caminho. E, melhor ainda, você pode usar a compreensão das conexões B–C para prever sua reação: "Sei que vou me sentir muito ansioso se continuar procurando ameaças em todas as situações. Talvez eu deva considerar uma abordagem diferente."

Agora você está pronto para aprender a segunda habilidade de resiliência — evitar armadilhas de pensamento.

CAPÍTULO 5

Evitar Armadilhas de Pensamento

Que obra-prima é o homem! Quão nobre pela razão! Quão infinito pelas faculdades! Na apreensão, aproxima-se aos deuses!

— WILLIAM SHAKESPEARE, *HAMLET*

Hamlet tinha uma confiança suprema no poder da inteligência humana e em nossa capacidade de pensar e agir racionalmente. Na verdade, quando se trata de intelecto e lógica, Hamlet acreditava que éramos como deuses — que nossas habilidades eram muito superiores às de outros animais. Achamos importante observar que o comediante Jerry Seinfeld discorda. Ele aborda a questão do seguinte modo: se alienígenas pousassem na Terra e a primeira coisa que vissem fosse pessoas recolhendo as fezes de seus cães, quem eles presumiriam ser os líderes do planeta, os cães ou nós? É um bom argumento. Então, somos o "modelo das criaturas", como afirmava Hamlet, ou nosso poder intelectual é de certa forma inferior ao de um animal de estimação? Quem está certo, Hamlet ou Jerry?

Claro, os humanos são os seres mais inteligentes da Terra. Temos um cérebro grande, e foi a nossa inteligência que nos deu a vantagem evolutiva sobre todas as outras espécies. Mas Hamlet também estava errado, pois superestimou nossas habilidades intelectuais. Nossas faculdades não são infinitas. Na verdade, são mensuravelmente finitas; nosso cérebro tem apenas cerca de 1.500 centímetros cúbicos de capacidade de processamento. Nossos cinco sentidos, entretanto, conseguem captar muito mais informações do que o cérebro é capaz de processar, então precisamos simplificar as informações que vemos e ouvimos antes de compreendê-las. Pegamos atalhos em nosso pensamento para lidar melhor com a carga sensorial. E isso significa que não obtemos uma leitura direta do mundo, então nossos pensamentos e nossas crenças sobre o mundo são vulneráveis às falhas. Como resultado, cometemos erros previsíveis ao tentar atribuir sentido ao nosso mundo. Oito desses erros interferem diretamente na resiliência, na forma como lidamos com os contratempos e estresses do dia a dia.

As Oito Armadilhas de Pensamento

Aaron Beck, o "pai" da terapia cognitiva, identificou sete armadilhas de pensamento que tornam as pessoas particularmente suscetíveis à depressão.[1] Nosso trabalho demonstrou que, de forma mais geral, essas armadilhas também se aplicam à resiliência. Acrescentamos uma oitava armadilha, a externalização, um estilo de pensamento que na verdade protege as pessoas da depressão, mas prejudica a resiliência de outras maneiras, restringindo a resolução de problemas e sobrecarregando os relacionamentos.

À medida que compartilharmos as armadilhas de pensamento, tente se lembrar da última vez que caiu em cada uma delas. Embora quase todos nós tenhamos cometido esses erros de pensamento em determinada situação, costumamos ser mais vulneráveis a duas ou três armadilhas.

ARMADILHA DE PENSAMENTO 1: TIRAR CONCLUSÕES PRECIPITADAS

John é um funcionário júnior que, há seis meses, trabalha no mesmo cargo e para a mesma chefe. Nesse período, eles desenvolveram uma relação profissional razoavelmente boa. Os feedbacks são equilibrados, com informações concretas e detalhadas sobre como ela gostaria que certos aspectos do desempenho melhorassem, mas também há elogios quando John atende ou supera as expectativas. Eles trabalham sob alta pressão, cumprindo prazos apertados de importantes projetos. Certa manhã, John verifica seu e-mail e encontra uma mensagem da chefe: "Me ligue assim que puder." Ele pensa: "Devo ter feito algo errado."

Você consegue perceber o erro de pensamento? Sem nenhuma informação, John supõe que a chefe enviou o e-mail por razões negativas, que ela está chateada com alguma falha ou problema, o que não é uma suposição absurda. O local de trabalho contemporâneo é uma panela de pressão — as falhas são inevitáveis, os problemas são frequentes e os chefes muitas vezes enviam e-mails aos funcionários para resolver os impasses. No entanto, não deixa de ser uma suposição. O problema com o pensamento de John é que ele *automaticamente* tem *certeza* de que a chefe enviou o e-mail devido a uma falha. Mas ele pode estar equivocado, pois existem outras possibilidades. A chefe pode simplesmente querer avisá-lo de uma nova tarefa ou uma nova prioridade para as tarefas existentes.

Fazer suposições sem as informações relevantes é uma armadilha de pensamento que se chama *tirar conclusões precipitadas*. De fato, é o erro guarda-chuva, já que todas as armadilhas de pensamento envolvem algum tipo de suposição. Você percebeu que John chega a uma segunda conclusão? Não apenas presume que um problema surgiu, mas também acredita instintivamente que ele causou esse problema. Não é possível que, frente ao problema, a chefe tenha enviado o e-mail para resolver a falha de outra pessoa, e não para culpá-lo? Ainda assim, John presume que a culpa é dele. Analisaremos melhor essa armadilha, chamada personalização, um pouco mais adiante neste capítulo.

Vejamos como John foi afetado após tirar uma conclusão precipitada. Lembre-se: assim que leu o e-mail, ele disse para si mesmo: "Devo ter feito algo errado." Com seu conhecimento das cinco conexões B–C, como você acha que John se sente ao fazer essa suposição? Tente rotular o tipo de crença e, em seguida, identifique as emoções e os comportamentos decorrentes. (Se necessário, consulte a lista Conexões B–C, na página 79.)

"Devo ter feito algo errado" é uma crença de perda, pois implica que John não é tão competente quanto pensava. A tristeza e o desânimo são sentimentos esperados, mas é provável que ele também sinta ansiedade. Por quê? As crenças instantâneas raramente se manifestam em uma única frase. Na maioria das vezes, elas surgem em um efeito cascata. Ao concluir que fez algo errado, é perfeitamente natural que John faça previsões do que acontecerá. Assim, é plausível que sua crença instantânea seja algo do tipo "Ela vai ficar muito brava comigo; com certeza levarei uma bronca". Essas são crenças de ameaça futura, que provocam ansiedade. John não está no controle de seus pensamentos e, portanto, não está no controle de suas emoções.

Digamos que John identifique seu "erro", supondo que calculou mal o orçamento do último projeto e é por isso que a chefe enviou o e-mail. Ele provavelmente começará a ensaiar uma forma de abordar o assunto, planejando um pedido de desculpas e elaborando possíveis soluções para o problema imaginado. Mas e se, em vez disso, John não identificar nada que tenha feito de errado? Ele se sentirá mais ansioso e confuso. "O que eu fiz?" Ele pode adiar o contato com a chefe porque está tenso e não quer falar com ela até se sentir preparado. Independentemente do cenário, uma coisa é certa: como tirou conclusões precipitadas sobre o significado do e-mail e depois agiu como se essas conclusões estivessem corretas, John é incapaz de responder de forma eficaz. Por meio da profecia autorrealizável, ele acaba provocando o resultado mais temido. Não importa se a suposição é verdadeira, o C, suas emoções e seus comportamentos, são fruto da crença de perda.

Você consegue se lembrar de um momento em que caiu nessa armadilha? Pense no passado, relembre sua base de crenças instantâneas (o B) e analise as consequências emocionais e comportamentais. Você consegue identificar *quando* tira conclusões precipitadas? Esse erro costuma ser cometido com determinadas pessoas, em uma área específica de sua vida? Existem certas situações que o tornam mais vulnerável a essa armadilha — interação com figuras de autoridade, como no caso de John, ou talvez quando as opiniões alheias sobre você estão em jogo? John supôs que era o culpado, mas talvez você tenha a tendência de culpar os outros muito rapidamente. A conclusão de John acarretou tristeza e preocupação; se sua tendência for culpar os outros, você sentirá raiva com frequência. O ponto principal é que as pessoas que costumam tirar conclusões precipitadas respondem impulsivamente às situações, pois agem antes de obter informações completas.

Ao descrever essa armadilha de pensamento, não estamos sugerindo que a intuição é desfavorável. Os pressentimentos, particularmente os que giram em torno do perigo, muitas vezes são valiosos. E há algumas situações em que faz sentido agir primeiro e pensar depois. Se você está se dirigindo ao seu carro em um estacionamento escuro e vê um homem se aproximando, a resposta mais resiliente é confiar no medo e fugir. A intuição pode ter valor de sobrevivência.

Porém, grande parte das intuições não exige ação imediata. A maioria delas, assim como as suposições, pode se beneficiar de informações mais completas. Na verdade, sugerimos que você trate as intuições e o ato de tirar conclusões precipitadas da mesma forma. Ou seja, leve-os a sério, mas encare-os como teorias, não fatos. São hipóteses a serem testadas. E, quando testamos as suposições, é válido considerar experiências passadas. Se a chefe de John tem um histórico de contatá-lo apenas para apontar seus erros, é plausível achar que esse é o motivo do e-mail. É uma armadilha de pensamento quando há pouca evidência para apoiar a conclusão, ou se John responder à chefe convicto de que sua suposição é verdadeira.

Como John poderia reagir de forma mais resiliente? Dedicando alguns minutos para conferir se cometeu um erro no trabalho do dia anterior. Antes de supor o erro, é preciso coletar mais informações. Ele não pode demorar para atender à solicitação do e-mail, mas, antes de telefonar para a chefe, deve dizer a si mesmo: “Ok, John, neste momento, tudo o que você sabe é que ela quer conversar. Se você supor que fez algo errado, parecerá apreensivo. Caso tenha cometido um erro, a melhor coisa é se manter calmo e lúcido." Ao neutralizar a armadilha de pensamento, John adquire o controle de suas emoções e se torna menos impulsivo. Ele está mais preparado para reagir de forma resiliente a qualquer acontecimento.

ARMADILHA DE PENSAMENTO 2: VISÃO LIMITADA

Sue, gerente de nível intermediário em uma empresa de serviços financeiros, está em frente a uma longa mesa de conferência, apresentando o progresso de sua equipe a outros gerentes e à diretora a quem todos se reportam. Se tivesse capacidade ilimitada para atender e processar todas as informações sensoriais diante dela, Sue notaria uma infinidade de comportamentos. Dave, Margaret e Steve mantêm contato visual com ela o tempo todo. Margaret e outro colega, Brian, fazem perguntas sobre o conteúdo, indicando que estão atentos. No meio da reunião, uma das gerentes, Rachel, sai da sala para atender o celular e não retorna. Os outros dois gerentes, Jim e Trisha, trocam comentários em vários momentos. A diretora escuta o tempo todo, muitas vezes assentindo ou fazendo alguma observação. A certa altura, ela boceja. Ao se aproximar do final da reunião, Sue pensa: "Minha apresentação está horrível."

Assim como o restante de nós, Sue não consegue processar tudo o que acontece ao redor. Ela é incapaz de prestar atenção a toda a cena sensorial diante dela. Sua mente pega atalhos ao selecionar cenas e detalhes do ambiente, levando-a a registrar apenas essas amostras. Isso seria benéfico se ela fosse uma observadora imparcial. Mas não é. Sue tende a focar os aspectos negativos do ambiente. Ela percebe a conversa paralela entre Jim e Trisha e supõe que os comentários são depreciativos. Concentra-se na saída de Rachel e não consegue desviar os olhos do bocejo da diretora. Sistematicamente, Sue ignora os acenos de concordância, os olhares interessados, o contato visual e as perguntas pertinentes. Ela é vítima da *visão limitada* — só enxerga os aspectos negativos de uma situação. Já que coleta amostras do ambiente de maneira enviesada, Sue chega à falsa conclusão de que a apresentação está horrível.

Como essa armadilha de pensamento prejudica a resiliência de Sue e a impede de alcançar seus objetivos? Ela quer que a reunião seja bem-sucedida. Passou muito tempo se preparando e sabe que é uma excelente oportunidade para provar seu valor à diretora. Mas, ao concluir que a apresentação está horrível, Sue se deixa levar por outras crenças instantâneas que a atrapalham: "Acontecerá o oposto do que desejo. Longe de me ver como competente, a diretora pensará que não estou preparada e, pior, deduzirá que gerenciei mal a equipe. Provavelmente serei preterida quando surgirem tarefas importantes." Considere o efeito dessas crenças no contexto da habilidade ABC e das conexões B-C. Sue tem crenças de ameaça futura, que provocam ansiedade. E a ansiedade quase sempre afeta o desempenho. A visão limitada de Sue pode acarretar o resultado mais temido.

Geralmente, a visão limitada se direciona a resultados negativos, pois uma vantagem inesperada não representa a mesma ameaça à sobrevivência que uma adversidade imprevista. Mas algumas pessoas concentram sua visão em resultados positivos. E, embora o ABC indique que essas pessoas evitarão emoções negativas, como a ansiedade e a tristeza que Sue provavelmente sentirá, a visão limitada ao positivo também tem seus problemas. Considere o caso de Richard, vice-presidente de uma empresa da Fortune 500. Ele é um homem muito bem-sucedido, cuja energia e otimismo lhe proporcionaram uma rápida ascensão profissional. Ele procurou nosso treinamento executivo devido a um problema recorrente nos últimos meses. Sua empresa estava passando por uma enorme mudança estrutural e processual para se alinhar às novas práticas de negócios — equipes reorganizadas por função, e não por localização geográfica, e informatização de procedimentos. Para que a iniciativa desse certo, Richard sabia que precisava manter os diretores informados sobre os desdobramentos e envolvidos na tomada de decisões. Mas o problema, a seu ver, era que muitos deles não seguiam o processo, embora todos os diretores concordassem com suas propostas nas reuniões semanais. O que estava errado?

Passamos algumas semanas conversando com Richard sobre essas reuniões, mas não conseguimos progredir, então achamos melhor comparecer a uma delas. À medida que a reunião se desenrolava, ficou evidente por que Richard era tão bem-sucedido. Sua apresentação foi precisa e lúcida, expondo sua visão da empresa e o que era necessário para alinhar o departamento. Uma verdadeira inspiração. Quando a reunião terminou e os diretores saíram, Richard se virou para nós e deu de ombros: "Viram o que quero dizer? Houve consenso, mas pelo menos metade deles não vai agir." Ficamos impressionados com a apresentação, mas, francamente, *não* entendemos o que ele quis dizer com "consenso". De fato, quatro dos nove diretores — os mais próximos dele na mesa de conferência — assentiram durante toda a reunião. Um ou dois fizeram anotações para indicar que estavam acompanhando a apresentação. Mas Richard não percebeu os momentos em que dois ou três diretores ficaram distraídos, olhando pela janela? Será que não notou as duas ocasiões em que três ou quatro deles menearam a cabeça sutilmente? Ou quando dois diretores se entreolharam, demonstrando impaciência? Na verdade, ele viu todas essas coisas, pelo menos no sentido literal — a luz que transportava essas informações atingiu sua retina e disparou os neurônios no sistema visual. Mas, devido à sua visão limitada, ele não prestou atenção aos detalhes, deixando de processá-los ou armazená-los na memória. Richard se concentrou nos comportamentos que condiziam com seu pensamento — as anuências e as anotações. E, embora a visão limitada preservasse o otimismo e a autoestima, a incapacidade de reconhecer que nem todos os diretores estavam engajados impossibilitava a resolução do impasse, ameaçando o sucesso de seu departamento e seu futuro na empresa.

Ao trabalhar com Sue e Richard, nós constatamos que cada um deles tinha fortes crenças sobre si mesmo e seu mundo. Sue acreditava que era uma oradora medíocre, incapaz de prender a atenção nas apresentações. Richard acreditava que era um orador persuasivo, capaz de motivar a equipe a seguir sua missão. E ambos selecionavam as informações consistentes com suas crenças, ignorando os fatos que poderiam contradizê-las.

ARMADILHA DE PENSAMENTO 3: MAXIMIZAR E MINIMIZAR

Conhecemos Ellen em um de nossos programas para genitores. Ao se apresentar, ela nos disse que suas reservas de resiliência haviam atingido o nível mais baixo possível. Ela decidiu ser mãe em tempo integral e deixou seu cargo de gerente em uma empresa de segurança para cuidar da filha, Annie, de 4 anos, e do filho, Max, de quase 2 anos. Enquanto ela contava sua história, podíamos perceber a emoção em sua voz, carregada de tristeza e frustração. Ela ainda considerava o abandono do emprego uma das melhores decisões de sua vida, mas ultimamente seu cotidiano a afetava. Em suas palavras: "No final de quase todos os dias, me sinto um fracasso. Dedico muito tempo à criação dos meus filhos — é a minha carreira e não consigo acertar. Cada vez mais, um dia típico me deixa desanimada e me sentindo vazia. Fico remoendo os acontecimentos ruins — quando Max fez birra no supermercado, quando não consegui encontrar o livro que queria para Annie ou quando Max tentou morder um dos colegas. Isso acaba com meu dia, e me pego pensando 'estou cansada de ser mãe'. Preciso fazer um grande esforço para recordar os bons momentos — como quando Annie ajudou Max após um tombo no quintal ou quando Max gargalhou da história que li para ele. Às vezes, é necessária uma ligação da minha mãe para me lembrar de que estou fazendo um bom trabalho. Por que não consigo enxergar as coisas de uma forma mais equilibrada? Os aspectos positivos são ofuscados pelos fracassos, e isso está me deixando infeliz."

Por que Nos Limitamos a Certas Informações?

O que leva as pessoas a ignorar sistematicamente informações importantes? Por que tendemos a nos concentrar em apenas uma fração das informações disponíveis? Essa armadilha decorre do hábito de preferir evidências que reforcem nossas teorias sobre nós mesmos e o mundo ao redor.

Confira o seguinte enigma, proposto por P. C. Wason, teórico de decisões.[2] Há quatro cartas, e cada uma delas tem uma letra de um lado e um número do outro.

E K 4 7

Sua tarefa é testar a veracidade da seguinte regra: se uma carta tem uma vogal de um lado, então ela tem um número par do outro. Escolha quais cartas você precisa virar para testar a regra. Qual é a sua decisão?

A maioria das pessoas responde que viraria as cartas E e 4. Sua resposta também foi essa? Isso demonstra a propensão por evidências que possam confirmar nossas teorias sobre o mundo. Virar a carta E é uma boa decisão. Se ela revelar um número ímpar, sabemos que a regra está incorreta; se revelar um número par, a evidência a favor da regra é reforçada. Mas virar a carta 4 é inútil — não importa se ela revelar uma vogal ou consoante, a regra ainda pode ser verdadeira. (Nenhuma regra sugere que, se uma carta tem um número par de um lado, ela deve ter uma vogal do outro.) Mas queremos encontrar uma vogal do outro lado da carta 4 para confirmar essa regra. Os psicólogos chamam esse aspecto de viés de confirmação — a preferência por evidências que confirmem nossas teorias sobre o mundo. Se fôssemos bons cientistas, tentaríamos provar que a regra está errada, e a única maneira de fazer isso é virando as cartas E e 7.

Ficamos impressionados com a percepção de Ellen. A maioria das pessoas que maximizam os aspectos negativos e minimizam os positivos não está ciente da armadilha de pensamento. Ao contrário das pessoas com visão limitada, as que maximizam e minimizam são capazes de registrar e se lembrar de grande parte dos acontecimentos, mas tendem a superestimar alguns e subestimar outros. Como professores da Universidade da Pensilvânia, também vimos esse fenômeno acontecer com nossos alunos. Alguns universitários do último ano acreditavam que suas chances de entrar na pós-graduação eram pequenas devido a uma nota baixa que receberam, digamos, no primeiro semestre do segundo ano. Era como se houvesse um telescópio sobre aquela nota baixa no histórico escolar, para todo mundo ver, enquanto as notas excelentes eram vistas com o telescópio invertido — imagens minúsculas à distância. E Ellen caiu na mesma armadilha. Ao maximizar os aspectos negativos, as conexões inerentes ao ABC provocam emoções contraproducentes e prejudicam a resiliência.

Algumas pessoas fazem o oposto — maximizam os aspectos positivos e minimizam os negativos. Elas podem desconsiderar a importância de uma briga com um amigo, dizendo a si mesmas: "Tudo acaba se resolvendo." Podem ignorar uma avaliação negativa no trabalho ao pensar: "Não atingi a meta neste trimestre, mas tive um bom desempenho no passado e me sairei bem de novo." Ou podem negligenciar problemas de saúde: "Minha pressão arterial e colesterol estão altos, mas o importante é que o médico ficou satisfeito com meu peso." Aqueles que maximizam o positivo e minimizam o negativo, assim como Richard, que também tinha uma visão limitada, podem subestimar a necessidade real de mudança.

Pense na sua rotina. Ao voltar para casa ou conversar sobre o seu dia na mesa de jantar, você costuma relatar mais eventos negativos do que positivos? Essa armadilha de pensamento atrapalha o sucesso no trabalho e nas relações. Maximizar o negativo e minimizar o positivo provoca emoções contraproducentes e destrói o entusiasmo pelas tarefas diárias. Como é possível ficar animado com seu trabalho, seu relacionamento, seu novo hobby se você se concentra apenas nos percalços e nos problemas? A negatividade aniquila o bom humor e tende a minar a energia e a eficácia.

Se você cair frequentemente na armadilha de maximizar e minimizar, seus relacionamentos profissionais serão afetados. Já treinamos inúmeras equipes de trabalho, e uma das reclamações mais comuns é a negatividade dos colegas. As pessoas não gostam de trabalhar com alguém pessimista. Além de serem desagradáveis, os ânimos negativos reduzem a criatividade e dificultam a resolução de problemas, tanto para o indivíduo que os experimenta quanto para os membros da equipe. Ao sentir raiva ou tristeza, as pessoas tendem a pensar com menos clareza, menos flexibilidade e menos eficácia. Os colegas começam a se distanciar daqueles que não conseguem controlar essa negatividade. Essa armadilha de pensamento muitas vezes leva à profecia autorrealizável.

As amizades também serão afetadas. O humor é contagioso, então, se você estiver mal-humorado, irritado ou triste a maior parte do tempo, seus amigos se sentirão da mesma forma. Ou talvez eles acabem desistindo e seguindo em frente após várias tentativas fracassadas de ajudá-lo a enxergar os aspectos positivos da vida. Pode ser uma decisão sensata da parte deles, pois as pessoas negativas muitas vezes são egocêntricas e carecem da empatia necessária para manter relacionamentos próximos. Imagine que uma amiga peça conselhos depois de discutir com o marido. Você vai escutá-la e fazer todas as perguntas certas para que ela reflita sobre as especificidades do problema: o que o marido disse, como disse, quando foi a última vez que agiu assim. Sua amiga se sentirá acolhida e valorizada. Mas então, ao buscar um pouco mais de equilíbrio na compreensão do problema, relembrando e mencionando os bons momentos — quando o marido foi flexível e amoroso, quando o casal se divertiu em um jantar —, ela perderá sua empatia, pois você redirecionará a conversa para os aspectos negativos. Não é proposital — não acontece em um nível consciente —, mas seu viés de pensamento o impulsiona ao negativo como uma mariposa atraída pela luz.

Em vez de maximizar os aspectos negativos, talvez você tenha a tendência de minimizá-los. Você afasta os acontecimentos desfavoráveis da consciência e se concentra exclusivamente nas coisas boas? O foco no positivo pode trazer alegria, mas a negação da realidade acabará cobrando seu preço. E, quando acontecer, você não estará preparado. Por exemplo, você pode descobrir que, no trabalho, tende a minimizar problemas e contratempos, concentrando sua energia apenas em projetos promissores. Aproveitar seus pontos fortes é sensato, mas não à custa de corrigir os problemas existentes. Como uma mulher nos disse: "Eu me prejudiquei ao minimizar a importância dos problemas. Em vez de me concentrar neles, eu tentava avançar em outras frentes, mas, é claro, isso acarretou uma situação ainda pior. Ao ignorar os problemas, dei-lhes o tempo necessário para evoluir. Eles deixaram de ser contratempos gerenciáveis e se tornaram crises."

Maximizar o positivo e minimizar o negativo é igualmente prejudicial para a saúde e os relacionamentos pessoais. O crescimento e a mudança só são possíveis se você for capaz de avaliar uma situação com precisão. Um homem que está acima do peso e fuma um maço por dia não terá incentivo para mudar sua condição se minimizar a importância desses riscos à saúde. Uma mulher que ignora as preocupações do marido sobre o casamento e se concentra apenas nos aspectos funcionais da relação acabará encontrando o outro lado da cama vazio. A resiliência depende da avaliação precisa da vida. Pessimistas e otimistas extremos experimentam um sofrimento semelhante.

ARMADILHA DE PENSAMENTO 4: PERSONALIZAÇÃO

Os pais de Joey o inscreveram em nosso programa de resiliência infantil no distrito escolar de Upper Darby, nos arredores da Filadélfia. Quando as crianças entram no programa, nossos pesquisadores aplicam alguns questionários que nos fornecem informações sobre o estilo explicativo, a autoestima, a natureza das crenças instantâneas, a ansiedade e os níveis de depressão. Todas as evidências indicavam que Joey tinha um grande risco de depressão. Aos 11 anos, ele já apresentava mais sintomas depressivos do que a maioria dos colegas, e a maior parte de seu pensamento era negativo. De acordo com suas respostas em um teste de estilo explicativo, Joey tendia à "personalização" — costumava se culpar pelas adversidades em sua vida.

Os resultados dos questionários foram confirmados ao longo do programa. Lembre-se de que discutimos o estilo explicativo no Capítulo 2 — nossa maneira habitual e reflexiva de explicar os acontecimentos — e que uma pessoa orientada ao "eu" apresenta um fator de risco para a depressão. Portanto, considerando a forte tendência de Joey ao "eu", não foi nenhuma surpresa constatar que ele já apresentava sintomas depressivos. Um dos exercícios do programa é projetado para ajudar as crianças a identificar suas crenças instantâneas. No exercício, descrevemos eventos hipotéticos e pedimos às crianças que pratiquem a identificação de suas crenças do porquê. Por exemplo, imagine que você concordou em regar as plantas dos vizinhos enquanto eles estão viajando e as plantas morrem. Por que isso aconteceu? Algumas crianças se esquivam da responsabilidade, culpando os outros ou as circunstâncias: "Eles me entregaram a chave errada", "Eles não me falaram a quantidade certa de água", "Eles não deveriam ter pedido isso a uma criança" ou "As plantas deveriam ter sido mais resistentes". Joey, em contrapartida, se culpava automaticamente: "Eu não percebi que daria tanto trabalho" ou "Esqueci que precisava regar as plantas". Na verdade, Joey parecia atribuir qualquer problema não apenas a si mesmo, mas a uma profunda falha de caráter. As plantas morreram porque ele não é confiável. Sua irmã ganhou uma bicicleta e ele ganhou um suéter porque não é tão legal quanto ela ("Todo mundo acha isso, até mamãe e papai"). Ele ia mal em matemática porque é "burro".

A armadilha de pensamento em que Joey caiu é chamada de personalização — a tendência reflexiva de atribuir problemas às próprias ações. Se analisarmos essa armadilha de pensamento através das lentes do ABC e das conexões B–C, compreenderemos por que esse estilo, com suas típicas crenças de perda de autoestima, muitas vezes provoca tristeza. Em conflitos com amigos ou entes queridos, a personalização levará a crenças de violação de direitos alheios e, portanto, também acarretará culpa. Tristeza e culpa eram duas emoções com as quais Joey estava familiarizado.

É importante reconhecer a vantagem adaptativa da personalização. Em muitos casos, acreditamos que, ao atribuir a causa do problema a nós mesmos, estamos nos concedendo o poder de resolvê-lo. Os psicólogos Bernard Weiner e Julian Rotter contribuíram significativamente para nossa compreensão da personalização e do controle. Rotter diferencia as pessoas com base na percepção que elas têm sobre o controle de sua vida — se é uma força interna, inerente a elas mesmas, ou externa, originada de outros indivíduos, da sorte ou das circunstâncias. Aquelas que veem o controle como uma força interna costumam apresentar maior motivação, autoeficácia e resiliência para buscar e colocar em prática as estratégias de solução.

Mas isso significa que é sempre melhor e mais resiliente assumir a responsabilidade pelos problemas? Joey, aos 11 anos, não era um exemplo de autossuficiência e confiança. Pelo contrário, tinha um grande risco de depressão. Diante dos problemas, ele não se esforçava para resolvê-los; em vez disso, tornava-se passivo e desistia. Por quê? A resposta está na precisão. A resiliência surge quando você acredita que tem o poder de controlar os eventos em sua vida, o poder de mudar o necessário — e *essa* crença é precisa.

Existem duas situações em que atribuir a causa de um problema a si mesmo não aumenta a resiliência. Primeiro, se você, assim como as pessoas que tendem à personalização, enxergar *apenas* as causas internas de um problema e ignorar sistematicamente as causas externas, sua resiliência será reduzida. Imagine que você trabalha de forma colaborativa com um colega chamado Stewart no departamento de suporte técnico de uma grande empresa. Você e Stewart são encarregados de escrever uma proposta sobre métodos para melhorar as comunicações da empresa com os clientes na internet. Vocês apresentam a proposta, e ela não é bem recebida. Agora, imagine que nós (mas não você) temos pleno conhecimento dos problemas, que são:

- Uma seção que você escreveu não forneceu evidências suficientes para apoiar as suas conclusões.
- Uma seção que Stewart escreveu não estava inteligível, e os leitores acharam difícil avaliar a recomendação final.
- Na apresentação oral, você e Stewart se interromperam várias vezes, deixando a plateia confusa.
- A plateia achou que Stewart desprezou algumas das preocupações levantadas.

Como você é um personalizador, sua avaliação da circunstância será distorcida. Você reconhecerá que a sua seção não expressou os argumentos de forma persuasiva o suficiente. Você pedirá desculpas a Stewart por interrompê-lo durante a apresentação. Mas ignorará a contribuição dele para o problema — a falta de inteligibilidade da seção que *ele* escreveu e o desprezo que manifestou. Seu estilo de pensamento o fará ver a própria contribuição, mas o impedirá de enxergar a de Stewart. Por que isso é prejudicial? Porque a colaboração eficaz e a capacidade de se recuperar após o fracasso exigem uma análise completa e precisa do que deu errado. Ao personalizar, você desconsidera as causas que não são de sua responsabilidade e, assim, deixa de tomar medidas para solucioná-las — por exemplo, ter uma conversa franca com Stewart. A resiliência requer precisão.

Segundo, a autoeficácia e, portanto, a resiliência dependem de acreditar se as causas internas do problema são mutáveis ou não. Sempre que confrontado com uma adversidade, Joey olha para dentro, mas o que vê como as causas do problema são aspectos de si mesmo que resistem à mudança. Quando vai mal em uma prova, ele não se concentra em comportamentos específicos que pode alterar, como seus hábitos de estudo. Em vez disso, contesta imediata e reflexivamente seu caráter: "Fui mal porque sou burro." Os hábitos de estudo são mutáveis; a ininteligência é difícil de consertar. Se você tende à personalização, fique atento às suas crenças para verificar se também costuma atribuir problemas a comportamentos controláveis e mutáveis ou a aspectos profundos de seu caráter que não podem ser alterados. Atribuir problemas a características imutáveis é um golpe duplo que prejudica a resiliência, pois envolve a combinação da personalização com outra armadilha de pensamento chamada supergeneralização. Discutiremos esta última com mais detalhes na armadilha de pensamento 6. Por enquanto, preste atenção a suas crenças instantâneas. Faz toda diferença.

ARMADILHA DE PENSAMENTO 5: EXTERNALIZAÇÃO

Externalizar é o oposto de personalizar. Embora a personalização prejudique a resiliência, isso não significa que você deve culpar os outros sempre que algo der errado. Afinal, a externalização também tem um custo. Trabalhamos com equipes de vendas em diversos setores por mais de doze anos e observamos um padrão em seus estilos de pensamento — os problemas raramente são culpa delas. "Ninguém consegue vender neste mercado"; "Ninguém consegue vender este produto ruim"; "Se ao menos o departamento de marketing tivesse um orçamento para folhetos melhores". Esse estilo protege a autoestima do representante de vendas e afasta as inseguranças. E, sem dúvida, as inseguranças são especialmente destrutivas nessa área. Mas a externalização automática também tem uma desvantagem. Diante de um problema, os externalizadores falham em identificar os aspectos que são de sua responsabilidade e estão sob seu controle. Eles podem deixar de aprimorar seu discurso e sua abordagem de vendas ou seu portfólio de clientes, pois só conseguem enxergar a forma como os outros os decepcionam. E, através das lentes do ABC, é evidente que os externalizadores evitam a tristeza e a culpa, mas estão sujeitos à raiva.

ARMADILHA DE PENSAMENTO 6: SUPERGENERALIZAÇÃO

Margaret e a filha adolescente, Samantha, têm discutido mais ultimamente. As questões são em grande parte insignificantes, pelo menos aos olhos de Margaret — quais roupas Sam pode usar na escola, a que horas ela deve estar em casa após sair com os amigos. Mas, nos últimos meses, as brigas aumentaram em intensidade e frequência. A gota d'água foi quando Sam tirou uma nota baixa em matemática. Margaret ficou furiosa. Ela havia pedido repetidamente que Sam se dedicasse aos estudos, mas sem sucesso. Como professora, ela acreditava que havia decepcionado a filha. É verdade que, no meio de uma discussão, Margaret sentiu raiva de Sam por não se esforçar mais e por desrespeitar o horário de voltar para casa. Mas o tempo todo, passando por sua cabeça como um filme, estava o pensamento "Eu sou uma péssima mãe".

Para Margaret, o motivo dos desentendimentos com a filha é ser uma péssima mãe — um defeito de caráter que não é remediado de forma rápida ou simples. Em outras palavras, suas explicações sobre si mesma são do tipo "Sempre, Tudo" — o golpe duplo que já mencionamos. Um observador mais objetivo encontraria vários esclarecimentos possíveis para a última discussão entre elas. Alguns teriam menos a ver com Margaret e mais a ver com Samantha: "Sam está naquela fase rebelde, com atitudes típicas de uma adolescente" ou "Sam tem estado de mau humor ultimamente". Outros atribuiriam a responsabilidade diretamente a Margaret, mas em causas que afetam aspectos muito específicos da relação: "Margaret perde a paciência com Sam quando ela vai mal na escola" ou "Margaret fica muito irritada quando Sam a desafia e desrespeita o horário de voltar para casa". O estilo explicativo de Margaret a impede de identificar essas causas. Considere o ABC da situação. Da próxima vez que precisar ajudar Sam com a lição de casa, discutir uma questão difícil da adolescência ou colocar limites à liberdade da filha, como os pais de adolescentes devem fazer, Margaret estará mais ou menos propensa a se envolver, dada a crença de que é uma péssima mãe? E, ao se afastar de suas responsabilidades, por meio de uma profecia autorrealizável, ela causa aquilo que mais deseja evitar — ser uma péssima mãe.

Claro, a supergeneralização não se limita ao "eu". Ao cair nessa armadilha de pensamento, personalizadores assassinam o próprio caráter, enquanto externalizadores assassinam o caráter alheio. Após uma briga com o cônjuge, você costuma pensar "Ele é muito egoísta" ou "Ele não considera minhas necessidades"? Quando os funcionários não cumprem um prazo, você tende a pensar "Eles são preguiçosos" ou "Eles não administram bem o tempo"? Após uma discussão com sua filha, você pensa "Ela é insuportável" ou "Ela está de mau humor ultimamente"? Se as primeiras opções captam melhor seu estilo de pensamento, você externaliza e supergeneraliza; atribui as causas dos problemas ao *caráter* das pessoas, e não ao *comportamento* delas. Essa não é uma estratégia motivacional adequada. Ao supergeneralizar características alheias, você priva as pessoas do controle, pelo menos em sua mente, assim como os personalizadores que supergeneralizam privam a si mesmos do controle. Quando se encontrar em um desses golpes duplos, pergunte-se: existe um comportamento — meu ou de outra pessoa — que poderia ter causado esse problema? Se for o caso, esse é o comportamento que você deve alterar para o seu próprio bem.

ARMADILHA DE PENSAMENTO 7: LEITURA DA MENTE

No verão de 1996, trabalhamos com uma empresa da Fortune 500 que atuava no setor de computadores e, em um dos workshops, conhecemos Louise. Ela era incrível. Franca e assertiva, uma pessoa motivadora, e nos afeiçoamos a ela logo no primeiro dia. Antes de cada workshop, pedimos aos participantes que preencham um questionário sobre seus pontos fortes e fracos percebidos, bem como as adversidades no trabalho, em casa e no equilíbrio entre os dois. As respostas de Louise foram memoráveis, pois evidenciavam uma mulher forte, ambiciosa e perspicaz, o que tornava ainda mais surpreendente o fato de ela ocupar um cargo de baixo nível após oito anos na empresa. Durante o workshop, Louise revelou a crença de que o preconceito era um obstáculo para sua progressão de carreira. "Eu me candidatei a cinco ou seis promoções desde que trabalho aqui. Sei que sou qualificada, mas eles nunca promoverão uma mulher afro-americana."

Nossa ampla experiência no mundo corporativo nos fez testemunhar o preconceito. É um problema real que precisa de uma solução real. Mas também estávamos cientes de que afro-americanos haviam alcançado cargos elevados nessa empresa em particular. Então, pedimos a Louise que nos contasse, da forma mais detalhada possível, como era uma entrevista típica e que identificasse as crenças que passavam por sua mente em cada etapa do processo. Em outras palavras, pedimos que ela aplicasse o ABC à sua última entrevista. Segundo Louise: "Eu estava bem preparada. Como mulher negra, reconheci que seria difícil para mim, então me certifiquei de que preenchia todos os requisitos do cargo para que eles não pudessem me culpar. Eu sabia quem participaria do comitê de entrevistas, quem estaria na sala, mas a falta de diversidade do comitê me surpreendeu mesmo assim. No início, a entrevista parecia favorável. Minha crença instantânea era 'Acho que desta vez vou conseguir', e me senti capaz de enfrentar o mundo. Mas, de repente, comecei a pensar que a entrevista estava saindo dos trilhos." Pedimos a Louise que tentasse se lembrar do que aconteceu antes dessa percepção. Ela respondeu: "Bem, acho que dois membros do comitê começaram a cochichar. Sim, foi isso. Mike Simmons me fez uma pergunta sobre qual procedimento seguir se um cliente apresentar uma reclamação e, enquanto eu respondia, vi Rhonda Jenkins e Bob Cassamatis cochichando. Não conseguia ouvir o que eles estavam dizendo e, como não estavam olhando para mim, também não conseguia ver seus rostos. Mas concluí que não seria promovida." Perguntamos como ela tinha tanta certeza. "Sei que eles estavam buscando alguma maneira de me descartar do processo — provavelmente elaborando alguma pergunta impossível para que eu parecesse despreparada. Sei que todo mundo ou pelo menos a maioria do comitê não queria uma mulher negra naquele cargo. Eles só estavam seguindo o protocolo. São obrigados a me entrevistar — recusar a entrevista seria racista demais, até mesmo para essa empresa. Eles concordaram em me entrevistar, mas eu jamais conseguiria aquele cargo. Eu sabia exatamente o que eles estavam pensando."

Louise prosseguiu: "Ao vê-los cochichando, comecei a me sentir ansiosa — talvez porque constatei que não tinha futuro na empresa. Então pensei que aquela entrevista era uma grande perda de tempo e me senti incapaz e desmotivada. Depois disso, respondi mais algumas perguntas. E aí comecei a pensar o quão injusto era minha carreira estar na mão daquelas pessoas. Fiquei com muita raiva. No final, apenas declarei: 'Olha, está tudo aí no meu currículo. Por que perder tempo com todas essas perguntas? Basta ler esse papel'."

Não estamos sugerindo que o racismo não é um fator nas decisões de promoção corporativa. Sabemos muito bem que pode ser. Mas observe a profecia autorrealizável de Louise. A crença de que não será promovida devido ao racismo provoca, compreensivelmente, a raiva em relação aos membros do comitê, o ressentimento em relação à empresa e o desejo de expressar sua revolta, seja abandonando a entrevista ou pelo menos sinalizando que está ciente do preconceito. Sem dúvida, mesmo que os membros do comitê fossem totalmente alheios a raça e gênero, mesmo que estivessem agindo de maneira justa e responsável, a evidente raiva de Louise a impediria de garantir o cargo. É plausível a crença de que os membros do comitê são racistas? Pode até ser, mas a premissa da conclusão de Louise é questionável — um cochicho inaudível entre dois membros do comitê. Ela acreditava saber o que eles estavam pensando — maneiras de descartá-la do processo. Louise praticou o que chamamos de leitura da mente.

Muitos de nós fazem o mesmo. Acreditamos saber o que as pessoas ao redor estão pensando e agimos de acordo. Alguns leitores da mente também esperam que os outros saibam o que eles estão pensando. Com que frequência você chega em casa após um longo e árduo dia de trabalho e fica frustrado com seu cônjuge por ele não ser mais compreensivo? Essa é talvez uma das armadilhas de pensamento mais comuns em que os casais caem, sobretudo aqueles com filhos. "Por que ele quer sair para jantar? Não percebe que tive um dia terrível no trabalho e tudo o que desejo é um banho quente e demorado e um pouco de paz e sossego?" ou "Não acredito que ela quer que eu leve as crianças ao parque. Tive um dia péssimo e ela não pode nem me dar um tempo para relaxar. Ela não sabe que estou exausto e irritado com o trabalho no escritório?". Não, ele não percebe que seu dia foi terrível. Não, ela não sabe que você está exausto e irritado. As pessoas não são leitoras da mente, mas muitas vezes esperamos que sejam.

Assim como a personalização e a supergeneralização tendem a ocorrer juntas, a leitura da mente também tem um parceiro comum. Leitores da mente costumam tirar conclusões precipitadas. A história de Gary ilustra como essas duas armadilhas de pensamento trabalham em conjunto para prejudicar a liderança. Gary é gerente administrativo no departamento de psiquiatria de uma faculdade de medicina. Ele é diretamente responsável por sete funcionários em tempo integral e três funcionários em meio período. Quando o trabalho está mais calmo, Gary é compassivo, cordial e justo. Ele é um bom ouvinte, e as pessoas se sentem satisfeitas em fazer parte de sua equipe. O trabalho, porém, nem sempre é tranquilo. No final de setembro, algumas semanas antes do prazo de submissão dos pedidos de verba, a ansiedade no escritório é tão grande que se torna quase palpável. Esse processo é uma adversidade e traz à tona o pior de Gary.

Certa vez, Gary e sua equipe estavam trabalhando freneticamente em vinte pedidos de verbas multimilionárias. Ao meio-dia, Gary recebeu um e-mail do chefe do departamento, notificando-o de que precisava de algumas informações orçamentárias até às 12h do dia seguinte, uma semana e meia antes do prazo original. Como tinha que sair do escritório mais cedo para participar de uma reunião no campus, Gary enviou instruções específicas por e-mail para cada funcionário, detalhando as tarefas para o restante do dia. Na manhã seguinte, Gary se reuniu individualmente com cada um para se informar da situação. Quando chegou a vez de Maria, ela timidamente lhe disse que não havia completado nenhuma das tarefas em sua lista. O pensamento imediato de Gary foi: "Ela sabia do prazo apertado, mas simplesmente não se importou. Não consigo acreditar em uma coisa dessas!" Ele ficou furioso, e o descontrole de suas emoções era evidente.

Mas Maria sabia da urgência? Em seu e-mail, Gary não contou à equipe sobre a mudança de prazo. Ele ficou com raiva de Maria por ela não ter lido sua mente. Assim que Gary caiu nessa armadilha de pensamento, foi muito fácil tirar uma conclusão precipitada. A crença instantânea de Gary continuou: "Se ela ignorou o que pedi, não está comprometida com o escritório e esse não é o tipo de pessoa que quero na minha equipe." Gary, geralmente um bom ouvinte, mal deixou Maria falar. Quando ela tentou explicar suas ações, ele considerou que era uma mentira para se safar e a dispensou com evidente insatisfação. Seus erros de pensamento o levaram a agir impulsivamente e de maneiras que prejudicaram sua autoridade.

Os erros de pensamento de Gary foram injustos com Maria e, tão importante quanto, interferiram em sua resolução de problemas. Como ficou furioso e desconfiado, ele não deixou Maria se esforçar para finalizar as tarefas; em vez disso, as delegou a outro membro da equipe que já estava sobrecarregado. Se tivesse desacelerado e dedicado um tempo para entender o que havia acontecido, Gary teria descoberto que Maria não fez o trabalho porque precisou sair mais cedo para buscar o filho doente na escola. Maria achava que tinha uma semana e meia para concluir as tarefas e planejou trabalhar no fim de semana para recuperar o atraso. Ela não se importaria de ficar até tarde no escritório, mas, como Gary delegou suas responsabilidades a outra pessoa e a tratou com grosseria, ela saiu às 17h, sentindo-se incompreendida e desmotivada para trabalhar em equipe.

Há momentos em que você cai na armadilha de leitura da mente e trata os outros mal ou não consegue reagir adequadamente à situação? Da próxima vez que ficar chateado porque alguém não conseguiu ler sua mente, ou porque você acredita que leu a de outra pessoa, desacelere e faça perguntas que ajudarão a identificar a falha de comunicação. Se Gary tivesse simplesmente perguntado "Maria, estou confuso, você não entendeu que temos pouco tempo?", o dano seria controlado. Em vez disso, ele só se agravou.

ARMADILHA DE PENSAMENTO 8: RACIOCÍNIO EMOCIONAL

Conhecemos Wendy no inverno de 1999, em um de nossos seminários corporativos. Naquela época, ela era gerente do departamento de marketing de uma grande empresa de telecomunicações e, ao longo do treinamento, nos contou sobre um padrão recente e recorrente que estava começando a incomodá-la. Convencer os outros dos méritos de suas propostas de marketing era seu ponto forte, uma de suas maiores habilidades. E seu histórico era impressionante. Wendy sabia argumentar (como constatamos quando ela solicitou que finalizássemos mais cedo nosso primeiro dia de treinamento).

Wendy descreveu a estratégia que adotava em reuniões com diretores de marketing e vice-presidentes, responsáveis pela decisão de quais ideias acatar. A abordagem, que costumava ser eficaz, estava falhando. "Saio da reunião achando que os convenci e dedico meu tempo a outros projetos, mas depois descubro que deu errado. Recentemente, ao comentar com um dos diretores que fiquei surpresa por terem escolhido outra proposta, ele me disse que não tive muitos apoiadores para aquele projeto. Fiquei chocada." Wendy nos perguntou: "Se tudo se resume a pensar, o que há de errado com meu pensamento? Será que perdi o jeito?"

Inicialmente, achamos que o problema de Wendy era a visão limitada; talvez ela estivesse caindo na mesma armadilha de Richard ao não enxergar os sinais de discordância. Ou talvez fosse um caso de maximização e minimização — ela registrava os sinais de discordância, mas os subestimava em comparação com os gestos de anuência. Porém, ao perscrutarmos o pensamento de Wendy no momento dessas reuniões, percebemos que ela estava caindo em uma armadilha muito diferente da de Richard ou Ellen.

A pressão havia aumentado para Wendy. Todo mundo sabia que ela estava sendo cotada para uma grande promoção que a tornaria diretora de uma das maiores campanhas publicitárias da empresa. Wendy queria garantir o cargo, encarando cada apresentação aos diretores e ao vice-presidente como uma oportunidade de acertar, mas também como uma chance de fracassar. Ela começou a ficar ansiosa antes das reuniões; algo que não sentia desde que era novata. Mas ainda era muito boa no que fazia — as apresentações corriam bem e, quando chegavam ao fim, Wendy sabia que não tinha falhado. Após essa percepção, ela se sentia aliviada e motivada à medida que a tensão e a ansiedade diminuíam.

Ao perguntarmos a Wendy por que ela se sentia bem no final das reuniões, conseguimos identificar a armadilha de pensamento. "Eu me sinto bem porque acho que os convenci", respondeu ela. "Porque acredito que conquistei a maioria." Estávamos céticos. Pedimos que se lembrasse da última vez que se sentiu dessa forma, que revisitasse a emoção e a descrevesse para nós, incluindo sua fonte. Ela nos fitou, sorriu e assentiu. "Vocês têm razão. Me sinto bem porque fico aliviada pela reunião ter acabado."

Wendy experimentava uma emoção positiva por não ter cometido erros. Nenhum dos diretores havia feito perguntas difíceis, não havia sinais óbvios de desinteresse — na verdade, ela era capaz de gerar entusiasmo por suas ideias entre alguns dos presentes. Mas ela equivocadamente atribuía essa sensação agradável à conquista de garantir o projeto. O pensamento se manifestava da seguinte forma: "Estou me sentindo bem, então certamente consegui convencê-los de que eu era a pessoa certa para o projeto." Observe o erro lógico. Sem dúvida, se tivesse garantido o projeto, ela se sentiria bem. Mas existem vários caminhos possíveis para se sentir bem nesse cenário — não ter fracassado, por exemplo. Com base em seu estado emocional, Wendy estava tirando falsas conclusões sobre a essência do mundo. Chamamos essa armadilha de *raciocínio emocional*.

Talvez um exemplo mais elucidativo derive da experiência pessoal. Quando Andrew estava na faculdade, um de seus melhores amigos, que chamaremos de Mark, era um paraquedista aficionado. E ele era bom. Muito bom. Ele e os outros três membros da equipe australiana tinham acabado de ganhar o campeonato mundial. Para os inexperientes, como Andrew, os saltos eram insanos — juntos, eles se jogavam de um avião, formavam padrões no céu, eram avaliados pelos juízes quanto à criatividade e ao grau de dificuldade das acrobacias e, então, esperava-se, aterrissavam com segurança. Mark tentava convencer Andrew a ir para a zona de queda (na opinião de Andrew, um nome muito infeliz), e ele sempre recusava. Veja bem, enquanto os amigos de Andrew, incluindo Mark, cursavam direito, ele estava fazendo uma graduação em filosofia que possivelmente ocasionaria o desemprego crônico. Em sua visão, isso já era correr riscos demais. Certa noite, após alguns drinques, Mark convenceu Peter, um amigo em comum, a dar o primeiro salto, agendado para cerca de um mês depois.

Intrigado com a decisão de Peter, Andrew lhe fez a pergunta óbvia: "Qual é a probabilidade de você morrer saltando de paraquedas?" Ele não se abalou. Refletiu por alguns instantes e respondeu: "Bem, supondo que haja cerca de 10 milhões de saltos por ano e provavelmente uma ou duas fatalidades anuais, a probabilidade talvez gire em torno de uma em 5 milhões." A lógica era impressionante. Um mês depois, na véspera do salto, os três se reuniram novamente. E, claro, sendo um amigo solidário e atencioso, Andrew perguntou: "Peter, qual é a probabilidade de você morrer amanhã?" Ele respondeu com seriedade: "Bem pequena, cerca de uma em 10 mil."

Uma em 10 mil. Um mês antes, sua estimativa era de uma em 5 milhões. O paraquedismo de repente se tornou muito mais perigoso? Claro que não. Então, o que levou Peter a perceber o aumento drástico da ameaça? Como vimos no Capítulo 4, a ansiedade costuma ser uma consequência direta da crença de ameaça futura. A estimativa do nível de ameaça é determinada pela percepção de três aspectos: quão perigosa é a ameaça, qual é a probabilidade de que ela realmente ocorra e quão próxima ela está. Por exemplo, embora os fumantes tenham um hábito bastante perigoso e com uma alta probabilidade de consequências negativas para a saúde, a ameaça parece tão distante que sua ansiedade geralmente é muito baixa, a ponto de impedir que larguem o vício. Da mesma forma, enviamos nossos filhos para a escola toda manhã, apesar de sabermos que os tiroteios nas escolas são uma realidade. Não há ameaça mais considerável do que a possível perda de um filho, e talvez ela esteja muito próxima — pode acontecer na manhã seguinte. Mas a maioria de nós reconhece que a probabilidade de um tiroteio na escola de nossos filhos é muito remota. E, portanto, somos capazes de manter a ansiedade sob controle. No caso de Peter, a iminência da ameaça havia mudado consideravelmente, de um mês para algumas horas. A proximidade acarretou um aumento significativo em seu nível de ansiedade — e ele permitiu que essa ansiedade intensificada o fizesse acreditar que a ameaça era mais provável. Peter sucumbiu ao raciocínio emocional.

Andrew não acompanhou os amigos até a zona de queda nem subiu com eles no avião, mas fantasiou estar presente. Ele visualizou Peter hesitando para saltar e Mark o empurrando como forma de "incentivo". Ele se imaginou em segurança no avião, gritando em meio ao rugido do vento: "Peter, qual é a probabilidade de você morrer saltando de paraquedas?" E, na cabeça de Andrew, Peter respondeu enquanto caía: "Uma em duaaaaaaaaaaaaas."

Tanto Mark quanto Peter voltaram em segurança.

Por que Caímos em Armadilhas de Pensamento?

Neste capítulo, abordamos as oito armadilhas de pensamento que mais ameaçam nossa resiliência. Agora, você está no caminho certo para identificar as duas ou três armadilhas às quais é mais vulnerável. E, na próxima seção, apresentaremos as estratégias para reconhecer esses pensamentos e as perguntas para escapar das armadilhas ou até mesmo evitá-las. Mas, antes de aprendermos a habilidade evitar armadilhas de pensamento, precisamos considerar como e por que caímos nelas.

Poderíamos evitar as armadilhas se fôssemos mais lógicos, porém, as pesquisas mostram que os humanos são péssimos nesse quesito.[3] Considere o exemplo a seguir. Imagine que conhecemos dois fatos, ou premissas:

Nenhum X é Y.
Todos os Ys são Zs.

O que podemos concluir sobre Xs e Zs? A maioria das pessoas chega à conclusão de que nenhum X é Z. Qual foi a sua resposta? Do ponto de vista da lógica formal, está incorreto porque a conclusão não decorre necessariamente das premissas. Isso se torna mais evidente se acrescentarmos um pouco de realidade a esses Xs, Ys e Zs.

O próximo exemplo tem a mesma estrutura que o anterior, mas envolve conceitos com os quais estamos mais familiarizados:

Nenhuma menina é um menino.
Todos os meninos usam roupas (ou, mais precisamente, todos os meninos são humanos que usam roupas).
Portanto, nenhuma menina usa roupas.

Agora conseguimos perceber o erro cometido com Xs e Zs. Mas por que tantos de nós tiramos conclusões falsas? Por que a maioria de nós tem tanta dificuldade com a lógica? Porque o processo básico da lógica é muito diferente do tipo de processamento que precisamos fazer no mundo real e que evoluímos para realizar. Na lógica formal, todas as informações estão à nossa disposição. Nossa tarefa é determinar qual conclusão deve decorrer das informações fornecidas. Por exemplo, em um silogismo clássico das aulas de lógica, primeiro nos é apresentada uma regra geral: "Todos os homens são mortais." Em seguida, recebemos informações que relacionam um caso específico a uma categoria geral: "Sócrates é um homem." Nossa tarefa é *dedutiva* — deduzir quais informações devem resultar do que já sabemos — e, portanto, concluímos que "Sócrates é mortal". No processo dedutivo, passamos do geral para o específico.

O problema é que a vida não é assim. Ao contrário dos exercícios de lógica formal, raramente recebemos informações gerais sobre o mundo. Na verdade, para entender o mundo, precisamos reunir por conta própria as regras gerais de como ele funciona. A maior parte do nosso processo de pensamento envolve o uso do intelecto para detectar padrões ou regras sobre o mundo com base em nossas experiências. É um processo de *indução* — criação de regras gerais a partir do acúmulo de exemplos específicos.

Para sobreviver, nossos ancestrais precisavam ser habilidosos no raciocínio indutivo. Regras gerais sobre as situações seguras e perigosas eram indispensáveis. Quando Throgg, o habitante das cavernas, encontrou pela primeira vez um tigre-dentes-de-sabre que tentou devorá-lo, ele rapidamente desenvolveu a regra: "Tigres-dentes-de-sabre são perigosos." Felizmente, ele não precisou encontrar todos os tigres-dentes-de-sabre para ter esse discernimento. Quanto menos experiências com os predadores fossem necessárias para desenvolver a regra geral de que eles eram perigosos, maior seria a chance de sobrevivência para criar essa regra e passá-la aos descendentes. No que diz respeito ao pensamento indutivo, Hamlet estava certo — somos o modelo das criaturas. O problema é que muitas vezes aplicamos o pensamento indutivo a situações que exigem o raciocínio dedutivo. Apresentamos um exemplo a seguir.

Reserve um momento para ler a seguinte passagem sobre uma personagem fictícia chamada Linda:

Linda tem 31 anos, é solteira, sincera e muito inteligente. Ela se formou em filosofia. Como estudante, preocupava-se profundamente com questões de discriminação e justiça social e também participava de manifestações antinucleares.

Agora classifique as afirmações abaixo em ordem de probabilidade — coloque o número 1 na afirmação que você considera mais provável, o número 2 na segunda mais provável e assim por diante.

1. Linda é professora em uma escola primária. ______
2. Linda trabalha em uma livraria e faz aulas de ioga. ______
3. Linda é ativista do movimento feminista. ______
4. Linda é assistente social psiquiátrica. ______
5. Linda é membro da Liga das Mulheres Eleitoras. ______
6. Linda é caixa de banco. ______
7. Linda é vendedora de seguros. ______
8. Linda é caixa de banco e ativista do movimento feminista. ______

Esse exercício foi desenvolvido por Daniel Kahneman e Amos Tversky, dois psicólogos renomados.[4] Confira suas respostas aos itens 6 e 8. Você classificou o 8 como mais provável do que o 6? Se for o caso, você não está sozinho — a maioria das pessoas faz o mesmo. Mas isso quebra as regras da lógica. Por quê? Porque não pode existir mais caixas de banco que são ativistas do movimento feminista do que caixas de banco, assim como não podem existir mais pessoas de cabelo castanho do que pessoas. Cometemos esse erro, pois não conseguimos desligar nosso pensamento indutivo. Construímos uma imagem mental de Linda, que inclui suas crenças políticas. E, mesmo que nos peçam especificamente para julgar a probabilidade, em vez disso, julgamos com base em quão semelhante cada descrição é às informações que temos sobre Linda e à imagem que formamos dela. Ser caixa de banco e ativista do movimento feminista se adéqua melhor à imagem que temos de Linda do que à probabilidade de ela ser apenas caixa de banco.

Geralmente, nossos processos indutivos são úteis — valiosas regras práticas, ou heurísticas. Mas, como vimos, às vezes tentamos usá-los, de forma inadequada, em situações que exigem dedução. E, mesmo quando a indução é o processo certo a ser aplicado, muitas vezes erramos.

Pergunte às pessoas qual é a causa de morte mais comum: tubarões ou raios? A maioria responderá "tubarões". Mas, mesmo se considerarmos Califórnia e Flórida, os dois estados norte-americanos com mais "ataques de tubarão", a conclusão é falsa — nesses locais, de 1959 a 1990, 331 pessoas foram mortas por raios em comparação com apenas dez mortes relacionadas a tubarões. Como construímos uma imagem tão equivocada do mundo? A mídia presta muito mais atenção a esses ataques devido à curiosidade que os tubarões despertam em nós. Então, quando chega a hora de fazer um julgamento, nos lembramos de muito mais vítimas de tubarões do que de raios. Em suma, nossas crenças equivocadas sobre o mundo podem nos fazer subestimar as probabilidades de ameaças reais, levando-nos a não agir de maneira adaptativa e preventiva.

É esse o foco das armadilhas de pensamento. Ao usar a indução, desenvolvemos regras gerais sobre o mundo e sobre nós mesmos. Quando tiramos conclusões precipitadas, estamos aplicando essas regras a uma nova situação. A regra geral dos personalizadores é que eles são os culpados pelos problemas. Para os externalizadores, são outras pessoas que lhes causam contratempos. E, claro, é a supergeneralização que se manifesta quando aplicamos uma de nossas regras indutivas de forma inadequada. Continuamos a cair nessas armadilhas porque, em geral, a indução é útil. Mas devemos ter mais consciência de nossas falhas, reconhecendo que nem todas as informações estão ao nosso alcance, e menos confiança de que consideramos o problema de forma abrangente. Os problemas surgem quando alocamos nossos recursos com base nesses julgamentos equivocados. A resiliência diminui quando nos comprometemos a agir com base em crenças falsas.

É nesse ponto que entra a habilidade evitar armadilhas de pensamento. Ela não contesta a utilidade de construir teorias sobre o mundo e nós mesmos por meio da indução. Pelo contrário, nos ajuda a reconhecer os erros que cometemos com mais frequência no processo indutivo para que, assim, consigamos aprimorá-lo.

Como Evitar Armadilhas de Pensamento em Sua Vida

Vamos ilustrar a habilidade evitar armadilhas de pensamento, mostrando como Gary, o leitor da mente, a aplicou depois do conflito com Maria. A maioria das pessoas começa a dominar essa habilidade usando-a após o fato, e não no momento da adversidade. Como em qualquer nova habilidade, há uma curva de aprendizado. Muitas vezes, é mais fácil praticar as habilidades depois de um tempo, quando suas emoções já se acalmaram. Assim como você não aprenderia a dirigir na hora do rush, não deve praticar as habilidades se estiver dominado pelas emoções. Recomendamos que você execute essa estratégia umas seis vezes e depois comece a aplicar a habilidade o mais rápido possível. Dentro de algumas semanas, você conseguirá identificar as armadilhas de pensamento quase imediatamente.

A maioria das habilidades de resiliência começa com a divisão do acontecimento em A, B e C. Você pode escolher uma adversidade recente e trabalhar nela enquanto apresentamos o exemplo de Gary. Nesse momento, é possível usar caneta e papel, mas, no Capítulo 9, mostraremos como dominar as habilidades em tempo real. Retomando o caso de Gary, ele escreveu:

> **ADVERSIDADE:** Voltei ao escritório na manhã seguinte e descobri que Maria não havia realizado nenhuma das tarefas que passei por e-mail. [Esta é uma boa descrição do A. É objetiva e específica, sem qualquer influência das crenças. Verifique se você não exagerou sua adversidade ou deixou suas crenças alterarem a descrição objetiva da situação.]
>
> **BASE DE CRENÇAS:** Maria sabia do prazo apertado, mas não se importou. Sua irresponsabilidade é revoltante. É evidente sua falta de integridade e de comprometimento com o escritório. Ela não é o tipo de pessoa que quero na minha equipe. [Esta é uma boa descrição da base de crenças. Parece real, sem censura. Certifique-se de que suas crenças instantâneas sejam legítimas, transmitindo o que você realmente disse a si mesmo no calor do momento, e não uma versão censurada.]
>
> **CONSEQUÊNCIAS:** Senti uma raiva indescritível e a interrompi sempre que ela tentava se explicar. Percebi que Maria estava ficando chateada, mas, francamente, não me importei. Depois de esbravejar por uns cinco minutos, eu disse que passaria as tarefas dela para Janice. Eu a evitei pelo restante do dia, mas percebi que ela estava passando por um momento difícil e que

todos os outros no escritório a apoiavam. Em suma, foi um ótimo exemplo de má gestão. [Gary fez um bom trabalho ao descrever as consequências emocionais e comportamentais. Ele também descreveu como suas crenças afetaram as outras pessoas no escritório. Se for difícil se lembrar dos sentimentos, use as conexões B-C para avaliar as consequências emocionais.]

Após analisar o ABC da situação, Gary estava pronto para perscrutar suas crenças. Ele comparou suas crenças instantâneas com uma lista de armadilhas de pensamento. Ao praticar essa habilidade, é aconselhável fazer o mesmo. Depois de algumas semanas, no entanto, a maioria das pessoas identifica as duas ou três armadilhas mais recorrentes e se concentra apenas nelas.

Enquanto examinava a lista de armadilhas, Gary descobriu que havia caído em três. Consegue identificá-las? Sem dúvida, como já mencionamos, ele esperava que Maria lesse sua mente. Ela não sabia do novo prazo porque Gary não a informou, mas ele esperava que ela agisse como se soubesse. Também mencionamos sua conclusão precipitada — quando Maria disse que não finalizou as tarefas, Gary concluiu que ela não tinha integridade nem comprometimento com o escritório. Você deve ter percebido que, junto com essa segunda armadilha, há uma terceira. Observe atentamente a que ele atribuiu o comportamento de Maria: falhas de personalidade, como falta de integridade e falta de comprometimento. Gary não considerou causas específicas e mutáveis, como má gestão do tempo ou dificuldade em seguir instruções. Nesse ponto da situação, ele não tinha nenhum fato sobre o que havia acontecido, mas, de forma automática e reflexiva, sua mente assassinou o caráter de Maria. Gary supergeneralizou. Na adversidade escolhida, quais suposições e julgamentos você fez automaticamente?

Perguntas Simples para Evitar Armadilhas de Pensamento

Mais adiante, você aprenderá como corrigir esses erros de pensamento, testando a precisão de suas crenças e avaliando sua utilidade. Porém, mesmo antes de aprender essas habilidades, é possível fazer algumas perguntas simples para escapar das armadilhas em que você costuma cair.

Se você tende a tirar conclusões precipitadas, sabe que a pressa é sua inimiga. O objetivo deve ser desacelerar. Em seguida, pergunte a si mesmo em quais evidências baseou sua conclusão. Tem certeza ou está supondo?

Ao analisar os momentos em que tende à visão limitada, você precisa se reorientar ao panorama geral. Pergunte a si mesmo: qual é a avaliação justa de toda a situação? Qual é o panorama geral? Qual é a importância desse aspecto para o panorama geral? Essas perguntas o ajudarão a ampliar sua perspectiva.

Se você acha que supergeneraliza, é necessário perscrutar os comportamentos envolvidos. Pergunte a si mesmo: existe uma explicação mais restrita em comparação a que presumi ser verdadeira? Existe um comportamento específico que explique a situação? O que ganho ao contestar meu caráter (ou o caráter alheio)? É lógico acusar o caráter e/ou valor como ser humano com base nesse evento específico?

Você maximiza o negativo e minimiza o positivo? Se for o caso, precisa se esforçar para alcançar o equilíbrio. Pergunte a si mesmo: aconteceram coisas boas? Fiz algo de forma satisfatória? Porém, se você tende a ignorar o negativo, pergunte a si mesmo: estou negligenciando um problema? Estou desconsiderando a importância de algum aspecto negativo?

Se você é um personalizador, precisa aprender a olhar para além de si mesmo. Questione-se: alguém ou algo contribuiu para a situação? Quanto do problema cabe a mim e quanto cabe aos outros?

Por outro lado, se você é um externalizador, precisa começar a se responsabilizar. Pergunte a si mesmo: qual atitude minha contribuiu para a situação? Quanto do problema cabe aos outros e quanto cabe a mim?

Os leitores da mente precisam aprender a se expressar e fazer perguntas aos outros. Mas, antes, questione-se: eu evidenciei minhas crenças ou meus sentimentos de forma direta e objetiva? Transmiti todas as informações pertinentes? Estou esperando que a outra pessoa se esforce para descobrir minhas necessidades ou meus objetivos?

Por fim, se você costuma cair no raciocínio emocional, precisa aprender a distinguir seus sentimentos e os fatos. Pergunte a si mesmo: houve ocasiões em que meus sentimentos não refletiram com precisão os fatos da situação? Quais perguntas devo fazer para entender os fatos?

Lembre-se: você cairá em armadilhas de pensamento com mais frequência ao lidar com uma adversidade impactante, então escute atentamente suas crenças quando se deparar com estressores aos quais é suscetível. Nas próximas semanas, defina a meta de detectar padrões em seu pensamento e observe como as armadilhas afetam seu humor e suas atitudes. À medida que aprimorar essa habilidade, pratique a identificação de seus erros de pensamento em tempo real e tente fazer algumas das perguntas apresentadas assim que reconhecer a armadilha. Quanto mais você evitar essas armadilhas de pensamento, mais fácil será se afastar das suposições imprecisas que prejudicam a resiliência.

O Próximo Passo

Neste capítulo, detalhamos as principais armadilhas de pensamento que afetam a resiliência, ajudamos você a identificar as duas ou três mais frequentes e fornecemos alguns métodos rápidos para escapar delas. Analisamos por que as pessoas preferem o pensamento indutivo, criando regras gerais sobre o mundo, e como esse estilo, embora seja útil, pode nos fazer cair nas armadilhas. Examinamos alguns exemplos específicos de como as pessoas usam a indução de forma inadequada — representatividade e disponibilidade — e consideramos alguns dos fatores que reforçam nossas armadilhas de pensamento. Agora é o momento de passar das crenças instantâneas para as crenças e os valores mais profundos que afetam as emoções e o comportamento — e que podem estar limitando a resiliência.

CAPÍTULO 6

Detectar Icebergs

Já houve um momento em que suas emoções pareceram intensas demais — você sentiu uma culpa terrível em vez de um incômodo ou um desânimo profundo em vez de um pouco de tristeza? Ou já se surpreendeu com uma emoção porque ela parecia errada — sentiu raiva quando deveria ter sido culpa ou constrangimento no lugar de irritação? Talvez existiram situações em que seu *comportamento* pareceu exagerado ou fora de controle, mas você não conseguiu evitar — ficou sem falar com uma amiga que o provocou na frente dos outros ou brigou com seu cônjuge por não lavar a louça.

Às vezes, as crenças instantâneas não explicam a intensidade de sua reação a uma determinada circunstância. Quando isso acontece, é um indício de que você está sendo afetado por uma *crença subjacente* — uma crença profundamente arraigada sobre o funcionamento do mundo e como você acha que deve agir dentro desse mundo. Exemplos de crenças subjacentes incluem "Devo ter sucesso em tudo que me proponho a fazer" ou "Demonstrar emoções é um sinal de fraqueza". Essas motivações e valores mais profundos costumam nos influenciar e determinar nossas reações às adversidades. E, como essas crenças subjacentes — ou icebergs — geralmente estão abaixo da superfície de nossa consciência, precisamos de uma habilidade especial para identificá-las.

Dominar a habilidade detectar icebergs é um passo importante para aumentar a regulação emocional, a empatia e as pontuações no Teste de QR. Mais importante, é uma habilidade que melhorará significativamente os relacionamentos. A maioria dos conflitos de "personalidade" no trabalho ocorre devido a diferenças nesses icebergs, que também são responsáveis por muitas das divergências entre os casais. Ao usar a habilidade detectar icebergs, você entenderá melhor suas motivações e seus valores centrais, bem como os das pessoas em sua vida.

Crenças Superficiais versus Crenças Subjacentes

Explicamos que as crenças instantâneas são as crenças imediatas sobre uma adversidade e que elas impulsionam as emoções e os comportamentos. Você pode pensar nas crenças instantâneas como *crenças superficiais,* pois elas flutuam na superfície da consciência. Mesmo que você não esteja ciente de suas crenças instantâneas em um momento específico, é possível se concentrar nelas com relativa facilidade e identificar o que está dizendo a si mesmo. No entanto, não confunda superficial com irrelevante; na maioria das situações, as crenças superficiais são a chave para entender por que você reage de determinada maneira. Mas às vezes as crenças instantâneas *não* explicam as reações. Isso significa que você está respondendo às crenças subjacentes — crenças fundamentais e profundamente arraigadas sobre quem você é e qual seu lugar no mundo. Essas crenças são regras gerais sobre o funcionamento do mundo e como você deve agir dentro dele. Por serem regras gerais, elas se aplicam a adversidades diferentes. E, após identificá-las e desafiá-las, você se tornará mais resiliente em muitas áreas de sua vida.

A habilidade detectar icebergs traz as crenças subjacentes à superfície para que você possa avaliá-las e determinar o que o "influencia". Dessa forma, é possível decidir se essas crenças subjacentes ainda são úteis ou se você seria mais feliz e produtivo com uma nova visão de mundo.

Icebergs

Algumas crenças subjacentes são adaptativas; elas nos ajudam a agir de maneiras que facilitam o sucesso e a felicidade, por exemplo "É importante tratar os outros com respeito", "Ser honesto é essencial para mim" e "Não vou desistir se houver contratempos". Mas nem todas as crenças subjacentes são úteis; muitas minimizam a eficácia diante das adversidades e podem até causar sérios transtornos psicológicos. Mark (o "homem-fúria") tem uma crença profunda: "Não se pode confiar nas pessoas. Elas sempre vão se aproveitar de mim." Essa crença subjacente explica muitas de suas crenças superficiais, enviesando sua interpretação dos eventos. Chamamos essas crenças subjacentes de icebergs, pois elas são crenças fixas sobre as quais não costumamos refletir e, como se escondem sob a superfície da consciência, podem nos fazer naufragar. Os icebergs tendem a ser proposições gerais ou regras de vida que se aplicam a diferentes situações. Por exemplo: "O mundo é um lugar perigoso"; "As pessoas devem sempre me respeitar"; "As mulheres precisam ser gentis e prestativas"; "Os homens não podem demonstrar emoções". Na verdade, muitas pessoas têm icebergs que se enquadram em uma das seguintes categorias ou temas: realização, aceitação e controle.[1]

REALIZAÇÃO

Você se identifica com alguma destas crenças: "Ser bem-sucedido é o que mais importa", "O fracasso é um sinal de fraqueza" ou "Nunca devo desistir"? Nesse caso, você provavelmente é uma pessoa orientada à realização. Essas pessoas costumam ter a crença subjacente de que o sucesso é o aspecto mais importante da vida. Naturalmente, elas têm um forte desejo de ser bem-sucedidas: estabelecem altos padrões para si mesmas e focam excessivamente os erros e as imperfeições. Stu, um gerente regional com quem trabalhamos, acreditava que "Não há nada pior do que o fracasso". Esse iceberg quase lhe custou o emprego, pois o desejo de ter sucesso a todo custo o tornava um péssimo líder. Como gerente regional, esperava-se que ele fosse um exemplo de perseverança e iniciativa e ajudasse os funcionários a progredir. Stu motivava a equipe em situações favoráveis, mas, quando surgiam contratempos, seu medo do fracasso o atrapalhava. Em vez de encorajar e ajudar a equipe a entender e corrigir o problema, Stu ficava com raiva e recorria às críticas. Em vez de trabalhar junto com os funcionários, ele assumia o projeto porque, a seu ver, era a única maneira de garantir o sucesso. Mas, é claro, essa estratégia era incompatível com o cargo — ele não ajudava a equipe a se desenvolver e crescer; apenas tomava as rédeas da situação e afastava as pessoas. A ameaça de fracasso era tão intensa que Stu acabava falhando como líder.

Os icebergs em torno do perfeccionismo também são comuns para pessoas orientadas à realização, que muitas vezes sofrem de visão limitada, uma das armadilhas de pensamento. Laura, uma universitária que participou de nosso treinamento, acreditava que "A perfeição é tudo que importa". Apesar da ambição e do desejo de se destacar na Universidade da Pensilvânia, ela passava a maior parte do tempo procrastinando e evitando os estudos e os compromissos. Mesmo após iniciar uma tarefa, sua tendência à visão limitada dificultava o progresso. Se não gostasse da primeira versão de um artigo, era quase impossível continuar se dedicando; como ela só enxergava os aspectos negativos, seu impulso era desistir — uma fórmula inadequada para o sucesso. De fato, no final do segundo ano, ela tinha duas matérias pendentes em seu histórico, pois o perfeccionismo a fazia sucumbir diante de situações desafiadoras. Confusa com seu comportamento, Laura não entendia por que a faculdade era tão complicada para ela. Pedimos que nos contasse suas crenças instantâneas ao iniciar um trabalho de história. Em suas palavras: "Quero escrever um ótimo artigo. Quero impressionar o professor e ser a melhor da turma." Laura não conseguia perceber que esses desejos provocavam uma ansiedade intensa que a impedia de alcançar seus objetivos. (Ela nos disse que a única vantagem de sua procrastinação era ter o armário mais bem organizado do campus.) Laura estava confusa por um bom motivo. As crenças superficiais — as crenças instantâneas — não explicavam suas emoções e seus comportamentos. Ao aprender a habilidade e detectar o iceberg "A perfeição é tudo que importa", ela conseguiu enxergar o que a paralisava. Munida desse entendimento, Laura se tornou capaz de solucionar o problema.

ACEITAÇÃO

Quão familiarizado você está com estas crenças: "O que mais importa na vida é ser amado", "É meu dever agradar as pessoas e fazê-las felizes" ou "Quero que os outros sempre pensem o melhor de mim"? Elas giram em torno da aceitação, da necessidade de ser apreciado, aceito, elogiado e incluído. As pessoas governadas pela necessidade subjacente de aceitação são mais propensas a perceber e, em seguida, reagir exageradamente a deslizes e conflitos interpessoais. As pessoas orientadas à aceitação costumam tirar conclusões precipitadas e ler a mente. Em situações ambíguas — um chefe que não retribui um cumprimento, um amigo que não retorna um telefonema —, elas presumem a rejeição e, assim, reforçam o iceberg.

James, que trabalha no atendimento ao cliente, tem o seguinte iceberg: "Se alguém não gosta de mim, isso significa que há algo errado comigo." Consegue imaginar uma combinação pior do que essa? Um representante de atendimento ao cliente que não suporta ser rejeitado é tão desastroso quanto um atleta profissional que se esquiva da competição. Quando um cliente o trata mal, James supõe que fez algo errado e desperdiça muito tempo tentando reverter a situação. Como ele se concentra em ser apreciado, e não em vender um serviço, sua abordagem por telefone é ineficaz. Os clientes inicialmente gostam de seu estilo descontraído, mas, à medida que James se torna mais informal e inapropriado — brincando na esperança de conquistá-los ou fazendo perguntas pessoais para conhecê-los melhor —, eles perdem a paciência e desligam o telefone. Quando os colegas se distanciam, James se esforça tanto para agradá-los que acabou adquirindo a reputação de bajulador. A ironia é óbvia. A necessidade desesperada de ser amado o leva a agir de maneiras que fazem as pessoas não gostarem dele.

Carol, uma chef, é impulsionada pela crença subjacente "Mereço ser elogiada pelo que faço", gabando-se de suas realizações e se concentrando narcisisticamente em si mesma. Quando foi chamada para trabalhar no novo restaurante da cidade, ela contou todos os detalhes da conversa para cada um de seus amigos. Segundo Carol, eles estavam entusiasmados no começo, mas depois ficaram com inveja de seu sucesso e mudaram de assunto. De acordo com os amigos, eles ficaram genuinamente felizes, mas se cansaram da repetição incessante da história. De maneira semelhante, a necessidade implacável de Carol por aprovação e elogios desgasta seus relacionamentos. Quando a conhecemos, seu namorado estava se mudando da casa que dividiam. Ele nos disse: "Ela é carinhosa e carismática e é óbvio que deseja uma relação saudável, mas não consigo atender às expectativas. Se não dedico toda minha atenção a ela, Carol fica mal-humorada e introspectiva. Quando nossos amigos tentam falar sobre si mesmos em vez de apenas escutar suas 'histórias incríveis', ela os acusa de inveja, sem perceber que sua carência afasta as pessoas." Os relacionamentos de Carol costumam ser breves.

CONTROLE

Você tem alguma destas crenças: "Somente pessoas fracas são incapazes de resolver os próprios problemas", "Pedir ajuda é um sinal de fragilidade" ou "Se não está no comando, você é incompetente"? As pessoas orientadas ao controle têm crenças subjacentes sobre a importância de conduzir os eventos, apresentando uma maior sensibilidade a experiências que não conseguem comandar ou em que não são capazes de mudar os resultados. Embora a maioria ache desconfortável a sensação de não ter controle (exceto em situações específicas, como andar na montanha-russa ou fazer amor), para os "fissurados por controle", como às vezes são chamados, a experiência é avassaladora, pois eles atribuem a falta de controle ao fracasso pessoal. Um bombeiro da Filadélfia com quem conversamos descreveu uma intensa culpa por não ter sido mais prestativo nas semanas após a queda das Torres Gêmeas. Durante nossas sessões, surgiram dois icebergs que contribuíam para a culpa: "Devo estar sempre no comando" e "Ser passivo é um sinal de fraqueza e covardia". Esses icebergs o influenciavam de várias maneiras. Sem dúvida, sua escolha de profissão foi parcialmente incentivada pelo forte desejo de controle. Ao combater incêndios, ele é capaz de assumir o comando de uma situação que faria a maioria de nós se sentir indefesa. Inicialmente, após o ataque terrorista, suas crenças em torno do controle o ajudaram a reunir outros bombeiros locais para os esforços de socorro. Mas, apesar de sua contribuição no Marco Zero, ele acreditava que não estava fazendo o bastante e que isso indicava uma falha de caráter. Assim como Laura, o bombeiro se sentia confuso com sua reação. Muitos de seus colegas ficaram abalados com a tragédia e se sentiram compelidos a ajudar de diferentes formas. Outros sentiram uma culpa subjacente ao deixarem a cidade de Nova York. Mas, para ele, a culpa era generalizada e profunda, fazendo-o perder o sono e interferindo na capacidade de concentração. Era uma culpa que o consumia. Como acontece na maioria dos casos, os icebergs do bombeiro eram excessivamente rígidos e começaram a prejudicá-lo.

É importante avaliar a relação custo-benefício dos icebergs. De fato, após identificá-los, você deve se perguntar: o que essa crença está me custando? Como está me ajudando? Como posso mudá-la para reduzir os custos e aumentar os benefícios? Essas perguntas evidenciam que nem todos os icebergs são contraproducentes e prejudiciais. Às vezes, eles são úteis em algumas áreas da vida, mas nocivos em outras. O caso de Jill, gerente administrativa, é um bom exemplo. Ela mantém o escritório organizado. Seu iceberg "Bagunça é uma falha de caráter" é proveitoso, e ela se destaca profissionalmente porque seu trabalho é condizente com o comportamento que sua crença acarreta. Então, Jill conseguiu um segundo emprego: a maternidade. Fraldas sujas. Pintura com os dedos. Rotinas que mudavam tão rápido que dificilmente poderiam ser chamadas de rotinas. O caos que acompanhou o bebê entrou em conflito com o iceberg de Jill, dificultando ainda mais os já tensos e frenéticos primeiros meses de maternidade. Ajudamos Jill a ajustar sua crença em vez de eliminá-la. A bagunça realmente era uma falha de caráter? Assim como muitas pessoas orientadas ao controle, ela estava caindo na armadilha de pensamento da supergeneralização. A falta de controle a fazia se sentir um ser humano falho. Enquanto avaliava a lógica de seu iceberg, Jill articulou outros valores, como ser uma mãe calma e amorosa, o que exigia uma maior tolerância à bagunça. Ela foi capaz de reformular seu iceberg para "Gosto de manter tudo organizado, mas também gosto de relaxar e curtir meu filho. Então, vou deixar as coisas razoavelmente, e não perfeitamente, ordenadas". Desafiamos Jill a aproveitar a maternidade e se adequar ao caos. Sugerimos que você siga um caminho semelhante.

Qual É o Seu Tema?

Como você se descreveria? É mais orientado à realização, à aceitação ou ao controle? Ao se esquivar das oportunidades, é por receio do fracasso, da rejeição ou da falta de controle? Quando há problemas em seus relacionamentos, é porque você está tão concentrado em sua carreira que não tem tempo suficiente para a vida pessoal? Ou é porque você é muito carente ou excessivamente controlador? Como genitor, os sucessos e os fracassos de seu filho o afetam tão intensamente quanto se fossem próprios? Você fica extremamente magoado quando seus filhos dizem que te odeiam? As oscilações na rotina familiar causam ansiedade ou raiva excessiva? Claro, esses temas não são mutuamente excludentes nem representam todas as possibilidades. Algumas pessoas se concentram igualmente na aceitação e na realização e, como ilustraremos, os problemas podem surgir quando dois icebergs colidem. Outras podem ter crenças específicas sobre papéis de gênero. Nessa última habilidade de autoconhecimento, o desafio é desenvolver uma imagem detalhada de si mesmo para entender melhor suas motivações.

Como os Icebergs Se Formam?

Talvez você esteja se perguntando de onde surgem os icebergs. Como eles são formados e por que você tem crenças orientadas ao controle, enquanto seu cônjuge tem crenças orientadas à realização? Ambos conhecemos pessoas com hipocondria — transtorno no qual elas acreditam que estão doentes, mas não apresentam sinais reais de doença. Em todos os casos que testemunhamos, essas pessoas tinham uma história específica em comum: cresceram em um lar com parentes doentes. Talvez um avô com doença terminal ou um dos genitores que passou por uma extensa série de exames. Elas presenciaram os pais monitorando constantemente os sintomas da doença, em busca de qualquer evolução; como consequência, na fase adulta, fazem o mesmo com a própria saúde física, tão atentas a cada pontada e dor que acabam detectando sintomas inexistentes.

Assim como os hipocondríacos aprendem seu comportamento com os pais, todos nós, quando crianças, desenvolvemos icebergs a partir de nossa família. A visão de mundo — os valores centrais — é algo aprendido, e não herdado, de nossos genitores. As crianças absorvem mensagens das pessoas ao redor sobre como o mundo deve ser e como elas devem se comportar. Imagine que seus pais focavam a questão do respeito. Eles reforçavam a importância de respeitar os mais velhos e o puniam ao menor sinal de desrespeito. Como consequência, você pode ter desenvolvido uma espécie de "radar de respeito", examinando o ambiente em busca de exemplos da violação de seu direito de ser respeitado e sentindo raiva cada vez que identifica um. Ou talvez você tenha testemunhado as discussões contínuas sobre a melhor forma de cuidar de um avô idoso, percebendo a enorme culpa de seus genitores por não conseguir fornecer um cuidado de maior qualidade. Então, como adulto, você pode ser excessivamente sensível à violação de direitos alheios e, portanto, sentir muita culpa. Talvez você tenha presenciado a frustração de seu pai quando ele não conseguia fazer algo perfeitamente e, assim, desenvolveu o iceberg de que tudo é um fracasso a menos que alcance a perfeição. Você cresceu em um ambiente onde lhe diziam para colocar roupas íntimas adequadas antes de sair, apenas no caso de sofrer um acidente e ser levado às pressas para o hospital? Se você recebeu sinais recorrentes de que o nome da família deve ser protegido a todo momento — que envergonhar a família é imperdoável —, faz sentido a sensibilidade exacerbada a situações em que você não corresponde às expectativas de outras pessoas. Como resultado, você pode acabar evitando oportunidades por medo do fracasso e do constrangimento.

Como os Icebergs Podem Prejudicá-lo

Quatro problemas podem surgir dos icebergs, e cada um deles afeta a resiliência:

- Os icebergs podem ser ativados em situações inesperadas, provocando emoções e reações desproporcionais.
- Essa ativação pode levar a emoções e comportamentos que, embora não sejam extremos, são incompatíveis com a situação.
- Os icebergs contraditórios podem dificultar a tomada de decisões.
- Os icebergs podem se tornar muito rígidos, resultando em padrões emocionais que se repetem.

PROBLEMAS 1 E 2: ICEBERGS ACARRETAM DESCONEXÕES B–C

"Sua caneca está marcando minha mesa de madeira. Você não viu o porta-copos ali? Não entendo, Guy. Por que você colocaria a caneca molhada na minha mesa de madeira sem usar o porta-copos? Sério, me ajude a entender!"

Essas palavras foram proferidas com um tom inquisitivo e sarcástico, típico de melodramas de tribunal. A noiva de Guy se esforçava para manter a compostura, mas estava furiosa. Ele, por sua vez, ficou em silêncio diante do ataque. A verdade é que, naquele momento, Karen estava desequilibrada.

O infame "incidente do porta-copos" aconteceu há mais de dez anos, mas ainda é um dos nossos exemplos favoritos do que chamamos de desconexão B–C — quando a crença instantânea não consegue explicar a intensidade das emoções e dos comportamentos. Nessa situação, a adversidade (A) consistia no fato de que Guy havia colocado a caneca na mesa de madeira sem usar o porta-copos. Ao perceber, Karen ficou furiosa e começou um interrogatório que deixou o futuro marido atônito e preocupado. Enquanto repreendia o noivo, em algum nível ela se sentiu igualmente consternada e confusa. De acordo com a lógica do ABC, a crença instantânea deveria explicar a consequência — o ataque de raiva. Mas a crença instantânea de Karen ("Ele sabe que não gosto de marcas na mesa. Ele viu o porta-copos, mas não usou. Isso é errado") era insuficiente para explicar a intensidade da reação. Essa crença tinha uma essência de violação de direitos, que deveria levar à irritação ou ao aborrecimento, mas não explicava a raiva descomedida.

Nas desconexões B–C, as emoções parecem desproporcionais, os comportamentos parecem inadequados e, mesmo após identificar a crença instantânea, você fica intrigado com suas reações. Isso acontece porque um iceberg foi ativado e violado.

Quando ensinamos a habilidade detectar icebergs em nossos seminários corporativos, como esperado, algumas pessoas hesitam em compartilhar exemplos de comportamento irracional. Felizmente, alguém sempre se mostra disposto a revelar seu próprio "incidente do porta-copos", e as histórias começam a fluir. Em um workshop, ao chegarmos a esse momento desconfortável, John, gerente sênior de uma empresa de consultoria da Fortune 500, se dispôs a quebrar o silêncio. Ele é instruído, motivado e bem-sucedido, mas tinha uma adversidade persistente que o deixava intrigado e frustrado. Às vezes, sua esposa pedia que fizesse alguns trabalhos pela casa, como consertar uma torneira ou retocar uma pintura. Ele vestia seu cinto de ferramentas com entusiasmo, mas, quase inevitavelmente, o sorriso desaparecia e John se via cada vez mais frustrado com o trabalho, consigo mesmo e com a esposa. Ele nos contou sobre um incidente no domingo anterior. "Minha esposa me pediu para instalar uma persiana no quarto de hóspedes. Parecia fácil. Usei a fita métrica, marquei a posição dos parafusos com um lápis e comecei a perfurar. Quando terminei, desci da escada e dei alguns passos para trás a fim de admirar meu trabalho. Nesse exato momento, minha esposa entrou. Imediatamente percebi que a persiana estava torta. O lado esquerdo estava mais baixo que o direito, e eu sabia que ela havia notado. Ela olhou para mim, sorriu e me disse que era um ótimo trabalho, mas sua expressão dizia o contrário. Ela estava desapontada."

A adversidade de John consistia no fato de que a persiana estava desnivelada. Pedimos que nos contasse sua crença instantânea ao notar a expressão da esposa. "Pensei: 'Não preciso disso. Eu poderia estar relaxando em vez de fazer essas tarefas. Ela deveria pelo menos demonstrar gratidão'." Considerando essa crença instantânea, o que você esperaria que John sentisse? Como você classificaria essa crença em relação às conexões B–C? Na perspectiva de John, a esposa foi ingrata e indelicada, o que revela uma crença de violação de direitos. Portanto, a raiva seria um sentimento esperado. Mas observe como ele explica sua reação: "Eu costumo trabalhar aos sábados, então domingo é o único dia em que passamos um tempo juntos. Mas me sentia tão desanimado que mal podia olhar para ela. Ao perceber a decepção em seu rosto, eu me afastei. Fui para a garagem mexer em um carro antigo e passei o resto do dia evitando-a. Não conseguia superar a humilhação."

No "incidente do porta-copos", um iceberg — ainda não dissemos qual — foi ativado e acarretou uma desconexão na intensidade das reações de Karen. No caso de John, um iceberg foi ativado e acarretou uma desconexão entre sua crença instantânea e o *tipo* de emoção experimentada — ele sentiu humilhação em vez de raiva. A habilidade detectar icebergs é usada para avaliar e evitar essas situações.

PROBLEMA 3: ICEBERGS CONFLITANTES DIFICULTAM A TOMADA DE DECISÕES

Até agora, exploramos circunstâncias em que um iceberg é ativado e afeta negativamente as emoções e os comportamentos. Muitas vezes, no entanto, uma situação ativa mais de um iceberg, e eles costumam entrar em conflito. O caso de Jane ilustra a dificuldade na tomada de decisões quando um iceberg orientado à realização colide com um iceberg orientado à aceitação.

Jane é vice-diretora de uma escola de ensino médio e tem dois filhos pequenos. Ela nos procurou, pois não conseguia tomar uma decisão importante e estava se sentindo desanimada. Pedimos que nos explicasse a situação.

"Nosso atual diretor vai se aposentar ano que vem, e estou sendo incentivada a me candidatar ao cargo. Todos acham que devo aproveitar a oportunidade, mas não consigo me decidir. Às vezes acordo com a certeza de que vou me candidatar, mas até o fim do dia a dúvida retorna. É cansativo! Está sugando a energia necessária para resolver outros problemas."

Inicialmente, Jane não conseguia articular a complexidade dessa decisão. No entanto, conforme trabalhamos juntos, a ativação de dois icebergs simultâneos ficou evidente. Ela construiu sua carreira em torno da crença central de que as mulheres deveriam buscar as mesmas oportunidades que os homens. Não era uma influência consciente em sua vida, mas, à medida que exploramos suas escolhas profissionais e nos concentramos nas crenças que motivavam suas decisões, Jane descobriu que o iceberg "As mulheres devem ser tão ambiciosas e bem-sucedidas quanto os homens" agia na maioria dos casos. Ela cresceu em uma família de mulheres fortes e focadas na carreira. A mãe de Jane era uma bioquímica de sucesso que se destacou como pesquisadora. A avó assumiu a mercearia da família quando o marido morreu inesperadamente, e, sob sua liderança, o negócio expandiu — a pequena loja de esquina se transformou em várias filiais. As mulheres da família de Jane compartilhavam do mesmo ideal, e as meninas, com exceção de uma irmã, aprenderam que o caminho mais seguro para o sucesso era ir bem na escola e buscar oportunidades não tradicionais.

A crença subjacente de Jane sobre ambição explicava não apenas sua trajetória de carreira, mas também sua criticidade em relação à irmã e às amigas próximas que pareciam satisfeitas com um trabalho de meio período ou com uma carreira tradicionalmente feminina.

A ativação do iceberg sobre mulheres e trabalho explicava o interesse em se candidatar ao cargo de diretora. Mas qual era o motivo da hesitação? Jane descreveu a grande admiração por sua mãe e sua avó, bem como pelo sucesso delas em áreas tradicionalmente masculinas, mas também revelou que, durante a infância, se sentia solitária e ansiava profundamente por mais tempo com a mãe. Em seu relato, ela lembrou que buscava os irmãos na escola e retornava para uma casa vazia. A mãe sempre deixava um bilhete explicando como aquecer o jantar e avisando a que horas chegaria. Na parte inferior, ela fazia pequenos desenhos de uma mulher segurando a mão de uma menina e encerrava o bilhete dizendo à filha o quanto a amava e descrevendo algo especial que fariam juntas no fim de semana. Jane guardava todos esses bilhetes em uma caixa. Quando sentia saudades da mãe, olhava os desenhos e pensava na diversão que teriam no sábado. Enquanto nos contava essas memórias, outro iceberg surgiu: "Meus filhos devem ser prioridade." Ali estava a razão de seu dilema.

Os dois icebergs — "As mulheres devem ser tão ambiciosas e bem-sucedidas quanto os homens" e "Meus filhos devem ser prioridade" — foram ativados simultaneamente pela oportunidade de um cargo de prestígio. A primeira crença fazia Jane se concentrar nos muitos atrativos do trabalho e no poder de contribuir para a educação. A segunda crença a fazia se concentrar nos prejuízos que o cargo causaria à família, sobretudo aos filhos. Jane teria que trabalhar mais, viajar mais e participar de reuniões até tarde da noite. Ela sabia que, como nova diretora, sentiria muito estresse, o que acabaria afetando seu papel de mãe. Jane não conseguia decidir, pois cada decisão contradizia um valor central. Os icebergs conflitantes giravam em torno de trabalho versus família. Esse é um dos conflitos mais comuns, em particular, embora não exclusivamente, para as mulheres.

PROBLEMA 4: ICEBERGS PROVOCAM EMOÇÕES REPETIDAS

O último problema é que os icebergs fazem com que você experimente uma emoção repetidas vezes — mesmo em situações em que ela não se justifica. Ou seja, você acaba sentindo certas emoções com mais frequência do que outras. As pessoas resilientes sentem de tudo — raiva, tristeza, solidão, felicidade, culpa, orgulho, constrangimento, alegria, ciúmes, empolgação —, mas na medida certa e no momento apropriado. As pessoas menos resilientes tendem a ficar presas a uma emoção, o que compromete a resposta eficaz à adversidade.

Mark sente raiva com muita frequência. Ele tem o iceberg "As pessoas não são confiáveis", o que acarreta crenças instantâneas que desencadeiam a raiva. Quanto maior a irritação, menos eficaz ele é no trabalho e mais difícil é para os outros continuarem gostando dele.

Consideremos um dia típico na vida de Mark. Durante o café da manhã, ele percebe que sua esposa esqueceu de pagar uma conta. Talvez por causa de uma noite de insônia ou de resquícios de uma discussão, a crença "As pessoas não são confiáveis" é facilmente ativada, influenciando a maneira como ele interpreta o deslize da esposa. Ele pensa "Não posso confiar nela para nada" e sai para o trabalho sentindo irritação. Ao ser ativado, seu iceberg se torna um radar que examina o ambiente em busca de outros exemplos de violação. O funcionamento desse radar não acontece em um nível consciente — pelo contrário, é sutil e furtivo.

Mark enfrenta um engarrafamento a caminho do trabalho e precisa se apressar para uma reunião às 9h. Ele chega em cima da hora, mas se depara com uma mensagem do colega explicando que está preso no trânsito e chegará vinte minutos atrasado. O radar "As pessoas não são confiáveis" começa a emitir um sinal. Sua crença instantânea diz: "Eu me esforcei para ser pontual, e ele não está nem aí. Isso é injusto." Em um dia qualquer, Mark poderia não se importar, mas, naquele momento, o atraso foi percebido como uma violação, pois seu iceberg, já ativado, o preparou para interpretar esse evento insignificante como uma ofensa deliberada.

Por que É Difícil Desativar o Radar?

Talvez você esteja se perguntando por que Mark não pode simplesmente desativar o radar "As pessoas não são confiáveis". Ele não consegue apenas parar de ser tão negativo e cético? Bem, o problema é que, após a ativação do radar, dois processos — a assimilação e o viés de confirmação — dificultam a tarefa de desativá-lo. A ciência cognitiva demonstrou que, se o radar estiver em alerta total, como o de Mark, até mesmo um evento que costuma ser considerado positivo será reinterpretado ou distorcido para se adequar à percepção de mundo. Esse processo é conhecido como assimilação.

Como a assimilação afeta Mark? Bem, imagine que, enquanto ele espera seu colega, a secretária lhe entrega um memorando que descreve uma nova política da empresa em relação ao horário flexível. Como Mark já havia expressado a necessidade de horários mais flexíveis, seria de se esperar que ele considerasse a política uma melhoria, assim como a maioria das pessoas no escritório. Em vez disso, ele a ridiculariza como uma mudança insignificante, dizendo a si mesmo: "É só mais uma falsa promessa. Eles apenas fingem se importar, pois não dão a mínima para nossas preocupações." Embora não tenha sido intencional, Mark interpretou o evento positivo de uma forma que manteve sua crença "As pessoas não são confiáveis" ativada, em vez de facilitar sua desativação.

O viés de confirmação, o segundo processo que dificulta a desativação do radar, consiste no fato de que somos muito melhores em perceber e lembrar evidências que confirmam nossas crenças do que em perceber e lembrar evidências que as contrariam. Chamamos isso de efeito Velcro-Teflon, pois somos como Velcro para evidências que apoiam nossas crenças — elas grudam em nós —, mas somos como Teflon para evidências que as contradizem

— elas não conseguem se fixar. A seguir, apresentamos um exemplo do viés de confirmação no trabalho.

O casamento de Wanda terminou há um ano, apesar dos melhores esforços do casal. Embora o divórcio tenha sido uma decisão mútua, sem qualquer conflito, a experiência deixou Wanda profundamente preocupada de que não conseguiria encontrar outra pessoa com quem compartilhar a vida. Quando a conhecemos, ela havia começado a namorar e, a seu ver, não estava indo muito bem. Seus icebergs giravam em torno da aceitação: "Quando realmente me conhecem, as pessoas deixam de gostar de mim." Pedimos que Wanda descrevesse sua última experiência de namoro. "Saí com Todd várias vezes. Estávamos passando muito tempo juntos e nos dávamos bem. Mas então ele me ligou e disse que precisava de uns dias para pensar. A primeira coisa que me veio à cabeça foi: 'Lá vamos nós de novo. Assim que um homem me conhece, ele foge'." Perguntamos quais eram as evidências que confirmavam suas crenças. "É bem óbvio. Passamos quase todos os dias juntos e, de repente, ele me diz que quer diminuir o ritmo. Liguei para Todd na terça-feira e ele só retornou a ligação na quarta-feira à noite. E, quando o encontrei em um restaurante, não me convidou para sentar com os amigos."

Se levarmos o relato de Wanda ao pé da letra, suas crenças iniciais parecem precisas — pelo menos nesse caso. Na verdade, se assistíssemos a um vídeo de sua vida, testemunharíamos tudo o que ela descreveu. No entanto, esse vídeo também mostraria que:

- Algumas semanas antes, durante um café, Todd explicou que estava superando um término e não queria deixar seus sentimentos interferirem na relação com Wanda.
- Ele não retornou a ligação de Wanda na terça-feira à noite, mas enviou uma mensagem para ela, como faz todos os dias.
- Embora não a tenha convidado para se juntar aos amigos, ele se sentou à mesa dela por quinze minutos e parecia genuinamente feliz por encontrá-la.

Wanda só enxerga as evidências que apoiam sua crença e, assim, essa crença continua a influenciá-la. Quando descrevemos o viés de confirmação para pais, professores e empregadores, eles costumam nos perguntar se a pessoa percebe que acata apenas as evidências que confirmam seus icebergs. Outros sugerem que o viés de confirmação é um termo sofisticado para o antagonismo, a teimosia ou a manipulação. Os genitores descrevem crianças mal-humoradas que afirmam que o professor as odeia, apesar das evidências contrárias. Os chefes relatam histórias de funcionários que convenientemente acreditam sofrer hostilidade quando são agressivos com os outros. É importante lembrar que o viés de confirmação não acontece em um nível consciente. Sem dúvida, há momentos em que as pessoas se esforçam para provar que estão certas, mas o viés de confirmação não é motivado ou planejado. É inconsciente, e isso o torna difícil de superar.

Como Detectar Seus Icebergs

O objetivo desta habilidade é conscientizá-lo dos icebergs que:

- Desencadeiam reações exageradas ou diferentes das que suas crenças instantâneas preveriam (como no caso de Karen).
- Prejudicam sua tomada de decisões (como no caso de Jane).
- Provocam a repetição de uma emoção específica (como no caso de Mark).

Por que é importante reconhecer esses icebergs? Se não identificar a crença que impulsiona seu comportamento, você será incapaz de avaliá-la e, se necessário, mudá-la. Se está preocupado com a forma como reage a certos eventos, não faz sentido aplicar as habilidades de mudança às crenças instantâneas se elas não impulsionam sua reação. Só é possível controlar as emoções e os comportamentos e aumentar a resiliência depois de compreender o que causa sua resposta. Lembre-se: o insight é nosso objetivo nas habilidades de autoconhecimento, e queremos aplicar esse insight a uma mudança eficaz.

Nesta seção, você responderá a uma série de perguntas que foram elaboradas para trazer seus icebergs à consciência. O objetivo de cada pergunta é fazê-lo se aprofundar, indo além de sua análise das conexões ABC. Ao mergulhar cada vez mais fundo, você constatará que as crenças se tornam maiores e mais amplas, como um iceberg cujo verdadeiro tamanho é invisível sob a superfície da água. Nesse nível, suas crenças se mostram menos específicas para a situação em questão e começam a parecer valores básicos ou regras de vida. Em vez de desafiar a precisão dessas crenças, as perguntas o ajudam a descobrir seu significado e sua importância. Isso é crucial. Mais tarde, você usará as habilidades 4 e 5 — desafiar crenças e colocar em perspectiva — para testar a precisão e a utilidade de seus icebergs; nesse momento, o objetivo é identificar quais são eles.

Saiba que detectar icebergs é uma das habilidades mais desafiadoras. Em nossos seminários, notamos muita inquietação e um aumento súbito na necessidade de verificar o celular após explicarmos a habilidade e atribuir aos participantes a tarefa de experimentá-la. Na verdade, quando pedimos que revelem suas crenças instantâneas, ouvimos coisas como "Não sei se quero descobrir qual é meu iceberg" e "Talvez haja um motivo para ele permanecer oculto, então é melhor deixá-lo abaixo da superfície". Muitas vezes, explorar crenças profundamente arraigadas é perturbador, mas necessário. Apesar da relutância inicial, a maioria dos participantes descreve essa habilidade como uma das mais poderosas. Ela os ajuda a explicar seus valores, perscrutar suas crenças centrais sobre si mesmos e os outros e, por fim, entender comportamentos pessoais que os confundiam há muito tempo.

Pense na última vez que você reagiu exageradamente ou permitiu que um acontecimento insignificante arruinasse seu dia e use a análise do "incidente do porta-copos", apresentada a seguir, como modelo para a autoavaliação. Recomendamos que você faça o exercício assim que perceber uma reação exagerada ou uma emoção desproporcional.

O primeiro passo para detectar icebergs é descrever o ABC. Como em todas as habilidades, você deve distinguir sua experiência e os fatos da situação, listar suas crenças e identificar as emoções e os comportamentos imediatos. Como de costume, anote essas informações para acompanhar o surgimento de suas crenças. Eis o que Karen registraria:

Planilha Detectar Icebergs

Parte 1: Descreva a adversidade, a base de crenças instantâneas e as consequências.

Adversidade: Guy colocou a caneca na mesa de madeira sem usar o porta-copos, que estava bem na frente dele.

Base de crenças instantâneas: Ele sabe que não gosto de marcas na mesa. Ele viu o porta-copos, mas não usou. Isso é errado.

Consequências: Nunca fiquei tão furiosa. Em uma escala de 1 a 10, minha raiva atingiu 11. Esbravejei por uns dez minutos e sai do apartamento para dar uma volta e me acalmar.

Após mapear o ABC, confira a conexão B-C, focando três aspectos:

1. Verifique se seu C está desproporcional em relação a seu B.
2. Verifique se o tipo do seu C é incompatível com a categoria do seu B. Ou seja, você sente tristeza, embora sua crença instantânea sugira raiva, ou sente constrangimento, embora sua crença instantânea sugira culpa.
3. Verifique se há dificuldade para tomar uma decisão aparentemente simples.

Se constatar alguma dessas situações, então é o momento apropriado para usar a habilidade detectar icebergs. Se não se deparar com nenhuma delas, não é preciso explorar seus icebergs, pois você já sabe o que impulsiona seus sentimentos e suas ações. Na verdade, a dificuldade mais comum é tentar descobrir icebergs onde eles não existem — as crenças instantâneas explicam adequadamente as reações. Se seu B faz sentido em relação ao seu C, não há necessidade de ir mais fundo.

Se concluir que precisa usar a habilidade, questione-se:

- O que isso significa?
- O que é mais inquietante?
- O que é o pior?
- O que isso diz sobre mim?
- O que há de tão ruim nisso?

Você notará que essas perguntas abordam o quê, e não o porquê. Perguntas do tipo "o que" nos ajudam a descrever o significado de nossas crenças de forma mais completa. Perguntas que tratam do "porquê" tendem a nos deixar na defensiva. A maioria de nós, quando questionada sobre a razão de determinada emoção ou crença, se sente pressionada ou desafiada. Acabamos nos esforçando para defender essa crença ou emoção, em vez de entendê-la. Para identificar seus icebergs, é importante evitar perguntas do "porquê" e se concentrar em perguntas do tipo "o que".

Comece com sua base de crenças instantâneas, que nesse caso é: "Ele sabe que não gosto de marcas na mesa. Ele viu o porta-copos, mas não usou. Isso é errado." Agora, faça a si mesmo uma das perguntas do tipo "o que". (A ordem não importa, e você não precisa usar todas. Escolha a mais adequada.) A seguir, mostramos o diálogo interno de Karen para exemplificar.

PERGUNTA: *Então, ele não usou o porta-copos, o que isso significa?*
KAREN: *Significa que ele não se importa com meu desejo de que use o porta-copos.*
PERGUNTA: *Bem, e se ele não se importar com essa necessidade? O que há de tão ruim nisso?*
KAREN: *Ele sabe que cuidar das nossas coisas é importante para mim. Sei que sou um pouco controladora, mas, ao não usar o porta-copos, ele demonstra que não respeita minhas necessidades nem aceita meus hábitos.*
PERGUNTA: *Supondo que seja verdade, que ele não respeita minhas necessidades nem aceita meus hábitos, o que é o pior?*
KAREN: *O pior é que estamos prestes a nos casar. E espero que meu marido me apoie e me compreenda. Se Guy nem se dá ao trabalho de usar o porta-copos, como posso confiar nele em questões mais importantes?*
PERGUNTA: *Supondo que eu não possa confiar nele em questões mais importantes, o que isso significa?*
KAREN: *Significa que estou prestes a cometer um grande erro e que ele não é a pessoa que parecia ser. Significa que, apesar de todo o seu discurso sobre me amar e aceitar minhas imperfeições, ele acha que devo ser melhor.*
PERGUNTA: *O que é o pior?*
KAREN: *O pior é que ele tem me enganado e me manipulado desde o início. Mereço ser amada por quem sou, do jeito que sou.*

Bingo! Karen ficou sobrecarregada de raiva não por causa do porta-copos, mas porque interpretou o acontecimento como uma violação de seu direito básico de ser amada por quem é. Seu iceberg, "Mereço ser amada por quem sou, do jeito que sou", foi ativado pelo pequeno deslize de Guy, desencadeando uma emoção que seria apropriada a uma traição mais grave do que uma mera falha de etiqueta. Após identificarmos a crença subjacente, a reação de Karen faz muito mais sentido. Ainda é necessário determinar se a crença é precisa e útil, mas agora podemos fazer isso, pois o iceberg que impulsiona a reação foi reconhecido.

Quando ensinamos essa habilidade, os participantes trabalham em duplas, um guiando o outro para descobrir o iceberg. Portanto, recomendamos que um amigo de confiança faça as perguntas, para que você possa se concentrar apenas nas respostas. Ao usar essa habilidade, é fácil se distrair e tentar justificar suas crenças, em vez de explorá-las. A seguir, apresentamos a transcrição da primeira vez que John testou essa habilidade. Inserimos indicações de quando ele se desvia em vez de ir mais fundo e mostramos como seu parceiro aplicou as perguntas do tipo "o que" para colocá-lo de volta nos trilhos.

PERGUNTA: *Qual foi a sua crença instantânea?*
JOHN: *"Não preciso disso. Eu poderia estar relaxando em vez de fazer essas tarefas. Ela deveria pelo menos demonstrar gratidão."*
PERGUNTA: *E como você reagiu?*
JOHN: *Eu me senti humilhado e triste e a evitei pelo resto do dia.*
PERGUNTA: *Ok, suponhamos que ela foi ingrata. O que é mais inquietante?*
JOHN: *Eu estava ocupado e reservei um tempo para fazer o que ela me pediu, mas percebi que ela ficou desapontada com meu trabalho. [John está se aprofundando. Ele identificou a crença de que a esposa ficou desapontada.]*
PERGUNTA: *Tem certeza? Aposto que ela nem notou que a persiana estava desnivelada. O que o levou a essa conclusão? [Observe como essa pergunta desvia John do caminho, pois o faz justificar sua percepção em vez de explorar o significado dela.]*
JOHN: *Ah, tenho certeza de que ela notou. Ela é perfeccionista e estabelece padrões muito altos para si mesma e os outros. Na verdade, admiro isso.*
PERGUNTA: *Bem, supondo que ela ficou desapontada, o que isso significa? [Essa pergunta ajuda John a retomar o caminho.]*
JOHN: *Significa que ela acha que não consigo fazer um trabalho simples como pendurar uma persiana.*
PERGUNTA: *Ok, digamos que ela ache isso, o que é o pior?*
JOHN: *O pior é que minha esposa não acredita na minha capacidade de cuidar da manutenção da casa. Ou seja, ela não pode confiar em mim para coisas que um homem deveria fazer. [John está se aproximando do iceberg.]*
PERGUNTA: *John, acho que você está sendo muito severo consigo mesmo. Por que ela generalizaria, passando de uma persiana torta para a incapacidade de cuidar da manutenção da casa como um homem deveria fazer? [Essa pergunta incentiva John a avaliar a precisão de sua crença, mas é prematura, pois ele ainda não entendeu a própria reação. Nesse ponto, ele precisa se concentrar em suas crenças, e não nas da esposa.]*
JOHN: *Você está certo, ela provavelmente não faria isso. Talvez eu esteja sendo muito crítico.*
PERGUNTA: *Ok, suponha que sua esposa não possa confiar em você para cuidar da manutenção da casa, o que isso significa?*
JOHN: *Significa que não sou o tipo de homem que ela pensou que eu era quando se casou comigo e que não sou o tipo de homem que fui criado para*

ser. [John está indo mais fundo ao se concentrar nas próprias expectativas, e não apenas nas da esposa.]

PERGUNTA: *O que é mais inquietante?*

JOHN: *Na minha família, há certas expectativas para os homens. Meu pai conseguia resolver qualquer problema. Ele se orgulhava de nunca precisar contratar alguém para consertar o carro, o encanamento ou a fiação. Eu e meus irmãos fomos criados para sermos iguais a ele. A mensagem era que um bom homem — por mais clichê que pareça — cuida da casa. Acho que minha crença se resume ao fato de que, se eu fosse um homem de verdade, seria capaz de deixar a persiana nivelada. [Esse é o iceberg de John.]*

A equação agora faz sentido. John se sentiu humilhado e evitou a esposa porque, a seu ver, a incapacidade de nivelar a persiana significava que ele não era um homem de verdade. Sua crença instantânea era sobre a violação de direitos, mas sua crença subjacente era sobre a perda de autoestima que a esposa testemunhou. Esse iceberg desencadeou o sentimento de humilhação, fazendo com que John mal conseguisse olhar para ela.

Uma das dúvidas mais comuns sobre essa habilidade é "Como sei a hora de parar?". Ao iniciar o processo, você sentirá que poderia se questionar para sempre; no entanto, há uma linha de chegada. Você saberá o momento de parar quando tiver uma epifania, quando suas reações não parecerem mais desproporcionais, quando o tipo de emoção fizer sentido ou quando você entender a dificuldade de uma decisão.

Detectando Icebergs Alheios

Detectar icebergs é uma habilidade útil para melhorar a empatia e a conexão social. Há muito tempo, em uma noite de quinta-feira, Andrew se viu diante de um prazo apertado. Um pedido de verba para pesquisa deveria ser enviado a Washington até 17h do dia seguinte, e restava muito trabalho a ser feito — levaria a noite toda. Ele já estava irritado e com excesso de cafeína, e ainda havia um longo caminho pela frente. Logo ele ouviu o caminhão de lixo subindo a rua, bem devagar, com seus freios estridentes e seu compactador barulhento. A namorada de Andrew, Veronica, também ouviu. Ele sabia porque escutou seus passos pela escada, a caminho do escritório do segundo andar. Ela abriu a porta abruptamente e disse, irritada: "O caminhão vai passar. É sua vez de tirar o lixo."

Andrew forçou um sorriso e assentiu, mas não tinha intenção de levantar de sua mesa, e Veronica saiu do escritório. Sua resposta emocional o pegou de surpresa. Ele estava furioso, sua raiva havia atingido o limite. Veronica sabia sobre o prazo apertado, e ela mesma poderia ter tirado o lixo. Andrew usou a habilidade detectar icebergs para descobrir por que estava tão zangado. Enquanto fazia as perguntas, ele percebeu que um iceberg estava impulsionando sua reação. Para Andrew, tudo se resumia a uma questão de respeito. Em um nível profundo, ele acreditava que, ao interrompê-lo, Veronica demonstrava desrespeitar seu trabalho. Como o trabalho é muito importante para Andrew, ele sentiu que ela não respeitava o próprio namorado. Agora ele entendia sua reação. Mas não entendia a dela.

Andrew sabia que, com a pressão do prazo e o clima tenso na casa, era melhor esperar para conversar com Veronica. Na noite seguinte, quando os ânimos haviam se acalmado, ele abordou o assunto. A conversa foi mais ou menos assim:

ANDREW: *Fiquei bastante chateado ontem à noite quando você me disse para tirar o lixo. E percebi que você também estava irritada. Por que você mesma não tirou o lixo?*
VERONICA: *Você está certo, eu fiquei brava. Sei que você estava ocupado, mas se lembra do que combinamos há alguns meses? Você leu aquele artigo sobre as mulheres no mercado de trabalho e sobre como se espera que elas voltem para casa e façam a maioria das tarefas, mesmo trabalhando tanto quanto os homens. Combinamos que isso não aconteceria com a gente. Uma das suas responsabilidades é tirar o lixo.*
ANDREW: *Sim, eu sei. Mas ainda não entendo por que isso te deixou tão brava.*
VERONICA: *Porque eu sabia que você ouviu o caminhão de lixo, mas não desceu.*
ANDREW: *E você achou que eu estava agindo como um babaca?*
VERONICA: *Eu achei que você estava quebrando o nosso acordo.*
ANDREW: *Então é por isso que você estava irritada.*
VERONICA: *Sim. Era como se eu tivesse que fazer mais do que a minha parte.*
ANDREW: *Agora entendi. Foi uma questão de igualdade.*
VERONICA: *Sim, em algum nível, me senti menosprezada.*

E é por isso que Veronica estava irritada o suficiente para subir até o escritório. Se eles tivessem conversado com base em suas crenças superficiais, teriam se resolvido, mas a causa do desentendimento ainda existiria, esperando para ressurgir em outro evento aparentemente insignificante. Muitos relacionamentos são prejudicados porque o casal nunca reconhece os icebergs que desencadeiam os conflitos.

Andrew revelou que se sentia de forma semelhante, pois a atitude de Veronica parecia um desrespeito com ele e seu trabalho. Eles dialogaram sobre a rapidez com que cada um ativou seu radar de violação de direitos. E, o mais importante, conseguiram chegar a um consenso. Andrew admitiu que, mesmo com o prazo apertado, poderia ter tirado o lixo. Ele concordou em ficar mais atento à sua contribuição para as tarefas de casa. Veronica reconheceu que, em certos momentos, o trabalho realmente se torna uma prioridade. Ela se comprometeu a não tirar conclusões precipitadas quando Andrew precisasse se dedicar a determinados projetos.

A habilidade detectar icebergs o ajuda a identificar os valores centrais para que você e seu cônjuge possam discuti-los de maneira sincera e objetiva.

Conclusão

Detectar icebergs o ajudará a descobrir as crenças profundas que interferem em sua resposta eficaz à adversidade. À medida que praticar, você constatará que tem um conjunto de icebergs que sempre afetam seu humor e seu comportamento — em várias situações. Após identificar esses icebergs, é hora de sair do modo insight e mudar as crenças que o atrapalham.

CAPÍTULO 7

Desafiar Crenças

A Mudança de Vida É Possível

Se você completou todos os exercícios que apresentamos até agora, passou por um intenso, talvez até doloroso, processo de autoanálise. Sinta-se orgulhoso, pois é preciso coragem para encarar a si mesmo e a vida com tanta honestidade. Talvez sua autoanálise tenha revelado traços desfavoráveis de seu estilo, de sua personalidade e até mesmo de seu caráter. Não desanime. Uma parte importante de se tornar resiliente é reconhecer seus pontos fracos e seus defeitos. Você já fez isso.

O próximo passo é determinar quais aspectos desses pontos fracos são passíveis de melhoria. As habilidades de resiliência propiciam a liberdade de escolha. Você pode se aceitar como é e continuar pelo mesmo caminho. Ou pode mudar. As próximas quatro habilidades viabilizam essa mudança. Como você já conhece os estilos de pensamento, vamos guiá-lo pelas habilidades que proporcionam uma visão de mundo mais precisa, uma resolução de problemas mais satisfatória, maior controle de suas emoções e de seus comportamentos e resposta mais eficaz à adversidade — em suma, resiliência aprimorada.

As crenças são importantes, e as dúvidas que surgem sobre sua capacidade de mudança estabelecem um limite para o quanto essas habilidades podem ajudá-lo. À medida que progredir, verifique se você tem alguma crença instantânea sobre a inutilidade ou a dificuldade da mudança. O que você diz a si mesmo quando tenta aprender algo novo ou mudar um comportamento? Se o ditado "Cachorro velho não aprende truque novo" lhe parece plausível, então você está no caminho para o fracasso. Suas crenças sobre a possibilidade de mudança permitem — ou impedem — que você aprenda as habilidades, determinando sua perseverança ou desistência em se tornar mais resiliente.

As Habilidades de Mudança

Como vimos nos Capítulos 4 a 6, cada uma das habilidades de autoconhecimento é uma ferramenta poderosa para aumentar a resiliência. Mas a autoanálise também é essencial para as habilidades de mudança. Você só pode mudar suas crenças se descobrir quais são elas, seja usando o ABC para sintonizar suas crenças instantâneas ou detectando seus icebergs. Após descobrir todas as crenças que influenciam suas emoções e seus comportamentos diante de uma adversidade, o próximo passo é avaliar o quão precisas — realistas — essas crenças são e, se necessário, mudá-las. Desenvolvemos quatro habilidades de mudança: *desafiar crenças*, para analisar crenças sobre as causas da adversidade; *colocar em perspectiva*, para determinar melhor os resultados da adversidade; *acalmar e focar*, para impactar diretamente as emoções negativas ou para afastar crenças não resilientes; e *resiliência em tempo real*, para aplicar as duas primeiras habilidades de mudança no momento em que uma adversidade surgir.

Resolução de Problemas: Por que Buscamos o "Porquê" Diante da Adversidade

Quando surge uma adversidade, qual é a sua primeira reação? Pesquisas sugerem que as pessoas costumam reagir de maneiras previsíveis. Por exemplo, quando confrontadas com um problema, elas normalmente se perguntam o "porquê", pois estão preocupadas com a causa: "Por que isso aconteceu?", "A culpa foi minha?" ou "Tive algum controle sobre a situação?". Essas perguntas surgem espontaneamente. As respostas que damos a nós mesmos são nossas crenças do porquê — crenças sobre as causas das adversidades.

Em geral, as crenças do porquê se manifestam após fracassos (perder um emprego, ser rejeitado em um encontro), eventos inesperados (ir mal em uma prova que você achou que iria bem, descobrir que alguém confiável agiu desonestamente) e conflitos interpessoais (brigar com um ente querido). Nós não costumamos a buscar o porquê após sucessos (conseguir um emprego, ter um encontro agradável) e resultados esperados (ir mal em uma prova que você achou que iria mal, descobrir que alguém confiável agiu honestamente).

Por que fracassos e eventos inesperados desencadeiam crenças do porquê, enquanto sucessos e resultados esperados não? Provavelmente porque nossa sobrevivência depende da capacidade de encontrar uma forma de interromper ou prevenir situações negativas, enquanto nossa reação a eventos positivos não é tão crucial. Para Throgg, era mais importante, em termos de sobrevivência, entender por que uma caçada deu errado do que entender por que uma caçada deu certo. Nossa tendência a prestar atenção ao fracasso é uma resposta evoluída.

Ao nos predispor a pensar sobre o porquê da adversidade, a evolução nos forneceu um ótimo mecanismo de resolução de problemas. Não podemos resolver problemas sem identificar suas verdadeiras causas. Quanto mais rápido as identificamos, mais rápido encontramos uma solução. E, como observamos nas armadilhas de pensamento, desenvolvemos atalhos mentais que nos guiam para identificar as causas rapidamente — na verdade, quase instantaneamente. Mas esses atalhos mentais, também chamados de heurísticas, às vezes nos fazem cometer erros. E, se identificarmos a causa incorreta, buscaremos uma solução equivocada.

Às Vezes Você Tem Sorte

Dissemos que desafiar crenças o ajuda a melhorar a resolução de problemas. E isso é verdade. Mas, sem dúvida, há momentos em que você tem sorte — suas tentativas funcionam, mesmo que você reaja de forma impulsiva, guiado pelas primeiras crenças do porquê que surgem em sua mente. De fato, a história está repleta de exemplos. Imagine que você é um humano primitivo na era paleolítica, cerca de 20.000 a 30.000 anos atrás. Você mora em uma caverna na região que hoje é o Peru. Um amigo seu começa a agir de forma estranha — apresentar mudanças de humor repentinas, conversar com pessoas imaginárias, ver coisas que não existem. Como você, um peruano paleolítico, explicaria esse comportamento? Naturalmente, você o atribuiria à possessão por espíritos malignos. Era assim que nossos homólogos da Idade da Pedra justificavam os transtornos mentais. E, com base nessa causa, eles desenvolveram uma solução — libertar os espíritos malignos, perfurando o crânio da pessoa acometida. Os antropólogos documentaram essa prática, conhecida como trepanação, e demonstraram que pelo menos alguns dos pacientes sobreviveram ao procedimento, uma vez que os restos esqueléticos apresentaram evidências de cicatrização ao redor das feridas. A trepanação esteve em voga por séculos, um fato que também sugere seus resultados positivos — se o comportamento estranho continuasse, a prática certamente seria interrompida. Claro, os cientistas modernos têm certeza de que não funcionou da maneira que os antigos pensavam. É óbvio que não libertou espíritos malignos. O mais provável é que a trepanação representou a primeira lobotomia frontal. Com a destruição de partes do lobo frontal, o comportamento problemático da pessoa afligida — e provavelmente muitos outros comportamentos — cessou. Nossos ancestrais da Idade da Pedra identificaram uma causa que levou a uma solução lógica. Era a causa incorreta e, portanto, a solução incorreta, mas eles tiveram sorte. De certa forma, a solução resolveu o problema. Mas a que custo?

Nossa pergunta é: com que frequência sua resolução de problemas se assemelha à de nossos ancestrais? Com que frequência você se depara com uma solução que, em retrospecto, o prejudica mais do que ajuda?[1]

Os Sete Passos da Habilidade Desafiar Crenças

Desafiar suas crenças o ajudará a entender os problemas e encontrar soluções melhores e duradouras.

Para tanto, é necessário retornar ao início: o ABC.

PASSO 1. APLIQUE O ABC À ADVERSIDADE

Escolha uma antiga adversidade persistente, para a qual você possui uma solução improvisada, na melhor das hipóteses, ou que tem lhe causado desespero, na pior das hipóteses. Talvez você se sinta preterido ao ver pessoas mais jovens e menos experientes receberem oportunidades, projetos e cargos que, em sua opinião, deveriam ser seus. Talvez você tenha conflitos diários com seu filho adolescente. Ou talvez encontre dificuldade em conciliar vida pessoal e profissional. Seja o que for, anote na planilha a seguir. Lembre-se, apenas os fatos: quem, o que, quando e onde. Por enquanto, concentre-se no A — abordaremos o B e o C em breve. Conforme seguirmos os sete passos com o exemplo de um cliente, aplique o processo ao seu próprio caso.

Em um quarto de hotel no Centro-Oeste, Keith se viu diante do dilema trabalho-casa. Era para ser a etapa final de uma longa viagem de negócios que o fez cruzar o continente — da Carolina do Norte ao Oregon, de Toronto a Dallas. Ele havia prometido à esposa, Felicia, que passaria a semana seguinte em casa. Keith estava fazendo o que era de se esperar em um quarto de hotel — admirando a vista do shopping cinco andares abaixo e se perguntando que tipo de pessoa *escolheria* aquele carpete e aquelas cortinas — quando recebeu um telefonema de seu chefe.

Havia surgido uma oportunidade inesperada com um cliente em Toronto. Mas o prazo era curto — alguém precisava chegar lá rápido, de preferência na semana seguinte. Keith escutou, sem dizer quase nada. Ele podia sentir a raiva aumentando, fazendo seu rosto avermelhar e seu coração disparar. Foi necessária muita força de vontade para reprimir o desejo de gritar ao telefone. Ele estava em meio a uma de suas adversidades impactantes.

Keith sabia que o ABC é o primeiro passo resiliente em qualquer análise aprofundada de um problema. Siga o exemplo. Defina seu problema de forma objetiva e impessoal — concentre-se apenas em quem, o que, quando e onde. No Capítulo 4, você aprendeu a deixar o "porquê" de fora da descrição objetiva da adversidade, o A do ABC. Por exemplo, Keith poderia ter descrito sua adversidade como "Meu chefe é um idiota que não respeita minha vida pessoal", mas essa afirmação contém várias suposições. A seguir, apresentamos uma descrição mais objetiva:

ADVERSIDADE: Meu chefe me "pediu" para prolongar a viagem, mas prometi a Felicia que passaria um tempo com ela e as crianças.

Planilha ABC
Adversidade:
Base de Crenças:
Consequências **Emoções:** **Comportamentos:**

Em seguida, lembre-se da última vez em que sua adversidade ocorreu — a última vez em que não conseguiu garantir um projeto, que discutiu com seu filho, que se viu diante do malabarismo trabalho-casa, com três ou quatro bolas no ar e uma mão amarrada às costas. Lembre-se de sua crença instantânea ao se deparar com essa adversidade. Na Planilha, anote-a no espaço "Base de Crenças". As crenças instantâneas de Keith foram:

Crença 1. Estou ficando com muita raiva.
Crença 2. Felicia vai ficar furiosa.
Crença 3. Meu chefe não respeita minha vida pessoal.
Crença 4. Felicia espera muito de mim.

Por fim, liste as consequências emocionais e comportamentais, o C do acontecimento. As consequências de Keith foram:

C (emoção): Eu estava muito irritado — cerca de 6 ou 7 em uma escala de 1 a 10.
C (comportamento): Andei de um lado para o outro no quarto de hotel, mudando distraidamente os canais na TV.

Agora que você anotou o ABC de sua adversidade, preste atenção ao B. Como você aprendeu no Capítulo 4, as crenças instantâneas podem ser de diferentes tipos. A primeira crença instantânea de Keith é uma descrição — a percepção da mudança em seu estado emocional. A segunda é uma crença do depois — a previsão da reação de Felicia. As duas últimas são crenças do porquê — uma explicação para seu problema de conciliar trabalho e casa. Ao desafiar crenças, devemos nos concentrar nas crenças do porquê.

PASSO 2. ORGANIZE AS CAUSAS EM UM GRÁFICO CIRCULAR

O segundo passo o ajuda a obter uma compreensão mais profunda de suas crenças do porquê e de como elas afetam a resolução de problemas. Volte para a planilha e examine suas crenças instantâneas diante da adversidade. Isole as crenças do porquê. Certifique-se de que são, de fato, crenças causais ou explicações para o problema. Vamos praticar com alguns exemplos.

Alguém que descobre que um projeto importante foi designado a um colega menos experiente pode ter a seguinte crença instantânea: "Não acredito que fui preterido novamente. Tom deu a liderança deste projeto para Lorraine, que está aqui há menos tempo que eu. Isso me incomoda." Essa não é uma crença do porquê; é apenas uma descrição da adversidade e da reação a ela. Se continuássemos rastreando a crença instantânea dessa pessoa, poderíamos nos deparar com pensamentos como: "Isso vai prejudicar minha carreira. Talvez eu não tenha futuro nesta empresa. Ouvi rumores de redução de funcionários, e ser excluído deste projeto pode significar que corro perigo." Novamente, esses não são os pensamentos que devemos focar ao desafiar crenças, pois eles refletem crenças do depois.

As crenças que queremos desafiar giram em torno da causa: "Eu não garanti o projeto, pois não consegui convencer Tom de que tenho o necessário. Afinal, não sei lidar com as pessoas. Ou talvez eu até saiba, mas não consigo ser assertivo com figuras de autoridade."

Da mesma forma, podemos categorizar a crença instantânea de um genitor durante a última discussão com o filho adolescente. "Fico triste por estarmos discutindo de novo (descrição). Odeio quando ele fala assim comigo (descrição). Tenho receio de que siga o caminho errado (crença do depois). Se continuar indo mal na escola, nunca passará na faculdade nem conseguirá um emprego decente (crença do depois). Ele tem se mostrado muito irracional (crença do porquê). Tornou-se um jovem irritado (crença do porquê).

Acho que também me tornei menos paciente, sentindo toda a pressão no trabalho e tendo que lidar com ele ao voltar para casa (crença do porquê).”

Identifique suas crenças do porquê diante da adversidade. (Embora incomum, as crenças instantâneas de algumas pessoas não incluem crenças do porquê. Se for o caso, pergunte a si mesmo o que causou o problema e anote as primeiras crenças que surgirem. Considere-as suas crenças de porquê ao prosseguir com esta atividade.)

Retomemos as crenças instantâneas de Keith, que englobam duas crenças do porquê — “Meu chefe não respeita minha vida pessoal” e “Felicia espera muito de mim”. Naquele momento, Keith não deve ter percebido que estava decidindo inconscientemente qual dessas causas era a mais culpada pelo problema. Esse é um processo pelo qual todos os seres humanos passam ao tentar resolver um problema, outra habilidade adaptativa que desenvolvemos ao longo da evolução. Ao identificarmos a principal causa do problema, faz sentido inferir que devemos canalizar a maior parte de nossa energia para corrigi-la. Estimamos a contribuição de cada causa para o problema e podemos representá-la em um gráfico circular, com o tamanho das fatias indicando essa contribuição relativa. No quarto de hotel, Keith acreditava que a principal causa de sua dificuldade contínua em conciliar trabalho e casa era a atitude do chefe — cerca de 75% do problema —, enquanto a expectativa excessiva da esposa tinha uma contribuição menor — cerca de 25%.

Passo 2: Organize as Crenças do Porquê em um Gráfico Circular

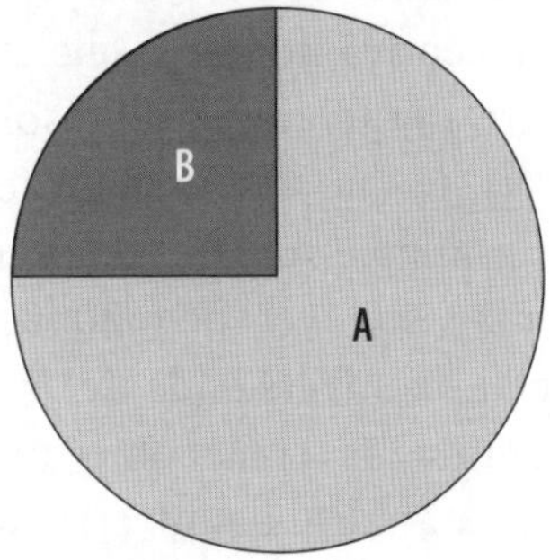

A. Meu chefe não respeita minha vida pessoal: 75%
B. Felicia espera muito de mim: 25%

Use a planilha a seguir para criar o gráfico circular de suas crenças do porquê.

As crenças do porquê diante da adversidade representam as crenças iniciais sobre a causa.

No gráfico circular, organize a contribuição de cada causa para a adversidade, de acordo com sua percepção do problema na época. As porcentagens devem totalizar 100%.

Defina se cada causa é imutável (*), pouco mutável (**) ou altamente mutável (***).

1.___________________________ %

2.___________________________ %

3.___________________________ %

Nossas intuições sobre as causas da adversidade e o quão mutáveis elas são determinam quais soluções buscamos imediatamente.

Você identificou as primeiras crenças do porquê e atribuiu a elas uma contribuição percentual para a adversidade. A questão é que nem todos os fatores podem ser alterados ou corrigidos. Ao tentar resolver um problema, inconscientemente nos perguntamos o quanto podemos fazer para mudá-lo. Por exemplo, Keith pode intuir que é quase impossível alterar a obstinada ética profissional de seu chefe. Talvez ele conclua que tem uma chance maior de moldar as expectativas da esposa, visto que seu relacionamento próximo a torna uma pessoa mais receptiva do que o chefe. Nessas circunstâncias, é melhor que Keith concentre sua tentativa de resolver o problema na causa mais mutável, embora acredite que a contribuição tenha sido menor. Faça o mesmo. Retorne ao seu gráfico circular e coloque um asterisco nas fatias que, em sua opinião, são mais passíveis de mudança.

O processamento inicial da adversidade determina a trajetória da resolução de problemas — como as pessoas começam a solucionar o impasse. No caso de Keith, a primeira análise da adversidade revelou duas causas, e uma delas foi percebida como potencialmente mutável. Essa rápida análise determinou as soluções a serem buscadas. Com base nas causas do dilema, ou seja, nas crenças do porquê, ele provavelmente ligaria para Felicia e contaria sobre a viagem a Toronto, pedindo que ela cancelasse os compromissos que haviam planejado. Antecipando a decepção e a raiva da esposa, Keith também poderia lembrá-la, com a voz carregada de frustração e irritação, de que detesta viajar por tanto tempo, mas que faz isso por ela — para que possam ter o tipo de vida que ambos desejam. Você pode imaginar a discussão que isso desencadearia.

Felizmente, Keith não agiu de forma impulsiva. Por quê? Porque ele sabia da probabilidade de não ter identificado as *verdadeiras* causas do problema. Ele reconheceu que tem um estilo explicativo que, tal como a visão limitada ou a maximização e minimização, o direciona a certas causas possíveis, mas sistematicamente filtra outras causas. E o mesmo vale para você, que também desenvolveu um estilo explicativo que afeta sua percepção dos problemas e influencia as soluções buscadas.

PASSO 3. IDENTIFIQUE SEU ESTILO EXPLICATIVO

Introduzimos o estilo explicativo na Parte Um. Como já mencionado, ele é nossa resposta aprendida à adversidade, um padrão de explicações prontas para os problemas que enfrentamos. Lembre-se de que o estilo explicativo possui três dimensões: "eu/não eu", "sempre/não sempre", "tudo/não tudo". Nosso estilo explicativo limita a resolução de problemas, pois nos direciona a um subconjunto das causas reais da adversidade, disponibilizando apenas uma parte das soluções possíveis. O próximo passo no processo de desafiar crenças é entender como nosso estilo explicativo prejudica a capacidade de resolver problemas. Agora, você terá a chance de explorar as três dimensões e, assim, decifrar seu estilo explicativo.

Eu/Não Eu

Você costuma atribuir as causas dos problemas a si mesmo, aos outros ou às circunstâncias? Se encontrasse sua chefe no corredor do escritório e ela ignorasse seu "oi", como você reagiria? Teria uma crença "eu" ao concluir que o silêncio dela está relacionado a algo que você fez: "Devo ter cometido um erro no último relatório, e ela está com raiva de mim"? Ou teria uma crença "não eu" ao culpar sua chefe ou as circunstâncias externas: "Ela deve estar mal-humorada. Talvez tenha discutido com alguém" ou "Ela sempre fica distraída na segunda de manhã"? Imagine outra adversidade comum: você mandou várias mensagens para sua melhor amiga e ela não respondeu. Por quê? Uma reação "eu" seria: "Não tenho sido um bom amigo. Ela está chateada e é por isso que não quer conversar." Um pensamento "não eu" seria: "Ela tem agido de forma egocêntrica ultimamente."

Se acha que suas explicações não seguem um estilo, que elas mudam dependendo da situação, você está certo. Há momentos em que temos informações concretas sobre a causa da adversidade. Suponha que você encontre sua chefe no corredor do escritório, diga "oi", e ela grite: "Não fale comigo! O relatório que você enviou está cheio de falhas. Se eu o encaminhasse, seríamos a piada do departamento. Afinal, para que estamos te pagando?" Dada essa informação e ignorando o fato de que a chefe foi desnecessariamente incisiva em público, até mesmo uma pessoa mais orientada ao "não eu" chegaria a uma explicação "eu".

Ainda assim, podemos nos surpreender com o quanto nossos estilos nos impedem de considerar explicações que, para uma pessoa objetiva, parecem extremamente plausíveis. Certa vez, um jovem chegou à terapia com um forte estilo "não eu, não sempre, não tudo". Durante uma sessão, ele falou sobre uma garota que conheceu em uma festa. Como ela havia lhe passado seu número de telefone, ele mandou várias mensagens, mas todas foram ignoradas. Por fim, ela enviou um áudio: "Por favor, pare de me mandar mensagem. Não quero falar com você, não quero sair com você. Desculpe, mas não estou interessada." Apesar de não sabermos o motivo do desinteresse, a maioria de nós concorda que ela não queria vê-lo nunca mais. Porém o estilo "não eu, não sempre" do jovem dificultava o reconhecimento de uma explicação "eu, sempre", como sua personalidade. Ele perguntou ao psicólogo: "Por que você acha que ela enviou esse áudio? Será que está estressada? Eu deveria esperar uma semana e tentar de novo?" Nesse caso, o estilo explicativo influenciou a interpretação das informações disponíveis. Mas o estilo explicativo também preenche a lacuna quando não há informação disponível. Essa é a natureza de um atalho — nós o usamos quando a causa é ambígua. Tente relembrar situações parecidas e foque a primeira crença que surgiu na época. Você consegue identificar se seu estilo é "eu" ou "não eu"?

Sempre/Não Sempre

As causas que você identifica costumam permanecer ou são relativamente temporárias? Imagine que uma vendedora faz uma reunião com clientes importantes e eles agradecem por seu tempo, mas evidenciam que não estão interessados na compra. Se seu estilo explicativo for orientado ao "sempre", ela pode pensar: "Não consigo me conectar com possíveis clientes em reuniões presenciais." Se tender a um estilo "não sempre", ela pode dar de ombros e dizer a si mesma: "Hoje vacilei na argumentação. Acho que não dormi o suficiente na noite passada." Imagine que você é um gerente e a entrega de um projeto está atrasada. Uma explicação "sempre", nesse caso sobre uma característica estável das pessoas que você gerencia, seria: "Os membros da minha equipe são muito preguiçosos." Por outro lado, uma explicação "não sempre", que também é uma explicação "não eu", seria: "Os membros da minha equipe não estão se esforçando. Acho que estão esgotados e precisam descansar." Se você tiver um desentendimento com sua chefe, sua reação instantânea gira em torno do "sempre" — "Ela é a especialista; não devo ser muito bom neste trabalho" — ou do "não sempre" — "Não tenho prestado atenção aos sinais de que preciso organizar melhor minhas prioridades"? Observe que ambas são explicações "eu", mas variam na dimensão "sempre/não sempre". Ao analisar os acontecimentos em sua vida, você consegue intuir se o seu estilo é mais "sempre" ou "não sempre"?

Tudo/Não Tudo

Esta dimensão do estilo explicativo avalia o grau em que você acredita que a causa de um determinado problema afetará muitas ou algumas áreas de sua vida. Quando você se depara com um problema, as crenças do porquê sugerem que muitos aspectos serão afetados — trabalho, casamento, amizades? Ou você geralmente imagina um impacto específico? Um gerente cuja equipe não conseguiu entregar um projeto no prazo pode ter uma crença "tudo", como "sou irresponsável". Ela se aplica não apenas à questão imediata, mas a todos os aspectos de seu trabalho, à sua vida social, bem como à sua interação com amigos, familiares e cônjuge. Um exemplo de "não tudo" seria: "Nunca fui bom nesse tipo de projeto. Simplesmente não consigo aprender." Ambas essas crenças do porquê, a propósito, são "eu" e "sempre". Temos uma amiga que estava reformando a cozinha e contratou um carpinteiro. Com apenas metade do serviço finalizado, o marido o pagou integralmente. Levou meses para que o carpinteiro voltasse e concluísse o serviço. A explicação da nossa amiga foi: "As pessoas não são confiáveis", e não "Esse carpinteiro não é confiável", "Carpinteiros que recebem antes de terminar o serviço não são confiáveis" ou até mesmo "Carpinteiros não são confiáveis". Seu primeiro instinto foi generalizar o acontecimento a todas as pessoas — uma crença "tudo", visto que afeta não apenas a reforma, mas todas as áreas de sua vida. Reflita: você é uma pessoa "tudo" ou "não tudo"?

É importante entender seu estilo explicativo, pois, quando uma adversidade surgir, as crenças causais refletirão esse estilo. Ao impedir que você enxergue as várias causas de um problema, seu estilo explicativo limita a capacidade de responder de forma resiliente.

Codificando o Estilo Explicativo

Retomemos o exemplo de Keith para analisar as duas crenças do porquê que identificamos anteriormente. Codificaremos o B em cada dimensão, usando uma escala de 1 a 7. Codificaremos as crenças extremas "eu", "sempre" ou "tudo" como 1 e as crenças extremas "não eu", "não sempre" ou "não tudo" como 7, mas é óbvio que podemos usar a escala completa. Por exemplo, uma crença do porquê pode atribuir a causa do problema em parte ao eu e em parte a outras pessoas, o que seria 4 na escala de 1 a 7.[2] Vamos tentar codificar as crenças do porquê de Keith:

CRENÇA DO PORQUÊ Nº1: *"Meu chefe não respeita minha vida pessoal."*

Eu causei o problema	1 2 3 4 5 ⑥ 7	**Outras pessoas ou as circunstâncias** causaram o problema
Sempre estará presente	1 ② 3 4 5 6 7	**Nunca mais** estará presente
Influencia **tudo** na minha vida	① 2 3 4 5 6 7	Influencia **esta única situação**

Essa é uma crença "não eu" bastante extrema. Não há qualquer responsabilidade compartilhada, como seria o caso se ele sugerisse: "Meu chefe não respeita minha vida pessoal e eu não imponho limites quando ele designa trabalho." Vamos classificá-la como 6. A crença é um "sempre", pois Keith atribui o problema à disposição do chefe em relação ao trabalho e à vida pessoal, o que provavelmente é uma atitude duradoura e, portanto, altamente resistente à mudança. Vamos codificá-la como 2. Por fim, parece ser uma crença "tudo", visto que essa atitude do chefe afeta as áreas mais importantes da vida de Keith. Podemos classificá-la como 1.

CRENÇA DO PORQUÊ Nº2: *"Felicia espera muito de mim."*

Eu causei o problema	1 2 3 4 5 ⑥ 7	**Outras pessoas ou as circunstâncias** causaram o problema
Sempre estará presente	1 2 ③ 4 5 6 7	**Nunca mais** estará presente
Influencia **tudo** na minha vida	1 2 ③ 4 5 6 7	Influencia **esta única situação**

Essa é uma crença "não eu", pois não há menção da contribuição de Keith para as expectativas da esposa. Ela também atinge o extremo dessa escala, sendo classificada como 6. É um "sempre" na mesma linha da outra crença causal, visto que as expectativas costumam ser construídas ao longo do tempo e, portanto, também demoram para mudar. Vamos classificá-la como 3. As expectativas de Felicia afetam a maior parte da vida familiar de Keith, conforme a percepção dele, e também interferem um pouco no trabalho. Assim, podemos classificá-la como 3 na dimensão "tudo".

Ambas as crenças sobre a causa são "não eu, sempre, tudo". Se Keith analisasse outros acontecimentos em sua vida, veria esse mesmo padrão emergir como um estilo de pensamento geral.

Qual é Seu Estilo Explicativo?

Na planilha a seguir, codifique o estilo explicativo das crenças do porquê inseridas no gráfico circular da página 156.

Para cada crença do porquê inserida no gráfico circular, classifique as três dimensões do estilo explicativo. Considerando individualmente as crenças, assinale o número em cada dimensão.

Esse processo fornecerá um mapa das suas explicações para a adversidade — e também um "resumo" do seu estilo explicativo.

Use a seguinte escala:

Eu causei o problema	1 2 3 4 5 6 7	**Outras pessoas ou as circunstâncias** causaram o problema
Sempre estará presente	1 2 3 4 5 6 7	**Nunca mais** estará presente
Influencia **tudo** na minha vida	1 2 3 4 5 6 7	Influencia **esta única situação**

Anote suas classificações:

	Eu/Não Eu	Sempre/Não Sempre	Tudo/Não Tudo
Crença 1			
Crença 2			
Crença 3			

O que suas classificações indicaram sobre seu estilo explicativo? Sem dúvida, para ter uma boa representação do seu estilo explicativo, você precisa classificar diversas crenças do porquê decorrentes de várias situações. Isso é importante, pois algumas pessoas têm determinado estilo ao se depararem com problemas no trabalho e um estilo muito diferente ao encararem problemas na vida pessoal. Por exemplo, quando algo dá errado no trabalho, a pessoa pode culpar os outros, mas, quando surge um problema em sua vida pessoal, pode culpar a si mesma. Para obter uma avaliação apropriada do seu estilo, analise pelo menos dez eventos negativos, alguns relacionados ao trabalho, outros à vida pessoal, e, em seguida, procure padrões. Lembre-se: o 4 na escala também indica um estilo! Se constatar que, diante de um problema, você divide a culpa entre você e os outros de forma equitativa, esse é o seu estilo, assim como a tendência de culpar a si mesmo ou a tendência de culpar os outros é um estilo.

Qual É o Estilo Explicativo Correto?

Ao longo de nossos anos de consultoria, muitas pessoas nos perguntaram qual é o estilo explicativo correto. Os psicólogos têm se dedicado a essa questão há mais de 25 anos. De acordo com as pesquisas, a resposta é que estilos diferentes têm as próprias vantagens e desvantagens, mas qualquer estilo é limitante. Portanto, o objetivo é pensar com flexibilidade e precisão.

Há 35 anos, os psicólogos constataram que, diante de adversidades além de seu controle, as pessoas rapidamente se sentiam desamparadas. E tendiam a sentir esse desamparo mesmo em adversidades altamente controláveis. Em 1978, Martin Seligman e seus colegas descobriram o motivo. Não era o tipo de adversidade que determinava quem se sentia desamparado e quem se tornava resiliente, mas, sim, a explicação da adversidade. A diferença entre resiliência e desamparo residia no estilo explicativo. Os pessimistas — aqueles que explicavam suas adversidades com um estilo "eu, sempre, tudo" — tendiam a se sentir desamparados e depressivos. Os otimistas — aqueles com um estilo "não eu, não sempre, não tudo" — costumavam permanecer resilientes e livres da depressão.[3]

Essa constatação foi tão concreta e decisiva que iniciou uma busca por outras áreas em que o pessimismo era uma desvantagem. E elas foram facilmente encontradas. Vendedores de seguro pessimistas fechavam menos vendas e desistiam com mais frequência do que seus homólogos otimistas. Alunos pessimistas tiravam notas mais baixas do que os otimistas na faculdade, mesmo após os pesquisadores considerarem o desempenho no ensino médio e as pontuações no vestibular. Atletas otimistas tendiam a se recuperar e se sair melhor depois de uma derrota, enquanto seus companheiros de equipe pessimistas se saíam pior. Embora Seligman defendesse o otimismo *apenas* na medida em que a realidade o permite, surgiu a suposição de que o pessimismo era prejudicial e o otimismo era benéfico.[4]

No entanto, mais recentemente, pesquisas revelaram que o otimismo também pode ser uma desvantagem. Nosso trabalho e o de nossos colegas mostraram que, na faculdade, os otimistas *extremos* tiram notas mais baixas do que os alunos moderadamente otimistas. Os psicólogos começaram a compreender que é crucial ser flexível, romper com nosso estilo explicativo natural. E também é indispensável que sejamos realistas — para identificar com precisão as causas das adversidades. No Passo 4, o orientaremos a ser mais flexível. No Passo 5, o ajudaremos a obter mais precisão.[5]

A História de Len — Flexibilidade e Precisão

Em novembro de 1999, fomos convidados a ministrar uma palestra na Conferência Nacional de Liderança da Sociedade Americana de Treinamento e Desenvolvimento. Havia cerca de cinquenta pessoas presentes, mas um participante em particular chamou nossa atenção. Era um homem de meia-idade, distinto na aparência e impecavelmente vestido. E ele estava fascinado. Somos bons oradores, mas quase nunca causamos esse tipo de efeito nos ouvintes. Quase no final da palestra, ele ficou bastante emocionado — percebemos que seus olhos lacrimejavam e ele ocasionalmente escondia o rosto. Ficou evidente que algo em nosso discurso o havia sensibilizado. Após as outras pessoas irem embora, ele se aproximou, nos cumprimentou, agradeceu pela palestra e começou a contar uma das histórias mais comoventes que alguém já compartilhou conosco.

Len ascendeu rapidamente em uma empresa da Fortune 100, alcançando o cargo de vice-presidente em seus 30 e poucos anos — uma proeza que ele atribuiu à sua abundante autoeficácia. Nas palavras de Len: "Eu sempre soube qual era minha receita para o sucesso e a aproveitei ao máximo. Meu maior trunfo era minha atitude; nunca duvidei de que poderia resolver qualquer problema. Eu acreditava, não, eu sabia que tudo estava sob meu controle. Eu me diferenciava das pessoas que não prosperavam nos negócios, pois acreditava que havia uma solução para cada problema — eu a encontraria se procurasse com afinco, se fizesse um esforço extra. Para usar a linguagem que vocês me ensinaram hoje, meu estilo era 'eu, não sempre, não tudo'."

Len se sensibilizou ao ouvir nosso discurso sobre a importância da flexibilidade e da precisão. Na palestra, explicamos o impacto de vários estilos explicativos nas emoções e no comportamento, assim como discutimos aqui. Argumentamos que cada estilo tem seus benefícios e desvantagens, que qualquer estilo é limitante, propiciando apenas uma visão parcial das verdadeiras causas da adversidade. Propusemos que o segredo para a resiliência, portanto, era a flexibilidade e a precisão. Foi isso que comoveu Len.

Ele continuou: "Eu achava que tinha tudo sob controle, que poderia resolver qualquer coisa. E então, quando fui diagnosticado com esclerose múltipla, achei que também poderia superar esse obstáculo. Fui diagnosticado aos 40 e poucos anos. Larguei meu emprego, liquidei várias ações e comecei a buscar uma cura. Eu me consultei com os melhores médicos do mundo. Demorei quase dez anos para aceitar que era uma doença sem cura. Não havia muito que eu pudesse fazer para resolver esse problema. Sempre soube que tinha uma abordagem otimista, uma atitude que me levou ao topo da empresa. Hoje aprendi que era meu estilo explicativo. Bem, esse estilo que impulsionou minha carreira me decepcionou quando chegou a hora de lidar com minha doença — a maior adversidade que já enfrentei. Ele me levou a uma busca infrutífera. Eu queria voltar no tempo. Queria recuperar esses dez anos para aproveitar minha família."

PASSO 4. SEJA FLEXÍVEL

> *Se a estupidez nos meteu nessa confusão, então a estupidez pode nos tirar.*
>
> — WILL ROGERS

Já reparou que muitas vezes você tenta resolver o mesmo problema, com a mesma estratégia, e acaba fracassando da mesma forma? Todos nós já passamos por isso. Depender de nosso estilo explicativo nos impede de enxergar além, nos fazendo recorrer a soluções antigas para tentar reverter sempre as mesmas causas, e falhamos em resolver o problema mais uma vez. Para sair desse ciclo, precisamos nos libertar de nosso estilo explicativo, e isso significa obter mais flexibilidade.

É uma incrível coincidência, mas nós dois tivemos uma experiência curiosamente semelhante no ensino fundamental — o fato de termos crescido em países diferentes (Karen nos Estados Unidos, Andrew na Austrália) a torna ainda mais estranha. Nossos professores de arte nos passaram um típico projeto — fazer colagens com feltro em um caso, desenhar com tinta no outro — e circularam pela sala oferecendo comentários: "Susan, você está usando muita tinta, vai derramar por toda a mesa"; "John, o que aquela vaca está segurando?"; "Terry, as pessoas estão maiores do que os edifícios"; "Andrew/Karen, é preciso ter mais criatividade".

Mais criatividade. Provavelmente um comentário preciso, mas não pode ser considerado um conselho. É um diagnóstico, mas não uma receita. É uma reminiscência da frase "pensar fora da caixa". Você já deve ter se deparado com essa expressão, talvez em um treinamento corporativo, talvez em outro livro de autoajuda. De fato, ela parece onipresente. Em seus anúncios televisivos, até mesmo o Taco Bell nos incentivou a ousar e experimentar seu novo prato — em suas palavras, "pensar fora do pão". Não somos fãs dessa expressão, e não apenas porque tiramos uma nota baixa em nosso projeto de arte. Você está enraizado em sua caixa de estilo de pensamento, e será preciso mais do que uma frase para sair dela. Você passou muitos anos construindo essa caixa, com a ajuda de seus pais, professores e até da sociedade. Caiu em armadilhas de pensamento e desenvolveu um radar para perscrutar o ambiente em busca de violações de direitos, perdas e ameaças futuras. E consolidou essa caixa com o viés de confirmação, descartando informações que a contradizem e selecionando sistematicamente informações que a corroboram. Nada disso é bom, mas cada um de nós construiu uma caixa de estilo de pensamento. Então, como é possível esperar que você seja criativo — flexível — apenas ouvindo uma instrução para fazê-lo?

Quando se trata de crenças do porquê, as três dimensões do seu estilo explicativo *são* a caixa em que você está preso. Mas agora que o Passo 3 revelou o quanto você é uma pessoa "eu/não eu, sempre/não sempre, tudo/não tudo", é possível contornar seu estilo. A maioria das adversidades, principalmente as significativas, é causada por diferentes fatores. Alguns desses fatores estão relacionados a você, outros se devem a terceiros ou às circunstâncias. Algumas das causas são relativamente incontroláveis, outras podem ser facilmente mudadas e há aquelas que podem ser alteradas com um esforço concentrado. Algumas têm efeito generalizado, outras se aplicam apenas a uma área específica da vida. Para ser criativo, para pensar fora da caixa, é necessário usar as três dimensões do estilo explicativo a fim de codificar as primeiras crenças do porquê e elaborar razões alternativas para uma adversidade.

Retomemos o exemplo de Keith. Constatamos que suas duas crenças do porquê são "não eu, sempre, tudo" e que ambas coincidem com seu estilo explicativo. Sabendo disso, Keith pode usar as três dimensões para elaborar outras possíveis crenças do porquê. Mas qual seria o motivo? Se não o fizer, verá apenas algumas das causas de sua adversidade — aquelas que a lente de seu estilo explicativo "permite" que ele veja. Se enxergar apenas algumas das causas, Keith só conseguirá resolver parte do problema. Se ele realmente deseja eliminar o problema, precisa obter uma visão abrangente das causas e direcionar a resolução às mais controláveis.

Keith é um externalizador. Em suas crenças do porquê, não há menção de sua contribuição para a adversidade. Portanto, um bom começo para ser mais flexível, para pensar além de seu estilo explicativo, é criar algumas crenças "eu". Para obter flexibilidade real, também é aconselhável gerar algumas crenças "não sempre" e "não tudo". Lembre-se: Keith está tentando pensar em outras causas para o problema. Nessa fase, é importante não descartar uma possível alternativa, a menos que ela seja totalmente implausível. Pensar fora de sua caixa de estilo explicativo sem sufocar a criatividade já será difícil o bastante. (Ele usará o Passo 5 para eliminar qualquer crença do porquê que não se ajuste à realidade.)

Keith conseguiu criar algumas crenças "eu" plausíveis para o dilema trabalho-casa, ou seja, algumas maneiras pelas quais ele pode estar contribuindo para o problema. Observe que, no processo de gerar crenças "eu", ele também obteve uma amostra das dimensões "sempre/não sempre" e "tudo/não tudo".

***CRENÇA ALTERNATIVA Nº1:** "Tenho dificuldade em dizer não para o meu chefe."*

Eu causei o problema	1 ② 3 4 5 6 7	**Outras pessoas ou as circunstâncias** causaram o problema
Sempre estará presente	1 2 3 4 ⑤ 6 7	**Nunca mais** estará presente
Influencia **tudo** na minha vida	1 2 3 ④ 5 6 7	Influencia **esta única situação**

Essa é uma boa crença alternativa? Sim, se estiver fora do estilo "não eu, sempre, tudo" de Keith. Será que está? Certamente é uma crença "eu", pois aborda sua possível contribuição para o problema. Provavelmente se enquadra no meio da dimensão "tudo", visto que Keith não afirma ser pouco assertivo com todas as pessoas — apenas com uma —, mas sua falta de assertividade com o chefe afeta o equilíbrio trabalho-casa, que perpassa as áreas da vida e parece ter efeitos mais abrangentes. Por esse motivo, Keith classificou-a como 4 nessa escala.

Qual seria a classificação dessa crença na dimensão "sempre"? Depende de algumas perguntas de acompanhamento que Keith precisa fazer a si mesmo. Por que é difícil dizer não ao chefe? Se a resposta for "Eu sou covarde", uma falha de caráter estável, então é uma crença "sempre". Se, no entanto, ele atribuir sua falta de assertividade ao desconhecimento da melhor forma de dizer não a essa pessoa específica, então é uma crença "não sempre". Por exemplo, talvez Keith esteja ciente de que um colega desenvolveu uma estratégia eficaz para impor limites ao chefe. Nesse caso, superar sua falta de assertividade seria muito simples: bastaria conversar com o colega sobre essa tática. Ele concluiu que o problema não é a incapacidade generalizada de ser assertivo, mas, sim, o desconhecimento de como abordar o chefe. Portanto, classificou a crença como 5 na escala "sempre/não sempre".

A seguir, apresentamos outra crença alternativa que Keith elaborou:

***CRENÇA ALTERNATIVA Nº2:** "Sou péssimo em gestão de tempo. Se eu me planejasse melhor, não precisaria trabalhar nos finais de semana. Eu teria mais tempo para passar com Felicia, as crianças e nossos amigos."*

Eu causei o problema	1 ② 3 4 5 6 7	**Outras pessoas ou as circunstâncias** causaram o problema
Sempre estará presente	1 2 3 4 5 ⑥ 7	**Nunca mais** estará presente
Influencia **tudo** na minha vida	1 2 3 4 ⑤ 6 7	Influencia **esta única situação**

Ao praticar a codificação de suas crenças do porquê, Keith se tornou mais rápido e habilidoso em usar as escalas. Em poucos instantes, ele conseguiu acertar essa crença alternativa: "É obviamente uma crença 'eu', pois tem a ver principalmente comigo. Talvez certa pressão do ambiente de trabalho me faça lidar com uma crise após a outra sem planejar meu tempo, mas a maior parte está relacionada a mim. Eu a classifiquei como 2. A incapacidade de gerir meu tempo só se aplica ao trabalho, mesmo que seus efeitos possam impactar minha vida pessoal. Então a classifiquei como 5 na escala 'tudo'. É uma crença 'não sempre', já que posso aprender a administrar melhor meu tempo, afinal, essa não é uma habilidade inata. Eu a classifiquei como 6."

Keith fez um excelente trabalho ao ser flexível — ir além de seu estilo explicativo "não eu, sempre, tudo". Ele codificou as crenças iniciais — as crenças do porquê que surgiram no momento da adversidade, naquele quarto de hotel mal decorado — nas três dimensões do estilo explicativo. E então usou essa codificação para sair da caixa — para enxergar causas que refletissem posições diferentes nas escalas. Havia chegado o momento de ser preciso.

PASSO 5. SEJA PRECISO

Nós não estamos recuando. Estamos avançando em outra direção.

— GENERAL DOUGLAS MACARTHUR

Obter mais precisão em nossas crenças do porquê é uma parte essencial do processo de desafiar crenças. Sem essa etapa, somos a Poliana, ou seja, nos tornamos suscetíveis a perspectivas excessivamente otimistas como a de MacArthur. Tornar-se um pensador preciso é semelhante a tornar-se um cientista, pois o próximo passo é testar as crenças iniciais e as crenças alternativas ao compará-las com as evidências sólidas. Você também pode equiparar o processo a ser um bom detetive, como fazemos em nosso programa de resiliência para crianças. Quando chega à cena de um crime, Sherlock Holmes não prende a primeira pessoa que vê, pois aborda o crime de forma mais sistemática. Ao reconhecer que o primeiro suspeito nem sempre é o verdadeiro infrator, ele elabora uma lista de suspeitos (ou alternativas, como no Passo 4) e depois procura pistas que estabeleçam quem é o culpado (sendo mais preciso).

O maior obstáculo para se tornar mais preciso é o viés de confirmação, um mecanismo que analisamos no Capítulo 5. Ele nos leva a reter informações consistentes com nosso estilo explicativo, filtrando evidências contrárias — detalhes que não se encaixam perfeitamente em nossas percepções predefinidas. Por esse motivo, você deve se dispor a procurar evidências favoráveis e contrárias a cada crença. Ao fazer este exercício, algumas pessoas se veem como cientistas, detetives ou juízes; elas perscrutam objetivamente as evidências para descobrir as verdadeiras causas da adversidade. Outras tentam pensar nas evidências favoráveis e contrárias que seu melhor amigo apresentaria para cada crença.

Ao longo do processo, aconselhamos usar a seguinte planilha para organizar as evidências favoráveis e contrárias a suas crenças do porquê.

CRENÇAS DO PORQUÊ	EVIDÊNCIAS FAVORÁVEIS	EVIDÊNCIAS CONTRÁRIAS
Crença 1		
Crença 2		
Crença 3		
Crença 4		

CRENÇA INICIAL 1: *"Meu chefe não respeita minha vida pessoal."*
Que evidências seriam relevantes para essa crença? Talvez se o chefe insistisse para Keith trabalhar e viajar nos finais de semana, passar períodos significativos longe de casa e fazer horas extras sem folga, haveria evidências suficientes de que ele não se importa com o equilíbrio entre trabalho e vida pessoal. Mas, ao pensar melhor, Keith encontrou evidências contrárias a essa crença, como a vez em que o chefe enviou uma garrafa de champanhe para ele e Felicia no hotel em que estavam hospedados. Ou a vez em que ele lhes presenteou com um jantar pago pela empresa. Houve também a vez em que o chefe adiou as próprias férias para que Keith e Felicia pudessem programar as deles. Ao anotar esses exemplos, Keith percebeu que, embora o chefe fosse exigente, ele também respeitava sua vida pessoal. Existem evidências favoráveis, mas também existem evidências contrárias.

ALTERNATIVA 1: *"Tenho dificuldade em dizer não para o meu chefe."* Houve momentos em que Keith conseguiu dizer não ao chefe? Talvez ele descubra que se sente perfeitamente confortável em se opor ao chefe em uma decisão de negócios, mas não em relação a seu horário de trabalho. Observe como essa evidência ajuda a moldar e modificar sua crença. Keith não é pouco assertivo com o chefe em todas as situações, mas apenas em circunstâncias que envolvem trabalho e vida pessoal — ou seja, uma causa "não tudo". Sabendo disso, ele tenta descobrir se teve esse problema em trabalhos anteriores. Se constatar que sim, agora seria a oportunidade perfeita para detectar os icebergs que, de alguma forma, afetam sua disposição ou capacidade de confrontar figuras de autoridade quando se trata de proteger seu tempo pessoal.

Keith usou o mesmo tipo de perguntas objetivas e aprofundadas para analisar suas crenças iniciais e alternativas.

PASSO 6. NOVO GRÁFICO CIRCULAR

Ao praticar o processo de precisão, elaborando uma lista de evidências favoráveis e contrárias a cada crença causal, você notará o surgimento de um senso intuitivo sobre a importância de cada causa. Quanto mais evidências favoráveis à crença, maior a contribuição dela para a adversidade. Claro, o inverso também é verdadeiro — quanto mais evidências contrárias, menor a contribuição. Talvez você descubra que algumas crenças não têm nenhum respaldo, e é por isso que vamos desenvolver um novo gráfico circular. O processo de flexibilidade revela causas que vão além das que estavam disponíveis no primeiro gráfico. O segundo gráfico deve representar uma análise mais abrangente e precisa, que supere as crenças do porquê orientadas pelo estilo explicativo.

Crie um novo gráfico circular para sua adversidade. Inclua apenas as crenças, iniciais ou alternativas, que são sustentadas por evidências. Com base em sua análise, Keith elaborou seu novo gráfico circular, apresentado a seguir. Observe que ele incluiu todas as crenças para as quais encontrou evidências, não apenas aquelas que discutimos.

Embora Keith acreditasse que as expectativas de Felicia contribuíam com 25% para o problema, como ilustrado na página 155, após a análise, ele percebeu que não havia evidências para respaldar essa crença, então a fatia não entrou no segundo gráfico. No entanto, Keith identificou três novos fatores de contribuição.

Seu novo gráfico circular é diferente do primeiro? Se não for, sua visão inicial era abrangente e precisa. Nesse caso, embora o processo de desafiar crenças não tenha revelado nenhuma informação adicional sobre as causas do problema, ao reunir as evidências, você confirmou a precisão de sua visão inicial. No entanto, em nossa experiência, cerca de 95% das pessoas adicionam novas fatias ao segundo gráfico. Isso significa que cerca de 95% das pessoas conseguem identificar causas respaldadas por evidências, que seriam desconsideradas se a resolução de problemas fosse iniciada com base nas crenças do porquê orientadas pelo estilo explicativo. Cada fator causal recém-identificado cria novas opções de resolução de problemas. Quanto mais opções você tiver, maior a probabilidade de encontrar uma solução.

Passo 6: Elabore um Novo Gráfico Circular

PASSO 7. NOVAS SOLUÇÕES

Agora precisamos avaliar a mutabilidade de cada uma das fatias do novo gráfico — o quão suscetível cada causa é à mudança. Keith ainda pode concluir que nunca será capaz de mudar a atitude do chefe. Mas talvez ele tenha percebido que o chefe tende a desconsiderar *seu* equilíbrio trabalho-casa com mais frequência do que o dos colegas. Nesse caso, talvez a solução seja marcar uma reunião para discutir cuidadosamente os limites entre trabalho e vida pessoal. Que outras mudanças são possíveis? Keith pode tomar medidas para melhorar sua gestão de tempo. Ele terá que estabelecer prazos para as tarefas que aprecia. Talvez devesse intercalar as tarefas agradáveis e menos agradáveis, recompensando a conclusão das atividades penosas com um projeto prazeroso. Ele pode selecionar alguns membros confiáveis da equipe e treiná-los para fazer parte do trabalho que costuma fazer sozinho. Keith precisa lidar com as crenças que reforçam sua tendência a se sobrecarregar. Ele deve definir quais são as situações que o levam a exagerar, para que possa desafiar as crenças iniciais e, assim, maximizar a resiliência.

Observe como o processo de desafiar crenças aumentou drasticamente o leque de soluções para Keith. Antes, a única opção era contestar a esposa sobre expectativas que ele considerava insensatas. Agora, há várias soluções disponíveis. E, mais importante, essas soluções decorrem de uma visão abrangente e precisa da adversidade.

Conclusão

Constatamos que desafiar crenças é especialmente útil para pessoas que lidam com a tristeza, a raiva, a culpa e o constrangimento. Aquelas que sofrem com a ansiedade, que se concentram em crenças do depois, se beneficiarão da próxima habilidade — colocar em perspectiva.

CAPÍTULO 8

Colocar em Perspectiva

Sofri muitas catástrofes em minha vida, a maioria nunca aconteceu.

— MARK TWAIN

Quando foi a última vez que você acordou de madrugada, digamos às 3h, se sentindo apreensivo e ansioso? Em poucos minutos, sua mente acelerou tanto que você perdeu a esperança de voltar a dormir. A maioria das pessoas já teve essa experiência e, ao explicar as noites de insônia, afirmaram não conseguir desligar o cérebro — não paravam de pensar no trabalho, na prova, no casamento, nos filhos, na saúde da mãe...

Para muitas pessoas, a ansiedade assume o controle e elas catastrofizam — remoem uma adversidade atual e, em poucos instantes, imaginam uma série de eventos desastrosos que se estendem para o futuro. Uma de nossas clientes era atormentada por discussões que vinha tendo com o filho adolescente, ruminando os possíveis acontecimentos futuros devido à relação deteriorada. "Com todas essas brigas, ele vai se afastar e passar ainda mais tempo com aqueles amigos desajustados. Será que está usando drogas? Se não estiver, logo começará. E se for pego pela polícia? Lá se vão todos os sonhos que tínhamos para a faculdade. Ele vai acabar trabalhando em um restaurante de fast-food — isso se arranjar algum emprego. Não conseguirá manter nenhum trabalho, pois vai entrar e sair da reabilitação com frequência. Ele vai nos culpar por todos os seus problemas e nos excluir completamente de sua vida." Para muitos, essa cadeia de crenças catastróficas e a intensa ansiedade decorrente são uma noite longa e sombria da alma.

Talvez você catastrofize as respostas a estas perguntas: o que acontecerá se eu perder meu emprego? Será que encontrarei a pessoa certa? Esse casamento vai durar? O que acontecerá com as crianças se nos separarmos? E se não conseguirmos engravidar? Outras pessoas catastrofizam a saúde. Cada dor e sintoma vago é um prenúncio de problemas graves. Dificuldade em lembrar um nome indica os estágios iniciais da doença de Alzheimer. Falta de ar ao correr para pegar o ônibus é um sinal certo de doença cardíaca. A fadiga crônica significa câncer.

Se você tende a ficar obcecado ou a exagerar as situações, se a ansiedade é um fator central em sua vida, sua primeira tarefa antes de continuar a leitura é escrever sobre o que mais lhe causa preocupação. Após ter uma visão nítida do que o aflige, você estará preparado para praticar a habilidade colocar em perspectiva.

No Capítulo 4, quando discutimos as conexões B–C, observamos que a ansiedade evoluiu a fim de nos preparar para uma ameaça iminente. Mas, ironicamente, há momentos em que a ansiedade faz exatamente o oposto. Quando acorda de madrugada, quando se vê obcecado por todos os possíveis eventos catastróficos, você se sente física, psicológica e emocionalmente pronto para agir? Não. Você se sente esgotado, com o corpo cansado e o pensamento distraído. Não está em condições de responder de forma resiliente a um problema ou contratempo. Ao mudar suas crenças sobre ameaças futuras, a habilidade colocar em perspectiva reduz a ansiedade a um nível controlável — um nível proporcional ao grau real de ameaça —, possibilitando que você se prepare melhor para as consequências mais prováveis de uma adversidade.

Assim como desafiar crenças, a habilidade colocar em perspectiva é projetada para nos orientar a um pensamento mais preciso. Porém, enquanto a habilidade desafiar crenças é aplicada às crenças do porquê (crenças sobre as *causas* da adversidade), colocar em perspectiva aborda as crenças do depois (crenças sobre as *implicações* da adversidade). Desafiar crenças é a habilidade que as pessoas preferem usar quando são atormentadas por tristeza, raiva ou culpa. Nossa avaliação do porquê de uma adversidade determinará uma dessas emoções específicas. Como de costume, os sentimentos dependem do tom de nosso estilo explicativo. Se concluirmos que uma falha pessoal causou o problema, sentiremos tristeza. Se acharmos que prejudicamos alguém, sentiremos culpa. No entanto, se percebermos que a adversidade foi provocada por outra pessoa, a emoção predominante será a raiva. Todas essas emoções decorrem das crenças sobre a causa do problema — crenças sobre algo que aconteceu no passado. Colocar em perspectiva é um processo paralelo a desafiar crenças, mas é projetado para mudar as crenças sobre o futuro.

Sem dúvida, há uma ligação entre o estilo explicativo e as crenças sobre o futuro — as crenças do depois. Pessoas com estilos explicativos "sempre, tudo" correm o risco de ter crenças do depois catastróficas. Se você tem um estilo "sempre", preverá que a causa do problema atual impactará sua vida futura. Se também tende a ter crenças do porquê que envolvem a dimensão "tudo", está não apenas dizendo a si mesmo que seus problemas permanecerão por bastante tempo, mas que eles afetarão tudo que você faz. Uma mulher que justifica o fim de um relacionamento com "Não conseguimos nos conectar" não está fazendo previsões negativas sobre seus relacionamentos futuros, apenas sobre esse. Mas, se ela acredita que o relacionamento fracassou porque "sou incapaz de me aproximar das pessoas", está prevendo um longo futuro de relacionamentos ruins.[1]

A habilidade colocar em perspectiva pode ser aplicada de várias maneiras — para aliviar a ansiedade e o receio de constrangimento; ensiná-lo a não acatar a primeira crença de ameaça futura como se fosse necessariamente verdade; ajudá-lo a conter seus piores medos; e aumentar substancialmente seu senso de otimismo em relação ao futuro. E, com seus medos sob controle, você estará livre para expandir e aproveitar as inúmeras oportunidades que surgirem em seu caminho.

Também trabalhamos com clientes que subestimam o risco futuro. Essas pessoas não sentem ansiedade extrema. Colocar em perspectiva as ajuda a identificar ameaças verdadeiras aos relacionamentos, à carreira e à saúde, pois substitui o otimismo irrealista por um otimismo genuíno. Seja para conter a ansiedade avassaladora ou para detectar uma ameaça real, essa habilidade lhe propiciará maior resiliência ao aprimorar a regulação emocional, o controle de impulsos e o otimismo realista.

Como o Pensamento Catastrófico Começa?

Para ilustrar as principais características do pensamento catastrófico, apresentaremos o estudo de caso de um treinamento que fizemos com um vendedor bem-sucedido que chamaremos de Larry. Ele era bastante resiliente e tinha ampla experiência, sendo um dos melhores funcionários da empresa.

Mas, certo dia, esqueceu de enviar o catálogo de produtos que havia prometido a um importante cliente em potencial. Ele só se lembrou às 3h30, quando acordou de sobressalto com a percepção de que havia cometido um grande erro. Para entender como Larry sucumbiu ao pensamento catastrófico, precisamos aplicar o ABC à adversidade.

ADVERSIDADE: Eu me esqueci de enviar o catálogo de produtos para um importante cliente em potencial.

A seguir, apresentamos a base de crenças instantâneas que Larry nos relatou. Observe como ele se concentra no que pode dar errado em seu futuro.

BASE DE CRENÇAS: Não consigo dormir e preciso levantar daqui a três horas. Tenho várias coisas para fazer hoje e estou me sentindo péssimo. Ah, droga, me esqueci de enviar o catálogo de produtos! Se eu não mandar até 17h, vou perder o cliente. Mas, se eu despender tempo nesse material, vou perder várias ligações de vendas. Se eu perder essas ligações, acabou. Preciso fazer essas ligações para gerar leads. Sem leads, sem vendas. Sem vendas, sem comissão. É a regra fundamental. Vou acabar sendo demitido. E depois? Eu só sei vender. Vou ter que me virar em outros empregos, mas o salário não será o mesmo e precisarei fazer alguns bicos para pagar a hipoteca. E eu poderia ser demitido de novo. E se perdermos a casa? Meu casamento será arruinado. Ela me deixaria? Como ela consegue dormir enquanto nossa vida está desmoronando?

Então Larry listou as consequências de suas crenças:

CONSEQUÊNCIA (EMOÇÃO): *Ansiedade intensa (10 em uma escala de 1 a 10).*
CONSEQUÊNCIA (COMPORTAMENTO): *Andei de um lado para o outro na sala de estar por algumas horas, acordei minha esposa, discuti com ela, saí para o trabalho e tive um dia improdutivo.*

Chegou a sua vez de praticar a habilidade Colocar em Perspectiva. Lembre-se da última vez em que se viu catastrofizando. Anote seus ABCs, assim como Larry fez. É essencial descrever a adversidade de forma objetiva, captar todas as crenças instantâneas de ameaça futura (que também podem ser chamadas de crenças do pior cenário) e identificar como você se sentiu, quão intensa foi a emoção e o que você fez.

Retomemos o exemplo de Larry. Suas crenças instantâneas podem parecer um pouco ridículas para um leitor objetivo, mas, naquele momento, às 3h30, Larry enxergou suas crenças de ameaça futura como certezas, e não como especulações. E havia algo mais. Ele visualizou a si mesmo e sua família ao lado de seus pertences na calçada, despejados por não pagarem a hipoteca. Era uma imagem forte, persistente e muito angustiante, que, junto com o ruído provocado pelas crenças instantâneas, o fez sair do quarto. Sua esposa, Elaine, acabou levantando para conferir como ele estava. Mas lembre-se dos pensamentos em relação à esposa — Larry estava frustrado por ela conseguir dormir "enquanto nossa vida está desmoronando". E assim, quando Elaine apareceu, bastante preocupada, o marido foi sarcástico e confrontador. Ele contou brevemente sobre o catálogo de produtos e revelou uma ou duas crenças catastróficas. Ela tentou tranquilizá-lo, dizendo que suas crenças eram infundadas e que ele estava exagerando. Mas isso só o deixou mais irritado — ela não contribuir para a solução era frustrante, mas negar o problema era enfurecedor. Eles discutiram até Elaine desistir e voltar para a cama. Quando começou a trabalhar, Larry estava exausto. Após organizar e enviar o catálogo de produtos, ele contatou o cliente para explicar o descuido e tentou passar despercebido pelo gerente de vendas o dia todo, pois sabia que seria repreendido. Às 15h, sob o pretexto de visitar um cliente, Larry foi para casa e cochilou até a hora do jantar. Sem dúvida, essas são consequências não resilientes. Larry poderia ter se controlado e lidado melhor com a ansiedade? Sim, ao colocar em perspectiva.

Para ilustrar os cinco passos dessa habilidade, usaremos o problema de Larry e a planilha a seguir. Em sua própria planilha, anote a adversidade na parte superior e acrescente as seguintes colunas: 1. Crenças do Pior Cenário; 2. Probabilidade; 3. Crenças do Melhor Cenário; 4. Resultados Mais Prováveis; e 5. Soluções. Use a planilha ao analisar a última vez que você sucumbiu às crenças catastróficas.

Passo 1. Anote a Cadeia de Crenças Instantâneas

Ao relembrar aquele momento, o primeiro passo é anotar suas crenças instantâneas de ameaça futura à medida que ocorriam, à medida que cada crença catastrófica se encadeava à seguinte. Lembre-se de que a adversidade de Larry é ter esquecido de enviar o catálogo de produtos. A partir dela, surgiram as crenças de ameaça futura — ou crenças do pior cenário —, que se concatenaram desta forma:

Adversidade = Eu me esqueci de enviar o catálogo de produtos para um importante cliente em potencial				
PASSO 1: Crenças do Pior Cenário	PASSO 2: Probabilidade	PASSO 3: Crenças do Melhor Cenário	PASSO 4: Resultados Mais Prováveis	PASSO 5: Soluções
Perderei tempo para ligações, então ▼ Não farei ligações de vendas, então ▼ Não gerarei leads, então ▼ Não fecharei vendas, então ▼ Não ganharei comissão, então ▼ Serei demitido, então ▼ Passarei por vários empregos, saindo de alguns por não ganhar o suficiente e sendo demitido de outros, então ▼ Não conseguirei pagar a hipoteca, então ▼ Meu casamento será arruinado, então ▼ Minha esposa me deixará, então ▼ Ficarei desabrigado, morando na rua				

A maioria de nós concorda que Larry está catastrofizando. Ou seja, reconhecemos que um atraso de um dia no envio do catálogo de produtos não significa que ele passará o resto da vida morando na rua. Podemos perceber que Larry transforma uma questão insignificante em um problema considerável. Porém, para ele, não parece uma catastrofização, mas, sim, um conjunto preciso de previsões futuras. E, embora nenhum de nós tenha caído nessa armadilha catastrófica específica, todos já vivenciamos momentos em que nossas crenças do pior cenário saíram do controle.

A cadeia de crenças de Larry ilustra três aspectos gerais notáveis da catastrofização. Primeiro, observe que todas as suas crenças são projeções para o futuro. Como esses eventos ainda não ocorreram, não é certo que acontecerão — assim, podemos estimar a probabilidade de cada elo da cadeia. Observe também que, progressivamente, Larry cria uma história, uma profecia. Cada elo sucessivo representa uma projeção mais longínqua. Nenhum elo pode acontecer sem que o anterior se concretize e, embora Larry não perceba, quanto mais tarde um elo surge, menor sua probabilidade.

Segundo, a transição de um elo para o outro é relativamente coerente. É fácil compreender a crença de que, se Larry não ganhar nenhuma comissão, será demitido. Todo mundo sabe que um vendedor ineficaz não é valioso para a empresa. Larry também acha, de forma muito lógica, que a demissão pode ocorrer novamente e, portanto, não parece exagero concluir que ele poderia passar por vários empregos. Se for o caso, é admissível a crença de que ele não conseguirá pagar a hipoteca. E qualquer pessoa sensata entenderia que dificuldades financeiras podem arruinar um casamento. Cada elo parece tão razoável e tão lógico que é fácil perceber como Larry foi atraído pela cadeia. Quando catastrofizamos, nenhum elo nos obriga a questionar a lógica, então não vemos motivo para duvidar de que a cadeia é plausível e verdadeira.

A natureza sedutora da cadeia catastrófica é agravada porque seus elementos *são* verdadeiros, não no sentido de que são altamente prováveis, mas que fluem logicamente um do outro. Partes da cadeia são pura lógica. Larry costuma vender pelo telefone. Se não fizer nenhuma ligação, não gerará leads. E, se não gerar leads, não fará vendas. Se não fizer nenhuma venda, não ganhará comissão. Essas afirmações são certezas — 100% factuais. Esses "fragmentos" de lógica fazem as pessoas aceitarem as outras partes da cadeia. Para piorar a situação, à medida que criamos cada elo, nossa ansiedade aumenta, e a ansiedade crescente torna ainda mais fácil acreditar na imagem catastrófica que está se formando. A natureza sedutora da cadeia, aliada à ansiedade crescente, é o motivo pelo qual as crenças catastróficas parecem tão reais.

Obviamente, há falhas lógicas ao longo da cadeia. Será que Larry não conseguiria fazer nenhuma ligação se passasse algumas horas organizando o catálogo de produtos? Sim, ele conseguiria, a menos que criasse uma profecia autorrealizável — desistir de fazer qualquer ligação porque considera a impossibilidade um fato consumado. É mais provável que Larry perca *certo* tempo para ligações — na verdade, ele perderá o tempo necessário para organizar e enviar o catálogo de produtos. Uma falha lógica, um erro de pensamento provocado pela ansiedade, acarreta a crença de ameaça futura, levando Larry a acreditar que não conseguirá fazer *nenhuma* ligação. (Pedimos que ele relembrasse o momento em que andou de um lado para o outro na sala de estar e nos dissesse qual foi a probabilidade estimada de acabar em uma situação desastrosa. A seu ver, cerca de 60%!) Assim como qualquer pessoa que tende a imaginar o pior cenário, Larry precisa de uma ferramenta que o ajude a avaliar as probabilidades reais de seus piores medos.

Passo 2. Estime as Probabilidades do Pior Cenário

O segredo para acabar com a catastrofização é se libertar da cadeia de crenças de ameaça futura. E a melhor maneira de fazer isso é destacar os fatos. A única coisa que Larry pode considerar uma certeza é que ele esqueceu de enviar o catálogo de produtos. O resto é especulação e suposição. Então, vamos usar esse fato para estimar a probabilidade dos eventos na cadeia de Larry. Qual é a probabilidade de ele perder tempo para ligações ao organizar o catálogo de produtos? A maioria de nós diria que é muito alta. Se ele trabalhar nove horas por dia e se dedicar a esse material, *perderá* parte do tempo para ligações — uma probabilidade que gira em torno de 75%. Qual é a probabilidade de ele não fazer *nenhuma* ligação por ter que organizar o catálogo de produtos? A maioria das pessoas concluiria que o risco é ínfimo, a menos que o pensamento negativo e a ansiedade acarretem esse resultado por meio de uma profecia autorrealizável. A probabilidade de não fazer nenhuma ligação naquele dia é uma em mil. Mas isso não é tudo. Ele também previu que ganhará uma comissão tão insignificante que será demitido. Isso realmente poderia acontecer depois de apenas um dia sem fazer chamadas? Seriam necessárias semanas sem ligações, sem leads e sem vendas. Portanto, uma questão mais pertinente é: qual a probabilidade de ele nunca mais fazer nenhuma ligação? Absurdamente baixa. Alguns afirmam que essa chance não existe; outros concluem que até poderia acontecer, mas é muito improvável. Em nossos treinamentos, a maioria das pessoas estima que a probabilidade é uma em 1 milhão.

Se a probabilidade de nunca mais fazer ligações é uma em um milhão, então a chance de passar por vários empregos é ainda menor. Afinal, os eventos que aparecem posteriormente na cadeia catastrófica são muito menos prováveis. Larry estimou a probabilidade de cada elo, apresentada na planilha a seguir.

Pode parecer que Larry está sendo Poliana em relação a suas estimativas. Afinal, em primeiros casamentos, a taxa de divórcio não é 50%? Porém a tarefa de Larry não é estimar as médias nacionais para cada um dos eventos em sua cadeia, mas, sim, as chances reais de ameaça futura com base na adversidade que o acometeu. A questão relevante é: qual a probabilidade de Larry e a esposa se divorciarem *porque* ele se esqueceu de enviar o catálogo de produtos? Agora, estime a probabilidade dos eventos em sua própria cadeia — pergunte-se quais são as chances de cada um deles acontecer *em decorrência* de sua adversidade.

Retomemos o exemplo de Larry. A probabilidade de ele passar por vários empregos porque esqueceu de enviar o catálogo de produtos é uma em um milhão, e a de ficar desabrigado pelo mesmo motivo é uma em dez milhões. Por que alguém gastaria tempo e energia em hipóteses tão remotas? De fato, esse não é um uso resiliente dos recursos emocionais. A catastrofização de Larry o faz desperdiçar energia preocupando-se com resultados bastante improváveis, o que o deixa exposto às ameaças reais que provavelmente decorrerão da adversidade — ameaças reais que abordaremos no Passo 4. Quanto mais tempo ele desperdiça ruminando o suposto desemprego, menos tempo despende em descobrir a maneira mais rápida de organizar o catálogo de produtos e ainda fazer as ligações. Por essa razão, é essencial definir os eventos *mais* prováveis e, assim, adotar medidas para se preparar.

Adversidade = Eu me esqueci de enviar o catálogo de produtos para um importante cliente em potencial				
PASSO 1: Crenças do Pior Cenário	**PASSO 2: Probabilidade**	**PASSO 3: Crenças do Melhor Cenário**	**PASSO 4: Resultados Mais Prováveis**	**PASSO 5: Soluções**
Perderei tempo para ligações, então ▼	75%			
Não farei ligações de vendas, então ▼	1 em 1 milhão			
Não gerarei leads, então ▼	1 em 1 milhão			
Não fecharei vendas, então ▼	1 em 1 milhão			
Não ganharei comissão, então ▼	1 em 1 milhão			
Serei demitido, então ▼	1 em 1 milhão			
Passarei por vários empregos, saindo de alguns por não ganhar o suficiente e sendo demitido de outros, então ▼	1 em 2 milhões			
Não conseguirei pagar a hipoteca, então ▼	1 em 3 milhões			
Meu casamento será arruinado, então ▼	1 em 3 milhões			
Minha esposa me deixará, então ▼	1 em 5 milhões			
Ficarei desabrigado, morando na rua	1 em 10 milhões			

Passo 3. Crie Alternativas do Melhor Cenário

Larry percebeu que a probabilidade dos resultados desastrosos não era 60%, como ele havia estimado inicialmente, mas uma em milhões. Essa percepção deveria ser suficiente para colocá-lo de volta aos trilhos e capacitá-lo para identificar as implicações mais prováveis. Infelizmente, nossa experiência sugere que é necessário mais do que isso. E, assim como incentivar alguém a pensar fora da caixa ou ser criativo não é o bastante, apenas dizer para a pessoa ser realista também não é uma estratégia útil. Então, o que é preciso para sair de uma espiral de ameaças futuras? Criar o melhor cenário.

Conceber o melhor cenário com probabilidades igualmente baixas acarreta dois benefícios. Primeiro, o afasta do pensamento do pior cenário. Ao passar dois ou três minutos elaborando uma fantasia absurda e inusitada, você consegue se concentrar nas prováveis implicações, pois desligou a parte catastrófica do seu cérebro. Segundo, a história do melhor cenário o faz rir. E não há nada como um pouco de humor para diminuir a ansiedade e deixá-lo em melhores condições para lidar com os problemas reais. Na verdade, se você não rir do seu melhor cenário, provavelmente não é absurdo o bastante, então continue até que surja um sorriso.

O Melhor Cenário de Larry

Larry criou um melhor cenário muito criativo. (Esse exercício foi feito em um treinamento que antecedeu a queda das ações de tecnologia em 2000.)

O melhor cenário de Larry é divertido, mas você provavelmente concordaria que seria uma perda de tempo canalizar recursos significativos para torná-lo realidade. Assim como não seria resiliente para Larry vagar pelas ruas à procura de abrigo, também não seria resiliente despender tempo projetando um logotipo para sua startup. A resiliência reside na identificação e na resolução dos problemas mais prováveis, e os últimos passos de colocar em perspectiva foram projetados para esse fim.

Adversidade = Eu me esqueci de enviar o catálogo de produtos para um importante cliente em potencial				
PASSO 1: Crenças do Pior Cenário	**PASSO 2: Probabilidade**	**PASSO 3: Crenças do Melhor Cenário**	**PASSO 4: Resultados Mais Prováveis**	**PASSO 5: Soluções**
Perderei tempo para ligações, então ▼	75%	Serei demitido, então ▼		
Não farei ligações de vendas, então ▼	1 em 1 milhão	Pegarei minha rescisão e irei para o Vale do Silício, então ▼		
Não gerarei leads, então ▼	1 em 1 milhão	Fundarei uma startup destinada a ajudar as pessoas com catálogos de produtos para que ninguém passe pelo mesmo tormento que passei — minha empresa se chamará catalogo deprodutos.com, então ▼		
Não fecharei vendas, então ▼	1 em 1 milhão			
Não ganharei comissão, então ▼	1 em 1 milhão			
Serei demitido, então ▼	1 em 1 milhão			
Passarei por vários empregos, saindo de alguns por não ganhar o suficiente e sendo demitido de outros, então ▼	1 em 2 milhões	Farei o IPO da empresa, então ▼ Eu me tornarei um multimilionário ▼		
Não conseguirei pagar a hipoteca, então ▼	1 em 3 milhões			
Meu casamento será arruinado, então ▼	1 em 3 milhões			
Minha esposa me deixará, então ▼	1 em 5 milhões			
Ficarei desabrigado, morando na rua	1 em 10 milhões			

Passo 4. Identifique as Implicações Mais Prováveis

Ao definir o pior e o melhor cenário, foi fácil para Larry identificar os resultados mais prováveis. É importante lembrar que tudo começou com uma adversidade, um evento negativo. Portanto, é razoável esperar que as implicações mais prováveis sejam negativas. Não queremos que ninguém amenize os problemas que incomodam.

Larry aprendeu a habilidade colocar em perspectiva cerca de uma semana após ter se esquecido de enviar o catálogo de produtos — tarde demais para corrigir essa adversidade. Mas vamos voltar no tempo e dar outra chance a Larry. Retornemos ao quarto, às 3h30, para ver como ele poderia ter lidado com a ansiedade. Se já soubesse como colocar em perspectiva, poderia ter chegado à seguinte conclusão: "Estou ciente de que nenhuma dessas catástrofes imaginadas acontecerá. Infelizmente, se esquecer de enviar o catálogo de produtos não me trará uma promoção. Mas ser demitido por um pequeno erro é tão provável quanto conseguir um IPO significativo. Esqueci de enviar o catálogo de produtos. Grande coisa. Acho que demorarei uma ou duas horas para organizá-lo. Perderei certo tempo para ligações, mas tudo bem. Conseguirei fazer algumas ligações e ainda tenho os próximos dias. O cliente ficou esperando o catálogo, mas aposto que não era urgente. O verdadeiro problema será explicar o equívoco ao meu chefe. Ele ficará furioso quando descobrir." Os resultados mais prováveis de Larry foram inseridos na planilha a seguir. Faça o mesmo para sua adversidade, agora que você definiu o pior e o melhor cenário.

Após listar os resultados mais prováveis de seu erro, Larry percebeu que tinha apenas dois problemas — conseguir organizar o catálogo de produtos, mantendo o tempo para ligações, e lidar com a irritação do chefe. Agora que sabe quais são os problemas, ele pode começar a resolvê-los.

Adversidade = Eu me esqueci de enviar o catálogo de produtos para um importante cliente em potencial				
PASSO 1: Crenças do Pior Cenário	**PASSO 2: Probabilidade**	**PASSO 3: Crenças do Melhor Cenário**	**PASSO 4: Resultados Mais Prováveis**	**PASSO 5: Soluções**
Perderei tempo para ligações, então ▼	75%	Serei demitido, então ▼	Precisarei organizar o catálogo de produtos	
Não farei ligações de vendas, então ▼	1 em 1 milhão	Pegarei minha rescisão e irei para o Vale do Silício, então ▼	Demorarei uma ou duas horas, perdendo esse tempo para ligações	
Não gerarei leads, então ▼	1 em 1 milhão	Fundarei uma startup destinada a ajudar as pessoas com catálogos de produtos para que ninguém passe pelo mesmo tormento que passei — minha empresa se chamará catalogo deprodutos.com, então ▼	Meu chefe ficará insatisfeito ao descobrir o equívoco e me dará uma bronca	
Não fecharei vendas, então ▼	1 em 1 milhão	Farei o IPO da empresa, então ▼		
Não ganharei comissão, então ▼	1 em 1 milhão	Eu me tornarei um multimilionário ▼		
Serei demitido, então ▼	1 em 1 milhão			
Passarei por vários empregos, saindo de alguns por não ganhar o suficiente e sendo demitido de outros, então ▼	1 em 2 milhões			
Não conseguirei pagar a hipoteca, então ▼	1 em 3 milhões			
Meu casamento será arruinado, então ▼	1 em 3 milhões			
Minha esposa me deixará, então ▼	1 em 5 milhões			
Ficarei desabrigado, morando na rua	1 em 10 milhões			

Passo 5. Resolva os Problemas Mais Prováveis

Agora que aprendeu a Colocar em Perspectiva, Larry será capaz de evitar futuros episódios de catastrofização, comuns a pessoas com um estilo de ameaça futura. Se, naquele momento, às 3h30, ele já soubesse aplicar a habilidade para identificar os resultados mais prováveis de seu equívoco, Larry agiria de forma muito diferente. Ele escreveu suas estratégias de solução na planilha a seguir, e pedimos que você faça o mesmo — pense em duas ou três maneiras pelas quais poderia ter resolvido os verdadeiros problemas decorrentes de sua adversidade.

Nas palavras de Larry: "Eu reagi aos meus piores medos. Se tivesse me concentrado no resultado mais provável, a solução seria tão óbvia para mim quanto foi para vocês. Eu pensaria: 'Já que estou acordado, por que não ir trabalhar mais cedo para organizar e enviar o catálogo de produtos?' Eu terminaria às 8h30 e teria o tempo de sempre para fazer as ligações. Eu contataria o cliente e talvez até me ofereceria para levar o material até ele. Ao encontrá-lo pessoalmente, eu poderia ganhar credibilidade e aumentar as chances de fechar a venda. E sabe outra coisa que eu faria diferente se tivesse essa habilidade? Em vez de evitar meu chefe, eu entraria em seu escritório e contaria a ele o que aconteceu: 'Jim, cometi um erro. Esqueci de enviar o catálogo ontem. Mas já consertei a situação.' Sei que faria toda diferença." Esse é o exemplo de uma ótima resolução de problemas, pois reflete as ações de uma pessoa resiliente.

"Morreram em um Acidente de Carro": Catastrofizando Sem a Cadeia

A maioria dos preocupados crônicos catastrofiza em uma cadeia semelhante à de Larry. No entanto, nos deparamos com muitas pessoas propensas à ansiedade que têm um processo de catastrofização diferente. Conhecemos Sandra em um treinamento de certificação de professores para o nosso Programa de Resiliência Infantil. Enquanto ensinávamos a habilidade colocar em perspectiva, descrevemos a natureza da cadeia catastrófica e desafiamos cada um a se lembrar de um momento em que se viu sob seu domínio. Todos conseguiram, exceto Sandra. Ela estava bastante familiarizada com a catastrofização e imediatamente se identificou como uma pessoa sempre atenta a ameaças futuras. Sandra descreveu uma ocasião em que o marido e o filho adolescente viajaram 130km para ver a banda U2 tocar na Filadélfia.

Adversidade = Eu me esqueci de enviar o catálogo de produtos para um importante cliente em potencial

PASSO 1: Crenças do Pior Cenário	PASSO 2: Probabilidade	PASSO 3: Crenças do Melhor Cenário	PASSO 4: Resultados Mais Prováveis	PASSO 5: Soluções
Perderei tempo para ligações, então ▼	75%	Serei demitido, então ▼ Pegarei minha rescisão e irei para o Vale do Silício, então ▼ Fundarei uma startup destinada a ajudar as pessoas com catálogos de produtos para que ninguém passe pelo mesmo tormento que passei — minha empresa se chamará catalogo-deprodutos.com, então ▼ Farei o IPO da empresa, então ▼ Eu me tornarei um multimilionário ▼	Precisarei organizar o catálogo de produtos Demorarei uma ou duas horas, perdendo esse tempo para ligações Meu chefe ficará insatisfeito ao descobrir o equívoco e me dará uma bronca	Chegarei mais cedo ao trabalho, organizarei o catálogo de produtos e o enviarei antes do horário previsto para ligações Contatarei o cliente e o informarei do atraso. Aumentarei as chances de venda ao me oferecer para encontrá-lo pessoalmente Contarei o equívoco ao meu chefe e explicarei como consertei a situação
Não farei ligações de vendas, então ▼	1 em 1 milhão			
Não gerarei leads, então ▼	1 em 1 milhão			
Não fecharei vendas, então ▼	1 em 1 milhão			
Não ganharei comissão, então ▼	1 em 1 milhão			
Serei demitido, então ▼	1 em 1 milhão			
Passarei por vários empregos, saindo de alguns por não ganhar o suficiente e sendo demitido de outros, então ▼	1 em 2 milhões			
Não conseguirei pagar a hipoteca, então ▼	1 em 3 milhões			
Meu casamento será arruinado, então ▼	1 em 3 milhões			
Minha esposa me deixará, então ▼	1 em 5 milhões			
Ficarei desabrigado, morando na rua	1 em 10 milhões			

Preocupada, ela se certificou de saber todo o itinerário — a que horas o show terminaria e em quanto tempo eles deveriam chegar em casa. Sua ansiedade começou a aumentar quando eles se atrasaram trinta minutos, mas, após uma hora de atraso, ela ficou aterrorizada e em pânico, presumindo que haviam morrido em um acidente de carro. Ela andava de um lado para o outro em sua sala, e nada poderia convencê-la de que o filho e o marido estavam sãos e salvos. Quando fez o ABC (o prelúdio de todas as outras habilidades de resiliência), Sandra descreveu o seguinte:

ADVERSIDADE: Meu marido e meu filho estão uma hora atrasados.
BASE DE CRENÇAS: Eles morreram em um acidente de carro e ninguém me contatou ainda porque houve um incêndio terrível e as autoridades não conseguiram identificar os corpos.
CONSEQUÊNCIA (EMOÇÃO): Terror e pânico.
CONSEQUÊNCIA (COMPORTAMENTO): Andei de um lado para o outro; liguei a TV para verificar se houve algum acidente de carro; telefonei para os hospitais e perguntei sobre as internações recentes.

Em seus pensamentos, Sandra havia chegado a uma conclusão catastrófica, mas você notará que o restante da cadeia, os eventos anteriores à catástrofe, não existe. Nós a pressionamos um pouco mais para encontrar outros elos. Nada. Nesse tipo de adversidade, que envolvia crenças de ameaça futura sobre a segurança da família, Sandra conhecia apenas dois "estados de espírito": tranquilidade absoluta e ansiedade extrema.

Observe como sua crença catastrófica é "engenhosamente" projetada para bloquear qualquer evidência contrária. Um observador objetivo lembraria Sandra de que o marido e o filho tinham levado os documentos de identidade e, ainda assim, as autoridades não haviam entrado em contato com ela, então provavelmente estavam seguros. Mas o radar de ameaças futuras de Sandra era forte o suficiente para invalidar esse detalhe tranquilizador, adicionando o componente "incêndio" e, assim, garantindo que a crença catastrófica permanecesse incontestada.

Em casos sem a cadeia, como o de Sandra, é preciso modificar o processo pior/melhor/mais provável. Pedir que Sandra avalie a probabilidade de seus entes queridos estarem mortos em decorrência de um simples atraso só acarretará uma estimativa falsamente alta. Esta é a própria natureza da catastrofização — exacerbamos as probabilidades de implicações terríveis. Quando as crenças surgem em uma cadeia, conseguimos eliminar essas falsas probabilidades, forçando-nos a estimar a chance real de cada elo em relação à adversidade conhecida. Ao determinar probabilidades mais precisas, elo por elo, somos capazes de contornar a espiral de ameaças futuras. Mas, se não há cadeia, como Sandra poderia aplicar a habilidade colocar em perspectiva?

Em vez de fazê-la avaliar a probabilidade de um desastre, incentivamos Sandra a imaginar o melhor resultado possível. Em suas palavras: "Eles se divertiram muito, e Bono, o vocalista do U2, ficou comovido ao ver pai e filho curtindo o seu show, então os levou ao camarim. Eles conversaram com a banda por algumas horas. Essa experiência enriquecedora os aproximou ainda mais um do outro, e eles foram convidados para fazer uma turnê com a banda. Eles me ligaram da estrada e me disseram para encontrá-los no aeroporto. Fomos à Riviera assistir a outro show do U2. Eu subi no palco para cantar com Bono, e o público gostou tanto que imediatamente assinei um contrato multimilionário com a Sony." Parece impossível? Sandra achava o mesmo. Mas, com o melhor cenário, sua preocupação foi substituída pelas risadas, e ela foi capaz de enxergar as circunstâncias de forma mais realista.

No fim das contas, o filho e o marido de Sandra não conheceram o U2. Na verdade, o trânsito estava caótico após o show, e eles decidiram comer alguma coisa até que melhorasse. Isso os atrasou por algumas horas, mas eles acabaram chegando em casa sãos e salvos.

Otimismo Irrealista — Crenças de Implicação Excessivamente Positivas

Até agora, aplicamos a habilidade colocar em perspectiva para ajudar pessoas que se preocupam exageradamente. No entanto, ela também é aplicável a pessoas que fazem o oposto — encaram a vida com um senso irreal de otimismo, uma atitude tão nociva quanto a catastrofização. Se você quase nunca fica ansioso; se passa a vida acreditando que *tudo*, *sempre* dará certo; se tem problemas financeiros por investir em esquemas arriscados; ou se abdica de uma alimentação saudável e de uma rotina de exercícios por achar que sua saúde futura não será afetada, esta seção pode ser útil.

A Natureza das Ilusões Positivas

Muitas pessoas subestimam o risco. Quando questionados sobre as chances de desenvolver doenças pulmonares, incluindo câncer, os fumantes estimam uma probabilidade bem abaixo da indicada pelas médias nacionais.

Aqueles que praticam sexo inseguro ou compartilham seringas acham que suas chances de contrair HIV são menores do que o risco médio real. Essas pessoas são irrealisticamente otimistas — não conseguem sequer perceber que há um problema a ser resolvido, muito menos que deveriam começar a resolvê-lo.[2]

Wendy Middleton, Peter Harris e Mark Surman, três psicólogos britânicos, decidiram transferir sua pesquisa sobre o otimismo irrealista do laboratório para o mundo real. Eles identificaram uma situação de ameaça que atendia a todos os critérios para uma investigação completa do viés otimista — um evento autêntico, inédito e potencialmente fatal: o bungee jumping.

O UK Bungee Club estima que, até 1996, quando o estudo foi realizado, cerca de 100 mil britânicos haviam experimentado esse esporte cada vez mais popular. Uma das limitações de pesquisas anteriores é não conseguir comprovar o otimismo infundado da pessoa entrevistada sobre o risco. Por exemplo, a pessoa pode não apresentar uma predisposição genética a doenças cardíacas e pulmonares, apesar do hábito de fumar um maço por dia. Motoristas experientes correm riscos consideravelmente menores no trânsito. Da mesma forma, em algumas atividades perigosas, como escalada e paraquedismo, certas pessoas podem ter habilidades naturais — excelente coordenação motora ou maior força nas pernas e nos braços —, o que as faz correr um risco menor do que um indivíduo comum. No entanto, ao contrário da escalada e do paraquedismo, o bungee jumping não requer nenhuma competência, exceto a assinatura do termo de responsabilidade. A maneira como a pessoa salta da plataforma não afeta o nível de risco. A lesão, se e quando ocorrer, é sempre causada pela falha do equipamento.

Middleton, Harris e Surman entrevistaram pessoas que estavam prestes a saltar de bungee jump pela primeira vez, bem como seus familiares e amigos que foram assistir. Os entrevistados avaliaram a probabilidade de lesão durante o salto, tanto para o novato em questão quanto para um saltador habitual. Os resultados foram reveladores. Os espectadores estimaram o mesmo risco para ambos, mas as pessoas que estavam prestes a pular acreditavam correr um risco significativamente *menor* do que um saltador habitual. O otimismo irrealista acompanhava a disposição de assumir o risco.[3]

É evidente que, como subestima o risco, o otimismo irrealista pode acarretar comportamentos potencialmente prejudiciais. Então, por que muitos insistem em ver tudo cor-de-rosa? A resposta reside nas crenças. Todos temos crenças sobre nós mesmos, sobre nossos pontos fortes e talentos, sobre nossos pontos fracos e vulnerabilidades. Também temos crenças sobre por que as pessoas sofrem acidentes de carro, têm colesterol alto, desenvolvem câncer de pulmão ou se machucam ao saltar de bungee jumping. O problema é que os otimistas irrealistas acreditam que não têm certas vulnerabilidades, como os genes do "câncer", ou acham que seus pontos fortes são excepcionais, como sua destreza ao volante. Eles se distinguem da típica "vítima" e, assim, não conseguem perceber que, em muitos casos, também correm um risco genuíno.

Os pesquisadores de ilusões positivas notaram um certo egocentrismo no otimismo irrealista. Sabe aquelas pessoas que parecem extremamente arrogantes, mas que, na verdade, são muito inseguras? O egocentrismo do otimista irrealista também costuma ser superficial. Alguns pesquisadores acreditam que, nessas pessoas, as ilusões positivas servem para proteger a autoestima frágil diante de uma ameaça. Elas não apenas se acham imunes ao risco, mas, quando a adversidade acomete os outros, tendem a culpar a vítima: "Essa pessoa poderia ter evitado o problema. *Eu* evitaria." Desse modo, elas aliviam a ansiedade e obtêm uma sensação de autoeficácia. Mas acabam encontrando conforto em uma falsa tranquilidade, uma falsa sensação de domínio e uma crença equivocada e imprecisa.

Aplicando a Habilidade Colocar em Perspectiva ao Otimismo Irrealista

Se você é um otimista irrealista, também pode usar essa habilidade, mas no sentido inverso. Você não precisa pensar nos resultados mais catastróficos, basta elaborar uma lista de possíveis implicações negativas da adversidade. Como sempre, o segredo é a flexibilidade e a precisão. Seja flexível o suficiente para se libertar do seu estilo excessivamente otimista, adquirindo a capacidade de identificar possíveis problemas e se planejar para resolvê-los.

Conclusão

Você aprendeu cinco habilidades que o ajudarão a aumentar sua resiliência. Em seguida, o ensinaremos a acalmar e focar quando suas emoções o afetarem, explicando como usar as habilidades de resiliência no calor do momento, sem necessitar de uma planilha.

CAPÍTULO 9

Habilidades Rápidas: Acalmar e Focar e Resiliência em Tempo Real

Quando Você Precisa de Celeridade

As habilidades desafiar crenças e colocar em perspectiva podem ser aplicadas na maioria das situações, mas não são as mais eficazes quando as emoções intensas o impedem de pensar direito, quando não há quinze minutos para processar um acontecimento ou quando é necessária uma maneira simples, mas eficiente, de obter calma em meio ao caos. Nessas circunstâncias, você precisa de algo rápido. Neste capítulo, ensinaremos duas habilidades rápidas para mudar ações ou emoções não resilientes assim que elas surgem. A Habilidade 6 — acalmar e focar — é uma ferramenta poderosa que o ajuda a amenizar as emoções fora de controle, a se concentrar diante de pensamentos intrusivos e a reduzir o estresse. A Habilidade 7 — resiliência em tempo real — utiliza os elementos essenciais de desafiar crenças e colocar em perspectiva para combater crenças contraproducentes à medida que elas ocorrem.

Essas duas habilidades rápidas podem ser aplicadas isoladamente, mas costumam ser usadas em conjunto. Às vezes, as pessoas constatam que, ao amenizar as emoções e elucidar os pensamentos, conseguem avançar em determinada situação — nesse caso, acalmar e focar é suficiente. Mais tarde, quando houver tempo para refletir, elas podem analisar a adversidade e as crenças decorrentes com uma das habilidades mais aprofundadas. Em outros momentos, as pessoas são capazes de desafiar crenças usando a resiliência em tempo real. E há circunstâncias em que as emoções são tão intensas que é preciso acalmar e focar para aliviar a tensão antes de usar a resiliência em tempo real. Ambas as habilidades são importantes para a resiliência, e destacaremos as situações em que cada uma é mais adequada.

Pessoas que Precisam das Habilidades Rápidas

Todo mundo sempre diz a Warren para desacelerar. Do momento em que acorda até o momento em que dorme, ele age como se estivesse em uma "corrida contra o relógio". Toma o café enquanto se barbeia. Come enquanto dirige. Trabalha por várias horas no escritório e, depois que a família já está dormindo, continua suas atividades em casa, até bem depois da meia-noite. Warren dorme no máximo cinco horas por noite. Ele costumava apreciar o ritmo frenético e achava plausível o ditado "Quando precisar de algo, peça a alguém ocupado", mas o estresse tem se mostrado um problema. Ele tem ficado doente com mais frequência no último ano do que nos cinco anos anteriores. E, mesmo quando não está doente, seu corpo dá sinais de exaustão. Warren, antes otimista, se tornou mal-humorado. Ele reclama do estresse excessivo, mas não sabe o que fazer a respeito.

Então, há Jeremy — o "esquentado". Suas emoções vão de zero a cem mais rápido do que a maioria dos carros esportivos. Os colegas reclamam de sua imprevisibilidade. A esposa e os filhos ficam apreensivos sempre que ele está por perto, com medo de fazer algo que o deixe irritado. Ele é hostil e agressivo em situações que a maioria de nós consideraria banais — não encontrar uma vaga de estacionamento, ser interrompido por um dos filhos, não achar o filme a que deseja assistir. Quando não está furioso, Jeremy consegue perceber sua reação exagerada, mas é incapaz de retomar o controle. A única coisa que sabe fazer é esperar até que suas emoções passem.

O problema de Katherine é o diálogo interno excessivo — ela se preocupa demais. Como gerente de contas em uma agência de publicidade, Katherine tem responsabilidades diversas. Ela precisa ser uma ouvinte atenta e uma falante persuasiva. Muitas vezes, no entanto, é difícil ignorar o monólogo interno. Durante uma apresentação importante, ela pensa: "Será que conseguirei convencê-los de que somos a agência certa? Estou sendo firme o bastante? Minhas respostas foram objetivas? Meu discurso foi adequado?" Depois, ela rumina: "Eu sei que poderia ter me expressado melhor. Estraguei tudo. Por que nunca consigo me recompor?" Toda essa insegurança faz com que Katherine se desoriente, e ela não sabe como recuperar o foco.

Com Qual História Você Mais Se Identificou?

Esses três problemas — perder a calma, perder a cabeça e perder o foco — drenam as reservas de resiliência. Eles fazem com que você perca um tempo valioso no trabalho, prejudicam relacionamentos e podem até mesmo deixá-lo doente. Considere o estresse em sua vida. Você se identificou com a história de Warren? Notou novas dores, mas não teve tempo de ir ao médico? Sua concentração e memória estão piores do que o normal? Você tem dificuldade para dormir? Esses são sinais de estresse. Se você não aprender a reduzi-los, pode desenvolver sérios problemas de saúde. Neste capítulo, o ensinaremos a minimizar o estresse para que ele não afete sua resiliência.

E quanto à história de Jeremy? Ela pareceu familiar? Pense nas últimas semanas. Houve situações em que você perdeu a paciência ou se sentiu consumido pelo medo? Sua família age com cautela quando você está por perto? As pessoas lhe dizem que você precisa "se controlar"? Após o calor do momento, você enxerga as circunstâncias de maneira diferente e capta informações críticas que foram ofuscadas pelo turbilhão de emoções? Se a resposta for sim, você pode ter vivenciado o sequestro da amígdala, descrito no Capítulo 4, ou pode ter reagido a icebergs de violação de direitos. Em ambos os casos, o ensinaremos a retomar o controle e amenizar as emoções para que seu pensamento se torne mais racional.

Talvez você não se lembre de um momento em que suas emoções se descontrolaram. Mas consegue pensar em uma situação em que se sentiu disperso e teve dificuldade em se concentrar em determinada tarefa? Suas crenças instantâneas costumam manifestar uma preocupação excessiva, assim como as de Katherine? Você sucumbe à ruminação — revive cada experiência, remói cada detalhe —, sem nunca encontrar uma solução para o problema? Você se preocupa demais com seu trabalho, sua saúde ou seus relacionamentos? Pensamentos "aleatórios" — não relacionados à tarefa em questão — fazem com que você se sinta ansioso, perca a linha de raciocínio ou confunda ideias simples? Seus pensamentos o levam à procrastinação? Às vezes, nossas crenças instantâneas provocam ansiedade extrema e dificultam a apreciação do presente. Nós o ensinaremos a reorientar os pensamentos para que você recupere o foco.

Vamos começar analisando os efeitos do estresse na resiliência.

Estresse

Quanto mais praticar a habilidade acalmar e focar e quanto mais aumentar sua resiliência em tempo real, mais resistente ao estresse você se tornará. E isso é importante porque o estresse é uma séria ameaça à saúde emocional e física. Independentemente do trabalho, do número de filhos ou da idade, uma coisa é certa: você experimenta estresse. Na verdade, se depara com o estresse diariamente — é uma parte inevitável da vida. E tudo bem, porque certo estresse é benéfico; ele nos estimula e nos motiva a encarar os desafios. Uma consequência do estresse é a ansiedade, e a ansiedade em doses administráveis é um excelente motivador. Você se prepararia bem para uma reunião importante se não se sentisse um pouco ansioso? Dedicaria-se a melhorar em determinado esporte se não estivesse ansioso para ganhar? O estresse só se torna um problema quando sai do controle e nos sobrecarrega.

Como anda sua saúde ultimamente? Quando alguém do escritório fica doente, você tem certeza de que também ficará? Bem, de acordo com as pesquisas, isso pode estar relacionado ao estresse excessivo. Em um estudo, os pesquisadores verificaram se o estresse desempenha um papel na suscetibilidade ao resfriado comum. Eles pediram que cerca de quatrocentas pessoas saudáveis preenchessem uma série de questionários para avaliar o nível de estresse enfrentado. Em seguida, cada pessoa recebeu gotas nasais com uma dose infecciosa de um dos cinco vírus respiratórios comuns. Nos sete dias seguintes, os participantes foram colocados em quarentena para que os pesquisadores avaliassem quaisquer sintomas da doença (incluindo a quantidade de lenços que cada pessoa usava). O estudo mostrou que as pessoas com maiores níveis de estresse eram quase duas vezes mais propensas a contrair um resfriado do que aquelas com níveis mais baixos de estresse.[1]

Os resfriados são desagradáveis, mas não são potencialmente fatais. A doença arterial coronariana, por sua vez, é. A comunidade médica está reconhecendo cada vez mais a ligação entre o estresse e os distúrbios cardiovasculares. Em pessoas com doença arterial coronariana, o estresse agudo desencadeia a diminuição do fluxo sanguíneo para o coração, uma condição conhecida como isquemia miocárdica. De fato, o estresse é um preditor tão forte de isquemia quanto a atividade física intensa.[2] Além disso, a depressão clínica (muitas vezes uma consequência do estresse crônico) piora o prognóstico de pacientes com doença arterial coronariana. Em resumo, os pacientes com doença arterial coronariana que também estão depressivos morrem mais cedo do que aqueles que não têm depressão.[3]

Por que o estresse nos torna mais suscetíveis a doenças? Quando você está estressado, é provável que pense de forma imprecisa. Você pode achar que comportamentos saudáveis são inúteis — de que adianta mudar a dieta se seu pai e seu avô morreram de ataque cardíaco aos 50 anos? Esse é um bom exemplo de um B acarretando um C não resiliente. As pesquisas também demonstram que, quando as pessoas estão estressadas, a atividade de suas células assassinas naturais (que fornecem defesa contra células infectadas por vírus e células cancerígenas) é enfraquecida. Em outras palavras, o estresse compromete o sistema imunológico, e um sistema imunológico comprometido significa doenças mais frequentes.[4]

Então, o que causa o estresse? É importante distinguir *estresse* de *estressores*. O estresse é o que acontece com o corpo e a mente quando expostos a situações estressantes. Dores no corpo, fadiga, funcionamento imunológico comprometido, depressão e ansiedade são um subconjunto dos sintomas de estresse crônico. Os estressores, por sua vez, são os eventos ou as situações que provocam o estresse nas pessoas. Os estressores podem variar de leves (esquecer de pegar a roupa na lavanderia, perder o ônibus, derramar café no terno novo) a extremos (a morte de um ente querido, um desastre natural, ser vítima de violência). Os estressores geralmente são eventos externos, situações que nos acometem. Mas também podem ser "eventos" internos, como sentir raiva, pensar de forma pessimista ou sofrer de ansiedade persistente. Talvez você se surpreenda ao saber que os estressores podem ser eventos positivos. Como qualquer pessoa que já planejou um casamento ou teve um bebê sabe, as experiências que nos trazem mais felicidade também podem nos causar mais estresse. Os pesquisadores constataram que a mudança, seja positiva ou negativa, é um estressor.[5] E a mudança sempre acontece.

Quando confrontado com um estressor — como o perigo iminente —, o corpo apresenta a chamada reação ao estresse, na qual há uma liberação de adrenalina e cortisol. E o poder da adrenalina é necessário diante de verdadeiros perigos. Ele possibilitou que nossos ancestrais se salvassem dos tigres-dentes-de-sabre; facilita o trabalho das equipes de emergência; e permitiu que Donna, uma mulher de 50kg, erguesse a van da família para libertar o marido, que havia ficado preso debaixo dela. Mas o estresse que sentimos a cada dia raramente decorre de situações em que nossa sobrevivência literal depende da rapidez de nossa resposta. Cumprir prazos é importante. Não deixar as crianças atrasarem para a escola é importante. Jantares em família são importantes. Mas em nenhuma dessas situações o sucesso de nossa linhagem genética está em jogo. No entanto, apesar da mudança drástica na natureza dos estressores, a resposta ao estresse permaneceu inalterada. Seja Throgg se distanciando da fogueira em busca de alimento ou Tom saindo da sala de reuniões em busca de clientes, quando a resposta de luta ou fuga começa, o desdobramento é idêntico.

Algumas Pessoas São Sobrecarregadas pelo Estresse Mais Rápido do que Outras

Pesquisas mostram que a forma como você interpreta e responde aos estressores contribui significativamente para o nível de estresse enfrentado. Isso lembra bastante o ABC, não é? A Dra. Suzanne Kobasa, psicóloga da Universidade da Cidade de Nova York, tem estudado o motivo pelo qual algumas pessoas que têm vidas repletas de estressores se saem melhor (ou seja, sofrem menos estresse, esgotamento e doenças) do que outras na mesma profissão. Kobasa trabalhou com milhares de executivos e gerentes e descobriu que existem três fatores críticos — *controle*, *comprometimento* e *desafio* — que diferenciam a resiliência e a vulnerabilidade ao estresse.[6]

- As pessoas resilientes acreditam que podem influenciar diretamente os eventos e transformar suas crenças em ações — em outras palavras, acreditam que estão no controle. Se você não tem a capacidade de controlar o que acontece em sua vida, ou se *acredita* que não tem essa capacidade, sentirá mais estresse diante de um problema. Em resumo, as pessoas que se sentem incapazes, mesmo que seja por conta de suas crenças, tornam-se vítimas, e as vítimas são sobrecarregadas pelo estresse. Em contraste, as pessoas que dominam os aspectos controláveis de sua vida prosperam, apesar dos problemas e das dificuldades.
- As pessoas resilientes têm pontuações mais altas em avaliações de participação ou comprometimento. Para elas, o trabalho não é apenas trabalho — é uma fonte de significado em sua vida.
- As pessoas resilientes tendem a enxergar a mudança como uma oportunidade de crescimento, e não como um estressor.

A pesquisa de Kobasa destaca a importância do estilo de pensamento ao lidar com estressores. Existem alguns eventos sobre os quais não temos controle — como a morte de um ente querido ou desastres naturais. Tais eventos são extremamente estressantes, independentemente do estilo de pensamento. A maioria dos estressores, no entanto, está no meio-termo. Conseguimos moldar e alterar alguns de seus aspectos, enquanto outros são imutáveis. Para a maioria dos aborrecimentos diários — prazos de projetos, viagens de negócios, filhos birrentos e afins —, a crença no controle e a forma como lidamos com a situação influenciam o nível de estresse enfrentado.

Técnicas para Acalmar: Minimizando o Estresse

Para ser mais resiliente, é necessário lidar bem com o estresse. Você pode aprender a prevenir ou minimizar o nível de estresse mudando a maneira como pensa ao se deparar com estressores. Mas sejamos sinceros: você não será capaz de evitar completamente o estresse, então também precisa aprender a se acalmar. É aqui que as técnicas relaxantes entram em cena.

Como seria de se esperar, a maioria dessas técnicas depende da capacidade de controlar a resposta do corpo e da mente ao estresse. O conceito é bastante simples: o corpo não pode estar em estado de relaxamento e em estado de estresse ao mesmo tempo, pois eles são incompatíveis. Portanto, se você aprender a relaxar, conseguirá controlar seu nível de estresse.

Durante a leitura, lembre-se de que você não precisa usar todas as técnicas para ver melhorias na sua resposta aos estressores. Teste cada uma delas até encontrar a mais adequada, afinal, algumas funcionarão melhor do que outras.

RESPIRAÇÃO CONTROLADA

Quando você está estressado e a ansiedade aumenta, o que acontece com sua respiração? A maioria das pessoas percebe que a respiração fica rápida e superficial. Quando isso acontece, você está respirando pelo tórax, e não pelo diafragma (o músculo em forma de cúpula na parte inferior dos pulmões), o que significa que apenas a parte superior dos pulmões está se enchendo de ar. Como você leva menos oxigênio para os pulmões, menos oxigênio circula pela corrente sanguínea. A mudança no nível de oxigênio envia um alerta para o cérebro, fazendo com que mais adrenalina seja liberada, o que provoca ainda mais ansiedade, mais respiração superficial e maior escassez de oxigênio — um ciclo vicioso.

Quando você respira pelo diafragma, seu corpo reage de forma diferente. A respiração é mais profunda, lenta e completa, parecendo até purificadora. Ao inspirar, o abdômen sobe e, ao expirar, o abdômen desce. A maioria das pessoas acha que a melhor forma de identificar se está respirando pelo tórax ou pelo diafragma é deitar de costas no chão. Ao fazer isso, coloque a mão no abdômen para conferir se ele sobe e desce enquanto você respira. Se o seu abdômen estiver imóvel, você não está respirando pelo diafragma.

Existem vários exercícios de respiração profunda, mas a seguir apresentamos o que achamos mais útil. Após dominar a técnica básica, experimente variações no ritmo até encontrar o estado de maior relaxamento. É importante praticar pelo menos uma vez por dia.

EXERCÍCIO

- Com a postura ereta, sente-se em uma cadeira sem suporte para os braços, com os pés apoiados no chão. Coloque as mãos confortavelmente no colo.
- Inspire pelo nariz até sentir seu abdômen se expandir.
- Ao respirar devagar e com controle, visualize os pulmões se enchendo de ar. Ao inspirar, conte lentamente de um a quatro. Algumas pessoas acham útil imaginar um balão se expandindo à medida que enchem os pulmões de oxigênio. Certifique-se de que seu abdômen e seus ombros permaneçam relaxados.
- Solte o ar lentamente pelo nariz, de modo que leve quatro segundos para expirar completamente.
- Continue esse processo de respiração lenta e profunda por pelo menos três minutos.
- Concentre seus pensamentos na respiração. Observe a sensação nos ombros, nas costas, no abdômen e nas pernas. Se seus pensamentos começarem a divagar, foque novamente a respiração. Essa etapa costuma ser a mais difícil, então seja paciente. À medida que se sentir mais confortável com o exercício, será mais fácil se concentrar em seu padrão respiratório.

RELAXAMENTO MUSCULAR PROGRESSIVO

Outra estratégia, que você pode usar junto com a respiração controlada quando o estresse surgir, é relaxar sistematicamente os músculos por todo o corpo. Quando você está estressado, seu corpo fica tenso. Você pode sentir dores na região lombar. Seu pescoço pode ficar rígido. Algumas pessoas percebem que os músculos se contraem. O relaxamento muscular progressivo (RMP) é um processo de tensionar e relaxar grupos musculares individuais. Ele o ajuda a diferenciar a sensação de tensão e relaxamento dos músculos.

EXERCÍCIO

- Encontre uma posição confortável, deitado no chão ou sentado em uma cadeira com as costas eretas, os pés apoiados no chão e os braços descansando confortavelmente no colo.
- Feche os olhos e siga os passos da respiração controlada durante dois minutos.
- Comece pelos antebraços e pelas mãos. Esvazie a mente o máximo possível. Ao inspirar, cerre os punhos e tensione as mãos e os antebraços. Faça o melhor para tensionar apenas os antebraços e as mãos, e não os braços inteiros ou outras partes do corpo. Seus músculos devem ficar contraídos, mas não doloridos. Contraía os músculos por quinze segundos.
- Ao continuar com a respiração controlada, concentre-se na sensação de tensionar as mãos e os antebraços. Qual parte do músculo parece mais contraída? Quando esse músculo está tensionado, qual é a sensação nos músculos ao redor? Contraía os músculos por quinze segundos.
- Ao expirar, libere a tensão nas mãos e nos antebraços. Relaxe os músculos rapidamente e concentre-se na sensação de relaxamento nesses músculos. Quando você libera a tensão no músculo, o que percebe sobre sua respiração e sua frequência cardíaca? Continue respirando e, após duas ou três respirações, você deve notar que os músculos estão completamente relaxados. Tente manter os músculos totalmente relaxados por trinta segundos. Agora refaça o processo, concentrando-se nos mesmos músculos.
- Depois de tensionar e relaxar as mãos e os antebraços duas vezes, faça uma pausa de um minuto e passe para o próximo grupo muscular. Continue a usar a respiração controlada à medida que avança.
- Para cada grupo muscular, repita o processo que você aplicou às mãos e aos antebraços. Tensione os músculos por quinze segundos e depois relaxe-os por trinta segundos. Contraia-os enquanto inspira e solte-os depois de algumas respirações, enquanto expira. Para cada grupo muscular, tente se concentrar na sensação do músculo contraído e faça o melhor para tensionar apenas os músculos pretendidos. Ao relaxar os músculos, preste atenção na sensação e tente relaxá-los o máximo possível.
- Após cada grupo muscular, faça uma pausa de um minuto antes de seguir para o próximo.

Todo esse processo levará cerca de vinte minutos. Recomendamos que você trabalhe todo o corpo nas primeiras duas semanas (praticando o RMP pelo menos uma vez por dia). Depois, você pode escolher grupos musculares específicos que estão lhe causando desconforto.

As pessoas enfrentam três problemas comuns quando começam a praticar o RMP.[7] Primeiro, muitas pessoas acham difícil isolar os músculos de um grupo muscular específico — isso é normal. A menos que você pratique ioga ou tenha uma rotina de alongamento, provavelmente nunca tentou isolar vários músculos. Ao praticar o RMP, você perceberá uma evolução gradual e ficará mais sintonizado com as interconexões de seus músculos.

Segundo, as pessoas experimentam um efeito paradoxal do relaxamento. Nas primeiras vezes em que praticam o RMP e outras estratégias de relaxamento, algumas pessoas ficam cada vez mais tensas. Na verdade, apenas pensar em relaxar faz com que a frequência cardíaca aumente e a respiração se torne superficial. Os Drs. David Barlow e Ron Rappe — dois especialistas no uso do RMP para reduzir a ansiedade — descobriram que esse efeito paradoxal é mais comum em pessoas com uma forte necessidade de controle e uma propensão à ansiedade. A experiência de relaxar, até mesmo só fechar os olhos, pode ser desconfortável porque elas a interpretam, por meio de suas crenças, como uma renúncia ao controle. E, para as pessoas propensas à ansiedade, ser instruído a "relaxar" pode piorar os sintomas, desencadeando a chamada "ansiedade induzida pelo relaxamento". Como um de nossos clientes descreveu: "Assim que me dizem para 'relaxar', minha crença instantânea começa com 'E se eu não conseguir? E se perceberem que todo mundo está relaxado, mas que eu estou ficando cada vez mais ansioso? E se notarem o quão rápido estou respirando?'." Caso se sinta de forma semelhante, aplique colocar em perspectiva a seus pensamentos catastróficos "e se". Após controlá-los, você conseguirá praticar o RMP. Talvez seja útil manter os olhos abertos e se concentrar em um ponto na parede ou no chão.

O último problema que algumas pessoas enfrentam ao praticar o RMP é que, depois de alguns minutos, elas adormecem. Se isso acontecer, você provavelmente está exausto e pode se beneficiar de um sono mais tranquilo. (Quem não se beneficiaria?) Embora um cochilo de vinte minutos seja ótimo, se você adormecer sempre que tentar relaxar, não aprenderá o RMP de forma adequada. E há muitas situações — em um engarrafamento, antes de um evento de trabalho importante, antes de fazer amor — em que é benéfico ficar relaxado, mas problemático adormecer.

Ao se sentir confortável com o RMP e perceber mudanças em seu nível de relaxamento, você pode avançar e aplicá-lo em situações difíceis, no menor tempo possível. Uma coisa é conseguir relaxar na privacidade de sua própria casa após vinte minutos de prática controlada; outra é conseguir fazer isso em seus cinco minutos de almoço no refeitório lotado da empresa.

Para expandir a aplicabilidade do RMP, é preciso alcançar o mesmo nível de relaxamento com exercícios cada vez mais curtos. Após se sentir confortável ao tensionar e relaxar todos os músculos, comece a reduzir o número de grupos musculares. Uma sugestão é classificar os grupos musculares de acordo com o nível de estresse, eliminar os menos afetados e praticar o RMP nos que ficam tensos com mais frequência. Tente reduzir o tempo de vinte minutos para quinze ou dez. Após cerca de duas semanas, a maioria das pessoas consegue alcançar o nível de relaxamento ideal com o RMP abreviado. Depois de dominar essa versão mais concisa, você notará pequenas mudanças na tensão e será capaz de relaxar os músculos sem precisar isolá-los e contraí-los.

Você também precisa aprender a relaxar mesmo quando há distrações significativas no ambiente. Para alguns, isso significa praticar o RMP enquanto as crianças estão perseguindo o cachorro pela casa. Para outros, significa praticar o RMP enquanto está sentado à escrivaninha em um escritório barulhento. Para começar, liste alguns lugares que o distraem. Primeiro, pratique o RMP no local mais fácil, progredindo para o mais difícil. Uma de nossos clientes iniciou o processo em sua casa, enquanto escutava música alta. Depois, passou a praticar no shopping, enquanto jantava com as três filhas adolescentes. E, por fim, aplicou o RMP enquanto participava de uma reunião estressante no trabalho.

VISUALIZAÇÃO POSITIVA

A terceira técnica para acalmar é a visualização positiva. Você pode usá-la nas mesmas situações em que aplica a respiração controlada ou o RMP. Vamos experimentá-la: feche os olhos e imagine uma cena relaxante — um lugar onde você se sente completamente à vontade, confortável e feliz. Passe dois ou três minutos tentando relaxar ao visualizar essa imagem.

Agora, leia as duas descrições a seguir e defina qual se parece mais com a imagem que você criou — não em termos de aspectos específicos, mas em termos de nível de detalhamento e vivacidade.

CENA 1

Estou na praia. O sol está quente, mas não muito. Estou deitado em uma toalha, escutando o barulho das ondas.

CENA 2

Estou na praia. O sol está quente e sinto seus raios se espalhando pelo meu corpo. Estou deitado em uma toalha, escutando o barulho das ondas. Consigo ver as ondas ao longe, se aproximando lentamente da costa. Elas emitem um ruído sutil e agradável quando estão no horizonte. À medida que se aproximam, escuto um som crescente e, em seguida, um estrondo rítmico ao quebrarem na areia. Junto com os sons suaves do oceano, escuto pássaros voando e sinto cheiro de protetor solar, chuva de verão e grama cortada.

Qual imagem é mais parecida com a que você criou? Se a sua imagem continha o mesmo nível de detalhamento da Cena 1, então você precisa praticar a construção de uma imagem mais vívida. (Uma leitura rápida de uma revista de viagens, ou até mesmo de um romance, pode ser útil.) Por que isso é importante? Porque quanto mais detalhada e vívida for sua visualização, mais eficaz ela será para o relaxamento. As dicas a seguir o ajudarão.

- Comece a relaxar usando a respiração controlada.
- Com os olhos fechados, imagine que você é o diretor de um filme e seu trabalho é criar uma experiência relaxante que seja o mais real possível. Comece concentrando-se nos principais elementos da cena. Onde você está? Muitas pessoas escolhem cenas na praia ou nas montanhas. Um lugar que inclui o som de água corrente costuma ser relaxante.
- Comece a preencher os detalhes concentrando-se em cada um dos seus sentidos. O que você vê? O que escuta? Que cheiro sente? Qual é a sensação ao toque? Quanto mais detalhada for a cena, melhor.
- Após visualizar uma imagem pacífica e vívida, repita uma frase positiva para si mesmo, como "Sinto-me calmo" ou "Sinto-me à vontade e em paz". Como alternativa, você pode visualizar o estresse saindo do seu corpo. Algumas pessoas acham esse passo desnecessário. Se for o caso, pule-o.

Exercícios de visualização são ferramentas poderosas quando usados regularmente. Quanto mais você praticar, mais fácil será para sua mente associar a cena imaginada a um estado de relaxamento. Você está, de fato, condicionando o corpo a relaxar em associação com a imagem. Após usar essa técnica por várias semanas, seu corpo começará a relaxar assim que você pensar na cena que criou.

Uma técnica diferente de visualização positiva pode ser aplicada antes de uma situação estressante. Nesse caso, a técnica é usada para prevenir o estresse, e não para reduzi-lo. Comece da mesma forma, com a respiração controlada, mas, em vez de imaginar uma cena, pense no estressor que você enfrentará e visualize-se resolvendo a situação com confiança e destreza.

O processo de se visualizar em futuras situações estressantes funciona melhor se você praticar várias vezes antes do evento real; quanto mais detalhes, melhor. Tente se visualizar realizando as tarefas específicas desse evento. Se a situação for interpessoal — uma entrevista, uma conversa difícil com um funcionário ou amigo —, ensaie as palavras que realmente dirá e visualize-se respondendo à outra pessoa com um discurso e uma linguagem corporal confiantes.

Manter o corpo calmo, apesar do caos ao redor, é uma parte importante de ser resiliente. Por esse motivo, o aconselhamos a usar as técnicas para acalmar sempre que sentir o estresse dominando seu corpo. Quanto mais você aplicar essas técnicas, mais fácil será impedir que o estresse assuma o controle de sua vida.

Pensamentos Intrusivos

Para algumas pessoas, o estresse pode não ser um grande problema, mas os pensamentos intrusivos são. Lembra-se de Katherine? Ela achava difícil se concentrar porque era constantemente interrompida pelos próprios pensamentos. Imagine-se sentado à escrivaninha, concentrando-se em determinada tarefa — preencher formulários, elaborar um relatório ou conversar com alguém pelo telefone. Por quanto tempo você se mantém focado, totalmente atento ao que está fazendo, antes que sua mente comece a divagar? Um minuto? Três minutos? Talvez dez minutos? Você pode argumentar que sua mente divaga nessas tarefas porque elas são desagradáveis. Sem dúvida, quanto menos atraente for uma tarefa, maior a probabilidade de nos dispersarmos. Mas a mente da maioria das pessoas divaga mesmo durante atividades que elas apreciam. Um dos maiores problemas para os atletas, seja no basquete, no golfe ou no futebol, é a falta de concentração. E muitas mulheres reclamam que, enquanto fazem amor, não param de pensar em outras coisas (o trabalho atrasado, as compras pendentes etc.). E é óbvio que esses pensamentos interferem no prazer.

Os pensamentos intrusivos prejudicam a resiliência de três maneiras.

1. Geralmente se concentram em experiências negativas e provocam o mau humor.
2. Podem acarretar a ruminação, afetando a resolução de problemas.
3. Desperdiçam seu tempo.

IMPASSE 1: PENSAMENTOS INTRUSIVOS COSTUMAM SER NEGATIVOS E CATASTRÓFICOS

Vamos realizar uma atividade. Faça o possível para esvaziar a mente, eliminando quaisquer pensamentos — acredite, você não conseguirá por muito tempo. Quando um pensamento finalmente irromper, observe o que chama sua atenção. É provável que tenha a ver com alguma tarefa que você precisa concluir, uma pessoa com quem precisa conversar ou algum outro problema incômodo que precisa resolver. A seguir, apresentamos o relato de uma de nossas clientes. Ela se sentou em silêncio, tentando esvaziar a mente e permanecer o mais aberta e relaxada possível. Pedimos a ela que nos contasse seus pensamentos assim que surgissem: "As lâmpadas estão zumbindo. Espero que não queimem. Por quanto tempo devo fazer isso? Estou cansada. Minhas costas doem. Tenho me sentido exausta ultimamente. Jeff tem razão, eu me sobrecarrego. Mas não sei como posso fazer menos. Precisamos do dinheiro, e meu trabalho é importante para mim. Não acho que ele entenda o quanto *preciso* trabalhar. Adoro estar com as crianças, mas, se não saio de casa, fico muito impaciente. Por que ele não consegue entender? Jeff espera que eu aprecie cada segundo com elas, e isso não é realista. Eu gostaria que ele passasse o mesmo tempo que eu com as crianças. Precisamos conversar sobre isso porque é algo que me irrita."

O que você percebe na cadeia de pensamentos dessa mulher? Ao realizar essa atividade, a maioria das pessoas constata dois fatos: é muito difícil esvaziar a mente — na verdade, muitas pessoas não conseguem fazer esse primeiro passo; elas percebem que seus pensamentos divagam por um tempo, mas acabam se fixando em algo negativo ou problemático — nosso estilo de pensamento preenche o vazio.

No exemplo mencionado, a mulher inicialmente notou o som das luzes, mas esse "foco externo" não prendeu sua atenção. Aos poucos, a mente se desviou dos estímulos no ambiente e passou a se concentrar nos estímulos internos. Primeiro, ela percebeu a dor nas costas. Depois, começou a pensar sobre sua vida agitada e, por fim, se fixou na dificuldade e na importância de trabalhar e criar os filhos. Ao avançar na reflexão, ela chegou ao conflito com o marido e à conclusão de que ele não entendia sua necessidade de trabalhar. Ao seguir esse percurso mental, ela ficou irritada com o marido e, quanto mais pensava sobre isso, mais raiva sentia.

Talvez você pense: "Entendo seu ponto de vista, mas meus pensamentos intrusivos não envolvem problemas reais. São apenas suposições incessantes que se transformam em uma espiral de ansiedade." Se for o caso, você está certo — nossas sentinelas internas muitas vezes nos alertam de perigos inexistentes.

Embora o foco nos pensamentos intrusivos possa nos ajudar a identificar problemas, ele só é útil se esses problemas forem reais. Quando seus pensamentos intrusivos giram em torno de situações hipotéticas, sua mente age contra você, prejudicando a capacidade de lidar com um problema ou contratempo real.

Você vê os problemas com precisão ou cria problemas que não existem? No Capítulo 8, mostramos como usar a habilidade colocar em perspectiva para evitar a catastrofização, considerando as piores, as melhores e as mais prováveis implicações. Neste capítulo, você alcançará um objetivo semelhante, pois o ensinaremos a interromper os "e se" imediatamente.

IMPASSE 2: A RUMINAÇÃO PREJUDICA A RESOLUÇÃO DE PROBLEMAS

Suponhamos que seus pensamentos intrusivos girem em torno de problemas reais. Quando um problema chama sua atenção, surgem dois estilos de pensamento muito diferentes — um útil e outro não. Leia os dois exemplos a seguir e observe o estilo diferente de cada um.

Todd e Mary estão planejando seu casamento, mas não está indo muito bem. Eles passaram os últimos vinte minutos discutindo se as tortinhas de cogumelo deveriam ser um dos doze aperitivos do cardápio. A seguir, apresentamos o que eles disseram a si mesmos.

Todd: "Podemos servir até enroladinhos de salsicha, tanto faz pra mim. Talvez devêssemos fazer uma pausa e sair um pouco. Nós nos divertimos muito da última vez que fomos ao boliche — talvez eu sugira isso. Depois de relaxar, podemos voltar a debater o importantíssimo cardápio de aperitivos."

Agora, eis o pensamento de Mary: "É um simples cardápio de aperitivos. Por que não conseguimos concordar? Isso não é bom. Quero dizer, temos decisões muito mais importantes, e não quero arruinar o casamento ao discutir cada detalhe. Quero ser feliz. Deveria ser divertido planejar o casamento. Estou muito chateada. Deve haver algo de errado conosco."

Como você categorizaria a diferença entre as duas cadeias de pensamento? Todd está resolvendo o problema. Mary está remoendo a briga. Primeiro vamos analisar o que os psicólogos chamam de ruminação. Os ruminadores remoem as mesmas informações repetidas vezes, sem definir ações ou estratégias para melhorar as circunstâncias. Quando ruminam, as pessoas tendem a se concentrar em seus sentimentos, nas causas de seus sentimentos e no significado e nas consequências desses sentimentos. Os ruminadores, na verdade, podem ser muito bons no ABC, pois passam bastante tempo focados nas emoções e nos comportamentos. O problema, no entanto, é que eles não fazem nada construtivo com essas informações. Em vez de usar a autoconsciência como o primeiro passo para solucionar o problema, eles insistem em monitorar seus pensamentos, sentimentos e comportamentos.

Embora muitas vezes a intenção dos ruminadores seja lidar com seu humor, o processo de ruminação, infelizmente, tem o efeito oposto: focar o humor de forma persistente o piora, em vez de melhorá-lo. Os problemas da ruminação têm sido bastante estudados na área da depressão. Pergunte a si mesmo: Quando começa a se sentir triste, o que tende a fazer? Você fica pensando sobre seus sentimentos ou decide tomar uma atitude? A Dra. Susan Nolen-Hoeksema propôs a teoria do "estilo de resposta" à depressão e constatou que ele é importante para determinar a duração da tristeza.[8] De acordo com a teoria do estilo de resposta, quando homens e mulheres começam a ficar depressivos, eles costumam agir de formas muito diferentes. Os homens muitas vezes se distraem. Praticam algum esporte, tomam uma cerveja[9] ou assistem à televisão. As mulheres, em contraste, ruminam. Quando ficam tristes, elas ligam para os amigos e falam sobre seus sentimentos. As mulheres tendem a se concentrar no motivo pelo qual se sentem de determinada forma. Elas buscam e notam mudanças sutis em suas emoções.

Pesquisas sobre estilos de resposta e depressão sugerem que a distração é uma estratégia melhor para eliminar pensamentos autodestrutivos. E, com algumas exceções importantes, nós concordamos. Acalmar e focar é uma técnica de "distração". Essa habilidade é projetada para ajudá-lo a desviar a atenção das crenças contraproducentes — crenças que apenas aumentarão sua ansiedade, tristeza ou raiva — e, assim, adentrar um estado mental mais produtivo. Porém precisamos enfatizar uma questão sobre esse estilo de resposta: muitas das maneiras pelas quais as pessoas se distraem, embora amenizem a depressão, são imediatistas, na melhor das hipóteses, e perigosas, na pior das hipóteses. Tomar uma cerveja (ou usar drogas, ou comer chocolate) não é uma forma resiliente de controlar o humor. Ir à academia sempre que se sentir chateado é melhor do que ficar em casa remoendo as emoções, mas levantar peso não mudará a causa da sua tristeza. A distração é uma solução de curto prazo. Ela alivia o humor depressivo, mas, se você não *agir* para resolver o problema, esse humor retornará.

A distração saudável é o primeiro passo. O segundo passo é a resolução de problemas. Em um estudo, a fim de analisar como a ruminação afetava a capacidade de resolver problemas, os pesquisadores compararam pessoas disfóricas (disforia é uma depressão de baixo nível) encorajadas a ruminar com pessoas disfóricas incentivadas a se envolver em atividades de distração.[10] Ao comparar grupos igualmente disfóricos, quaisquer diferenças na capacidade de resolver problemas poderiam ser atribuídas aos estilos de resposta divergentes, e não à depressão. Segundo os resultados, os ruminadores exibiram um pensamento não resiliente em quatro áreas que prejudicam a resolução de problemas. Primeiro, eles classificaram os problemas — conflitos com amigos, por exemplo — como mais graves e menos solucionáveis do que os distratores. Mas, quando avaliadores independentes analisaram os problemas dessas pessoas, eles não consideraram os problemas dos ruminadores mais graves ou menos solucionáveis do que os dos distratores. Os ruminadores também se mostraram significativamente mais autocríticos e eram muito mais propensos a se enxergarem como a causa dos problemas. Ou seja, diante de problemas, os ruminadores tendiam a um estilo explicativo "eu". O estilo "eu", aliado à percepção de que os problemas eram graves e sem solução — crenças "sempre" —, minava qualquer motivação para resolvê-los. Terceiro, além de se culparem mais, os ruminadores também eram muito mais pessimistas e menos confiantes em sua capacidade de resolver os problemas, mesmo que tentassem. Por fim, os ruminadores achavam ter muito menos controle sobre os problemas e admitiram estar menos dispostos a implementar soluções. De fato, quando os participantes receberam problemas para resolver, como lidar com um amigo que os evitava, os pesquisadores classificaram as soluções dos ruminadores como muito menos eficazes do que as dos distratores.

Quando consideramos todas essas informações, entendemos por que é importante aprender a não ruminar os sentimentos. Os ruminadores são maus solucionadores de problemas porque enxergam os problemas como incontroláveis e graves, atribuindo a causa a si próprios. Mesmo quando acham que sabem resolver o problema, devido ao negativismo, é improvável que coloquem sua ideia em prática. E, ao não solucionar o problema subjacente, eles reforçam as visões negativas de si mesmos e da situação, criando um ciclo vicioso de ruminação, depressão e insucesso na resolução de problemas. Aprender as habilidades rápidas possibilitará que você quebre esse ciclo.

IMPASSE 3: PENSAMENTOS INTRUSIVOS DESPERDIÇAM SEU TEMPO

Você deve saber como é estar desesperado para terminar uma tarefa, mas ser constantemente interrompido por pensamentos que não o deixam em paz. Imagine que uma professora precise corrigir vários trabalhos para a aula do dia seguinte. Ela pega o primeiro e começa a ler. Após dois minutos, acaba se lembrando: "Droga! Esqueci de retornar a ligação de Jane. Espero que não seja algo importante." Ela consegue ignorar esse pensamento e se reorientar, mas, depois de uma página e meia, é interrompida novamente: "Aaron parece incomodado. Espero que não esteja ficando doente." Essa linha de raciocínio lhe custa cerca de quinze minutos, porque, ao pensar na saúde do filho, decide conferir como ele está. Já que se levantou, resolve passar pela cozinha e ir até a sala dar uma olhada na TV. Ao retomar sua tarefa, ela precisa reler o mesmo trabalho, pois, a essa altura, já esqueceu o que havia lido.

Perder tempo é o terceiro problema causado por pensamentos intrusivos. Quando você se dispersa, mesmo que não sucumba à ruminação e seus pensamentos aleatórios durem pouco, pode demorar minutos para se concentrar novamente. Amanhã, quando estiver trabalhando — seja no escritório ou em casa —, preste atenção à quantidade de pensamentos intrusivos. Em uma folha de papel, anote cada situação em que seus pensamentos o interromperem. A maioria das pessoas se surpreende com o número de anotações que faz até o final do dia e fica espantada ao descobrir quanto do seu tempo foi desperdiçado tentando se reconcentrar em determinada tarefa.

Técnicas para Focar: Combatendo os Pensamentos Intrusivos

Então, como impedir que pensamentos contraproducentes o façam perder o foco? Na verdade, é bastante simples. Há várias estratégias poderosas para interromper pensamentos que o dispersam ou o levam à ruminação. Chamamos essas estratégias de técnicas para focar. Assim como as técnicas para acalmar, o encorajamos a experimentar todas elas e, em seguida, escolher as que funcionam melhor.

JOGOS MENTAIS

O objetivo dos jogos mentais é desviar a atenção das crenças não resilientes a fim de que você consiga continuar determinada tarefa. Para que funcionem, esses jogos precisam ser desafiadores, mas não a ponto de frustrá-lo. Também devem ser divertidos para que a ansiedade, a raiva ou a tristeza seja substituída por uma emoção mais agradável. Por fim, eles precisam ser relativamente rápidos. A duração dos jogos mentais depende, em parte, das circunstâncias — o jogo precisa ser breve em meio a uma apresentação, mas pode ser um pouco mais longo se você estiver esperando para fazer uma entrevista ou tentando terminar um trabalho. Sugerimos um tempo máximo de dois minutos. Após pegar o jeito, sinta-se à vontade para inventar alguns jogos por conta própria.

- **O JOGO DO ALFABETO.** Avance pelo alfabeto, escolhendo um nome para cada par de iniciais (por exemplo, AB — Annette Benning; BC — Bob Costas; CD — Charles Darwin etc.). Depois de um tempo, o jogo começa a ficar fácil demais, então escolha uma categoria específica para torná-lo mais desafiador. Por exemplo, tente nomear personalidades do esporte, escritores ou estrelas de cinema para cada par de iniciais.
- **CATEGORIAS.** Escolha uma categoria e nomeie o maior número possível de itens em dois minutos. Alguns exemplos de categorias são: vegetais, hotéis, ossos do corpo, livros escritos por Charles Dickens, filmes vencedores do Oscar. Torne o jogo mais desafiador nomeando os itens da categoria em ordem alfabética (vegetais: abobrinha, brócolis, cenoura etc.).
- **RIMAS.** Escolha uma palavra e veja quantas rimas você consegue encontrar em dois minutos. "Gato" é fácil. "Dócil" é mais difícil.
- **MATEMÁTICA.** Começando em 1.000, faça uma contagem decrescente de 7 em 7, ou pratique a tabuada.
- **MEMÓRIA.** Nomeie todos os seus professores, começando pela pré-escola. Ou caminhe mentalmente pelos cômodos da casa que morou na infância. Lembre-se dos móveis, das decorações, dos pôsteres pendurados na parede do seu quarto. (Obviamente, essa atividade não é apropriada se for desagradável pensar na sua infância.)
- **LETRAS DE MÚSICA.** Esta é uma ótima maneira de melhorar o humor. Recite a letra de suas músicas favoritas (evite músicas que causam tristeza). Recomendamos músicas animadas, como as do Beach Boys.
- **POESIA.** Memorize um poema edificante e recite-o quando for necessário se reconcentrar.

Técnicas para Acalmar e Focar: Retomando o Controle das Emoções

No Capítulo 4, contamos a história do incidente entre Barb e "Jim". Barb confundiu um estranho com seu ex-noivo traidor e, em um acesso de raiva, jogou a bebida no rosto dele. Não propensa a esses momentos dramáticos, Barb foi pega de surpresa pela rapidez de sua raiva e pela incontrolabilidade do impulso. Muitas pessoas já tiveram uma experiência semelhante. Vivenciaram momentos em que perderam o controle, em que suas emoções e ações pareciam fluir mesmo antes de terem registrado completamente a situação. Momentos assim são normais e, desde que sejam raros, não comprometerão a resiliência. Mas, para algumas pessoas, esses momentos são frequentes. Se, tal como Jeremy, cuja história foi apresentada no início deste capítulo, você costuma perder o controle e se sentir sobrecarregado pelas emoções, sua resiliência será gravemente prejudicada. Você terá problemas significativos nos relacionamentos e poderá adquirir uma má reputação no trabalho. Nesse caso, aprender as técnicas para acalmar e focar é crucial.

As técnicas para acalmar são adequadas aos momentos em que as emoções intensas dificultam o pensamento racional — receber más notícias, sentir medo, tentar manter o controle quando seu filho chega alcoolizado. A maioria das pessoas constata que se acalmar alivia as emoções e favorece o raciocínio. Quando suas emoções estiverem menos intensas, você pode usar a habilidade apropriada para entender melhor o que causou a reação descomedida. Essa compreensão geralmente envolve as habilidades detectar icebergs, para identificar as crenças que foram ativadas e o fizeram reagir exageradamente; e desafiar crenças, para definir se as crenças são precisas e se devem ser mantidas ou alteradas.

Se você preferir as técnicas para focar, use a estratégia de recitar letras de música, pois ela é uma das mais fáceis e pode ter um grande impacto no seu humor.

Jeremy aprendeu a usar a respiração controlada assim que sentia sua raiva aumentando. Muitas vezes, era o suficiente para impedir ataques de fúria. Mas, às vezes — geralmente porque não a usava rápido o bastante —, ele precisava aliar a respiração controlada à resiliência em tempo real, a última das sete habilidades. Ela é o nosso próximo assunto.

Habilidade 7. Resiliência em Tempo Real

As técnicas para acalmar e focar são valiosas, pois são rápidas, eficientes e podem ser aplicadas a diferentes situações. Mas elas não desafiam as crenças que contribuíram para o estresse, interromperam seu trabalho ou desencadearam o turbilhão de emoções. Portanto, a Habilidade 6 é um paliativo — ela o ajuda a lidar com as circunstâncias, mas não impede que os pensamentos se repitam. A Habilidade 7, resiliência em tempo real, é tão rápida quanto acalmar e focar, mas muda suas crenças contraproducentes assim que elas ocorrem. Ao desenvolver essa habilidade, você notará que seus pensamentos contraproducentes diminuirão e que, quando surgirem, serão menos poderosos.

Você pode utilizar a resiliência em tempo real nas mesmas situações em que usaria as técnicas para focar. Na verdade, a maioria das pessoas acha a resiliência em tempo real mais eficiente. Assim como Jeremy, você também pode usá-la após as técnicas para acalmar. Ela é particularmente útil em situações em que as emoções intensas ameaçam dominá-lo.

A resiliência em tempo real une os principais elementos de desafiar crenças e colocar em perspectiva, possibilitando que você as aplique de forma imediata. Como a resiliência em tempo real depende dessas duas outras habilidades, quanto mais você praticá-las, melhor se tornará na Habilidade 7. O poder das Habilidades 4 e 5 é propiciar uma compreensão profunda da complexidade de um acontecimento. Dessa forma, você é capaz de traçar um plano para lidar com a situação e suas implicações. Mas essas habilidades são utilizadas para processar uma adversidade complicada e contínua. A resiliência em tempo real é usada no momento em que a adversidade ocorre — por esse motivo, é uma ferramenta muito eficiente.

Ao aplicar a Habilidade 7, você terá um diálogo interno. Toda vez que um pensamento contraproducente surgir, você vai combatê-lo com uma resposta de resiliência em tempo real, o que não significa substituir pensamentos negativos por positivos. Assim como em desafiar crenças e colocar em perspectiva, o objetivo é a precisão. Você deve mudar os pensamentos não resilientes a fim de que sejam precisos e poderosos o bastante para eliminar as crenças contraproducentes.

COMO USAR A RESILIÊNCIA EM TEMPO REAL: TRÊS FRASES DE EFEITO

Você pode recorrer a três frases de efeito para estruturar suas respostas conforme aprende a resiliência em tempo real. Após dominar essa habilidade, você não precisará mais delas.

ALTERNATIVAS: UMA FORMA MAIS PRECISA DE VER A SITUAÇÃO É...

Ao desafiar suas crenças, o objetivo é gerar uma variedade de crenças alternativas que abranjam as três dimensões do estilo explicativo — Eu, Sempre, Tudo —, possibilitando que você saia da sua maneira habitual de explicar os problemas. Na resiliência em tempo real, o objetivo é criar uma única explicação que seja mais precisa do que sua crença inicial. A frase "*Uma forma mais precisa de ver a situação é...*" ajudará a estruturar seu pensamento.

Por exemplo, se o seu pensamento negativo for "Estou tão ansioso que parecerei um completo idiota e o encontro será um fiasco total", você pode responder com "Uma forma mais precisa de ver a situação é que provavelmente parecerei um pouco ansioso nos primeiros minutos — e talvez a outra pessoa também —, mas nós conseguiremos relaxar e nos divertir."

EVIDÊNCIAS: ISSO NÃO É VERDADE PORQUE...

A segunda estratégia é testar a precisão de suas crenças com base em evidências. Em desafiar crenças, o objetivo é ser imparcial e encontrar o máximo de evidências possível para as verdadeiras causas da adversidade. Mas você sabe que o viés de confirmação facilitará a identificação de evidências favoráveis. Por esse motivo, recomendamos que concentre seu pensamento e combata o viés de confirmação ao iniciar sua resposta com "*Isso não é verdade porque...*". O objetivo é ser específico e detalhista. Quanto mais concretas forem suas evidências, mais eficaz será sua resposta.

Por exemplo, se o seu pensamento não resiliente for "Meus filhos não valorizam o que faço por eles", você pode responder com "Isso não é verdade porque ontem minha filha me disse que a forma como expliquei a soma de frações a ajudou muito."

IMPLICAÇÕES: UM RESULTADO MAIS PROVÁVEL É... E EU POSSO...

Lembre-se: colocar em perspectiva tem cinco passos — listar as crenças do pior cenário, estimar suas probabilidades, criar alternativas do melhor cenário, identificar os resultados mais prováveis e definir soluções.

Na resiliência em tempo real, você só precisa identificar um dos resultados mais prováveis e definir uma solução para lidar com ele. É mais fácil se você começar sua resposta com "*Um resultado mais provável é... e eu posso...*".

Por exemplo, se o seu pensamento negativo for "Serei demitido e nunca mais encontrarei um emprego de que goste", você pode responder com "Um resultado mais provável é que minha chefe fique irritada devido ao atraso e eu posso me desculpar e pedir ajuda para organizar os projetos com os quais estou lidando".

Essas frases de efeito são uma ótima maneira de praticar a resiliência em tempo real, mas, ao se tornar proficiente, você não precisará mais delas. Vamos ilustrar o uso "avançado" da habilidade, mostrando como Kirsten, uma mãe trabalhadora, a utiliza para manter a mente focada em uma reunião importante.

Kirsten, mãe de dois meninos pequenos, tem doutorado em educação, trabalha como pesquisadora em uma universidade e também atua como consultora em várias instituições educacionais. Ela é competente e obteve muitos êxitos ao longo da carreira. Como você pode imaginar, manter um equilíbrio entre vida profissional e vida pessoal é um problema diário para Kirsten.

A seguir, apresentamos o diálogo interno de Kirsten enquanto ela e seu colega, Jacob, estão a caminho de uma reunião importante. É de manhã, e ela se sente chateada porque os filhos estão com febre e dor de estômago. Jacob e Kirsten planejavam usar o tempo do trajeto para discutir algumas questões relacionadas à reunião, mas Kirsten está dispersa ao pensar nos filhos. Após algumas tentativas de prender sua atenção, Jacob diz com um tom amigável: "Kirsten, sei que você está chateada e preferia estar em casa. Mas precisamos conversar sobre a reunião. Há algo que eu possa fazer para ajudá-la a se sentir melhor e se concentrar no trabalho por alguns minutos?" Observe o que se passa na cabeça de Kirsten após essa pergunta. Ao ler as crenças instantâneas, repare nas ocasiões em que ela cai em uma das armadilhas de pensamento — destacaremos as ocorrências entre parênteses. E, ao ler as respostas, tente identificar se ela está gerando uma crença alternativa mais precisa, respaldada em evidências plausíveis, ou colocando em perspectiva as implicações da crença. Também ressaltaremos esses aspectos.

CRENÇA INSTANTÂNEA: *Como ele pode esperar que eu me concentre no trabalho quando estou preocupada com meus filhos? Que insensível. (Supergeneralização: ela está atribuindo a declaração dele a uma falha de caráter.)*

RESPOSTA DE RESILIÊNCIA EM TEMPO REAL: *Ele não está sendo insensível. Passou quinze minutos conversando comigo sobre meus sentimentos. (Evidência: ela está usando um exemplo concreto de um comportamento recente para provar por que a crença estava errada.) Ele se preocupa comigo e com os meninos. Sabe que precisamos discutir alguns detalhes para que a reunião seja um sucesso, e nós dois queremos isso. (Alternativa: ela está oferecendo uma interpretação mais precisa do comportamento de Jacob.)*
CRENÇA INSTANTÂNEA: *Mas eu não consigo me concentrar. É impossível. Estou muito chateada por não estar em casa. Vou estragar a reunião, e Jacob nunca me perdoará (catastrofização).*
RESPOSTA DE RESILIÊNCIA EM TEMPO REAL: *Infelizmente, não posso estar em casa agora. Mas não é a primeira vez que preciso trabalhar quando um dos meus filhos está doente. Ainda temos vinte minutos até chegarmos lá. Se eu combater esses pensamentos por mais alguns instantes, conseguirei me concentrar no trabalho. (Colocar em perspectiva: ela está identificando um resultado mais provável e destacando o que precisa fazer para que esse resultado aconteça.) E é óbvio que Jacob vai me perdoar — ele já me perdoou por coisas muito piores! Como naquela vez em que não consegui organizar uma equipe de pesquisa e finalizamos todo o trabalho sozinhos. (Evidência: ela está usando o comportamento passado de Jacob para justificar o perdão.)*
CRENÇA INSTANTÂNEA: *Ainda assim, que tipo de mãe eu sou? Vivo me gabando, mas sempre coloco minha carreira em primeiro lugar. (Visão limitada: ela está se lembrando apenas dos momentos em que priorizou o trabalho em detrimento da família, e não dos momentos em que fez o oposto.) Os meninos vão chorar o dia todo devido à minha ausência (catastrofização), e tenho certeza de que acham que não os amo (leitura da mente).*
RESPOSTA DE RESILIÊNCIA EM TEMPO REAL: *Mas também não é assim. Muitas vezes recuso oportunidades de trabalho porque quero estar com meus filhos. Como na semana passada, quando recusei a chance de palestrar em São Francisco porque não queria ficar longe por três noites. (Evidência de que ela priorizou os filhos.) Eles podem ficar chateados em algumas ocasiões; Eli provavelmente ficará mais incomodado na hora da soneca (Colocar em perspectiva: ela está sendo mais precisa sobre a reação do filho), mas minha mãe está lá e eles a amam (evidência de que ficarão bem). Posso ligar na hora da soneca e cantar para Eli sua música favorita. (Colocar em perspectiva: ela está identificando algo que pode fazer para lidar com as implicações reais da situação.) De qualquer forma, sei que eles me amam — na noite passada, Eli disse que sou a melhor mãe do mundo. O que mais eu poderia querer?*

CRENÇA INSTANTÂNEA: *Blá-blá-blá! A verdade é que quero abraçar o mundo e não estou fazendo nada direito (ela está maximizando os problemas e minimizando os aspectos positivos). Jacob deve estar cansado de me ouvir falar dos meus filhos (leitura da mente), e aposto que está fazendo essas novas colaborações porque quer trabalhar com pessoas dedicadas à carreira (ela está tirando conclusões precipitadas). E o coitado do meu marido? Não consigo nem me lembrar da última vez que fizemos algo juntos. Terei sorte se o casamento durar mais um ano (catastrofização).*

RESPOSTA DE RESILIÊNCIA EM TEMPO REAL: *Preciso me acalmar. Há várias coisas que faço bem. O pedido de verba para pesquisa que escrevi foi aprovado. A palestra que ministrei na semana passada foi bem recebida. Os meninos estão felizes e nos divertimos muito juntos (evidência). Jacob se preocupa com meus filhos e gosta de saber sobre eles (uma alternativa mais precisa). Afinal, ele fala de seus cachorros com a mesma frequência que falo de meus filhos! E colaborar com outras pessoas não significa que quer parar de trabalhar comigo. Há alguns dias, ele mencionou que deveríamos escrever outro pedido de verba para pesquisa (evidência). É verdade que Dave e eu não temos muito tempo juntos, mas minha mãe vai cuidar das crianças uma vez por semana para que possamos ficar sozinhos. (Colocar em perspectiva: ela está se lembrando do plano de passar mais tempo com o marido.)*

Esse processo levou alguns minutos para Kirsten. Após contestar seus pensamentos, a ansiedade diminuiu e ela foi capaz de usar o tempo restante para discutir sua apresentação com Jacob.

Erros que Você Cometerá ao Praticar a Resiliência em Tempo Real

Quando descrevemos a resiliência em tempo real para educadores, genitores e gerentes, muitas vezes somos recebidos com uma dose de ceticismo. Alguém sempre levanta a mão e diz: "Vocês não estão apenas ensinando as pessoas a racionalizarem melhor e a se livrarem da responsabilidade diante dos problemas reais?" Pais e educadores costumam ir além e dizer: "Parece uma péssima ideia. A última coisa de que precisamos é ajudar as crianças a se esquivarem de suas responsabilidades. Acho que essa habilidade pode ser prejudicial."

Para a surpresa deles, nossa resposta é "Vocês estão certos". E, com algumas ressalvas, eles estão. Ao usarem essa habilidade pela primeira vez, as pessoas cometem certos erros sistemáticos que, se não corrigidos, facilitam as ilusões de inculpabilidade e negam quaisquer responsabilidades ou preocupações. Mas, quando as pessoas ficam atentas a esses erros e aprendem a corrigi-los, eles se tornam efêmeros, e a habilidade passa a propiciar mudanças drásticas na resiliência. Assim como em todas as habilidades deste livro, saber quando usá-la e como usá-la é essencial. E devemos salientar que, embora as pessoas demonstrem certo receio ao conhecer a resiliência em tempo real, após praticá-la, elas entendem por que essa habilidade é tão importante.

ERRO 1. OTIMISMO DE POLIANA

Um dos erros mais comuns dos iniciantes é cair no otimismo de Poliana , ou seja, substituir o pensamento negativo por uma crença otimista *irrealista.* Esse erro ocorre com mais frequência quando você tenta criar uma crença alternativa mais precisa. As respostas do tipo Poliana parecem vagas e superficiais, e não estão relacionadas aos fatos da situação. Ao praticar a habilidade, Tina, líder de uma equipe de vendas, notou que costumava cometer esse erro. Por exemplo, quando pensava "Essas pessoas são preguiçosas e reclamam demais — não suporto mais um minuto ao lado delas!", Tina respondia com "Uma forma mais precisa de ver a situação é que não tenho nenhum problema com essas pessoas. Na verdade, aprecio nosso tempo de convivência!". A quem ela estava enganando? Certamente não a si mesma. Pensamentos "felizes" nem sempre significam pensamentos resilientes.

Ao praticar a resiliência em tempo real, lembre-se de que o objetivo é a precisão, não o otimismo. Se você se assemelhar a Stuart Smalley, do *Saturday Night Live* ("Sou inteligente o bastante, sou bom o bastante e as pessoas gostam de mim"), tente criar uma resposta otimista, mas alinhada aos fatos da situação. Sua intuição confirmará a resposta adequada.

ERRO 2. REJEIÇÃO À VERDADE

Outro erro comum é rejeitar a verdade das crenças contraproducentes. Esse erro costuma ocorrer quando você tenta usar evidências para refutar as crenças não resilientes. Embora nossas crenças instantâneas muitas vezes sejam ricas em hipérboles, pode existir um fundo de verdade sob o exagero. Se você não reconhecer a verdade em sua resposta, ela não terá credibilidade e a crença retornará. Por quê? Porque você não lidou com a preocupação subjacente. Por exemplo, é verdade que Kirsten não consegue passar muito tempo com o marido. Se ela respondesse ao pensamento "E o coitado do meu marido? Não consigo nem me lembrar da última vez que fizemos algo juntos" com "Isso não é verdade porque Dave e eu sempre ficamos sozinhos", estaria rejeitando a verdade de seu pensamento inicial. E, ao rejeitar a verdade, ela criaria uma resposta inverossímil. O desafio é reconhecer a verdade e, em seguida, elaborar uma estratégia para melhorar a situação.

ERRO 3. O JOGO DA CULPABILIZAÇÃO

O jogo da culpabilização é o erro geralmente cometido por personalizadores ou externalizadores. Ele é uma variedade mais específica da rejeição à verdade. Por definição, as crenças instantâneas dos personalizadores — pessoas cujo estilo explicativo se direciona ao "eu"— contêm uma grande dose de autoculpabilização, enquanto as crenças instantâneas dos externalizadores — pessoas cujo estilo explicativo envolve o "não eu" — estão repletas de exemplos de como os outros são os causadores dos problemas. Se for o seu caso, preste muita atenção à forma como você responde às crenças negativas. Um erro comum dos iniciantes é refutar uma crença redirecionando a culpa. Por exemplo, se você tende a se culpar, acabará culpando os outros. Se tende a culpar os outros, acabará culpando a si mesmo. Redirecionar a culpa injustificadamente não o ajudará a assumir o controle da situação.

ERRO 4. MINIMIZAÇÃO

A minimização é um erro comum que as pessoas cometem quando aprendem a usar a habilidade colocar em perspectiva como parte da resiliência em tempo real. Ao aplicá-la de forma correta, você identifica um resultado mais provável e, em seguida, define pelo menos uma solução para lidar com ele de forma resiliente. Mas você não deve minimizar a importância da situação. Por exemplo, imagine que sua chefe lhe diga que seu trabalho está bem abaixo das expectativas dela. Você minimizaria a situação se respondesse ao pensamento "Pronto. Estraguei tudo. Ela vai me demitir" com "E daí se ela está insatisfeita? Não importa. Se eu for demitido, logo encontrarei outro trabalho". Essa resposta não desarmaria o pensamento, pois estaria descartando a realidade do problema. Ao praticar a resposta com base na habilidade colocar em perspectiva, reserve um momento para conferir se ela menospreza uma situação importante e se substitui uma crença do pior cenário por um resultado igualmente improvável. Lembre-se: o objetivo é descobrir o problema mais provável e, em seguida, dedicar-se a resolvê-lo.

Dicas para Usar a Resiliência em Tempo Real

Quanto mais você praticar as habilidades de resiliência, melhor cada uma delas funcionará. É importante definir expectativas realistas para o uso da Habilidade 7, pois ela é a mais difícil de dominar. As dicas a seguir são úteis para orientar o desenvolvimento da resiliência em tempo real.

- **PRATIQUE AS HABILIDADES 4 E 5.** Não use a resiliência em tempo real até se sentir confortável com as habilidades desafiar crenças e colocar em perspectiva. Para aplicar a Habilidade 7 de forma adequada, você precisa ser capaz de gerar alternativas, encontrar evidências plausíveis e identificar com precisão os resultados mais prováveis.
- **USE AS FRASES DE EFEITO.** Nas primeiras semanas, use as frases de efeito para estruturar respostas eficazes.
- **SEJA ESPECÍFICO E DETALHISTA.** Uma evidência específica é mais poderosa do que uma frase genérica. Lembre-se: você deve *provar* a si mesmo por que a crença é falsa. Argumentos vagos não funcionarão.
- **ESCOLHA O QUE FUNCIONA MELHOR.** Teste as três frases de efeito e, em seguida, atenha-se às que funcionam melhor. Você não precisa usar todas.
- **ATENTE-SE AOS ERROS.** Antecipe o fato de que você cometerá alguns dos quatro erros. Durante as primeiras semanas de prática, faça uma pausa após cada resposta e confira se há erros. Se houver, tente novamente.
- **PREFIRA EFICÁCIA, E NÃO CELERIDADE.** O ideal é que suas respostas fluam tão rápido quanto seus pensamentos não resilientes. Mas não sacrifique a eficácia pela celeridade. Ao praticar a Habilidade 7, é melhor enxergá-la como uma forma de arte em que você precisa criar e recriar sua resposta até que ela adquira o poder de dissipar a crença não resiliente. À medida que se tornar proficiente com as frases de efeito, a celeridade surgirá de modo natural.
- **PRATIQUE DIARIAMENTE.** O tempo de prática faz toda diferença se você quiser dominar a Habilidade 7. Sugerimos que você reserve dez minutos por dia. Tente usar a habilidade assim que seus pensamentos não resilientes surgirem, mas, caso não consiga, invente algumas crenças negativas e pratique respostas a elas.

Lembre-se: Rápido Nem Sempre É Melhor

Ao se tornar proficiente nas Habilidades 6 e 7, você adquirirá uma maior confiança nelas e poderá acabar excluindo as outras. Afinal, vivemos em uma cultura que valoriza a celeridade. Quando suas crenças contraproducentes o impedem de se concentrar em determinada tarefa, quando as emoções intensas atrapalham seu raciocínio e quando o nível de estresse é avassalador, usar as habilidades rápidas faz sentido. Mas a maioria dos problemas que enfrentamos não exige respostas imediatas. Na verdade, grande parte dos desafios requer uma reflexão minuciosa, soluções ponderadas e planejamento. Compreender o problema de uma relação e descobrir como corrigi-lo, decidir se você deve mudar de emprego ou identificar a causa do baixo desempenho de uma equipe exige análise e tempo.

Se perceber que está favorecendo as Habilidades 6 e 7 em detrimento das outras, pergunte-se se há algo que está evitando ou se está deixando passar informações importantes. A resiliência requer ação imediata apenas em algumas situações, e não em todas.

Juntando as Peças

Você aprendeu as sete habilidades que o ajudarão a encarar os desafios e a lidar com os contratempos diários. Conforme praticar cada uma delas, você estará mais bem preparado e conseguirá se recompor com mais facilidade sempre que uma adversidade surgir. Você terá lucidez e convicção para encarar situações que antes o deixavam confuso e desequilibrado. Sentirá mais confiança e estabilidade. E terá a força interior para construir a vida que deseja.

A Parte Três se concentra em formas de lidar com desafios significativos em importantes áreas da vida: relacionamentos, parentalidade, trabalho e expansão.

PARTE TRÊS

Aplicando as Habilidades

CAPÍTULO 10

Resiliência no Casamento e em Relações de Longo Prazo

O que você espera do seu relacionamento? Se você for como a maioria das pessoas, busca proximidade e companheirismo, aceitação e amor. Quer ser compreendido e sexualmente realizado. Deseja alcançar uma vida rica em significado e propósito, construindo-a junto com seu parceiro. Você provavelmente acha que estar em um relacionamento é gratificante, mas também desafiador — e, às vezes, até exaustivo. E talvez tenha uma lista de reclamações. Estas são as mais frequentes:

- Fazemos pouco caso um do outro e não priorizamos o relacionamento.
- Não conversamos mais como antes. Se não fôssemos casados, não sei se seríamos amigos.
- Caímos na rotina. Fazemos sempre as mesmas coisas.
- Costumamos brigar muito hoje em dia e as discussões passam do limite.
- Sexo? O que é isso?

Há inúmeras pesquisas sobre relacionamentos — o que os faz prosperar e o que os faz fracassar — e, ao longo desses estudos, dois temas surgem repetidamente: a má comunicação e as brigas destrutivas, os dois problemas mais comuns que abalam um relacionamento. Todos os casais precisam discutir para expressar suas esperanças, medos e desejos, mas muitos enfrentam dificuldades quando se trata de se comunicar de forma sincera e eficiente. E não importa o quão estável seja seu relacionamento, você e seu parceiro discordarão às vezes. Discussões — desde pequenos desentendimentos até brigas acaloradas — são uma consequência de compartilhar a vida com alguém, mas a *maneira* como você discute é muito importante. Neste capítulo, mostraremos como usar as sete habilidades de resiliência para alcançar uma comunicação apropriada e ter discussões construtivas que fortalecerão seu relacionamento. Mas é evidente que a comunicação aberta e as discussões saudáveis nem sempre acarretam maior *proximidade*. Portanto, também mostraremos como usar as habilidades de resiliência para se aproximar um do outro e aprofundar a amizade.

Às vezes, no entanto, apesar dos melhores esforços do casal, o relacionamento termina. Há casos em que a decisão é mútua, mas muitas vezes não é. O fim de um relacionamento é doloroso, às vezes devastador — seja um casamento, uma relação de longo prazo ou o que você pensava ser um amor florescente — e a resiliência não conseguirá eliminar essa dor. Faz sentido se sentir triste e lamentar a perda de uma parte importante de sua vida. Mas as habilidades de resiliência o *ajudarão* a se recompor após o término e, quando for a hora certa, começar a namorar novamente. Mostraremos como usar as habilidades de resiliência para se recuperar e seguir em frente, possibilitando que você expanda e se abra a novas oportunidades.

Seu Relacionamento Está em Risco?

Alguns de vocês podem estar se perguntando: "Será que preciso ler este capítulo? Nós brigamos às vezes, mas acho que estamos bem." E, sem dúvida, algumas pessoas têm relacionamentos excelentes — sentem-se realizadas, conectadas e profundamente felizes. Mas as estatísticas são incontestáveis. Quase 50% dos recém-casados se divorciarão, e metade desses divórcios ocorrerá nos primeiros sete anos de casamento. Os segundos casamentos, por sua vez, têm uma taxa de divórcio ainda maior. Se você não é casado, é importante saber que muitos dos fatores que levam ao divórcio também levam ao término de relações de longo prazo. Muitos preditores do divórcio ou da dissolução de um relacionamento são incontroláveis ou imutáveis, como ser filho de pais divorciados, ter uma educação religiosa diferente ou se casar muito jovem. Afinal, quando esses eventos ocorrem, não há como desfazê-los. Mas muitos dos fatores que colocam seu relacionamento em risco *são* mutáveis, se você souber como alterá-los.[1]

Por exemplo, você pode ter um estilo de discussão negativo. Quando ocorre um desentendimento, você o atribui ao caráter do seu parceiro, caindo na supergeneralização e, assim, criticando-o de forma severa. Ou pode ter expectativas irrealisticamente altas em relação ao seu parceiro. Quando ele o decepciona, você começa a questionar o valor do relacionamento. Diante de um conflito, você catastrofiza, reagindo exageradamente a ofensas irrisórias. Talvez não exista uma comunicação aberta. Quando algo o incomoda, você guarda até não aguentar mais e, então, explode. Quando seu parceiro expressa seus sentimentos, talvez você sinta que não o "entende". O silêncio já destruiu muitas relações.

Continue a Leitura

Talvez você conclua que nenhum desses aspectos se aplica ao seu relacionamento. Seu estilo de discussão parece saudável, você se comunica bem e suas expectativas são razoáveis. Se assim for, nós o parabenizamos, pois você precisou de muita habilidade e esforço para construir um relacionamento sólido. Sinta-se orgulhoso. Porém (sempre há um "porém", não é?), ainda achamos que este capítulo será útil. Usamos o termo "inconscientemente capaz" para descrever pessoas com uma competência natural em algumas das habilidades de resiliência. E talvez seja o seu caso. A maioria das pessoas "naturalmente" resilientes aprendeu as habilidades ao longo da vida — talvez por tentativa e erro, talvez se espelhando nos outros — e, embora sejam ótimas em lidar com problemas e adversidades, elas não sabem explicar como fazem isso tão bem. Descobrimos que essas pessoas também podem se beneficiar ao compreender melhor o motivo de determinadas ações. Ao adquirir uma linguagem comum, você e seu parceiro se tornarão mais competentes nas habilidades, mesmo nas situações mais estressantes. Diante de um problema inesperado, vocês podem lembrar um ao outro da importância de se libertar das armadilhas de pensamento ou da necessidade de colocar em perspectiva. E, ao dominar cada uma das habilidades, você poderá contribuir para as relações alheias, ajudando amigos e familiares a se tornarem mais resilientes. Então, continue a leitura!

Proximidade e Comunicação

Sara é uma mulher de 40 anos que conhecemos em um de nossos programas para genitores. Ela se inscreveu no workshop, pois queria ser uma mãe melhor, mas, assim como muitos dos participantes, passou bastante tempo falando sobre seu casamento. "Eu ainda o amo e sei que ele me ama, mas parece que não nos entendemos mais."

Sara descreveu uma falha de comunicação típica. Ela e o marido trabalham muito e, na sexta-feira à noite, estão exaustos. Certa vez, contrariando o bom senso, eles concordaram em receber dois amigos do filho adolescente para jantar e passar a noite. Quando o marido chegou em casa, Sara disse:

SARA: *No que estávamos pensando? Nós deveríamos ter recusado. Ele poderia receber os amigos amanhã à noite.*
BILL: *Ei, você concordou tanto quanto eu. Não me culpe.*
SARA: *Relaxa, Bill. Não estou te culpando. Eu disse "nós", não disse? Por que está distorcendo minhas palavras?*
BILL: *Bem, ser negativa não vai melhorar a situação. Não é algo tão grave.*
SARA: *Eu não disse que era grave. Só queria que os meninos viessem outro dia. Mas não posso reclamar de nada. Estou exausta, só isso.*
BILL: *Sim, você só está exausta.*

Por que essa conversa foi tão ruim? Sara não entendeu o motivo, e suspeitamos de que o marido também não. Essa conversa desandou devido ao que o Dr. Howard Markman, especialista em relacionamentos, chama de "filtros",[2] análogos a suas crenças e emoções decorrentes. Eles influenciam a forma como interpretamos as palavras de nosso parceiro; distorcem a mensagem; e dificultam a comunicação eficaz. Existem quatro filtros básicos, e cada um deles pode ser minimizado com as habilidades de resiliência.

- **PENSAMENTOS DISTRATIVOS.** O filtro mais básico envolve seu nível de atenção às palavras de seu parceiro. Às vezes, a distração pode ser causada por fatores ambientais — um novo episódio da sua série favorita, crianças correndo pela casa —, mas suas crenças instantâneas também podem distraí-lo. Por exemplo, seu cônjuge começa a falar sobre as passagem aéreas baratas que encontrou para as férias juntos, mas você está pensando no trabalho que precisa concluir, em um desentendimento que teve com um colega ou em uma conversa anterior com seu parceiro que continua a incomodá-lo. A habilidade acalmar e focar é uma ótima maneira de colocar sua mente de volta nos trilhos ao ser distraído por seus pensamentos ou ter dificuldade em se concentrar no que seu parceiro precisa dizer.
- **CRENÇAS.** Um segundo filtro envolve suas crenças. As conversas com seu parceiro não começam com uma folha em branco, pois você carrega crenças de conversas anteriores ou experiências que teve ao longo do dia. E, como já sabemos, essas crenças podem afetar a forma como você interpreta as declarações de seu parceiro. O que Sara não sabia quando reclamou da festa do pijama era que, assim que Bill estava saindo do escritório, seu chefe — nada sensato — o criticou na frente de alguns colegas. Isso ativou seu radar de violação de direitos e o deixou com raiva. Então, quando Bill chegou em casa, o radar — em alerta máximo — fez com que ele interpretasse a declaração inicial de Sara como uma crítica, concluindo que

ela estava culpando-o pelo problema, e não apenas expressando frustração. Mas, infelizmente, em vez de testar a precisão de sua interpretação, Bill agiu por impulso e repreendeu Sara. A habilidade desafiar crenças é essencial para uma comunicação precisa. Às vezes, o problema também surge por causa das armadilhas de pensamento. Se você costuma tirar conclusões precipitadas ou fazer leitura da mente, terá mais dificuldade em escutar o que seu parceiro está dizendo. Por esse motivo, é imprescindível identificar e controlar os erros de pensamento.

- **EMOÇÕES.** Se você já está abalado quando seu parceiro aborda um assunto ou se uma emoção intensa assume o controle assim que vocês começam a conversar, isso provavelmente distorcerá sua interpretação. Como Bill já estava irritado devido a eventos anteriores, a forma como ele escutou cada palavra foi afetada. Uma das estratégias mais eficazes é pedir um momento para controlar suas emoções — as técnicas para acalmar, aliadas à resiliência em tempo real, são uma combinação poderosa.
- **DIFERENÇAS NOS ESTILOS DE COMUNICAÇÃO.** Talvez você se sinta confortável em compartilhar seus pensamentos e sentimentos, mas seu parceiro não. Talvez ele expresse sentimentos por meio de ações em vez de palavras. O estilo de comunicação geralmente é determinado por icebergs ("É errado demonstrar raiva" ou "Os homens não devem falar, eles devem agir") e, a menos que você reconheça essas crenças, acabará se comunicando mal e interpretando seu parceiro de forma equivocada, afinal, o estilo dele provavelmente é diferente do seu. Mostraremos como detectar icebergs junto com seu parceiro para que vocês entendam o que está causando o mal-entendido.

Aplicando as Habilidades de Resiliência para Melhorar a Comunicação

Retomemos o exemplo de Sara e Bill para conferir como as habilidades de resiliência poderiam ajudá-los a se comunicar de forma mais eficaz. Lembre-se: eles concordaram em deixar o filho receber amigos, mas ambos estão exaustos e Sara tenta conversar com Bill sobre como ela está se sentindo. Começaremos explorando o que eles pensam — suas crenças instantâneas — em contraste ao que dizem. A seguir, apresentamos as crenças instantâneas de cada um para ilustrar como elas influenciam suas palavras.

SARA DIZ: *No que estávamos pensando? Nós deveríamos ter recusado. Ele poderia receber os amigos amanhã à noite.*

CRENÇA INSTANTÂNEA DE BILL: Acabei de chegar e ela já está brigando, sendo que também concordou.
BILL DIZ: *Ei, você concordou tanto quanto eu. Não me culpe.*
CRENÇA INSTANTÂNEA DE SARA: O que aconteceu? Ele já está na defensiva. Bill nunca escuta o que digo.
SARA DIZ: *Relaxa, Bill. Não estou te culpando. Eu disse "nós", não disse? Por que está distorcendo minhas palavras.*
CRENÇA INSTANTÂNEA DE BILL: Ela é muita negativa. São apenas algumas crianças em nossa casa, não um jantar para o presidente. Tudo se torna um problema.
BILL DIZ: *Bem, ser negativa não vai melhorar a situação. Não é algo tão grave.*
CRENÇA INSTANTÂNEA DE SARA: Por que ele não admite seus erros? Sempre age como se tudo estivesse bem e então me critica quando digo que gostaria que as coisas fossem diferentes.
SARA DIZ: *Eu não disse que era grave. Só queria que os meninos viessem outro dia. Mas não posso reclamar de nada. Estou exausta, só isso.*
CRENÇA INSTANTÂNEA DE BILL: Quem ela está enganando? Sara reclama demais! Tudo sempre vira uma catástrofe.
BILL DIZ: *Sim, você só está exausta.*

Agora sabemos por que a conversa foi um desastre. Mostraremos como o tom poderia ser diferente se Bill usasse apenas três das sete habilidades: aprender seus ABCs, evitar armadilhas de pensamento e desafiar crenças.

Bill precisaria perceber a insensatez de sua reação inicial. Afinal, a primeira declaração de Sara foi inofensiva e, mesmo assim, ele ficou irritado, pois alguma coisa o impactou. Ao ter essa percepção, ele poderia pedir um momento para entender melhor as circunstâncias e, em seguida, usar o ABC para descobrir o que causou sua raiva. A seguir, explicamos como seria.

BILL: *Desculpa, Sara. Não sei por que estou irritado. Me dê um minuto, ok? Acabei de chegar e acho que não estou raciocinando direito.*
DIZ PARA SI MESMO: Acalme-se. Ela só disse que gostaria de receber os meninos outro dia. Por que estou tão irritado? Acho que é porque presumi que ela está me culpando.

Bill identificou a adversidade — a declaração da esposa — e a consequência — sua irritação. Em seguida, ele captou suas crenças.

BILL CONTINUA: Parece que estou tirando conclusões precipitadas. Acho que deixei meu mau humor influenciar a forma como interpretei o comentário dela. Quero dizer, Sara não me culpou, ela disse "nós". Mas acho que fui eu quem concordou em receber os meninos hoje. Ela estava mais ambivalente. Talvez esteja me culpando. É melhor eu conferir.

Bill identificou a armadilha de pensamento e, em seguida, gerou alternativas e testou a precisão de suas crenças com base em evidências.

BILL DIZ PARA SARA: *Peço desculpas por criticá-la. Estou chateado com algo que aconteceu no trabalho e acho que interpretei mal suas palavras. Você disse "nós" da boca pra fora? Está irritada comigo por ter concordado? Sei que você provavelmente recusaria se a decisão fosse só sua.*
SARA: *Não, de jeito nenhum. Eu falei sério quando disse "nós". Estou tão cansada do trabalho que só quero um pouco de paz e sossego. Não estou a fim de lidar com um bando de adolescentes esta noite. É só isso.*
BILL: *Sim, eu entendo. Talvez possamos trancá-los no porão.*
SARA: *(rindo) Você está concorrendo a Melhor Pai do Ano, não é? Então, o que aconteceu no trabalho?*
BILL: *Ah, você vai adorar essa história. Eu estava prestes a sair quando Jack entrou no meu escritório e disse...*

Que conversa diferente! Em apenas alguns minutos, Bill foi capaz de reconhecer suas crenças instantâneas (aprender seus ABCs), identificar um erro de pensamento (evitar armadilhas de pensamento) e, em seguida, testar sua precisão (desafiar crenças). E, ao assumir a responsabilidade por seus sentimentos e conseguir se acalmar, ele mudou drasticamente a direção da conversa. Em vez de se sentirem irritados e isolados, Bill e Sara demonstraram empatia e se aproximaram. A casa ainda será invadida por adolescentes, mas pelo menos agora o casal está unido para encarar a situação.

Melhorando a Comunicação por Meio da Empatia

Bill se responsabilizou por suas emoções e aplicou as habilidades de resiliência para se comunicar mais diretamente com a esposa. Quando ele mudou de humor, Sara seguiu o exemplo e a conversa assumiu um tom diferente. Mas, sejamos sinceros, nem todas as conversas ocorrem de forma adequada. Mesmo após o uso das habilidades, seu parceiro ainda pode se sentir incompreendido e ser incapaz de mudar o humor. Talvez ele não saiba por que está se sentindo de determinada forma ou talvez precise ter certeza de que você entende os sentimentos dele antes de seguir em frente. Você pode usar seu conhecimento das conexões B–C e a habilidade detectar icebergs para demonstrar empatia e se conectar com seu parceiro.

Imagine que agora é domingo à noite. Bill e Sara estão tomando uma taça de vinho, se preparando para a semana, e Sara começa a organizar as responsabilidades.

SARA: *Ok, vamos ver. Mike tem um jogo de basquete na terça-feira às 19h e a mãe de Joey disse que ele pode jantar lá na quarta-feira, pois precisam terminar um projeto da escola. Laney tem aula de dança até 19h30 na terça-feira e algum compromisso na quinta-feira — esqueci o que é. Nossa, ando com a cabeça nas nuvens... Ah, certo, é a reunião na escola. Posso levar Mike no jogo e Laney na aula de dança. Você busca Mike no Joey e deixa Laney na escola?*
BILL: *Nossa, Sara, vamos desacelerar. Era para ser uma taça de vinho relaxante, e não as Olimpíadas de Gestão de Tempo.*
SARA: *Desculpe, mas precisamos nos organizar. Se não falarmos sobre isso esta noite, a semana será uma bagunça.*
BILL: *Tanto faz. Apenas anote o que preciso fazer. (Ele se levanta para sair da sala.)*
SARA: *(resmungando) Ah, sim, agora sou sua secretária?*
BILL: *Você quis dizer minha chefe, não é?*

E lá se foi o momento de tranquilidade. Bill está irritado. Sara se sente sobrecarregada. Nenhum dos dois entende o que o outro está passando. Mas eles podem superar esse conflito ao conversar e usar a compreensão das conexões B–C e a habilidade detectar icebergs. Avancemos dez minutos.

BILL: *Olha, Sara, você não pode falar assim comigo. É um aspecto que precisa melhorar.*
SARA: *Sei que você ficou irritado, mas, para ser honesta, não entendo. Eu pareci controladora?*

Sara sabe que a raiva das pessoas decorre da crença de violação de direitos, então ela tenta descobrir se foi isso que Bill pensou.

BILL: *Controladora? Você estava me dando ordens sem nem ouvir minha opinião. Tenho que tolerar essa atitude no trabalho, mas espero que não na minha casa.*

Bill ainda está irritado.

SARA: *Eu também ficaria irritada se você me desse ordens, mas você está muito bravo. Não quero brigar, só quero entender sua reação.*

Sara está lidando bem com as circunstâncias. Ela não desafia a precisão da interpretação de Bill, pois, se o fizesse, ele provavelmente ficaria na defensiva. Em vez disso, ela percebe a desconexão entre a crença instantânea — receber ordens — e a intensidade da raiva. Sara acredita que eles se depararam com um iceberg.

BILL: *Bem, como eu disse, tenho que tolerar essa atitude no trabalho, mas não na minha casa. Não sou seu lacaio para ficar recebendo ordens.*
SARA: *Sei que isso te irritaria. Você quer continuar a conversa? Algo que eu disse parece ter te incomodado.*

Sara reconhece os sentimentos dele e, em seguida, sugere aprofundar a conversa. Ela espera sua permissão antes de continuar.

BILL: *Sim. Não tive a intenção de ser enigmático. Me irritei quando você disse o que eu precisava fazer.*
SARA: *Bem, suponha que eu lhe desse ordens, o que é mais inquietante?*

Sara faz perguntas para ajudá-lo a identificar o significado profundo.

BILL: *Como eu disse, tenho que aturar isso de Jack, mas não quero passar pela mesma situação na minha casa.*
SARA: *Ok, mas suponha que você passe por essa situação em casa, o que há de tão ruim nisso?*

Sara faz outra pergunta do tipo "o que" para ajudar Bill a se aprofundar.

BILL: *Não suporto ser tratado como um subalterno, como se eu devesse obediência a alguém ou algo assim.*
SARA: *Entendo. Mas o que é o pior de ser tratado dessa forma?*

Sara mantém o foco para revelar mais crenças.

BILL: *Eu me sinto um idiota. Como se estivesse aceitando ser desrespeitado.*
SARA: *Então, em algum nível, você sentiu que eu estava te menosprezando. Você acha que esse é o motivo de tanta raiva?*
BILL: *Sim. É que eu não sei o que fazer em relação a Jack. A forma como ele fala comigo — é como se estivesse mandando em mim. E é muito*

complicado, pois ele não é o cara mais fácil de abordar, então não sei como conversar com ele sobre isso. Mas não aguento mais essa situação.

Observe que Bill não sente mais necessidade de falar sobre a interação com Sara. Ao identificar o iceberg — ser um idiota por tolerar o desrespeito —, seu foco muda naturalmente para a verdadeira origem de sua raiva. Como isso aconteceu? Ele sentiu a empatia e a compreensão de Sara. Ela não precisou fazer muitas declarações do tipo "O que eu ouço você dizer é...", que muitos psicólogos incentivam os pacientes a usar (mas que parecem desconfortáveis e falsas para muitas pessoas). Em vez disso, ao fazer as perguntas, Sara manifestou interesse nos pensamentos e nas emoções de Bill, evidenciando que a experiência dele começava a fazer sentido para ela. Esse é um exemplo de comunicação empática.

Sem dúvida, Sara pode ter os próprios icebergs nessa situação. Bill agora se sente compreendido, mas ela talvez não. Se for o caso, eles podem retornar à experiência de Sara e tentar entendê-la melhor. Alguns casais preferem fazer isso imediatamente; outros se sentem mais confortáveis em revisitar a situação em um outro momento ou até mesmo esquecê-la por completo — muitas vezes a conexão que surge após passarem pelo processo juntos atenua a necessidade de reaplicá-lo. Isso não significa que um parceiro deva sempre se concentrar no outro, o que de fato pode acontecer, sobretudo quando uma das pessoas se sente mais à vontade no papel de "guia". Embora não recomendemos manter um "placar", se você perceber um desequilíbrio na frequência de discussão dos seus "problemas" versus os do seu parceiro, é um assunto que vale a pena entrar em pauta.

Sabemos que ler os diálogos em um livro faz com que o processo pareça mais fácil do que realmente é. Essas conversas — pelo menos inicialmente — têm altos e baixos. Nas primeiras tentativas, pode dar errado ou pode parecer difícil e incômodo. E tudo bem. Na verdade, faz muito sentido. Tentar algo novo sempre é um pouco desconfortável. Mas nossa experiência mostra que, se você persistir e continuar praticando, a habilidade Detectar Icebergs se tornará mais confortável e você encontrará a linguagem e o ritmo certos.

Discutindo de Forma Resiliente

Aprender a construir empatia, se comunicar de forma mais eficaz e realmente *escutar* o que seu parceiro está dizendo é um grande progresso. Mas sejamos honestos, mesmo que você se comunique de forma eficaz, seu relacionamento não será perfeito. Na verdade, uma coisa é certa: conflitos surgirão. E a pesquisa mostra que a *forma* como você briga é muito importante. A propósito, quando usamos a palavra "briga", queremos dizer discussões verbais, e não violência física. Se você sofre qualquer tipo de abuso, procure aconselhamento imediatamente. Entre em contato com a Central de Atendimento à Mulher pelo número 180.

Leia as seguintes discussões e pergunte-se qual delas é mais parecida com a maneira como você e seu parceiro brigam.

"QUAL É O SEU PROBLEMA?"

Julie e Rich estão em meio à caótica rotina matinal. Rich veste duas das três crianças para a escola, enquanto Julie toma banho e se arruma para o trabalho. Julie coloca as meias e os sapatos nas crianças, enquanto Rich toma banho e envia um e-mail. Às 7h15, quando Rich desce as escadas, as crianças estão tomando o café da manhã em frente à TV, e Julie está preparando as lancheiras e escrevendo um bilhete sobre o mais novo para a babá.

É o café da manhã em frente à TV que desencadeia a briga.

RICH: *Qual é o seu problema? Por que eles estão tomando café da manhã na frente da televisão? Achei que tínhamos combinado de não fazer mais isso.*
JULIE: *Porque eu não posso me atrasar de novo, simplesmente não posso. Por favor, não comece a discutir logo de manhã. Já estou cansada demais.*
RICH: *É inútil, pois não poupa tempo nenhum. Já falamos sobre isso várias vezes. Concordamos que eles comeriam na mesa.*
JULIE: *Você quer que eles comam na mesa? Ótimo. Vá em frente. De agora em diante, a responsabilidade é sua. Você os arruma para a escola, prepara as lancheiras, dá o café da manhã, certifica-se de que foram ao banheiro, coloca-os no carro e deixa-os na escola. Sério, vá em frente. Divirta-se.*
RICH: *Não entendo, Julie. Inúmeras mães dão café da manhã para os filhos e os levam para a escola e, pelo que sei, elas não se consideram mártires. Por que você faz todo esse escândalo?*

"DE QUE LADO VOCÊ ESTÁ?"

Meg e Joe moram juntos há um ano e meio. A mãe de Joe, que não aprova a decisão, irá visitá-los no fim de semana, e Meg não está nada entusiasmada. A mãe de Joe tem um histórico de ser crítica e negativa, e isso muitas vezes desencadeia discussões entre o casal. Meg quer que Joe defenda o relacionamento deles e explique para a mãe que alguns assuntos devem ser evitados.

MEG: *Você pode falar com sua mãe antes de ela chegar? Diga a ela para não comentar sobre nossa decisão de morar juntos. Seria muito mais tranquilo se eu não tivesse que me preocupar o fim de semana todo com "a conversa".*
JOE: *Seja mais compreensiva, Meg. Minha mãe é de uma geração diferente. Ela não concorda com nossa decisão. Você não pode exigir que ela não diga nada. Apenas ignore. A opinião dela não vai mudar nosso relacionamento.*
MEG: *Essa não é a questão. Só não quero ficar tensa o fim de semana todo. Se você disser a ela para evitar o assunto, eu conseguirei relaxar e aproveitar a visita. Parece que você não quer defender nossas escolhas, e acho isso um problema sério. De que lado você está?*
JOE: *Você está sendo insensata. Ela só vem no fim de semana, Meg. Apenas um fim de semana. Gostaria que você fosse mais flexível. Você está dando a entender que estou sempre do lado dela, e não do seu. Não a vemos há seis meses.*
MEG: *Sei que é apenas um fim de semana, mas, sejamos honestos, houve muitas vezes em que você a deixou falar coisas que não toleraria de outra pessoa. Você esqueceu quando ela reclamou dos pratos que usamos no jantar? Só quero sentir que sou sua prioridade. É pedir demais?*
JOE: *Você é minha prioridade. Mas não é fácil lidar com ela. Você sabe como minha mãe costuma ser autoritária. Pelo menos eu a convenci a passar só o fim de semana, e não a semana toda. Mereço algum crédito por isso.*
MEG: *Sim, você está certo, isso foi ótimo. Apenas prometa que você mudará de assunto se ela falar sobre nossa decisão. Sério. Preciso dessa promessa.*
JOE: *Ok. Eu prometo.*

COMO VOCÊ DISCUTE?

Acabamos de ver dois estilos de discussão diferentes. Rich e Julie são mordazes e sarcásticos um com o outro. Meg e Joe evidenciam e especificam suas reclamações. As pesquisas sobre relacionamentos mostram que a *forma* como você briga com seu parceiro é muito mais importante em termos de longevidade e saúde da relação do que a *frequência* das discussões.[3] Todo relacionamento requer esforço, todo relacionamento passará por momentos difíceis, todos os casais discordarão e brigarão, mas alguns, como Rich e Julie, têm um estilo de discussão tóxico, enquanto outros, como Meg e Joe, têm um estilo de discussão saudável e resiliente.

Estilos de Discussão

O Dr. John Gottman, um dos principais especialistas em relações e casamento, e seus colaboradores conseguiram identificar os estilos de discussão que levam ao fracasso de um relacionamento. Na verdade, por meio de uma série de estudos, a equipe de Gottman foi capaz de prever com precisão, em mais de 90% dos casos, quais casais permaneceriam juntos e quais acabariam se separando. Eles descobriram que os começos hostis e o assassinato de caráter destroem os relacionamentos.[4]

COMEÇOS HOSTIS

Quando Rich vê as crianças tomando o café da manhã em frente à TV, seu primeiro comentário para a esposa é "Qual é o seu problema?". Os pesquisadores chamam isso de "abordagem ríspida", pois comentários como esses são repreensivos e afrontosos, levando a outra pessoa a responder da mesma forma. Então, o casal adentra um conflito crescente que não abre margem para a empatia ou a resolução construtiva de problemas. Os começos hostis desviam o foco da discussão e fazem com que o objetivo implícito seja magoar a outra pessoa. Quando Rich e Julie brigam, o objetivo muda quase imediatamente — em vez de expressar uma queixa e resolver um conflito, eles passam a humilhar e insultar um ao outro. Veja como Julie menciona "a briga do café da manhã" mais tarde naquele dia.

JULIE: *Não gostei da maneira como você me atacou esta manhã. Você sempre se acha superior, como se fosse o melhor pai do mundo... me poupe!*

Mesmo que Rich quisesse debater a briga de forma aberta e honesta, seria muito difícil. O tom de Julie está impregnado de insulto. Declarações do tipo "você sempre..." são como um pano vermelho para um touro — quase impossíveis de resistir. É por isso que o começo de uma briga é tão importante. Ele define o tom da interação. Se a discussão for iniciada com sarcasmo e desprezo, fica muito difícil continuar de maneira produtiva.

O descomedimento nas brigas de Rich e Julie costuma ser evidente, mas talvez você não o perceba em suas próprias discussões. Na verdade, há ocasiões em que eles fazem insultos sutis, sem nem levantar a voz. Veja um exemplo.

RICH: *A panela que você usou ainda está suja.*

JULIE: *Eu sei. Afinal, fui eu que fiz o jantar.*
RICH: *Então você deveria terminar o que começou.*
JULIE: *Seria ótimo, não é? Aí você poderia relaxar e assistir ao noticiário.*
RICH: *Sempre tem que ser um toma lá dá cá? Eu me esqueci de verificar o contrato de "divisão das tarefas domésticas", então me processe.*
JULIE: *A panela vai ficar na pia. Eu não vou lavar.*

Eles não gritaram nem se xingaram, mas a mensagem ainda foi óbvia. Julie se sente sobrecarregada e acha que Rich deveria ajudar mais. Rich acha que a obrigação de dividir as tarefas domésticas destruiu seu espírito de generosidade. Talvez ambos tenham razão. Quem sabe? Mas uma coisa é certa: a conversa não os aproximou e não os ajudou a resolver o problema subjacente.

Como suas brigas começam? Preste muita atenção à forma como você e seu parceiro abordam um conflito. Se você ou ele costuma começar com sarcasmo e desprezo, certamente está fazendo mais mal do que bem. Muitas vezes, essa abordagem ríspida é influenciada por crenças instantâneas, como "Se eu não criar um contexto negativo, ele vai ignorar o que tenho a dizer" ou "Ela é muito melhor do que eu em discutir, então preciso ser contundente". O problema é que essas crenças acarretam comentários destrutivos que desviam a discussão da adversidade real. Ao desafiar as crenças instantâneas que incitam sua hostilidade, você estará em uma posição melhor para argumentar de forma justa e construtiva.

CULPAR O CARÁTER, E NÃO O COMPORTAMENTO

Parte do que torna os começos de Rich e Julie tão hostis é que eles atacam o caráter um do outro, e não o comportamento. Quando Julie se esquece de pagar uma conta, Rich a acusa de ser "desleixada". Quando Rich deixa suas roupas de ginástica espalhadas pelo chão, Julie o chama de "preguiçoso". Eles não concentram suas queixas no comportamento; em vez disso, caem na supergeneralização e veem cada deslize como uma falha de caráter. Nós nos referimos a essa armadilha de pensamento como "assassinato de caráter", pois é exatamente o que parece. É como se você questionasse o valor fundamental da pessoa como ser humano. E se tornar o alvo desse tipo de questionamento nunca é agradável.

Para praticar a crítica construtiva, reformule cada uma das seguintes supergeneralizações, transformando-a em uma reclamação mais específica.

O objetivo é apontar o comportamento com o qual você está chateado, sem atacar o caráter do seu parceiro. Faremos a primeira para ilustrar.

No décimo aniversário de casamento, seu parceiro lhe dá uma torradeira.

Queixa supergeneralizada: Você não é nem um pouco romântico.

Reclamação específica: *A torradeira é ótima, mas eu gostaria de ganhar presentes românticos no nosso aniversário.*

Seu cônjuge decide participar de uma conferência e deixar você sozinho com dois filhos doentes.

Queixa supergeneralizada: Que ótimo pai! Você só se importa com sua carreira.

Reclamação específica: ______________________________________

Seu parceiro engordou e está prestes a comer uma segunda fatia de bolo.

Queixa supergeneralizada: E a dieta? Você não tem autocontrole.

Reclamação específica: ______________________________________

A tendência a supergeneralizar reflete um estilo explicativo característico. Leia os pares de comentários que Jon faz à sua parceira, Jess, e decida se cada um é mais "eu" ou "não eu"; "sempre" ou "não sempre"; e "tudo" ou "não tudo".

Situação 1: Jon e Jess se perdem a caminho de um novo restaurante.
Jon diz:

A: Você não tem muita noção de direção.
B. Você escolheu um trajeto bem confuso.

Situação 2: Jon e Jess discutem várias vezes ao longo do dia.
Jon diz:

A: Qual é o seu problema? Você está sempre na defensiva e de mau humor.
B. Qual é o seu problema? Você provocou brigas o dia todo.

Em cada situação, o comentário "A" sobre Jess é Sempre, Tudo. Ou seja, nessas afirmações, Jon atribui o problema à sua parceira, e não aos fatores externos, com uma perspectiva global ("você sempre está na defensiva e de mau humor") e imutável ("você não tem muita noção de direção"). Os comentários "B", por sua vez, focam um aspecto específico e mutável. Quando surgem problemas em seu relacionamento, você costuma culpar seu parceiro? Ao culpá-lo, acaba se concentrando em um comportamento específico ou em uma falha de caráter?

A diferença entre culpar o comportamento versus culpar o caráter é reveladora. Os casais que culpam o caráter um do outro são muito menos felizes e satisfeitos do que os casais que concentram a queixa em um comportamento específico e mutável. Embora muitos casais culpem o caráter alheio apenas às vezes, o verdadeiro problema surge quando esse estilo de crítica se torna desdenhoso, e isso acontece com muita frequência.

Usando as Habilidades de Resiliência para Mudar o Estilo de Discussão

A habilidade de resiliência a ser aplicada depende da razão pela qual você e seu parceiro estão brigando. As pesquisas sobre relacionamentos mostram que o motivo da discussão pode ser dividido em duas grandes categorias: problemas solucionáveis versus problemas perpétuos.[5] Alguns dos problemas que levam a brigas são solucionáveis. Eles giram em torno de um evento específico e controlável e, se o estilo de discussão for saudável, é possível encontrar uma solução. Você e seu parceiro podem definir de quem é a vez de ir ao mercado, onde passar as férias, se devem presentear um amigo com uma sopeira ou uma coqueteleira. Outros problemas são muito mais difíceis de resolver, pois não se concentram em uma situação específica, mas, sim, em diferenças básicas de personalidade e, na maioria dos casos, essas diferenças básicas não vão mudar. Talvez você aprecie a organização e acredite que tudo tem seu lugar (a ordem rege seu estilo de vida), mas seu parceiro vê isso como uma doença e argumenta que uma casa excessivamente limpa é um sintoma de... ele ainda não tem certeza. Ou talvez você seja sociável e adore a casa sempre cheia de gente. Antigos amigos de faculdade, ex-namoradas, familiares distantes são sempre bem-vindos. Seu parceiro, por outro lado, adora o "tempo em família" e aprecia noites tranquilas em casa, se divertindo com jogos de tabuleiro e assistindo a filmes. Talvez a diferença básica entre vocês dois seja a forma de lidar com dinheiro — um prefere economizar, o outro gosta de gastar — ou com sexo — uma vez por semana é "frequente" para um e "infrequente" para o outro.

Seja qual for a diferença, Gottman apelidou essas questões de "problemas perpétuos", pois elas tendem a se repetir ao longo de um relacionamento, muitas vezes resultando no que ele chama de "impasse". O impasse surge quando há discussões recorrentes que não avançam — geralmente porque os estilos de pensamento fomentam padrões antigos. É como se o casal andasse em círculos, dizendo as mesmas coisas, com o mesmo efeito. De acordo com a pesquisa de Gottman, a maioria dos problemas que os casais enfrentam são perpétuos. E, quando os casais ficam presos em um impasse, o relacionamento é seriamente prejudicado.

Você e seu parceiro precisam aprender a evitar o impasse e, assim, mesmo diante de problemas antigos, não acabarem presos em padrões ineficientes.

Aplicando a Resiliência aos Problemas Solucionáveis

No primeiro exemplo, abordaremos um problema solucionável usando as habilidades aprender seus ABCs, evitar armadilhas de pensamento e desafiar crenças.

A BRIGA DO FIM DE SEMANA

Lembra-se de Meg e Joe, que discutiram por causa da mãe dele? O casal tem um problema recorrente — não é um grande problema, mas é algo que atrapalha quase todos os fins de semana. Recentemente, Meg e Joe compraram uma casa. É uma casa espaçosa, com corredores largos, janelas com vitrais e um jardim encantador, mas necessita de muita reforma. As paredes precisam ser pintadas. Os pisos precisam ser lixados. As luminárias precisam ser substituídas. A "casa dos sonhos" não parece mais tão onírica, e o desejo de trabalharem juntos na restauração, como se fossem apresentadores de um reality de reforma, acabou sendo apenas uma fantasia.

Ambos têm empregos de alta pressão — Meg é advogada, Joe é banqueiro de investimentos — e estão acostumados a trabalhar por muitas horas. Ocasionalmente, eles têm certas obrigações no sábado ou no domingo, mas, na maioria das vezes, os fins de semana são livres. É aí que surge o conflito. Nos fins de semana, Joe quer relaxar com Meg, sair com os amigos, caminhar, andar de bicicleta, aproveitar o tempo de lazer. Para Meg, os fins de semana são uma oportunidade de avançar na reforma da casa. As noites de sexta-feira são agradáveis e tranquilas, mas, quase sempre, o conflito irrompe no sábado de manhã.

Para chegar ao cerne do problema, pedimos a Meg que descrevesse a briga do sábado anterior e que fosse o mais específica possível sobre o que foi dito e como foi dito. A seguir, apresentamos seu relato.

Sábado de manhã, às 8h15, Meg já está vestida e leva uma xícara de café para Joe, acordando-o gentilmente.

MEG: *Ei, dorminhoco. Hora de levantar. Não vamos desperdiçar o dia.*
JOE: *(olhando pela janela) Parece um ótimo dia para um passeio. Que tal se eu preparar o café da manhã e depois andarmos de bicicleta?*
MEG: *Sabe, eu esperava que você terminasse as escadas da casa. Ainda não conseguimos lixar os degraus, e o corrimão precisa de uma segunda camada de tinta. Se você fizer isso, pensei em pintar o quarto de hóspedes.*
JOE: *Você está brincando, né? Vamos fazer essas coisas à noite. Não quero passar o dia reformando a casa. Por favor... Eu, você e nossas bicicletas ao ar livre...*
MEG: *Eu estava pensando em mim, você e a lixadeira dentro de casa...*

A conversa começa amigável, mas logo desanda. Joe acusa Meg de distribuir tarefas e não querer aproveitar o dia com ele. Meg rebate, afirmando que ele não honra seus compromissos e não se importa com a casa. Ela diz a Joe que se sente enganada, que nunca teria concordado em comprar aquele imóvel se soubesse que ele deixaria a reforma se arrastar por tanto tempo.

Essa não é uma briga incomum. Depois da discussão, eles costumam se evitar por um tempo — sem entusiasmo, Meg se dedica a algum projeto da casa e Joe leva o cachorro para um longo passeio. Algumas horas depois, quando eles se reencontram, sentem-se distantes e lamentam o fato de que a mesma briga tenha atrapalhado a diversão juntos.

De início, pedimos que Meg mapeasse o ABC. Para tanto, ela fingiu que era sábado passado, pois precisava captar o que estava acontecendo à medida que a briga se desenrolava. A seguir, está o que Meg nos disse.

ADVERSIDADE: Na maioria dos fins de semana, Joe quer se divertir em vez de reformar a casa. Naquele sábado, eu o acordei e, com gentileza, sugeri que terminássemos as escadas. Ele disse que preferia andar de bicicleta e começamos a discutir.
BASE DE CRENÇAS DURANTE A BRIGA: Ele é o Sr. Faz-tudo no escritório, mas, quando chega em casa, se torna um preguiçoso. Diz que quer aproveitar o dia comigo, mas na verdade só quer fugir da reforma. Ele nunca termina o que começa e estou cansada disso. Se não quisesse consertar a casa, deveria ter sido honesto e poderíamos ter comprado uma que não exigisse tanto trabalho. Eu sabia que ele não queria essa casa, mas insisti até convencê-lo. Agora está tudo uma bagunça.

CONSEQUÊNCIAS: Fiquei muito brava e decepcionada com Joe. Só queria evitá-lo pelo resto da manhã. Também me senti mal comigo mesma. Como se tivesse insistido demais para comprar a casa e não prestasse atenção às preocupações dele.

Após mapear o ABC, Meg verificou as conexões B-C.

A propósito, o exemplo de Meg mostra por que é uma boa ideia usar caneta e papel ao aplicar essas habilidades — havia muita coisa acontecendo, e teria sido difícil acompanhar tudo apenas mentalmente.

Em seguida, Meg analisou as armadilhas de pensamento. Em vez de aceitar suas crenças instantâneas como uma leitura factual da situação, ela se questionou se havia caído em alguma das oito armadilhas, registrando-as na coluna correspondente.

BASE DE CRENÇAS	TIPO DE CRENÇA	ARMADILHAS	CONSEQUÊNCIAS
1. Ele é o Sr. Faz-tudo no escritório, mas, quando chega em casa, se torna um preguiçoso.	Violação de direitos		Raiva
2. Diz que quer aproveitar o dia comigo, mas na verdade só quer fugir da reforma.	Violação de direitos e perda		Raiva Tristeza
3. Ele nunca termina o que começa e estou cansada disso.	Violação de direitos		Raiva
4. Se não quisesse consertar a casa, deveria ter sido honesto e poderíamos ter comprado uma que não exigisse tanto trabalho.	Violação de direitos		Raiva
5. Eu sabia que ele não queria essa casa, mas insisti até convencê-lo. Agora está tudo uma bagunça.	Violação de direitos alheios e perda de autoestima		Culpa Tristeza

Meg encontrou três armadilhas de pensamento em suas crenças instantâneas, então fez a si mesma uma série de perguntas simples para escapar delas. Na crença 1, ela estava supergeneralizando. Não querer passar a manhã de sábado lixando os degraus torna Joe um preguiçoso? Há momentos em que ele é útil em casa? Na crença 2, ela percebeu que estava fazendo leitura da mente. Como Meg poderia saber o que Joe estava pensando quando disse que queria passar o dia com ela? Qual é o motivo para duvidar da sinceridade da declaração? Na crença 3, Meg concluiu que havia caído na visão limitada. É verdade que Joe *nunca* termina o que começa ou ela está se concentrando em apenas algumas das informações? Meg constatou que as duas últimas crenças não abarcavam nenhuma armadilha de pensamento, mas ela reconheceu que eram imprecisas.

Em seguida, Meg precisou decidir se usaria a habilidade desafiar crenças ou colocar em perspectiva. Lembre-se: a primeira é aplicada para testar a precisão das crenças do porquê — crenças sobre a causa do problema —, enquanto a segunda serve para conferir se as crenças do depois são catastróficas e, em caso afirmativo, identificar os resultados mais prováveis. Meg percebeu que a maioria de suas crenças instantâneas girava em torno da causa de seu conflito recorrente com Joe, então ela escolheu desafiar crenças.

BASE DE CRENÇAS	TIPO DE CRENÇA	ARMADILHAS	CONSEQUÊNCIAS
1. Ele é o Sr. Faz-tudo no escritório, mas, quando chega em casa, se torna um preguiçoso.	Violação de direitos	Supergeneralização	Raiva
2. Diz que quer aproveitar o dia comigo, mas na verdade só quer fugir da reforma.	Violação de direitos e perda	Leitura da mente	Raiva Tristeza
3. Ele nunca termina o que começa e estou cansada disso.	Violação de direitos	Visão limitada	Raiva
4. Se não quisesse consertar a casa, deveria ter sido honesto e poderíamos ter comprado uma que não exigisse tanto trabalho.	Violação de direitos		Raiva
5. Eu sabia que ele não queria essa casa, mas insisti até convencê-lo. Agora está tudo uma bagunça.	Violação de direitos alheios e perda de autoestima		Culpa Tristeza

Meg usou as dimensões do estilo explicativo a fim de gerar algumas explicações alternativas para o problema. Como muitas de suas crenças iniciais eram externas (culpando Joe) e generalizadas, ela tentou criar algumas alternativas mais específicas para compartilhar a responsabilidade pelo problema, como "Joe não se importa de morar na casa do jeito que está e quer ter a chance de relaxar e se divertir" e "Temos diferentes ideias de diversão. Para mim, reformar a casa juntos é divertido, mas para ele não".

Observe como essas alternativas são diferentes de suas crenças instantâneas. A própria natureza delas mudou — deixaram de ser acusativas e se transformaram em uma compreensão mais generosa dos motivos. Agora, Meg estava pronta para avaliar as evidências, mas decidiu que seria melhor fazer isso com Joe, pois eles teriam a oportunidade de compartilhar seus pensamentos e sentimentos sobre o problema.

Quando conversamos com Meg para nos atualizar da situação, ficamos sabendo que ela e Joe aproveitaram o primeiro fim de semana divertido em meses. Eles tiveram uma conversa sincera e reconheceram os dois maiores fatores que causavam as brigas: o fato de que, ao contrário de Joe, Meg gostava das tarefas da casa e não ansiava por aventuras matinais; e o fato de que Joe tinha receio das críticas de Meg (e havia evidências disso) quando ele não fazia um projeto da maneira adequada. Depois que as causas do problema foram identificadas, as diversas soluções se tornaram evidentes.

Alguns meses depois, Meg nos telefonou para contar como as coisas estavam indo. Ela disse que não havia mais brigas nos fins de semana. "Sem dúvida, as habilidades nos ajudaram a lidar melhor com os problemas, mas acho que houve uma mudança mais radical em nosso relacionamento. Parece que estamos bem mais próximos."

Aplicando as Habilidades Detectar Icebergs e Colocar em Perspectiva aos Problemas Crônicos

Ao utilizar as habilidades de resiliência, Joe e Meg encontraram uma solução viável para um conflito recorrente. Mas e quando os problemas não são tão facilmente resolvidos? Como já sugerimos, muitos dos conflitos enfrentados por casais se resumem a diferenças de personalidade que não vão mudar: você aprecia a organização e seu cônjuge não se importa com a casa um pouco bagunçada; pontualidade é uma regra para você, mas não para seu parceiro; você é poupador e seu cônjuge é gastador; você é complacente com os filhos e seu parceiro é um disciplinador rigoroso.

Quais são os problemas perpétuos em seu relacionamento? Todo relacionamento tem esse tipo de problema, e quanto mais cedo você reconhecer que alguns dos conflitos não desaparecerão, melhor será. Mas não nos interprete mal. Isso não significa que não há nada a se fazer para minimizar o efeito desses conflitos. Pelo contrário, em relacionamentos saudáveis, as pessoas conseguem manter os conflitos em perspectiva para não ficarem presas em um impasse. Segundo John Gottman, o impasse surge quando:[6]

- O conflito faz com que você se sinta rejeitado pelo seu parceiro.
- Você e seu parceiro dizem as mesmas coisas de sempre.
- Você e seu parceiro não estão dispostos a ceder diante do conflito.
- Com o passar do tempo, você e seu parceiro exageram as diferenças em suas perspectivas, distorcendo a realidade.
- Você não consegue manifestar generosidade ou bom humor, apenas hostilidade ou cansaço.

Descobrimos que existem duas habilidades poderosas para superar o impasse e evitar que essas diferenças arruínem seu relacionamento:

1. Detectar icebergs para prevenir o impasse.
2. Colocar em perspectiva para viabilizar a aceitação.

DETECTAR ICEBERGS PARA PREVENIR O IMPASSE

Gus e Carla estão casados há nove anos e têm dois filhos pequenos. Carla decidiu pausar a carreira de professora até que as crianças estejam na escola, então agora ela fica em casa em tempo integral. Gus trabalha como programador e em suas palavras: "Somos felizes no casamento. Faríamos tudo de novo, mas seria ótimo encontrar uma forma de melhorar alguns aspectos."

Apesar de seu sucesso em muitas áreas, há um problema perpétuo que o casal não consegue contornar. Na verdade, Gus e Carla estão presos nesse impasse há muito tempo. E eles só seriam capazes de se libertar ao descobrirem que cada um tinha icebergs ocultos.

A Cena do Dinheiro Perdido

O humor é essencial para Carla. Ela é divertida, engraçada e tem um lado irreverente que às vezes pode surpreender as pessoas. Ela se considera uma mistura de Dave Barry com David Sedaris. Gus adora conversar, sempre está aberto a qualquer assunto, mas não é um homem particularmente engraçado, nem valoriza o humor como Carla. Quando ela faz suas piadas, Gus aprecia, mas ele simplesmente não consegue agir do mesmo modo.

Talvez não pareça um grande conflito e, para muitos casais, não seria. Mas, para Carla e Gus, é uma fonte de tensão e desapontamento contínuos, e eles não entendem por que gera tanto mal-estar. Para eles, frases como "Não é possível que você não achou isso engraçado" desencadeiam brigas que deixam ambos confusos. Eles foram capazes de identificar suas crenças instantâneas, mas elas não explicavam a intensidade de suas reações. Um exemplo clássico é o que eles chamam de "a cena do dinheiro perdido".

A cena do dinheiro perdido é do filme *Relax* (*Lost in America*), estrelado por Albert Brooks e Julie Hagerty. Resumidamente, Brooks e Hagerty interpretam um casal que largou o emprego para explorar os EUA em seu trailer. Quando chega a Las Vegas, a esposa gasta todo o dinheiro em apostas. No dia seguinte, o marido, chocado e furioso, a repreende pelo dinheiro perdido. Carla viu o filme pelo menos trinta vezes. Ela adora Albert Brooks, sabe as palavras dessa cena de cor e, cada vez que assiste, chora de rir. Certa vez, ela gargalhou tanto que teve uma crise de asma. Se Gus estiver de bom humor, a cena do dinheiro perdido até consegue fazê-lo sorrir.

Para Carla, *Relax* é como um remédio. Há algumas noites, enquanto assistia ao filme após um dia difícil com as crianças, ela chamou Gus para ver a cena do dinheiro perdido. A seguir, apresentamos a conversa que se seguiu após o término da cena.

CARLA: *Nossa, acho que quase te vi sorrir. Achou a cena engraçada?*

GUS: *É engraçada. Acho que é. Só não me faz rir. É isso. Não vamos ter essa conversa de novo, vamos?*

CARLA: *Eu simplesmente não entendo. É provavelmente uma das cenas mais engraçadas de todos os tempos e você nem ri. Sei que as pessoas têm gostos diferentes quando se trata de humor, mas, meu Deus, como você pode não achar essa cena engraçada?*

GUS: *Sim, Carla, admito. Não acho que Albert Brooks seja engraçado. Eu sei. É blasfêmia. Mas é isso. Agora, por favor, vamos deixar pra lá.*

CARLA: *Eu gostaria de não me importar. Sério. Mas todas as pessoas que conheço adoram o filme e, mesmo que não gostem do filme, pelo menos gargalham nessa cena. Qual é o seu problema?*

É aqui que surge o impasse. A partir desse ponto, Carla e Gus tentam esmiuçar o "humor" e acabam debatendo a graça "universal" de certas falas. Então, a conversa passa a girar em torno de Cindy, ex-esposa de um amigo que, assim como Gus, não achava a cena nem um pouco divertida. Carla começa a apontar outras semelhanças desfavoráveis entre Cindy e Gus, e, em poucos minutos, ele fica irritado e sai da sala. Nenhum dos dois entende por que esse problema é tão impactante.

Pedimos a eles que aplicassem a habilidade detectar icebergs para tentar descobrir o significado mais profundo do conflito. Eles decidiram começar pelos icebergs de Carla, já que, segundo o casal, era ela quem insistia no assunto. (Afinal, ela poderia assistir ao filme sozinha, mas, em vez disso, sempre chamava Gus para ver a cena.) Como de costume, pedimos que começassem mapeando o ABC de Carla.

ADVERSIDADE DE CARLA: Acho que a cena do dinheiro perdido é uma obra-prima da comédia, e ela sempre me faz gargalhar. Gus não acha a cena engraçada.
BASE DE CRENÇAS DE CARLA: Qual é o problema dele? Como pode não dar risada dessa cena? É absurdamente engraçada, e ele não ri. Não consigo entender.
CONSEQUÊNCIAS DE CARLA: De início, costumo ficar com raiva de Gus, mas, no final da conversa, me sinto muito triste, quase solitária.

Como nenhum dos dois entende por que Carla se sente triste e solitária, Gus começa a fazer perguntas do tipo "o que". Ele sabe que a tristeza decorre de crenças relacionadas à perda, então decide explorar esse tema.

GUS: *Você acha o filme engraçado, mas eu não. O que isso significa?*
CARLA: *Significa que, se você não acha o filme engraçado, então não deve achar nada engraçado.*
GUS: *Supondo que eu não ache nada engraçado, o que é mais inquietante?*

Observe que Gus ainda não desafia a crença de Carla, pois ele continua com as perguntas.

CARLA: *Rir e fazer piadas são coisas importantes para mim, mas não para você.*
GUS: *O que é mais inquietante?*
CARLA: *É algo que me incomoda, pois, na minha família, a gente se aproxima por meio do humor. Inventamos piadas e rimos das coisas, e é assim que nos conectamos. Compartilho isso com meus parentes e com meu amigo Doug, mas não com você.*

GUS: *Vamos supor que seja verdade, que você não compartilhe esse aspecto comigo como faz com sua família e Doug, o que é o pior?*
CARLA: *Eu amo minha família e amo Doug, mas quero me sentir mais próxima de você do que deles. E, se não compartilharmos essa parte básica de quem eu sou — uma das partes de que mais gosto em mim —, então acho que nunca seremos tão próximos quanto desejo.*

Aí está a epifania! (Lembre-se: você saberá que detectou o iceberg quando tiver esse momento de revelação.) O problema não é se Gus acha engraçada a cena do dinheiro perdido, o problema é que Carla quer compartilhar seu gosto pelo humor com o marido e não consegue.

Identificar o problema real é o primeiro passo crítico. Mas agora que eles entenderam a razão do conflito, o que vem a seguir?

Esse é um problema perpétuo, e não há uma solução evidente. Gus não pode fingir que gosta de Albert Brooks. Não importa o quanto tente, ele não vai se tornar um comediante da noite para o dia, não vai relembrar falas divertidas e compartilhá-las com a família e os amigos. Essa não é uma parte de quem ele é. Mas o casal pode conversar mais sobre as diferentes maneiras pelas quais suas famílias se conectavam e expressavam proximidade — os parentes de Carla se concentravam no humor; os de Gus discutiam assuntos "delicados". Assim, o casal pode aprender a aceitar essa diferença e prevenir o impasse. Afinal, já não é difícil o bastante manter um casamento amoroso e saudável sem brigar por causa de Albert Brooks?

COLOCAR EM PERSPECTIVA PARA VIABILIZAR A ACEITAÇÃO

Para aceitar essa diferença fundamental, Gus e Carla precisam manter as implicações em perspectiva. Assim como muitos de nós, ambos catastrofizam o significado da diferença imutável entre eles. (É irônico o fato de que muitas vezes entramos em um relacionamento porque somos atraídos por algumas das diferenças — "Seu senso de aventura me inspira", "Sua sociabilidade me ajuda a sair da minha bolha" —, mas, uma vez que o relacionamento é estabelecido, essas diferenças nos ameaçam.)

Como ilustramos o uso de detectar icebergs no caso de Carla, demonstraremos como Gus usou a habilidade colocar em perspectiva para identificar seus maiores medos e encontrar uma forma de se libertar deles.

A seguir, Gus descreve o que disse a si mesmo depois que ele e Carla detectaram o iceberg.

"Eu estava orgulhoso por conseguirmos dialogar e desvendar o problema. Porém, mais tarde naquela noite, comecei a me preocupar. O humor é importante para ela, mas não para mim. Ela até disse que o humor é sua forma de se aproximar das pessoas. Carla está muito triste e se sente solitária porque não consigo dar o que ela precisa. Agora, quando quiser compartilhar coisas engraçadas, ela se sentirá ainda mais motivada a ligar para Doug. Os dois sempre se divertem muito juntos. Ela deve se sentir mais próxima dele do que de mim. A amizade vai evoluir e, em algum momento, ela começará a recorrer a Doug para outras coisas. Quanto mais ela se aproximar dele, mais distante se sentirá de mim. Nosso relacionamento vai piorar cada vez mais, e aposto que Carla concluirá que não sou o homem certo para ela." E assim por diante. No fim de sua fantasia, Gus imaginou que moraria sozinho, nunca mais veria os filhos e seria menosprezado por todos os amigos e familiares.

Gus não está sendo insensato por se preocupar com as possíveis repercussões dessa diferença. Mas, ao catastrofizar e se concentrar nos aspectos errados, ele desperdiça tempo e energia emocional. Ele e Carla ainda têm um longo caminho a percorrer, e isso exige que ambos sejam resilientes.

Vamos mostrar como Gus usou a habilidade colocar em perspectiva para impedir que a ansiedade o dominasse. Considerando a diferença entre ele e Carla, Gus registrou o pior cenário, o melhor cenário e os resultados mais prováveis. Registrar as implicações do pior cenário foi fácil, mas, quando ele chegou ao melhor cenário, precisou pensar em situações tão improváveis quanto. (É importante criar ambos os cenários, pois eles ajudam a determinar os resultados mais prováveis.)

Depois que Gus usou a habilidade colocar em perspectiva, ele e Carla elaboraram um plano para lidar com os resultados mais prováveis dessa diferença básica entre eles. Carla reconheceu que não fazia mais sentido "testar" o humor de Gus com a cena do dinheiro perdido. Eles criaram uma lista dos cinco principais aspectos que os faziam se sentir próximos e a colaram no espelho do quarto (falar sobre as crianças, ler livros em voz alta na cama, fazer amor, planejar férias, conversar no final do dia). Gus previu que se sentiria ameaçado por Doug, e o casal concordou que, quando esse sentimento surgisse, Gus diria a Carla e ela passaria menos tempo com o amigo ou encontraria outra forma de tranquilizar o marido. Ao reconhecer a questão subjacente e, em seguida, ser realista sobre as implicações, Carla e Gus impediram que esse problema perpétuo prejudicasse seu relacionamento.

PIOR CENÁRIO	MAIS PROVÁVEL	MELHOR CENÁRIO
Carla me chama para assistir a *Relax* e eu não dou risada da cena do dinheiro perdido.	Carla continua a apreciar o humor e a ser engraçada, e eu continuo do meu jeito, sem tanto apreço pelo humor e sem atitudes engraçadas.	Carla me chama para assistir a *Relax* e eu dou tanta risada da cena do dinheiro perdido que faço xixi nas calças.
Carla se sente triste e solitária.	Carla se conecta com pessoas que compartilham do interesse pela comédia, mas não comigo.	De repente, tudo que ela acha engraçado também se torna engraçado para mim.
Ela telefona para Doug e o convida para assistir ao filme. Eles riem juntos o tempo todo.	Ela sente certa decepção e tristeza.	Começo a fazer stand-up e atraio a atenção de Jerry Seinfeld.
Eles começam a conversar por horas no telefone.	Carla para de me chamar para assistir à cena do dinheiro perdido, visto que isso sempre ocasiona uma briga.	Seinfeld me convida para uma turnê, e Carla e as crianças nos acompanham.
Carla passa cada vez menos tempo comigo.	Passamos mais tempo aproveitando interesses em comum — curtir nossos filhos, cuidar do jardim, ler livros sobre crimes reais etc.	Durante a turnê, Carla e eu montamos uma apresentação e a testamos em uma noite de microfone aberto.
Ela deixa de me amar, termina nosso casamento e leva as crianças.	Às vezes, me sinto ameaçado pela amizade de Carla e Doug.	Albert Brooks está na plateia e nos aplaude de pé.
Fico sozinho e nunca mais vejo as crianças, pois elas decidem apoiar a mãe e me consideram uma pessoa desagradável.		Seinfeld e Brooks imploram para que escrevamos um roteiro e nos pagam US$10 milhões.
Os parentes e os amigos viram as costas para mim.		Eu e Carla pedimos demissão de nosso emprego e nos dedicamos integralmente à comédia.
		Eu me torno um herói para a família e os amigos, e eles começam a se referir a mim como "o comediante".

Outras Formas de Aprimorar o Relacionamento: Expansão

Abordamos dois fatores essenciais para os relacionamentos — comunicação empática e discussão saudável — e esperamos que as habilidades de resiliência ajudem você e seu parceiro a se comunicar abertamente e lidar com os conflitos de forma produtiva. Mas, se vocês são como a maioria dos casais, buscam mais do que comunicação saudável e discussões construtivas. Desejam fazer coisas novas, se divertir e alcançar uma vida com significado.

Existem muitos passos simples que vocês podem seguir para ter uma conexão mais íntima e profunda. Vocês podem marcar um encontro semanal ou incorporar tradições ao relacionamento, como jantar à luz de velas toda sexta-feira ou tirar fotos todos os verões usando os mesmos chapéus engraçados. Por que não agitar um pouco as coisas no relacionamento? Arranje uma babá e apareça no escritório do seu cônjuge com ingressos para o teatro. Sugira fazer algo que vocês têm adiado há um tempo (conhecer aquele novo restaurante, andar de barco com os amigos da faculdade, usar uma fantasia que vocês cogitaram "de brincadeira" no último Halloween). Você já escreveu uma carta para o seu parceiro? Uma carta de verdade, com selo e tudo. Por que não fazer disso um costume?

Você e seu parceiro podem expandir e aprofundar o relacionamento de inúmeras maneiras. E, sejamos sinceros, a parte difícil não é ter essas ideias, mas, sim, *colocá-las em prática*. É aí que entra a resiliência. Na maioria das vezes, as crenças instantâneas impedem os casais de construir e fortalecer sua amizade: "Não tenho tempo para sair esta noite"; "Se eu sugerir uma massagem, ele vai esperar sexo"; "Ela ficaria irritada se eu aparecesse em seu escritório sem avisar". E assim por diante. Se você deseja se conectar com seu parceiro para que o relacionamento seja mais profundo e gratificante, é preciso se libertar das crenças impeditivas. E as sete habilidades de resiliência são úteis para alcançar esse propósito.

Quando Não Dá Certo: Usando as Habilidades de Resiliência para Se Recuperar de um Término

Às vezes, apesar dos melhores esforços, o relacionamento não dá certo. Ou talvez estivesse dando certo para um de vocês, mas não para o outro. Todos nós já experienciamos o fim de um relacionamento importante — e muitos passarão por um divórcio. A resiliência não torna a experiência indolor, mas ajudará você a lamentar abertamente o término, confrontar os motivos com sinceridade e, aos poucos, se curar e seguir em frente.

Quando decidiram se separar, Angela e Tony estavam casados há treze anos. Seus filhos, Michael e Ashley, tinham 7 e 6 anos. Tony trabalha na prefeitura e Angela, que trabalhava em uma companhia de seguros, largou o emprego quando Michael nasceu. Tony é muito ambicioso e dedicado à carreira. Ele costuma trabalhar até tarde e, quando não está no trabalho, gosta de mexer em seus muitos projetos no porão. Ele nunca gostou muito de socializar nem tem tantos amigos — e, francamente, não é algo que o incomoda. Angela, por outro lado, é uma pessoa extrovertida. Ela gostava de trabalhar, e parte do que tornava a experiência tão gratificante eram as amizades que formava com clientes e colegas. Angela era a responsável por organizar os compromissos sociais do casal e, na maioria das vezes, sentia que Tony preferia ficar em casa.

A maior diferença, no entanto, era a forma com que cada um lidava com os problemas. Angela e Tony encararam muitos desafios em seus treze anos juntos, e seus estilos de enfrentamento eram incompatíveis. Angela tentava pedir apoio a Tony. Ela queria expressar seus sentimentos e saber como ele estava se sentindo. O estilo de Tony, entretanto, era se fechar e se dedicar ainda mais ao trabalho e aos hobbies. Na verdade, quanto mais Angela se aproximava, mais Tony se afastava. Ao longo do casamento, Angela sugeriu que eles fizessem terapia e, embora Tony concordasse, nunca foi muito útil. Basicamente, parecia que Angela queria melhorar o relacionamento, mas Tony se sentia confortável em manter as coisas do jeito que estavam. A cada ano, o casal se distanciava e, em determinado momento, Angela desistiu de resolver a situação.

Segundo Angela, não foi um incidente específico que a fez optar pelo divórcio. "Cerca de um mês antes do meu aniversário de 40 anos, eu estava sozinha em nosso quarto — Tony estava em outro lugar — e pensei que, se não nos divorciássemos, eu passaria o resto da vida em um casamento solitário — sem me sentir verdadeiramente amada, sem intimidade, sem ser capaz de me abrir. E eu sabia que não poderia fazer isso comigo mesma." Sozinha no quarto, Angela concluiu que, se quisesse ter um casamento amoroso e bem-sucedido, precisaria aceitar que aquele havia fracassado.

Tony não se opôs ao divórcio e, um mês após o aniversário de Angela, ele se mudou. Muitas pessoas pensam que, quando um relacionamento acaba, aquele que terminou tem mais facilidade em se adaptar do que o outro. E, sem dúvida, isso às vezes é verdade. Mas, para Angela, assim como para muitas mulheres que optam pelo divórcio, os meses após a mudança de Tony foram o desafio mais difícil que ela já enfrentou. Duas emoções prejudicavam Angela, esgotando sua energia e perspicácia. Ela já esperava sentir culpa, mas a intensidade da emoção foi uma surpresa. À noite, ela se deitava na cama e ruminava seu egoísmo e o sofrimento dos filhos. Pela manhã, estava exausta e se mostrava tão excessivamente vigilante sobre os sentimentos dos filhos que suas interações com eles mais pareciam um interrogatório.

A culpa, pelo menos, era esperada, mas Angela não estava preparada para a quantidade de raiva que sentia. Ela estava com raiva de si mesma por ser tola o suficiente para se casar com Tony e ingênua demais por pensar que poderia mudá-lo. Estava com raiva de Tony por todos os anos em que ele não se dedicou mais ao relacionamento, por precisar voltar ao trabalho, por ter que ser a única a lidar com a tristeza e a revolta das crianças todos os dias. Estava frustrada por não ter se divorciado mais cedo — antes de se tornar uma mãe de meia-idade grisalha e fora de forma. Estava com raiva porque Tony não parecia se incomodar com o fato de ela ter ficado com todos os melhores CDs e livros e o deixado com os pratos lascados e os talheres que não combinavam. Até dessa satisfação ele a havia privado.

Certa culpa e raiva fazem sentido, mas Angela estava sobrecarregada por essas emoções, o que tornava a situação ainda mais difícil para as crianças.

Após a mudança de Tony, Angela sabia que precisava voltar ao trabalho, mas, com o passar das semanas, ela não conseguia iniciar o processo. Ela não se sentia particularmente ansiosa com a procura de emprego — estava confiante de que encontraria algo, mas não conseguia se libertar do turbilhão de emoções e nem tinha certeza do que a impedia. Mostraremos como Angela usou o ABC e a resiliência em tempo real para entender o que afetava sua capacidade de iniciar a busca por emprego.

Certa manhã, após deixar as crianças na escola, ela se sentou em frente ao computador — supostamente para pesquisar vagas de emprego — e decidiu mapear seu ABC a fim de compreender melhor o que estava acontecendo.

Planilha ABC de Angela

Adversidade: Preciso voltar ao trabalho, mas não consigo iniciar o processo. Sempre que chega o momento de atualizar meu currículo ou pesquisar vagas de emprego, fico paralisada ou arranjo algo "mais importante" que precisa ser feito imediatamente.

BASE DE CRENÇAS	CONSEQUÊNCIAS
Adoro estar com meus filhos e planejei ficar em casa até que eles fossem bem mais velhos. Não quero voltar ao trabalho.	Tristeza
Se eu não tivesse priorizado minhas necessidades e me divorciado, poderia ficar em casa com meus filhos e ser a mãe que eles merecem.	Tristeza Culpa
O fato de não terem o pai em casa já é difícil, e agora eles passarão menos tempo comigo. Eles precisam da minha atenção, e não da minha ausência.	Culpa
Se eu não estiver presente para ajudá-los a lidar com o divórcio, eles ficarão traumatizados e terão problemas quando forem mais velhos.	Culpa Ansiedade

Ao mapear seu ABC, Angela descobriu que suas emoções eram, na verdade, uma mistura de tristeza, ansiedade e muita culpa. As crenças instantâneas se concentravam na perda de sua identidade como mãe e no receio de prejudicar os filhos, ainda mais se voltasse ao trabalho. Depois de identificar as crenças que afetavam sua capacidade de iniciar a busca por emprego, ela decidiu usar a resiliência em tempo real para desafiar as crenças e encontrar maneiras mais resilientes de encarar as circunstâncias. Angela começou com as crenças instantâneas que identificou por meio do ABC e, ao longo desse processo, outras crenças surgiram. Eis como a situação se desdobrou.

CRENÇA INSTANTÂNEA: *Adoro estar com meus filhos e planejei ficar em casa até que eles fossem bem mais velhos. Não quero voltar ao trabalho.*
RESPOSTA DE RESILIÊNCIA EM TEMPO REAL: *É verdade, não era assim que eu imaginava minha vida. Não quero voltar ao trabalho, mas preciso. Posso encontrar um emprego que me permita chegar em casa antes do jantar, e posso passar mais tempo com as crianças à noite e nos fins de semana.*

CRENÇA INSTANTÂNEA: *Se eu não tivesse priorizado minhas necessidades e me divorciado, poderia ficar em casa com meus filhos e ser a mãe que eles merecem.*
RESPOSTA DE RESILIÊNCIA EM TEMPO REAL: *É verdade, eu priorizei minhas necessidades, mas não foi uma decisão impensada. Tentei por anos fazer o casamento funcionar. Mas é preciso encarar a realidade — não seria bom para meus filhos crescer em uma casa com tanta tensão e ouvir seus pais discutindo constantemente. Espero me casar de novo algum dia, mas, mesmo que isso não aconteça, pelo menos eles não vão presenciar um mau exemplo de casamento e sempre terão dois pais amorosos que não se mostram irritados e desapontados um com o outro.*
CRENÇA INSTANTÂNEA: *Fala sério! Eu só estou arrumando desculpas. A verdade é que, ao me divorciar, prejudiquei permanentemente meus filhos e não há como mudar isso.*
RESPOSTA DE RESILIÊNCIA EM TEMPO REAL: *Preciso me acalmar. O divórcio os prejudicou — é verdade. Mas já me divorciei e certamente não vou voltar com Tony. Não vou beneficiar meus filhos se ficar pensando no quanto arruinei sua vida. Se eu quiser ajudá-los a lidar com o divórcio, preciso parar de me sentir culpada. Do contrário, não conseguirei compreender seus sentimentos nem identificar a melhor forma de apoiá-los.*
CRENÇA INSTANTÂNEA: *Sim, mas o divórcio já é difícil o bastante para eles, e agora vou abandoná-los ao voltar ao trabalho. Eu deveria dar um jeito de ficar em casa com meus filhos.*
RESPOSTA DE RESILIÊNCIA EM TEMPO REAL: *Seria ótimo se eu conseguisse ficar em casa, mas precisamos do dinheiro. Vou me esforçar para passar o maior tempo possível com meus filhos, e vou encontrar alguém de confiança para cuidar deles após a escola. Infelizmente, é o melhor que posso fazer.*

Depois de responder às suas crenças, Angela não agarrou a "oportunidade" de voltar ao trabalho de um dia para o outro. Ela ainda se sentia preocupada com os filhos e triste por não estar em casa quando chegassem da escola. Mas, ao combater suas crenças não resilientes, ela foi capaz de iniciar a busca por um emprego que lhe proporcionasse maior flexibilidade e, assim, começou a construir a melhor vida possível para si mesma e os filhos.

Nos primeiros meses, Angela usou a resiliência em tempo real diariamente — às vezes de hora em hora. Ela aplicou a habilidade para manter a calma e ter conversas construtivas com Tony sobre os problemas que precisavam resolver. Ela também aplicou a habilidade para evitar a catastrofização diante da irritação e das reclamações das crianças, mostrando-se capaz de confortá-las e atender às suas necessidades. Aos poucos, Angela conseguiu mudar as crenças que provocavam tristeza, raiva e culpa — ela ainda se sentia zangada e preocupada, mas as emoções já não a impediam de fazer o necessário para colocar sua vida de volta nos trilhos.

Aplicando as Habilidades de Resiliência após o Fim de um Relacionamento

Angela descobriu que a resiliência em tempo real era uma ferramenta poderosa para combater as crenças negativas que interferiam em sua capacidade de iniciar uma nova fase da vida. Muitas outras pessoas constatam que colocar em perspectiva as impede de se perderem no pior cenário, possibilitando que concentrem sua energia nos problemas reais. Preparamos uma lista de emoções comuns que surgem após o fim de um relacionamento. Em seguida, apresentamos as habilidades mais úteis para lidar com elas. As emoções comuns incluem:

- Tristeza e depressão.
- Culpa.
- Raiva.
- Ansiedade.
- Vergonha e constrangimento.

TRISTEZA E DEPRESSÃO

O fim de um relacionamento é uma perda, e faz sentido se sentir triste ou depressivo. Se a tristeza está atrapalhando seu desempenho no trabalho, em casa ou na escola, ou está impedindo que você cumpra suas responsabilidades, sugerimos aplicar o ABC para identificar as crenças que provocam a emoção. Considerando as conexões B–C, sabemos que elas giram em torno da perda, mas é importante ficar atento — você está dizendo coisas excessivamente negativas para si mesmo, como "É tudo culpa minha. Eu sempre estrago meus relacionamentos" ou "Isso prova que há algo errado comigo. Talvez eu seja incapaz de amar alguém"? Ao identificar suas crenças, verifique se há erros de pensamento e certifique-se de que não caiu na personalização ("É tudo culpa minha. Eu sempre estrago meus relacionamentos"), na supergeneralização ("Isso prova que há algo errado comigo") ou no raciocínio emocional ("Estou devastada — nunca vou superá-lo"). Se suas crenças instantâneas não explicam a intensidade da tristeza, verifique se há icebergs. Talvez esse término tenha desencadeado uma questão mais profunda — particularmente crenças relacionadas à aceitação e à importância de estar em um relacionamento. Após identificar as crenças que explicam suas emoções, você pode usar a habilidade desafiar crenças para testar se elas são totalmente precisas. Esse é um passo importante, pois, nas semanas ou nos meses após um divórcio ou término, as pessoas costumam se tornar mais pessimistas — portanto, mesmo que suas crenças sejam tipicamente precisas, não suponha a precisão nesse cenário específico. Outra razão para nos libertarmos das crenças que provocam tristeza excessiva é que elas muitas vezes nos afastam de amigos e familiares — nos sentimos frágeis e desamparados e acreditamos que somos uma péssima companhia —, mas obter apoio daqueles que nos amam é imprescindível.

CULPA

Várias pessoas se sentem culpadas após o término de um relacionamento, muitas vezes porque foram elas que escolheram terminá-lo ou porque estão preocupadas com os efeitos em seus filhos. Sentir certa culpa não é ruim — você pode ter magoado a outra pessoa, e sentir-se um pouco culpado demonstra consideração —, mas a culpa excessiva costuma decorrer de crenças tendenciosas, e não dos fatos reais da situação, e isso pode interferir na sua capacidade de se curar. Como de costume, comece com o ABC. Identifique as crenças instantâneas ou os icebergs que provocam a culpa. Provavelmente há uma relação com o fato de você ter magoado uma pessoa estimada. Faça uma verificação rápida para se certificar de que não está personalizando e assumindo total responsabilidade por um acontecimento mútuo. As pessoas muitas vezes sentem culpa excessiva ao catastrofizar a reação alheia a um divórcio ou término. Por exemplo, as crenças "Nossos filhos vão ficar arrasados e nunca vão superar" e "Ela pensou que ficaríamos juntos para sempre. O fim da relação vai destruí-la" giram em torno do prejuízo para os outros, mas também são catastróficas e exacerbam as consequências. Se suas crenças forem desse tipo, a habilidade colocar em perspectiva o ajudará a avaliar com mais precisão as consequências para as pessoas estimadas. E isso é essencial, pois não é nada benéfico piorar ainda mais uma situação ruim.

RAIVA

A raiva surge quando você acredita que seus direitos foram violados. Não importa quem tenha optado pelo término, a raiva é uma resposta comum. Mas, assim como a tristeza e a culpa, se sua raiva for excessiva e interferir na cura, é necessário lidar melhor com ela. Isso é particularmente importante se você tiver filhos, porque, embora seu casamento possa ter terminado, a relação não acabou. Após a maioria dos divórcios, os genitores continuam a ter contato. Sua raiva em relação ao ex pode ser mais destrutiva para seus filhos do que o próprio divórcio. Mesmo que você não tenha filhos, a raiva pode consumi-lo e impossibilitar um novo relacionamento. (Quantos de nós já tivemos um encontro com alguém que ainda estava irritado com o ex? Não é nada divertido.) Após identificar o B, verifique se há externalização e se certifique de que não está culpando seu ex por tudo e negando sua contribuição para o relacionamento fracassado. Outra armadilha de pensamento que pode desencadear a raiva excessiva é maximizar e minimizar — você reescreve a história do relacionamento, excluindo os aspectos positivos ao considerar apenas as coisas horríveis que seu ex fez com você. Isso pode até ser útil nas primeiras semanas após o término, mas, a certa altura, é preciso obter uma compreensão honesta e precisa do relacionamento, pois, do contrário, você não conseguirá aprender lições importantes. Depois de identificar as crenças, desafie sua precisão. O objetivo não é se convencer de que não há motivo para a raiva, mas, sim, garantir que a raiva é plausível. Você pode acabar concluindo que perdoar seu ex o ajudará a seguir em frente, e o perdão será mais fácil se a raiva estiver sob controle. As técnicas para acalmar podem ajudá-lo a diminuir a raiva quando ela ameaçar sobrecarregá-lo — ao discutir um acordo ou resolver a guarda dos filhos —, pois a raiva intensa atrapalha sua eficácia nas negociações.

ANSIEDADE

A ansiedade após o fim de um relacionamento pode se concentrar em diversos problemas. Talvez você se sinta ansioso por ter que assumir as responsabilidades que eram compartilhadas com seu ex — cuidar das crianças, pagar as contas, fazer a manutenção da casa — ou talvez esteja preocupado em ficar sozinho, encontrar outra pessoa ou sobreviver com menos dinheiro. Mais do que qualquer outra emoção, a ansiedade descontrolada pode ser paralisante. Decisões simples parecem difíceis. Decisões difíceis se tornam avassaladoras. Muitos desafios devem ser enfrentados quando um relacionamento termina, mas sua ansiedade pode fazer com que você queira se esquivar. O objetivo não é evitar toda a ansiedade, mas mantê-la gerenciável. As habilidades mais indicadas para diminuir a ansiedade são acalmar e focar e colocar em perspectiva. Se a simples ideia de assumir as finanças causa desconforto, use as técnicas para acalmar, de modo que você consiga analisar as obrigações e definir uma estratégia. Se, ao decidir que está pronto para namorar novamente, você continuar imaginando encontros desastrosos, use colocar em perspectiva para identificar e planejar os cenários mais prováveis (como se atualizar das notícias para não ficar sem assunto). A ansiedade pode convencê-lo da incompetência de lidar com as adversidades, mas ela diminuirá lenta e constantemente se você assumir o controle sempre que possível.

VERGONHA E CONSTRANGIMENTO

Algumas pessoas se sentem envergonhadas ou constrangidas com o fim de um relacionamento — elas veem o término como um indicativo de fracasso profundo e pessoal, e têm certeza de que os outros também pensam dessa forma. Pode ser um pouco desconfortável explicar repetidas vezes que você está solteiro, mas será que é adequado presumir que os outros o julgarão de forma equivocada? Verifique se você não está fazendo leitura da mente quando se pegar pensando: "Pelo jeito que ela me olhou, percebi que sente pena de mim" ou "Aposto que o término não foi nenhuma surpresa. Todo mundo achava que não combinávamos". Se você sentir vergonha, procure possíveis icebergs ativados. Durante a infância, quais mensagens você aprendeu sobre casamento e divórcio ou comprometimento e paciência? No fundo, você acredita que é problemático e indigno de amor devido ao relacionamento fracassado? Após trazer o iceberg à superfície, verifique se ele é preciso e útil em sua vida. Se não for, tente reformular a crença para manter o que valoriza, eliminando elementos prejudiciais. Você pode usar a resiliência em tempo real para controlar as crenças que provocam vergonha e constrangimento, de modo que elas não o impeçam de seguir em frente.

A Importância de Praticar

Uma das mensagens que repetimos ao longo deste livro é a importância de praticar as habilidades de resiliência, ainda mais quando se trata de aplicá-las aos relacionamentos. Às vezes, os relacionamentos trazem à tona o melhor de nós e, às vezes, o pior. Portanto, ao praticar essas habilidades, lembre-se de que você não precisa aplicá-las com perfeição — elas só precisam ser úteis. Quanto mais você praticar, mais resiliente se tornará. Você se sentirá mais próximo daqueles que ama e se recuperará mais rapidamente se um relacionamento não der certo.

CAPÍTULO 11

Resiliência na Parentalidade

Como genitor, você provavelmente enfrenta desafios que seus avós não enfrentaram ao criar os filhos. Em gerações passadas, o consumo de álcool na noite do baile de formatura poderia ser uma preocupação, e talvez um filho "problemático" fumasse maconha, mas hoje as circunstâncias são bem diferentes. Em um estudo conduzido pelos Centros de Controle e Prevenção de Doenças, mais de 15 mil estudantes do ensino médio responderam a pesquisas confidenciais sobre uso de drogas, atividade sexual, tabagismo e outros comportamentos de risco.[1] E o cenário não é nada promissor.

- Nos trinta dias anteriores à pesquisa, 33% dos estudantes foram passageiros de um carro com um motorista que tinha consumido álcool, e 13% haviam dirigido um carro após consumir álcool.
- Nos trinta dias anteriores à pesquisa, 17% dos estudantes tinham portado uma arma pelo menos uma vez.
- 13% das estudantes já haviam sido forçadas a ter relações sexuais.
- 28% dos estudantes relataram sentir-se sem esperança por pelo menos duas semanas; para as mulheres, esse número foi de 35%.
- Nos últimos doze meses, 8% dos estudantes tinham tentado suicídio pelo menos uma vez.
- 33% dos estudantes relataram fumar cigarros e charutos ou usar tabaco sem fumaça.
- 27% dos estudantes tinham usado maconha pelo menos uma vez nos últimos trinta dias, e 11% a experimentaram aos 13 anos de idade.
- Metade dos estudantes já havia tido relações sexuais; 8% relataram ter tido relações sexuais aos 13 anos de idade; 16% já haviam tido quatro ou mais parceiros sexuais; e apenas 58% usaram preservativo na última vez que tiveram relações sexuais.

Embora esses sejam apenas números de uma pesquisa, já testemunhamos em primeira mão os problemas que surgem quando as crianças não são ensinadas a resolver os problemas e lidar com o estresse. Já conhecemos crianças de 11 anos que abusam do álcool; adolescentes de 13 anos que faltam à escola e cometem crimes; jovens de 15 anos que tentaram suicídio e planejam tentar novamente; e adolescentes de 17 anos que perderam a esperança e não têm expectativas para o futuro. Sabemos que, para alcançar uma vida produtiva, significativa e feliz, as crianças não precisam apenas aprender a ler e escrever, dirigir um carro, encontrar um emprego e organizar as finanças. As crianças de hoje, talvez mais do que nunca, precisam aprender a resolver problemas, lidar com relacionamentos e perseverar diante das adversidades. Elas precisam desenvolver a resiliência.

O Alto Custo da Depressão

Quantas vezes você já sentiu falta da tranquilidade da juventude? Por muito tempo, as pessoas — incluindo os psicólogos — acreditaram que crianças e adolescentes não ficavam depressivos. Claro, as crianças ficam tristes e os adolescentes são conhecidos por seu humor instável, mas a depressão — grave e debilitante — era considerada um transtorno da idade adulta. Bem, a fantasia de uma infância despreocupada é realmente apenas uma fantasia. Ao longo da vida, seu filho tem um maior risco de depressão do que você.

As crianças estão experimentando pessimismo e depressão em uma escala sem precedentes. Um em cada cinco adolescentes sofre um episódio depressivo grave antes do final do ensino médio. Para muitos jovens depressivos, o futuro parece limitado e sombrio — há um senso generalizado de desesperança. E o suicídio, a expressão máxima dessa desesperança, é lamentavelmente comum. Nos EUA, mais de 8% dos estudantes do ensino médio tentam suicídio a cada ano, e aproximadamente treze em cada 100 mil adolescentes com idades entre 15 e 19 anos se suicidam.[2]

Esses números são alarmantes. Ainda mais porque, após um primeiro episódio de depressão, há 50% de chance de que ele ocorra novamente ao longo da vida. E, quanto mais jovem a pessoa for, maior a probabilidade de recorrência. Como se isso não bastasse, uma série de outras situações negativas surgem quando uma criança entra em depressão.[3] Os sintomas da depressão — letargia, dificuldade de concentração, pensamentos negativos intrusivos — atrapalham o foco e a participação, muitas vezes resultando em notas baixas na escola. À medida que o desempenho acadêmico é prejudicado, as crianças depressivas começam a faltar às aulas ou abandonam a escola. Crianças e adolescentes depressivos também são mais propensos ao tabagismo e ao abuso de drogas e álcool, talvez em uma tentativa equivocada de automedicação. À medida que se tornam antissociais, eles se afastam de antigos amigos e de atividades antes apreciadas, passando a formar amizades com crianças que apresentam problemas comportamentais. Essas novas amizades costumam contribuir para atividades de risco — evasão escolar, pequenos delitos, uso mais grave de drogas.

O retrato da depressão na adolescência é assustador. Adolescentes depressivos se encontram em uma trajetória de vida que, uma vez iniciada, torna-se difícil de reverter. A depressão em si é altamente tratável, seja por meio da terapia cognitiva ou de medicamentos, mas tratar a depressão é a parte fácil. Mesmo que a depressão seja controlada, os problemas mais intratáveis costumam permanecer. É complicado superar a dependência, reconectar-se com amigos saudáveis e lidar com as consequências de um crime.

Sabemos que as crianças de hoje apresentam um maior risco de depressão do que você apresentava na idade delas, mas não sabemos por que isso é verdade. Muitas teorias foram propostas: aumento nas taxas de divórcio, maior acesso a drogas ilegais, famílias cada vez mais disfuncionais etc. Provavelmente, todos esses fatores (e muitos não mencionados) contribuem para o problema. Embora não tenhamos certeza da causa, a solução é óbvia: se as ensinarmos a serem mais resilientes, as crianças terão uma chance maior de superar o risco de depressão e a miríade de outros desafios da adolescência.

Ensinar as Crianças a Terem uma Autoestima Elevada Não É a Resposta

À medida que os dados sobre a depressão na juventude se tornaram conhecidos e os problemas associados à depressão se intensificaram, educadores e pais buscaram maneiras de ajudar. Para muitos, essa busca levou a "programas de autoestima" — acreditava-se que, se crianças depressivas se sentem mal consigo mesmas, então elas melhorariam ao aprenderem a se sentir bem consigo mesmas. Essa lógica aparentemente óbvia fez com que as escolas adotassem programas projetados para aumentar a autoestima. Aqui estão algumas das atividades aplicadas em escolas norte-americanas:

- As crianças passam um espelho ao redor da sala. Quando o espelho chega em suas mãos, elas olham para ele e dizem três aspectos que apreciam em si mesmas.
- Cada criança tem sua vez no "trono do amor". Enquanto está sentada nesse trono (uma cadeira coberta por um pano de veludo vermelho), a criança descreve o que ama em si mesma.
- Cada criança repete e completa a frase "Se eu consigo sonhar, posso realizar, e meu sonho é...".
- Antes de sair para o almoço, a classe diz em uníssono: "Sou como um floco de neve, especial e único. Não há ninguém como eu."

É claro que melhorar a autoestima não é uma responsabilidade apenas das escolas. Genitores, assim como professores, estão convencidos de que é imprescindível garantir que as crianças se sintam bem consigo mesmas.

Emma, uma aluna do quinto ano da Escola Fundamental Hilltop, é inteligente, perspicaz, esforçada e criativa. Ela gosta da escola, tira boas notas e tem duas melhores amigas. No entanto, seus pais estão preocupados com a possibilidade de Emma sofrer bullying devido ao sobrepeso. Certo dia, na casa de Emma, sua amiga Laurel a convida para o clube de dança da escola. Emma, ciente de que não dança muito bem, brinca com Laurel, respondendo que já concordou em cantar o hino da escola, completamente nua, na próxima assembleia, então, infelizmente, não terá tempo, pois estará se preparando para *essa* humilhação. A mãe de Emma, que ouviu a conversa, menciona o assunto após o jantar. Seus pais dizem a ela que acham que o clube de dança seria muito divertido e útil para emagrecer um pouco. Quando Emma menciona sua falta de talento e diz que não deseja aprender a dançar, o pai rebate: "Que atitude é essa, Em? Você é capaz de fazer qualquer coisa. Só precisa se esforçar. Acreditamos em você e esperamos que faça o mesmo." Após uma longa conversa, eles a convencem a se juntar ao clube.

Corajosamente, Emma vai dançar todas as terças e quintas. Laurel e as outras meninas se movimentam com destreza. Emma se sente sortuda se conseguir ficar de pé. No final do semestre, o clube de dança faz uma apresentação para a escola, e Emma está apavorada. Ela se esforçou e conseguiu melhorar, mas a ideia de dançar diante dos colegas é aterrorizante. Na noite do grande evento, a mãe de Emma sussurra para ela: "Imagine-se como uma dançarina graciosa e você *será* uma dançarina graciosa."

Na performance de balé, Laurel flutua pelo palco; Emma esbarra no cisne falso. Na apresentação de sapateado, Laurel joga sua bengala e a pega sem perder o ritmo; a bengala de Emma quase fere o maestro, e ela tropeça enquanto corre para recuperá-la. Na performance de dança moderna, todas as meninas acabam do lado direito do palco; Emma, ofegante, se apressa para alcançá-las. Quando chega a hora da reverência final, todas as meninas sorriem com orgulho e desfrutam dos aplausos; silenciosamente, Emma deseja que o chão se abra e ela suma.

Após a apresentação, a mãe de Emma diz: "Querida, você estava linda. Fez um trabalho maravilhoso. Parecia tão graciosa. Eu sabia que seria uma ótima experiência." Sem conseguir acreditar, Emma responde: "Como assim? Foi a noite mais constrangedora da minha vida. Laurel estava linda e graciosa, eu parecia um elefante descontrolado, e todo mundo percebeu."

Não querendo que a filha se sinta mal, a mãe afirma: "Não é verdade. Tenho certeza de que todos acharam sua apresentação fantástica. Não se menosprezе. Você dançou lindamente." Emma revira os olhos e se afasta.

O que há de errado nessa história? Talvez a mãe tenha exagerado, mas ela só desejava encorajar a filha — qual é o problema? Alguns podem pensar que os programas escolares que descrevemos são valiosos e provavelmente fazem a diferença. Outros podem pensar que, embora esses programas escolares não sejam úteis e Emma não acredite em seus pais, tudo é inofensivo, então por que se preocupar? Discordamos. Em nossa opinião, esses programas e a "parentalidade de autoestima" podem ser prejudiciais. A seguir, explicamos o porquê.

As Duas Partes da Autoestima: Sentir-se Bem e Ter um Bom Desempenho

A autoestima saudável tem uma fórmula clara: obtenha sucesso e você se sentirá bem consigo mesmo. Tire boas notas, faça amigos, acerte o chute, escreva um poema, resolva um problema, e você se sentirá orgulhoso. Sentir-se bem é a consequência de ter um bom desempenho. Portanto, a maneira de aumentar a autoestima de uma criança não é incentivá-la com frases vazias ou elogiá-la por realizações irreais, mas, sim, ensiná-la habilidades para ter um bom desempenho. Se ensinarmos as crianças a estudar, a se integrar a grupos, a manter amizades, a identificar e desenvolver seu talento — seja qual for —, então, à medida que obtiverem sucesso, desenvolverão uma visão saudável e real de si mesmas.

As pesquisas sobre autoestima são bastante claras. É verdade que muitos adolescentes que usam drogas se sentem mal consigo mesmos; jovens que abandonam a escola e cometem crimes frequentemente relatam autoaversão; e adolescentes grávidas descrevem sentir-se indignas. No entanto, devemos ter cuidado para não confundir causa com efeito. Muitas pessoas acreditam que a baixa autoestima ocasiona esses problemas. No entanto, as pesquisas indicam o oposto. A baixa autoestima é o efeito, e não a causa.[4]

Como é possível? Centenas de artigos de pesquisa sobre autoestima e desempenho relatam que crianças que se saem bem na escola têm elevada autoestima, enquanto crianças que faltam às aulas têm baixa autoestima, e assim por diante. O problema, no entanto, é que quase todos esses estudos são correlacionais; ou seja, eles nos dizem que baixa autoestima e desempenho ruim estão associados, assim como elevada autoestima e bom desempenho, mas não abordam qual desses aspectos surge primeiro. Para determinar a direção da causalidade, a pesquisa deve ser longitudinal. Isso significa que o mesmo grupo de crianças deve ser acompanhado ao longo do tempo, com a medição da autoestima no início do estudo e dos resultados presumidos, como notas, amizades, uso de drogas e depressão, no início e no final do estudo. Se a autoestima afetasse o desempenho, então, ao analisarmos as crianças com as mesmas notas no início do estudo, aquelas com autoestima mais alta deveriam ter melhores notas no final do estudo do que aquelas com autoestima mais baixa.

A pesquisa longitudinal nos diz que a autoestima não é uma causa — das notas, do uso de drogas ou da depressão — e destaca o grave problema de tentar aumentar diretamente a autoestima de uma criança. O psicólogo Roy Baumeister e colaboradores revisaram a literatura sobre autoestima e violência e argumentam que, ao contrário do que muitas vezes é sugerido, a baixa autoestima não é a causa da violência e da agressão. Nas muitas pesquisas analisadas, eles encontraram evidências convincentes de que pessoas com elevada autoestima eram muito mais propensas a cometer atos violentos. Em resumo, pessoas agressivas e violentas tendem a se considerar superiores, não inferiores.[5]

Emma sabe que não é uma dançarina graciosa. O entusiasmo dos pais não muda os fatos. Mesmo que ela pratique três horas por dia, a dança não será uma área de destaque. Os discursos motivacionais serviram apenas para afetar a credibilidade dos pais. Da próxima vez que elogiarem a filha, ela se mostrará cética. E pior, ao recorrer a discursos motivacionais e pensamento positivo, eles deixam de ensinar a Emma habilidades que ela poderia usar para ter um bom desempenho. Não seria mais valioso se ajudassem a filha a identificar o porquê de seu desinteresse na dança, a testar essa crença quanto à precisão e, em seguida, a encontrar outra atividade de seu agrado? As pesquisas revelam que ter um bom desempenho faz as pessoas se sentirem bem, e essa descoberta evidencia nossa missão. Se ensinarmos as crianças a serem mais resilientes, elas conseguirão resolver problemas e obter sucesso na vida. Sua autoestima — e, mais importante, suas realizações — aumentará por conta própria. Frases de efeito são desnecessárias.

Queremos apresentar duas perspectivas sobre a parentalidade e a resiliência. Em primeiro lugar, discutiremos o estilo de parentalidade que aumenta a resiliência nas crianças. Você pode utilizar essas informações para orientar sua abordagem geral e criar um ambiente familiar que promova a resiliência. Forneceremos exemplos de como usar as habilidades para se manter construtivo e resiliente ao lidar com uma crise envolvendo seu filho. Em segundo lugar, mostraremos como ensinar ao seu filho as habilidades de resiliência centrais que, segundo nossa pesquisa, previnem a depressão.

Como Promover a Resiliência em Seus Filhos

Jonathan tem 2 meses de idade. Sua mãe, Jennifer, o embala nos braços. Eles se fitam intensamente e respondem um ao outro com grande precisão. Jonathan levanta uma sobrancelha, sua mãe ergue a sobrancelha em resposta. Jonathan sorri para sua mãe, ela sorri e sussurra. O sorriso dele se amplia, e seus olhos brilham enquanto imita os sons emitidos por sua mãe. Ela sussurra novamente, e Jonathan balança os braços e as pernas com alegria. A mãe sente euforia e admiração, e comunica esses sentimentos ao bebê por meio de suas expressões faciais, seu corpo e sua voz. Em um nível fundamental, Jonathan experimentou o início da autoeficácia: ele se comunicou com sucesso e suscitou uma comunicação em resposta.

A dança entre um bebê e sua mãe é coreografada de maneira íntima. É uma interação social dinâmica que desempenha um papel vital no desenvolvimento do bebê. Muitas vezes, consideramos os bebês indefesos, mas, na verdade, eles têm considerável capacidade de pedir ajuda, especialmente aos genitores. Eles conseguem obter carinho e palavras reconfortantes ao chorar e se contorcer. Conseguem provocar sorrisos por meio dos próprios sorrisos. E, é claro, conseguem obter alimento ao fazer movimentos de sucção e virar a cabeça em direção ao seio da mãe. Jonathan, assim como a maioria dos bebês, tem uma cuidadora que responde quando ele se comunica. Às vezes,

Jennifer pode não entender os sinais do filho, mas, como se fosse um jogo de adivinhação, continua tentando até que ele demonstre que ela acertou. Esse jogo de adivinhação é essencial para Jonathan. O choro, o balbucio, os sorrisos e as contorções são os únicos métodos que ele tem para pedir ajuda e aprender sobre o mundo. Essas comunicações iniciais possibilitam que os bebês lidem com os desafios de seu ambiente, regulem suas emoções e desenvolvam habilidades necessárias para dominar tarefas de desenvolvimento posteriores. Os psicólogos do desenvolvimento descrevem essa relação responsiva entre o bebê e a mãe como apego seguro.[6]

A base segura fornecida pelo apego propicia uma ampla gama de vantagens que se estendem da infância à adolescência. Pesquisadores descobriram que aqueles com um apego seguro na infância eram melhores solucionadores de problemas quando crianças e se davam melhor com os colegas aos 10 e 12 anos de idade.[7] Eles eram menos propensos a usar drogas na adolescência e tinham relacionamentos melhores na fase adulta. Quando as crianças são pequenas, genitores atentos e um apego seguro estabelecem os alicerces para o desenvolvimento da autoeficácia, da regulação emocional e do controle de impulsos, capacidades que contribuem para a resiliência.

O grande desafio, portanto, é fornecer uma base segura a partir da qual a criança possa se aventurar cada vez mais longe. Para adquirir independência, a criança deve sentir confiança de que os genitores a acolherão e a ajudarão a lidar com as complexidades psicológicas de se tornar independente. Considerando esse objetivo, qual estilo de parentalidade é o melhor?

Os psicólogos descreveram três estilos gerais de parentalidade.[8] O estilo autoritário é restritivo e insensível. O estilo permissivo é indulgente e às vezes negligente. O estilo democrático é receptivo e estabelece limites. Centenas de estudos investigaram os efeitos desses estilos. O consenso é que o estilo democrático é o mais eficaz no desenvolvimento de crianças competentes, bem-sucedidas e resilientes. A seguir, analisaremos cada um desses estilos de parentalidade e seus efeitos nas crianças.

PARENTALIDADE AUTORITÁRIA

Você é um genitor linha dura? Faz muitas imposições a seu filho e espera total obediência? Diz com frequência a frase "porque sou sua mãe/seu pai e estou mandando"? Acha que seu filho deve aprender a "ser forte" e que expressar emoções, especialmente tristeza, é sinal de fraqueza? Essas são características do genitor autoritário. A seguir, apresentamos o diálogo entre uma mãe autoritária e seu filho de 7 anos que quer ir ao parque do outro lado da rua com um amigo.

FILHO: *Posso ir ao parque, só eu e o John, e você fica em casa?*
MÃE: *Você conhece as regras. Precisa estar acompanhado por mim ou pelo seu pai.*
FILHO: *Por favor, nós só vamos ficar na quadra de futebol. Eu prometo.*
MÃE: *Você conhece as regras.*
FILHO: *Por que, mãe? Por que não posso ir com o John? Nós só vamos até a quadra, e eu volto quando você mandar. Prometo. Pode confiar em mim.*
MÃE: *Eu já disse que não e acabou. Não quero ouvir mais uma palavra.*

Regras e controle são muito importantes para os genitores autoritários. Eles são exigentes e têm expectativas rigorosas e inflexíveis para os filhos. Expressões de empatia são raras, e ajudar as crianças a expressarem suas emoções não é uma prioridade. Os genitores autoritários quase não incentivam os filhos a prestar atenção nas crenças e nos sentimentos, nem os ajudam a pensar de forma flexível nas soluções para os problemas. No diálogo em questão, a mãe não demonstra empatia pelo desejo de maior autonomia do filho. Ela não explica o raciocínio por trás de sua decisão, nem o ajuda a pensar em possíveis soluções. Negociar e encontrar um meio-termo não são práticas comuns para os genitores autoritários.

Os filhos de genitores autoritários tendem a ser mais receosos, ansiosos e temperamentais do que os filhos de genitores democráticos. Na pré-escola, eles apresentam maior vulnerabilidade ao estresse, perambulam despropositadamente pela sala de aula e são mais mal-humorados e pouco amigáveis.[9] Estudos mostram que adolescentes que fazem uso frequente de drogas tiveram genitores mais críticos e pouco responsivos durante a infância.[10] Embora acreditem que estão ensinando aos filhos o certo e o errado e os educando para tomar boas decisões, os genitores autoritários causam o efeito oposto.

PARENTALIDADE PERMISSIVA

Você se considera mais amigo do que genitor? Faz poucas exigências ao seu filho? Concede a ele muita liberdade para tomar decisões? Costuma não saber com quem ou onde seu filho está? Ele passa muito tempo sem supervisão? Esses são indícios da parentalidade permissiva. Os genitores permissivos abdicam da responsabilidade. São acolhedores, amorosos e compreensivos, mas em excesso. Valorizam a expressão emocional, mas muitas vezes falham em ajudar as crianças a desenvolver habilidades para regular as emoções. É comum ver um adolescente filho de genitores permissivos gritar palavrões ou ter ataques de raiva quando não consegue o que quer. Em vez de ajudar os filhos a se expressar com mais controle, esses genitores tendem a permitir que eles extravasem as emoções como bem entenderem. Os genitores permissivos raramente impõem um controle rigoroso. Eles não estabelecem muitas regras, nem supervisionam ou monitoram atentamente os filhos. Esses genitores tendem a se enquadrar em uma de duas categorias distintas: genitores indulgentes, que exigem pouco dos filhos, mas são sensíveis às suas necessidades emocionais; e genitores indiferentes, que negligenciam os limites e não se envolvem na vida emocional dos filhos. A seguir, apresentamos o diálogo entre uma mãe indulgente e seu filho de 7 anos.

FILHO: *Posso ir ao parque, só eu e o John, e você fica em casa?*
MÃE: *Não sei. Acho que seria melhor se eu fosse junto.*
FILHO: *Ah, mãe. Não precisa ir comigo. Você age como se eu fosse um bebê. Mas vou fazer o que eu quiser, e você não pode me impedir.*
MÃE: *Certo. Acho que você pode ir. Apenas tenha cuidado e evite encrenca.*
FILHO: *Tá bom. Tchau.*

Muitos genitores permissivos se convencem de que seu estilo parental ajuda a desenvolver a independência e que sua disposição em tolerar qualquer manifestação emocional mostra aos filhos que é aceitável se expressar. Ao não monitorar e supervisionar, eles acham que comunicam a confiança nos filhos e em sua capacidade de lidar com o mundo de forma autônoma. Independentemente das mensagens que os genitores permissivos acreditam transmitir, esse estilo de parentalidade não é benéfico para as crianças.

As pesquisas indicam que filhos de genitores permissivos tendem a ser mais rebeldes, impulsivos e carentes de autoconfiança e autocontrole.[11] Eles tendem a ser agressivos e dominadores com os amigos e não se saem tão bem na escola quanto os colegas criados de maneira democrática. Adolescentes filhos de genitores permissivos têm mais probabilidade de serem usuários de drogas. A falta de estrutura, supervisão e monitoramento suscita comportamentos inadequados e descontrole, não uma autonomia saudável.

PARENTALIDADE DEMOCRÁTICA

A parentalidade democrática promove a maior resiliência. Essas crianças se saem melhor em termos de competência acadêmica e social. Na pré-escola, elas demonstram habilidades sociais e cognitivas superiores. São mais autossuficientes e têm maior autocontrole. Lidam bem com o estresse e encaram os problemas com curiosidade e senso de propósito. Com os colegas, são mais alegres e amigáveis. Com os adultos, são cooperativas e expressivas. Na adolescência, os filhos de genitores democráticos são menos propensos a usar drogas. Em geral, a parentalidade democrática fortalece as características que promovem a resiliência.[12]

Como é o estilo de parentalidade democrática? Existem quatro aspectos críticos:

1. Os genitores monitoram e supervisionam.
2. Eles aplicam disciplina consistente.
3. São solidários e comunicativos.
4. Ajudam os filhos a desenvolver consciência, expressividade e controle emocionais.

Os genitores democráticos estabelecem limites e, em seguida, monitoram e supervisionam os filhos para garantir que as regras sejam respeitadas. Ao contrário dos genitores permissivos, eles se envolvem na rotina dos filhos, mesmo quando as crianças se tornam adolescentes e passam mais tempo fora de casa. Esses genitores participam da vida escolar das crianças e conhecem as famílias dos amigos de seus filhos, pois sabem que as amizades influenciam o comportamento e as atitudes. Enquanto os genitores autoritários esperam total obediência, os genitores democráticos são mais flexíveis e explicam as regras e os limites estabelecidos. Em vez de valorizar a obediência estrita, eles desejam que os filhos compreendam o "porquê" das regras e desenvolvam a capacidade de questionar e negociar quando apropriado. Se há desobediência, os genitores democráticos aplicam as regras de forma adequada e consistente. Eles não são indulgentes, punitivos ou coercivos. Além disso, comunicam-se de forma aberta e cordial com os filhos. Esses genitores valorizam a troca de ideias em discussões familiares e buscam a contribuição dos filhos ao tomar decisões. Mas não se engane. Esses genitores não são pessoas excessivamente sentimentais para quem toda regra é negociável e todo comportamento é desculpável desde que haja uma explicação. Eles não são submissos aos desejos e caprichos das crianças. Apenas compreendem que o desenvolvimento da responsabilidade, da autonomia e do respeito é um processo gradual e interativo.

Por fim, os genitores democráticos valorizam os sentimentos e se tornam mentores emocionais para os filhos. Eles os ajudam a distinguir as emoções, pois entendem que dizer "me sinto 'mal'" pode significar tristeza, raiva, culpa ou constrangimento e sabem que cada uma dessas emoções é desencadeada por crenças distintas. Além disso, eles orientam os filhos a expressar as emoções de maneira saudável e controlada. A seguir, apresentamos o diálogo entre uma mãe democrática e seu filho de 7 anos.

FILHO: *Posso ir ao parque, só eu e o John, e você fica em casa?*
MÃE: *Não sei. Acho que crianças de 7 anos deveriam ser acompanhadas pela mãe ou pelo pai. Quando você for mais velho, poderá ir sozinho.*
FILHO: *Ah, mãe. Não sou mais um bebê. Não me trate como se eu fosse um. Se já sou grande o suficiente para estar no primeiro ano, por que não sou grande o suficiente para ir ao parque sem você? Nós só vamos jogar futebol. Não vamos sair da quadra.*
MÃE: *Calma. Vamos tentar resolver. Você tem razão, já está mais velho e faz muitas coisas sem mim e seu pai. Isso é ótimo. O que me preocupa é a rua movimentada, pois os motoristas às vezes nem olham.*
FILHO: *Você pode esperar até atravessarmos a rua e depois voltar para casa.*
MÃE: *Como eu saberia quando buscar vocês?*
FILHO: *Podemos combinar um horário. Tipo, daqui a duas horas.*
MÃE: *Daqui a uma hora então. Parece um ótimo plano.*

Quando os genitores têm expectativas elevadas para os filhos, oferecem supervisão, estabelecem limites apropriados, reagem com gentileza e consistência se as regras são quebradas, envolvem os filhos na resolução de problemas e os ajudam a expressar e controlar as emoções, as crianças se saem bem. Elas têm sucesso na escola e são apreciadas pelos colegas. São éticas e socialmente responsáveis. E respondem adequadamente ao estresse e à adversidade. Em resumo, a parentalidade democrática aumenta a resiliência.

Em nossas oficinas com genitores, abordamos a importância de monitoramento, supervisão, disciplina consistente e comunicação aberta. No entanto, para a maioria, essas "melhores práticas" não são suficientes. Eles desejam técnicas mais específicas para promover a resiliência nos filhos. Concordamos que, para incutir a resiliência nas crianças, as orientações precisam ser mais detalhadas. Nos Capítulos 4 a 9, você aprendeu a usar as habilidades em sua vida. Agora, mostraremos como essas habilidades podem ajudá-lo nos momentos mais difíceis da parentalidade. Como os genitores também precisam aprender a ser "coaches de resiliência", o ensinaremos a se tornar um exemplo e orientar seus filhos para que possam responder de forma resiliente, mesmo quando você não estiver por perto.

Usando as Habilidades de Resiliência Quando Se Está no Limite

Sejamos sinceros. Embora ter filhos seja uma grande alegria e uma bênção, às vezes pode ser um verdadeiro fardo. Se você tem filhos pequenos, provavelmente há momentos em que se sente sobrecarregado, ansiando por um daqueles dias em que está livre das crianças e pode dormir até mais tarde, tomar seu café, saboreando um croissant enquanto lê o jornal, assistir a séries e filmes que não são animados ou não têm músicas cantadas por personagens coloridos e estridentes. Ainda piores são os momentos em que — sim, tudo bem admitir — sentimos que nem gostamos tanto assim de nossos filhos. Adolescentes são difíceis, e é perfeitamente comum ficar irritado quando discutem por tudo, reviram os olhos a cada comentário ou sugestão e questionam interminavelmente cada regra. Às vezes, a bênção parece mais uma maldição.

Hope é mãe solo de duas adolescentes, Farrah e Faith. Ela é professora de ciências do ensino fundamental e dá aulas particulares duas noites por semana para ganhar dinheiro extra. As "três mosqueteiras", como se autodenominam, se dão bem e sentem um amor profundo uma pela outra. Quando Hope estava considerando dar mais aulas particulares, as filhas a apoiaram e se ofereceram para fazer mais tarefas domésticas a fim de que a casa não ficasse bagunçada. As meninas são grandes o bastante para preparar o próprio jantar nas noites em que a mãe trabalha até tarde, e muitas vezes a surpreendem com uma refeição quando ela chega do trabalho.

No entanto, aos poucos, as circunstâncias mudaram. Farrah, a filha mais velha, tornou-se mal-humorada e menos comunicativa. Sem avisar, ela fez um piercing na língua e substituiu seu guarda-roupa da Gap por roupas pretas e largas, o que provoca conflitos constantes com a mãe. Quando Hope tenta entender o que está acontecendo, Farrah resmunga "Estou bem" e se retira rapidamente para o quarto. Apreensiva, Faith contou à mãe que Farrah começou a andar com meninas "estranhas" na escola. Hope tem medo de que a filha esteja usando drogas, mas não encontrou evidências.

Assim como muitos genitores de adolescentes, Hope começa a se sentir perdida. Ela não sabe como se conectar com a filha e está profundamente preocupada com as mudanças de personalidade e comportamento. Certo dia, enquanto as meninas estão na escola, Hope decide vasculhar o quarto de Farrah, inspecionando as gavetas, embaixo da cama, o fundo do armário. Ela se sente culpada por invadir a privacidade da filha, mas precisa descobrir o que está acontecendo. Hope acaba encontrando coisas que a deixam abalada: cigarros, sedas para fumo, pílulas anticoncepcionais. Ela está chateada e confusa, mas não quer estragar tudo quando conversar com a filha.

O primeiro passo de Hope é controlar as emoções com as técnicas para acalmar. Ela passa dez minutos fazendo respiração controlada e depois se senta à mesa da cozinha com uma xícara de café para mapear seu ABC. Como esperado, há um turbilhão de emoções.

Planilha ABC de Hope

Adversidade: Aparentemente, minha filha de 15 anos está fumando, usando drogas e tendo relações sexuais.

BASE DE CRENÇAS	CONSEQUÊNCIAS
Ai, meu Deus — minha filha é viciada em drogas. E se ela tiver aids?	Ansiedade
Como não percebi? Eu achava que tínhamos um relacionamento bom, mas o tempo todo ela estava por aí fumando maconha e fazendo sei lá o quê. A culpa é minha. Em vez de trabalhar tanto, eu deveria estar em casa.	Tristeza Ansiedade
Vou matá-la. Quem ela pensa que é? Vou dar um jeito nessa garota assim que ela chegar em casa.	Raiva

Anotar tudo, por si só, já é útil. Ver as crenças no papel dá a Hope a distância necessária para pensar com mais clareza. Como muitas de suas crenças provocam ansiedade intensa — e os pensamentos catastróficos são contínuos —, ela decide obter certa perspectiva para se planejar melhor.

Hope usa a habilidade colocar em perspectiva para garantir que a catastrofização não a domine — a situação já é ruim o suficiente sem deixar a imaginação correr solta. Ela dedica dez minutos para registrar o pior cenário e o melhor cenário e, em seguida, identificar os resultados mais prováveis.

Hope tem certa dificuldade em criar o melhor cenário, pois sua mente continua gerando crenças catastróficas. Mas, ao final dos dez minutos, ela consegue identificar os resultados mais prováveis. Embora não sejam agradáveis, sua ansiedade diminui o suficiente, possibilitando que ela defina a melhor forma de lidar com cada resultado por meio de expectativas realistas. Como Farrah provavelmente reagirá com raiva e negação, Hope opta por dividir a conversa em duas partes. O objetivo da primeira parte é contar à filha o que descobriu, sem adentrar uma discussão sobre como destruiu sua confiança ao invadir o quarto. Hope decide que essa primeira conversa será breve e que ela retomará o assunto pela manhã.

PIOR CENÁRIO	MAIS PROVÁVEL	MELHOR CENÁRIO
Minha filha é viciada em drogas.	Ela está tendo relações sexuais.	Os cigarros, a maconha e as pílulas anticoncepcionais são de uma amiga.
Ela tem aids.	Está fumando maconha e cigarros.	Ela pegou as drogas da amiga porque está tentando ajudá-la a se livrar do vício.
Quando eu confrontá-la, ela vai negar e sair de casa para sempre.	Ela vai negar quando eu abordar o assunto.	O noticiário faz uma reportagem especial sobre "adolescentes que ajudam adolescentes" e destaca Farrah.
Acabará morando na rua e se prostituirá para comprar drogas.	Ela vai ficar zangada comigo e tentar se concentrar no fato de que revirei o quarto dela, em vez de lidar com as questões reais.	
Não nos falaremos por anos e, então, certa noite, a verei sendo entrevistada em uma matéria sobre "adolescentes perdidos", e ela estará terrivelmente desnutrida e me culpará por todos os seus problemas.		

Hope elabora um plano para a segunda parte da conversa, na qual fará perguntas mais específicas à filha sobre drogas e sexo e dirá que marcou uma sessão conjunta com um psicólogo. Ela também conclui que é importante reconhecer que, embora esteja incomodada por Farrah ter relações sexuais, fica aliviada devido ao método contraceptivo.

Quando Farrah chega em casa, a conversa não acontece com a tranquilidade esperada por Hope, e ela se vê perdendo o controle da raiva. Hope utiliza as técnicas para acalmar a fim de controlar melhor as emoções e a resiliência em tempo real a fim de lidar com as crenças negativas, que afetam a capacidade de se manter calma e lúcida durante essa conversa difícil.

CRENÇA INSTANTÂNEA DE HOPE: *Não acredito que ela teve a audácia de mentir. Já não basta ter se envolvido em toda essa porcaria? Eu deveria expulsá-la de casa.*
RESPOSTA DE RESILIÊNCIA EM TEMPO REAL DE HOPE: *Acalme-se. Ela mentiu porque está assustada. Preciso me concentrar no problema real, sem deixar a atitude dela me distrair. Ela se meteu em encrenca, e devo ajudá-la a compreender a situação.*
CRENÇA INSTANTÂNEA: *É muito pior do que uma simples encrenca. Eu me mato de trabalhar para que ela compre as roupas que deseja, saia com os amigos e tenha dinheiro para a faculdade, e ela escolhe desperdiçar as chances que dou? Terá sorte se conseguir terminar o ensino médio com toda essa porcaria que anda fazendo.*
RESPOSTA DE RESILIÊNCIA EM TEMPO REAL: *É verdade que trabalho muito para garantir que as meninas tenham a vida que eu gostaria de ter tido, e Farrah certamente se meteu em uma confusão. Mas não é útil exagerar. Ainda não sei qual é a história real e por quanto tempo está acontecendo, e só vou descobrir se permanecer calma e dar a ela a oportunidade de falar. Se eu perder a paciência, só vou piorar as coisas.*
CRENÇA INSTANTÂNEA: *Compreendo os cigarros — também tentei fumar na adolescência —, mas não consigo entender a maconha e o sexo. Não foi assim que a criei. Com todas as doenças que ela poderia pegar... como pode ser tão estúpida?*
RESPOSTA DE RESILIÊNCIA EM TEMPO REAL: *Esse é um grande problema, e precisaremos de muito tempo para descobrir o porquê de suas decisões. Mas pelo menos ela teve o bom senso de tomar pílula anticoncepcional. Talvez também tenha usado preservativos. Ela é uma boa garota — isso não mudou —, mas algo deu errado, e é minha função ajudá-la a resolver.*

Ao utilizar a resiliência em tempo real, Hope consegue evitar que a raiva — e a ansiedade, a tristeza e o constrangimento — atrapalhe a conversa construtiva com Farrah. Sua resiliência permite que ela se concentre no problema real, sem se distrair com emoções e pensamentos negativos. Todos os genitores terão experiências semelhantes à de Hope — talvez a questão não seja sexo ou drogas, mas algum problema acabará surgindo. Se quisermos ajudar nossos filhos em uma crise, devemos ser capazes de controlar as emoções para pensar com clareza e responder adequadamente.

Ensinando as Habilidades de Resiliência para Seus Filhos

Saber como manter a resiliência durante os momentos mais difíceis da parentalidade é, por si só, um grande benefício. Mas a maioria dos genitores quer ir além — deseja ensinar aos filhos as habilidades de resiliência para que eles possam utilizá-las diante de desafios comuns da infância e da adolescência.

Nesta seção, abordaremos as questões-chave com as quais você precisará lidar ao ensinar as habilidades centrais de resiliência aos seus filhos. Para aqueles que procuram uma descrição detalhada desse processo, sugerimos a leitura de *A Criança Otimista*, que explica esse trabalho com crianças de forma mais aprofundada.[13]

PREPARANDO O TERRENO

Antes de começarmos, há alguns pontos a serem considerados.

1. Se você for pedante e excessivamente rígido ao apresentar as habilidades, seus filhos não vão gostar, e isso atrapalhará o aprendizado. É aconselhável manter um tom cativante e alegre.
2. Seus filhos precisam se sentir seguros e apoiados, ou seja, não inicie o processo se eles estiverem irritados com você. É importante que eles se sintam à vontade para se divertir enquanto aprendem as habilidades.
3. Não seja muito rígido em relação ao tempo de prática das habilidades; se parecer um dever de casa, seus filhos se desinteressarão.

ESTIMULE A CURIOSIDADE

Comece dedicando cerca de quinze minutos a uma habilidade e, depois, aumente o tempo para trinta minutos. Embora o objetivo imediato seja ajudar seu filho a se tornar mais resiliente, é recomendável estimular a curiosidade sobre si mesmo, seus pensamentos e sentimentos. A melhor forma de fazer isso é mostrar a ele que você também está curioso sobre os próprios pensamentos, emoções e comportamentos. Imagine que você está levando sua filha para a casa de uma amiga e fica irritado com um idoso que está dirigindo muito devagar na sua frente. Trabalhe o ABC dessa situação em voz alta para que sua filha ouça como você analisa seus próprios pensamentos. Não faça isso de maneira formal — você não quer que sua filha fique entediada

—, apenas explique a crença e a emoção decorrente: "Estou com raiva e não gosto de me sentir assim enquanto dirijo. Acho que fiquei irritado porque pensei 'Se ele não consegue dirigir na velocidade permitida, não deveria sair de carro. Ele está me atrasando, e já estou estressado o bastante'." Se você demonstrar curiosidade em entender como *sua* mente funciona, seus filhos também ficarão curiosos.

QUANDO ENSINAR SEUS FILHOS SE TORNA UMA ADVERSIDADE

Por fim, ao ensinar as habilidades de resiliência aos seus filhos, é importante reconhecer que há dificuldades inerentes. Você considera esse aprendizado uma tarefa importante, mas seu filho pode não pensar da mesma forma. Provavelmente, você já teve algumas crenças instantâneas sobre o processo, como "Espero que ele entenda o quanto isso pode ajudá-lo" ou "Ele mal conversou comigo nos últimos seis meses; dificilmente me contará o que está pensando". Antes de começar, é crucial que você se faça algumas perguntas e as responda com sinceridade.

- *Quão bem você conhece as habilidades? Você as pratica diariamente?* Só comece a ensinar as habilidades ao seu filho quando se sentir confortável em utilizá-las na própria vida. Ao adquirir confiança no uso das habilidades, você transmitirá competência, e seu filho estará mais propenso a aprender.
- *Você costuma conversar com seu filho sobre emoções e pensamentos?* Como anda a relação de vocês? Ambos se sentem à vontade para falar sobre emoções, comportamentos e pensamentos? Se for algo difícil ou raro, é importante estabelecer expectativas realistas. Antes de ensinar as habilidades, é preciso propiciar confiança e conforto. Nas primeiras semanas, faça perguntas sobre a vida do seu filho e compartilhe acontecimentos da sua vida. Quando isso se tornar relativamente confortável, comece a ensinar as habilidades.
- *Quem é a melhor pessoa para ensinar as habilidades ao seu filho?* Se o seu filho tiver um relacionamento mais próximo com um dos genitores, talvez ele queira que esse genitor lhe ensine as habilidades. Claro, essa também pode ser uma ótima chance para o outro genitor desenvolver maior proximidade; apenas ajuste suas expectativas sobre o quão rápido esse processo ocorrerá.
- *Como você expressa decepção e frustração?* Quando seu filho demonstra dificuldade ou não aprende algo tão rápido quanto o esperado, como você

expressa decepção e frustração? Se você fica facilmente irritado ou se fecha e desiste, precisará se esforçar para usar as habilidades de resiliência enquanto as ensina ao seu filho. Ao longo desse processo, você será um exemplo de como ser resiliente — mesmo que não perceba — e esses momentos informais de "ensino" terão um grande impacto. Portanto, sempre que possível, torne-se uma referência apropriada.

✦ *Você espera que as habilidades substituam a necessidade de terapia?* As habilidades de resiliência são benéficas para todas as crianças, mas, se seu filho estiver em meio a uma crise — vícios, desempenho escolar insatisfatório, depressão clínica, ideação suicida, comportamentos inadequados —, as habilidades não substituirão a necessidade imediata de ajuda profissional.

As Quatro Principais Habilidades de Resiliência para Crianças e Adolescentes

Existem quatro habilidades essenciais que você deve ensinar aos seus filhos. A primeira é o ABC. Seus filhos não conseguirão lidar com desafios e adversidades a menos que entendam como as crenças afetam o humor e o comportamento. Em seguida, eles precisam aprender a testar a precisão de suas crenças usando a habilidade desafiar crenças. Catastrofizar é um problema comum para crianças e adolescentes, e isso causa ansiedade intensa. Colocar em perspectiva os ensinará a controlar as preocupações e a ansiedade. Por fim, é importante ensinar aos seus filhos como combater as crenças não resilientes de imediato, usando a Resiliência em Tempo Real.

ABC: AS ADVERSIDADES QUE AS CRIANÇAS ENFRENTAM

Para que respondam com resiliência, as crianças precisam aprender a conexão entre pensamentos, emoções e comportamentos. Isso é tão importante para as crianças quanto é para os adultos, pois elas também enfrentam adversidades. Quando conversamos com as crianças sobre suas adversidades, as mesmas questões surgem repetidamente: conflitos em casa, brigas com amigos, interação com figuras de autoridade, situações sociais incômodas e pressão dos colegas. Elas também podem lidar com crises de identidade, como se sentir desconfortáveis com sua aparência ou ter preocupações quanto à religião, raça ou orientação sexual.

Quando conversamos com genitores, muitas vezes ficamos surpresos com a tendência de menosprezar a seriedade e a importância do que a criança está enfrentando. Um pai nos disse que a filha estava chateada por causa de uma briga com um grupo de meninas na quadra da escola. A discussão começou devido a um desentendimento na divisão dos times e terminou com empurrões entre sua filha e outras duas meninas. O pai nos disse que ela não conseguia se concentrar nas aulas nem na lição de casa, estava constantemente de mau humor e não queria comer. Ele não entendia como uma simples briga poderia abalar a filha por tanto tempo. Pedimos ao pai que imaginasse a seguinte situação: ele decide almoçar em um parque em frente ao escritório e, de repente, dois homens começam a xingá-lo e empurrá-lo. Então, questionamos se, ao retornar ao escritório, ele conseguiria se concentrar no trabalho. Sempre que você menosprezar os problemas do seu filho ou achar difícil ter empatia, tente reformular a situação, encaixando-a na vida adulta. Para aqueles com filhos pequenos, a necessidade constante de usar a xícara favorita, vestir a camiseta preferida ou comer sempre a mesma refeição muitas vezes é fonte de frustração, pois não conseguimos entender por que a criança fica chateada quando não obtém o que quer. Mas os adultos também são assim. Sempre que Karen fica irritada com essas necessidades aparentemente banais, ela se pergunta como se sentiria se o marido se recusasse a servir o café em sua "caneca de trabalho". Questione-se: como você se sentiria se a nova roupa que separou para uma reunião importante desaparecesse do armário? Esse tipo de situação não é um trauma, mas é uma decepção real — tanto para os adultos quanto para as crianças.

Ao iniciar o processo de ensino das habilidades de resiliência, é importante focar adversidades que sejam significativas para seu filho.

ABC: AUTOCONVERSA

A melhor forma de ensinar o ABC para crianças é primeiro focar a autoconversa — o que chamamos de crenças instantâneas. Esse processo pode demorar um pouco, pois a maioria de nós tem o hábito de fazer às crianças perguntas do tipo A (O que você fez hoje? Com quem você lanchou na escola?) e perguntas do tipo C (Como você se sentiu quando isso aconteceu? O que você fez quando ela disse isso?). Não costumamos fazer muitas perguntas do tipo B (O que você estava pensando quando ela falou isso? O que você disse a si mesmo quando isso aconteceu?). O problema é que, ao fazer somente perguntas do tipo A e C, transmitimos a ideia de que apenas *essas* informações são dignas de discussão. Para que nossos filhos se tornem mais resilientes, precisamos incentivá-los a prestar atenção às suas crenças e a valorizar essas crenças tanto quanto seus sentimentos e suas ações.

Lembre-se: mesmo que as crianças não entendam imediatamente o que você quer dizer ao explicar a autoconversa, as crenças existem; o desafio é ajudá-las a identificar essas crenças. Uma maneira de ajudar as crianças a melhorar nesse aspecto é perguntar o que estão pensando da próxima vez que você perceber uma mudança repentina de humor. Claro, se você for o assunto da autoconversa, é importante não contestar o que a criança está pensando. Nesse ponto, você precisa apenas reforçar a identificação do que ela diz a si mesma durante a adversidade.

Assim que seu filho conseguir captar a autoconversa, você estará pronto para apresentar o modelo ABC. É importante explicar que as emoções e os comportamentos não surgem do nada nem são determinados apenas pelos acontecimentos, evidenciando que a autoconversa — o que dizemos a nós mesmos diante dos problemas — também desempenha um papel significativo. Peça para seu filho lhe dar um exemplo de uma situação em que se sentiu triste, irritado, constrangido ou culpado e agiu de uma forma que o incomodou — foi desagradável com um amigo ou desistiu de algo que realmente queria fazer. Seu filho precisa entender que o ABC não se aplica apenas a algo terrível. Ele deve usar essa habilidade para encarar desafios diários, e não só grandes contratempos. Após identificar uma situação, oriente-o a captar a autoconversa, bem como as emoções e os comportamentos decorrentes. Tente analisar pelo menos três situações. Enquanto seu filho pratica, você deve se atentar a cinco aspectos.

1. **SEU FILHO DESCREVE A SITUAÇÃO DE FORMA OBJETIVA — DECLARANDO APENAS QUEM, O QUE, QUANDO E ONDE SEM EXAGERAR?** Se a descrição incluir exageros ("A Sally nunca me deixa sentar ao lado dela" em vez de "A Sally não me deixou sentar ao lado dela hoje"), ajude-o a reformular com mais precisão.
2. **O B CONDIZ COM O C?** À medida que aprende essa habilidade, seu filho pode descrever uma base de crenças que não condiz com as consequências. Consulte a lista de Conexões B-C (página 79) para verificar se o B é compatível. Se não for, geralmente é porque a criança não conseguiu identificar todas as crenças. Pergunte: há mais alguma coisa em que você estava pensando? A situação trouxe alguma outra lembrança? Algumas crianças são mais visuais do que verbais, e suas "crenças" podem se manifestar como imagens mentais. Peça ao seu filho para descrever a imagem mental; ao fazer isso, ele expressará as crenças.
3. **O C É DESPROPORCIONAL AO B?** Não ensinamos a habilidade detectar icebergs às crianças, pois geralmente elas não conseguem aplicá-la de forma eficaz. No entanto, se as reações do seu filho forem desproporcionais às crenças,

faça perguntas para ajudá-lo a identificar se a situação ativou crenças mais profundas. Use as perguntas do tipo "o que", descritas no Capítulo 6. Se você conseguir ajudá-lo a identificar uma ou duas crenças mais gerais, como "Eu preciso ser admirado por todas as crianças" ou "Não é permitido fracassar", então o objetivo foi alcançado.

4. **SEU FILHO MANIFESTA CRENÇAS DO PORQUÊ E DO DEPOIS?** A resiliência exige que ele pense nas causas dos problemas e determine quais delas são controláveis. Também exige que ele pense no futuro a fim de que possa desenvolver um plano para lidar com os resultados mais prováveis. Se seu filho manifesta apenas crenças do porquê, questione: "Agora que isso aconteceu, o que você acha que pode acontecer em seguida?" Se ele manifesta apenas crenças do depois, pergunte: "Por que você acha que isso aconteceu? O que você acha que causou o problema?" Com essas perguntas, você o ajudará a ter um estilo de pensamento mais equilibrado sobre a adversidade.
5. **SEU FILHO É CAPAZ DE PERCEBER AS PROFECIAS AUTORREALIZÁVEIS?** A maioria das crianças não percebe as profecias autorrealizáveis que suas crenças acarretam. É importante ajudar seu filho a entender que as crenças não apenas o fazem se sentir mal, mas também podem suscitar acontecimentos indesejados. Por exemplo, se uma criança diz a si mesma "Sou muito burra. É óbvio que não irei bem na prova", ela será menos propensa a estudar com afinco e, assim, terá mais chances de ir mal na prova. E, se a criança tirar uma nota baixa, a crença negativa será reforçada, tornando-se ainda mais difícil de superar.

A seguir, apresentamos um exemplo de como seria o ABC de um adolescente de 12 anos.

ADVERSIDADE: Ontem, recebi vários amigos em casa, e meu pai ia nos mostrar sua incrível coleção de aviões de controle remoto. Estávamos animados, pois ele ia deixar a gente brincar com alguns deles. Quando meu pai saiu do escritório, ficou me chamando de "pirralho" na frente de todo mundo. Eu já tinha dito que não gosto, mas ele me chamou mesmo assim.
BASE DE CRENÇAS: Meu pai sempre tenta me constranger na frente dos meus amigos. Acha engraçado, então vai continuar me chamando de "pirralho", mesmo sabendo que detesto.
CONSEQUÊNCIAS: Senti tanta raiva que meu rosto ficou vermelho, e acabei sendo ríspido, dizendo que queria privacidade com meus amigos e que ele deveria nos deixar em paz. Todo mundo ficou chateado porque queria pilotar os aviões, mas eu só queria ficar longe do meu pai.

Quando seu filho conseguir mapear um ABC semelhante a esse, com pouca orientação sua, você pode passar para a habilidade desafiar crenças.

Ensinando Seus Filhos a Desafiar Crenças

PASSO 1: GERAR ALTERNATIVAS

A primeira parte é ensinar ao seu filho as dimensões do estilo explicativo e ajudá-lo a perceber como ele tende a explicar as causas dos problemas. Ajude-o a avaliar se ele é mais otimista ou pessimista, focando as três dimensões do estilo explicativo. Peça para ele descrever uma adversidade e dizer qual é o primeiro pensamento que surge sobre a causa. Em seguida, ajude-o a identificar se a crença é eu/não eu, sempre/não sempre, tudo/não tudo. Vocês deverão analisar vários exemplos até que seu filho consiga classificar as crenças com precisão.

Depois que seu filho pegar o jeito, procure padrões no estilo explicativo dele e aponte quaisquer semelhanças com o seu. Embora possa ser parcialmente genético, o estilo explicativo é principalmente aprendido a partir das explicações dos genitores para os eventos bons e ruins em sua vida e na vida de seus filhos. Por esse motivo, é muito importante que você demonstre um estilo explicativo mais flexível. Quando se pegar atribuindo um problema a si mesmo ou a outras pessoas ou circunstâncias, gere alternativas mais resilientes em voz alta. Ao exibir um estilo de pensamento flexível, você ajuda seu filho a aprender essa habilidade mais rápido.

Também é crucial prestar atenção à forma como você repreende seu filho. As crianças ouvem como os adultos (genitores, professores, treinadores) as criticam e, então, absorvem o estilo da crítica, assim como o conteúdo. Quando seu filho faz algo errado, você costuma atribuir o problema ao comportamento ou ao caráter dele? Por exemplo, imagine que o quarto do seu filho está desorganizado. Você é mais propenso a dizer "Você é muito desleixado. Por que não consegue manter o quarto limpo?" ou "Você não arrumou seu quarto hoje. Está muito bagunçado"? Imagine que seu filho passou a última hora provocando brigas com o irmão. Você é mais propenso a dizer "Você é um encrenqueiro" ou "Você está de mau humor desde o almoço"? O primeiro exemplo de cada situação ilustra uma "crítica de caráter", pois o problema é atribuído a características estáveis e abrangentes. O segundo exemplo ilustra uma "crítica comportamental", pois o problema é atribuído a comportamentos específicos e modificáveis. Culpar o caráter dos filhos é prejudicial, pois eles aprendem que a causa dos problemas são os atributos estáveis e inalteráveis de sua personalidade.

Não entenda mal: é perfeitamente saudável repreender seu filho. Como já discutimos, os genitores autoritários censuram os filhos por desrespeitarem as regras ou agirem de maneira inadequada. Os genitores excessivamente permissivos ensinam aos filhos que é aceitável se eximir da responsabilidade e agir da forma que bem entenderem — e é óbvio que isso acarreta problemas. Mas, embora responsabilizar seu filho seja benéfico, a forma como você faz isso é importante. Existem duas regras gerais a serem seguidas:

1. Seja preciso. Repreender de forma exagerada provoca sentimentos de culpa e vergonha desproporcionais à situação. Quando essas emoções são descomedidas, em vez de ajudarem a criança a mudar o comportamento, elas acarretam depressão e passividade.
2. Na medida do possível, atribua as causas dos problemas aos *comportamentos*, e não ao caráter de seu filho. Uma criança pode aprender a arrumar o quarto, controlar o humor e estudar de maneira mais eficaz. É muito mais difícil para uma criança deixar de ser desleixada ou encrenqueira. A crítica comportamental incentiva a resolução de problemas; a crítica de caráter a impede.

Quando seu filho compreender o estilo explicativo dele, você está pronto para ajudá-lo a gerar alternativas. Assim como o objetivo dos adultos é identificar as verdadeiras causas dos problemas, a precisão é igualmente importante para as crianças. No entanto, para que possam pensar de forma mais precisa, elas devem se libertar da rotina de seu estilo de pensamento. Devemos ajudá-las a ser mais criativas e a gerar uma variedade de possíveis causas para o problema, usando as dimensões do estilo explicativo.

PASSO 2: PROCURAR EVIDÊNCIAS

Embora a maioria das crianças consiga argumentar assim que alguém as acusa ("Não sou burra, só não sabia que esse conteúdo cairia na prova"), quando a acusação vem de sua própria mente, elas agem como se fosse um fato. Portanto, mesmo que seu filho conteste sempre que você o critica, não estranhe se ele tiver dificuldade em recorrer a evidências para testar a precisão das crenças. Quando seu filho aprender a desafiar crenças, ele estará protegido contra o fracasso e a rejeição. Não é que coisas ruins deixarão de acontecer — ele ainda será dispensado em encontros, não entrará na universidade de sua escolha, será preterido em promoções —, mas, se souber como combater as crenças não resilientes, esses contratempos não o prejudicarão.

Ao ensinar essa etapa ao seu filho, permita que as evidências guiem o raciocínio dele. Se ele substituir pensamentos negativos por pensamentos extremamente positivos, sua resiliência não aumentará. A metáfora do detetive é útil para esse processo, pois um bom detetive faz duas coisas:

- Elabora uma lista de suspeitos. (Gera alternativas.)
- Procura pistas para descobrir qual suspeito cometeu o ato. (Usa evidências.)

Diga ao seu filho que, em vez de acreditar no primeiro pensamento que surge, ele deve agir como um detetive e procurar evidências para descobrir se o pensamento é preciso ou não. Explique que não faz sentido sentirmos tristeza, raiva, constrangimento ou culpa se o motivo para nos sentirmos assim não for verdadeiro.

Antes de começar, é importante reconhecer que o viés de confirmação (a tendência de lembrar evidências que confirmam nossas crenças e esquecer evidências que as contrariam) dificultará o processo para seu filho. Portanto, comece explicando esse viés. Nós o chamamos de efeito Velcro-Teflon: evidências que apoiam a crença inicial grudam em nós, e evidências que contradizem a crença inicial não conseguem se fixar. Seu filho pode evitar a interferência do viés de confirmação de três maneiras:

- **PERGUNTAR-SE O QUE O MELHOR AMIGO DIRIA.** Ao ajudar seu filho a mudar de perspectiva, ele pode encontrar evidências que .
- **PROCURAR PISTAS.** Pergunte ao seu filho quais pistas um detetive buscaria e, em seguida, ajude-o a procurá-las na própria vida.
- **PROVAR QUE A CRENÇA É FALSA.** Como sabemos que a tendência é enxergar evidências favoráveis, peça ao seu filho para começar procurando as evidências que provam que a crença é falsa. Após listá-las, ele pode voltar e encontrar as evidências que apoiam a crença inicial.

Depois que seu filho compreender o efeito Velcro-Teflon, foque um exemplo da vida dele. Peça para ele identificar uma adversidade recente, digamos, uma que ele tenha usado para gerar alternativas. Como de costume, comece com o ABC. Após identificar a crença inicial, ele deve gerar duas alternativas plausíveis que se distanciem de seu estilo explicativo e, em seguida, procurar evidências para cada crença. A seguir, apresentamos o processo de um adolescente de 15 anos.

ADVERSIDADE: Meus pais se separaram há dois anos, e agora minha mãe começou a namorar. Certa noite, ela convidou o "namorado" para jantar em casa. Ela estava tão encantada por ele que praticamente me ignorou a noite toda. Tive que pedir para ela me passar o frango umas três vezes até que me ouvisse.

BASE DE CRENÇAS: Quem tem que namorar sou eu, não minha mãe. Ela é tão egoísta e está tão envolvida no próprio mundo que não pensa em como isso é estranho para mim. A situação é ainda pior do que quando meus pais se separaram.

CONSEQUÊNCIAS: Eu fiquei muito nervoso. Cogitei levantar da mesa várias vezes, mas apenas permaneci sentado, sem dizer uma única palavra. Assim que o jantar acabou, fui para o meu quarto e coloquei a música no último volume.

DESAFIAR CRENÇAS: É meio chato ter uma mãe que está namorando, mas não quero que ela se sinta solitária; prefiro que seja feliz. Provavelmente não é justo dizer que ela não se importa com o que eu sinto. Acho que ela estava ansiosa e apenas tentou melhorar uma situação incômoda (alternativa: não eu, não sempre, não tudo). Quer dizer, ela conversou comigo antes de convidá-lo e me perguntou como eu me sentia em relação ao namoro (evidência). Ela disse que queria namorar, mas também queria que eu me sentisse confortável, então deveríamos encarar o jantar como um teste (evidência).

Quando seu filho completar os passos de desafiar crenças, você estará pronto para direcioná-lo à resolução de problemas. Comece eliminando as crenças imprecisas. Em seguida, ajude seu filho a identificar as causas controláveis. Isso é importante porque as crianças costumam superestimar sua capacidade de controle. Crianças depressivas, por sua vez, tendem a subestimar essa capacidade e acreditar que não há nada que possam fazer para corrigir a situação. Por fim, ajude seu filho a desenvolver duas ou três ideias concretas de como ele poderia resolver o problema.

Colocar em Perspectiva

Agora que seu filho praticou o pensamento mais preciso sobre as causas dos problemas, ele está pronto para testar a precisão das previsões para o futuro. A catastrofização é um dos problemas mais comuns que observamos em crianças e adolescentes. Como é difícil para eles manter uma perspectiva sobre o futuro, a habilidade colocar em perspectiva é essencial.

Peça para seu filho se lembrar de um momento em que ele catastrofizou. Diga que, assim como é importante ser preciso sobre as causas dos problemas, também é importante ser preciso sobre o que acontecerá em seguida, depois que um problema ocorreu. Caso contrário, ele desperdiçará muita energia e tempo preocupando-se com coisas terríveis que nunca acontecerão.

Use as seguintes perguntas sobre a situação descrita para ajudá-lo a perceber os efeitos da catastrofização em seu humor e comportamento.

- *Como você se sentiu ao imaginar todas essas coisas ruins?* A maioria das crianças sente uma combinação de ansiedade e tristeza. Peça ao seu filho para classificar a intensidade das emoções em uma escala de 1 a 10.
- *Quanto você acreditava que essas coisas ruins iriam acontecer?* Ao catastrofizar, a maioria das crianças acredita que as implicações negativas são altamente prováveis. Mais tarde, as crenças podem se mostrar absurdas, mas seu filho precisa entender que, enquanto a situação está acontecendo, elas não parecem nada improváveis.
- *Ao ter todas essas crenças negativas, você acha que estava mais ou menos propenso a lidar com o problema?* A maioria das crianças se sente esgotada e sobrecarregada quando catastrofiza, achando que é incapaz de lidar com a situação.

A versão infantil dessa habilidade é quase idêntica à versão que você aprendeu. O primeiro passo é listar as crenças do pior cenário. Em seguida, ajude seu filho a criar as crenças do melhor cenário, igualmente improváveis. Por fim, com base nesses dois cenários, ajude-o a identificar os resultados mais prováveis e a elaborar um plano para lidar com a situação.

Larry, um aluno do sétimo ano, disse: "Eu sempre pensava no pior em cada situação. Minha cabeça era uma máquina de pensamentos malucos. Mas agora sei como me impedir de fazer isso. Sou muito bom em inventar melhores cenários engraçados que sempre me fazem rir e, quando começo a rir, é muito mais fácil enxergar a situação real, em vez de todas aquelas coisas malucas que eu imaginava. Meu pai diz que meu rosto está mais relaxado agora — seja lá o que isso significa. Para mim, a grande mudança é que me sinto muito melhor."

Resiliência em Tempo Real para Crianças

A última habilidade para crianças é a resiliência em tempo real. Para aplicá-la de maneira eficaz, as crianças precisam ser capazes de gerar alternativas, encontrar evidências e identificar resultados prováveis. Não apresse o processo. Pode levar algumas semanas praticando as outras habilidades até que a criança esteja pronta para esta.

Mas não pule a resiliência em tempo real. As crianças que participaram de nosso programa dizem que essa é a habilidade que mais usam para manter o pensamento lúcido e lidar com os problemas. Na verdade, em 1995, quando fomos destaque no programa da Oprah, perguntamos a um grupo de alunos que haviam feito nosso treinamento: "Quais habilidades vocês querem mostrar para a Oprah e para o mundo?" (Ela tem muita influência entre os adolescentes, e aparecer em seu programa aumentou significativamente nossa credibilidade aos olhos deles, mais do que qualquer outra coisa que poderíamos ter feito.) A resiliência em tempo real foi resposta unânime.

Comece explicando ao seu filho que, em certas situações, ele precisará combater os pensamentos à medida que surgem para que consiga se concentrar em determinada tarefa. Nessas situações, não é possível pegar uma folha e listar todas as evidências favoráveis e contrárias, então é necessário desenvolver uma habilidade que ele possa aplicar mentalmente, no momento em que a crença negativa surge. Ajude seu filho a identificar situações em que seria útil combater pensamentos negativos em tempo real: imediatamente antes ou durante uma prova ou apresentação na escola, ao convidar alguém para brincar, ao sair em um encontro, ao praticar um esporte etc.

Explique a seu filho que ele deve aplicar essa habilidade apenas para desarmar pensamentos contraproducentes que atrapalham o foco em determinada tarefa. Ela não é apropriada para situações complexas ou quando há tempo para pensar no problema de maneira mais aprofundada.

Seu filho usará as mesmas três frases de efeito (ligeiramente reformuladas) que você praticou ao dominar essa habilidade, sendo elas:

- *Evidências:* Isso não pode ser verdade porque...
- *Alternativas:* Outra forma de ver a situação é...
- *Colocar em Perspectiva:* O mais provável é... e eu posso...

Demonstre como usar cada uma dessas frases com um exemplo simples. Por exemplo, peça para seu filho imaginar que está prestes a fazer uma prova de matemática quando surge o pensamento: "Sou muito burro. Não vou acertar nenhuma questão." Ele pode contestar esse pensamento dizendo: "Isso não pode ser verdade porque na última prova acertei várias questões", "Outra forma de ver a situação é que sou inteligente o bastante para resolver essas questões" ou "O mais provável é que eu não vá tão bem na prova e eu posso estudar mais para tirar uma nota melhor da próxima vez".

Em seguida, explique os possíveis erros ao praticar a resiliência em tempo real. Nós os simplificamos para as crianças:

- *Pensamentos felizes.* Explique que o objetivo não é substituir cada pensamento negativo por um "pensamento feliz". Seu filho não pode inventar evidências. As evidências precisam ser reais.
- *O jogo da culpabilização.* Explique que o objetivo não é redirecionar a culpa. Se a crença inicial girar em torno da responsabilidade de seu filho, ele não pode simplesmente culpar outra pessoa.
- *Quem se importa?* Por fim, quando o problema é significativo, ele não deve ser menosprezado. Por exemplo, se os genitores de uma criança estão se divorciando e a crença é "Vou ficar triste pelo resto da vida", não é apropriado substituir esse pensamento por "O divórcio não é grande coisa. Quem se importa se eu não ver meu pai com frequência? Isso não é importante".

Após assimilar esses erros comuns e compreender como evitá-los, seu filho estará pronto para a primeira prática. Uma maneira fácil de praticar essa habilidade é listar algumas adversidades comuns e duas ou três crenças negativas para cada uma. Em seguida, leia as crenças em voz alta e peça que seu filho use uma das três frases de efeito para formular uma resposta mais resiliente. É crucial enfatizar a precisão em detrimento da celeridade. Na verdade, não se preocupe com respostas rápidas até que seu filho tenha praticado a habilidade por várias semanas. Ao dominar essa habilidade, a celeridade surgirá naturalmente.

Benjamin tem 10 anos e aplica a resiliência em tempo real sempre que se preocupa antes de uma prova.

CRENÇA DE BEN: Estou com enjoo de tanta ansiedade. Não vou me lembrar de tudo que estudei. Talvez eu esqueça o conteúdo todo.

RESPOSTA DE RESILIÊNCIA EM TEMPO REAL DE BEN: Eu também estava ansioso da última vez. Se eu respirar fundo e lembrar que fui bem em todas as outras provas, vou conseguir responder às questões sem problemas.

CRENÇA: Mas esta prova será muito mais difícil. Não sou muito bom em ciências. Terei sorte se não reprovar.

RESPOSTA DE RESILIÊNCIA EM TEMPO REAL: Esta matéria é mais difícil, mas minha mãe me fez perguntas ontem à noite e acertei todas, exceto uma. Nunca fui mal em uma prova, então conseguirei tirar uma nota boa nesta.

Conclusão

Todos queremos o melhor para nossos filhos. Desejamos que eles tenham sucesso na escola, que sejam aceitos e apreciados pelos colegas e que se mostrem pessoas justas e íntegras. Desejamos que tomem boas decisões e sejam gentis. Desejamos que tenham expectativas elevadas para o futuro e desenvolvam as ferramentas necessárias para atingir seus objetivos. Desejar essas coisas é a parte fácil; capacitar seus filhos para alcançá-las é mais difícil. Ao usar as habilidades de resiliência, você conseguirá lidar com a complicada jornada da parentalidade, experimentando mais momentos de alegria e menos momentos de frustração. E, se as situações difíceis não o abalarem, você terá mais facilidade para transmitir a seus filhos os valores que considera essenciais. Se também ensinar a eles as habilidades de resiliência, estará lhes dando um grande presente — a vida colocará inúmeros obstáculos no caminho de seus filhos, mas eles terão as ferramentas para superá-los.

CAPÍTULO 12

Resiliência no Trabalho

Em junho de 2001, mais de mil adultos norte-americanos foram entrevistados sobre suas atividades profissionais e de lazer. A pesquisa revelou que os norte-americanos trabalham, em média, cinquenta horas por semana — 2,5 vezes o número de horas dedicadas às atividades de lazer. (Em 1973, a proporção entre o tempo de trabalho e o tempo de lazer era apenas 1,5.)[1] O trabalho passou a dominar a vida de muitos de nós. Portanto, um dos maiores impulsos para nossa resiliência pode vir da aplicação das sete habilidades às adversidades que enfrentamos no trabalho.

A partir de nossas funções de pesquisa e treinamento na Adaptiv Learning Systems, apresentamos as habilidades de resiliência a inúmeras organizações, incluindo agências sem fins lucrativos, departamentos governamentais e empresas da Fortune 500. Independentemente do tamanho da organização e de sua missão, surgem os mesmos cinco obstáculos principais para o sucesso no trabalho. As pessoas desejam ajuda para lidar com o estresse decorrente de reestruturações corporativas e da demanda por maior produtividade com recursos reduzidos. Como indivíduos, elas querem saber como impactar uma cultura corporativa que interfere em seu sucesso. Buscam orientação sobre como superar o preconceito no ambiente de trabalho. Procuram ajuda para se recuperar de uma demissão. E desejam saber como encontrar um equilíbrio entre trabalho e vida pessoal.

Alguns desses problemas são tão crônicos e sistêmicos que uma solução pode estar além de nosso alcance. No entanto, mostraremos como ajudamos as pessoas a pensar com mais precisão sobre as adversidades — livres de seus estilos de pensamento — e como, munidas de uma visão mais flexível e precisa, elas conseguiram assumir o maior controle possível. Para a maioria, esse processo proporcionou vantagem suficiente em relação ao problema, transformando sua vida profissional — elas mudaram o ambiente de trabalho para se sentirem revigoradas e reconectadas ao seu emprego. Para outras, mesmo após resolverem os problemas de maneira flexível e precisa, o emprego não era satisfatório, e elas seguiram em frente. Em ambos os casos, as habilidades as capacitaram a ser o mais resiliente possível no trabalho.

Por que Precisamos de Resiliência no Trabalho

Entre em qualquer site de notícias, e com certeza você encontrará uma matéria sobre a economia atual. O panorama industrial está mudando rapidamente, com organizações de alta tecnologia e serviços substituindo a base manufatureira. O cenário corporativo está em um fluxo constante, com fusões e aquisições, e o mercado está se tornando global.

O que isso significa para o funcionário corporativo médio? Grande parte dos negócios é conduzida a distância; trabalhamos com colegas que nunca ou raramente conhecemos pessoalmente, apenas por telefone e e-mail — com todos os problemas de comunicação e potenciais mal-entendidos que esses meios podem causar. Há uma pressão constante para produzir mais com menos recursos. À medida que há redução de funcionários, somos obrigados a desempenhar várias funções na organização. Nossos cargos e nossas descrições de trabalho tornaram-se maleáveis e instáveis, com a premissa de que isso proporcionará a flexibilidade corporativa necessária para sobreviver em um mercado em constante mudança. Muitos de nós precisam lidar com a inconstância das funções, o desequilíbrio entre trabalho e casa, e a contínua ameaça de demissão. Estamos sob estresse.

Estresse no Ambiente de Trabalho

No Capítulo 9, falamos sobre o estresse e explicamos como o estilo de pensamento influencia a vulnerabilidade a ele. A cada ano, a indústria nos EUA perde cerca de 280 milhões de dias de trabalho devido ao absenteísmo causado pelo estresse. E não é apenas um fenômeno norte-americano. Em nível global, as corporações têm um prejuízo financeiro significativo, com até US$200 bilhões gastos anualmente no tratamento de doenças relacionadas ao estresse, como problemas gastrointestinais, transtornos mentais, abuso de substâncias e hipertensão. De fato, há 1,5 vez mais indenizações de seguro por estresse do que por lesões físicas. (Isso é especialmente notável, considerando a estimativa de que 60% a 80% dos acidentes de trabalho que resultam em lesões físicas estão relacionados ao estresse.)[2] Em resumo, o estresse é onipresente, e suas proporções epidêmicas se devem a grandes mudanças no ambiente de trabalho. No entanto, números podem ser difíceis de assimilar. Vamos dar uma face mais humana a esse cenário.

Conhecemos Rick em um workshop para clientes na Carolina do Norte. Ele chegou até nós por meio do programa de assistência ao colaborador (PAC), pois precisava lidar com a ansiedade persistente que estava experimentando e com a depressão com a qual lutava nos últimos nove meses. Rick, que estava na casa dos 40 anos, relacionou seus problemas a um momento em que a natureza de seu trabalho mudou drasticamente.

"Eu não me descreveria como um 'homem de negócios'. Eu era apenas um gerente júnior, com três pessoas que se reportavam a mim. Nunca fui muito ambicioso, mas sentia orgulho do que fazia. Prestávamos serviços de manutenção para as linhas telefônicas das grandes empresas de telecomunicações. A cada fim de semana, quando meus filhos faziam uma ligação interurbana para seus avós, eu me sentia bem por contribuir de certa forma, por ajudar milhares de famílias a se conectarem.

"Há cerca de dois anos, houve uma aquisição e nossa empresa, com seus 1.500 funcionários, foi engolida por uma enorme corporação de telecomunicações com 40 mil pessoas. Tudo mudou. *Tudo*. Fui escolhido para liderar uma equipe multilocal a fim de descentralizar as operações contábeis. De repente, oito pessoas se reportavam a mim, espalhadas por cinco locais em todo o país. Diariamente, eu chegava ao escritório e encontrava meu e-mail abarrotado de perguntas da equipe. Parecia que eu passava a maior parte do dia respondendo e-mails e atendendo ligações. Pela primeira vez em minha carreira, comecei a perder prazos. O trabalho simplesmente saiu do controle.

"Acho que o primeiro sinal de que isso estava me afetando foram as enxaquecas. Toda manhã, antes do trabalho, minha cabeça começava a doer. Parecia que meu cérebro estava se partindo ao meio. Meu estômago revirava, e eu mastigava pastilhas de antiácido como se fossem balas. Comecei a ter tonturas, e muitas vezes sentia meu coração palpitar através da camisa. Sonhava com o trabalho. Tinha pesadelos, na verdade. Lembra-se da cena de *I Love Lucy* em que ela não consegue acompanhar os chocolates na esteira transportadora e começa a enfiá-los na boca? Os pesadelos eram assim — todo o trabalho vindo em minha direção e eu não conseguia acompanhar."

Usando as Habilidades de Resiliência para Enfrentar o Estresse do Trabalho

A situação atingiu o ápice quando o chefe de Rick lhe designou outro projeto. Rick sentiu sua ansiedade disparar. A crença instantânea que ele identificou — "Nunca conseguirei entregar este projeto no prazo" — não explicava a ansiedade intensa. Era um sinal evidente de que crenças profundas provocavam a emoção. Então, ele utilizou a habilidade detectar icebergs.

CRENÇA INSTANTÂNEA: Nunca conseguirei entregar este projeto no prazo.
PERGUNTA: O que é mais inquietante?
RICK: Nunca me vi nessa situação. Sempre fui capaz de resolver as coisas.
PERGUNTA: O que significa ter essa dificuldade pela primeira vez?
RICK: Significa que estou perdendo o controle e decepcionando as pessoas.
PERGUNTA: O que é o pior?
RICK: O pior é que desapontei pessoas importantes para mim, como meu chefe na antiga empresa, que realmente se esforçou para me conseguir esse emprego quando a aquisição aconteceu. Mas sinto que desapontei principalmente minha esposa e meus filhos. Se eu for demitido, teremos problemas financeiros.
PERGUNTA: Supondo que seja verdade, o que é o pior?
RICK: O pior é que todos sabem que estou estressado e ansioso e que não tenho lidado bem com a situação — meus colegas de trabalho, minha família, meus filhos, meus vizinhos, as pessoas da minha igreja. Eu me sinto realmente constrangido.
PERGUNTA: O que há de tão constrangedor?
RICK: Eu deveria ser capaz de lidar com qualquer coisa que surja no meu caminho.

Aí está a epifania! Como vimos, muitos icebergs giram em torno de como *deveríamos* ser no mundo. Não é possível aplicar a habilidade desafiar crenças a esses icebergs, pois não faria sentido procurar evidências que comprovem ou refutem a forma como você deveria ser. Esse tipo de crença profunda representa um valor, ou seja, não faz parte do mundo dos fatos. No entanto, Rick pode se perguntar se essa crença é *útil*. Provavelmente, esse iceberg foi formado há muito tempo, e talvez não seja mais relevante para sua vida. No mundo atual, esse iceberg pode ser obsoleto — uma influência anacrônica nas emoções e no comportamento.

Rick questionou os prós e os contras dessa crença em sua vida. Primeiro, estava lhe causando muito estresse. Segundo, não era realista no mundo corporativo moderno, onde se espera que todos façam mais com menos e onde poucas pessoas conseguem cumprir uma quantidade satisfatória de obrigações sem comprometer a qualidade. Da forma como ele tinha construído a situação em sua mente, havia muito em jogo nesse novo emprego. Se ele não conseguisse se manter à altura, estaria violando sua regra básica sobre o tipo de pessoa que deveria ser. Quem não se sentiria pressionado ao ter essa crença e perceber a dificuldade em completar as tarefas? Ao primeiro sinal de que o trabalho estava saindo do controle, Rick entrava em pânico, pois, como ele havia registrado subconscientemente, sua integridade estava em risco. E esse nível intenso de ansiedade afetava negativamente o desempenho. Era uma profecia autorrealizável. Como Henry Ford, magnata da indústria automotiva, afirmou: "Quer você pense que pode ou não, você está certo."

Ao provar para si mesmo que o iceberg era inútil, grande parte da ansiedade de Rick diminuiu. Ele se tornou um mestre nas técnicas para acalmar. Quando sentia o estresse aumentar no trabalho, dedicava trinta segundos à visualização positiva, imaginando-se com sua família na praia de Outer Banks, na Carolina do Norte. Ele praticava a respiração controlada e o relaxamento muscular progressivo em sua mesa sem que ninguém percebesse.

Agora que sua ansiedade estava em um nível gerenciável, Rick conseguiu usar a habilidade desafiar crenças para encarar o problema real — a dificuldade em lidar com a carga de trabalho, e não o tipo de pessoa que deveria ser. Dada a natureza do iceberg de Rick, não ficamos surpresos ao constatar um estilo explicativo "Eu, Sempre, Tudo". Quando não conseguia cumprir uma tarefa, surgia a crença do porquê "Sou incapaz de fazer este novo trabalho". Orientamos Rick ao pensamento flexível — gerando crenças alternativas a partir das três dimensões do estilo explicativo — e depois à precisão. Ele percebeu que outros fatores contribuíam para seu problema. Havia uma falha no gerenciamento de tempo. Rick dedicava várias horas a projetos que o agradavam — um luxo possível na antiga empresa, mas que agora acarretava a perda de prazos nas tarefas menos interessantes. Também havia uma falha na designação de trabalho. As oito pessoas que se reportavam a Rick eram produtivas, mas ele não aproveitava totalmente o tempo delas. Seu estilo de gestão funcionava bem no antigo emprego, com uma equipe de três pessoas e muito menos trabalho, mas fracassava nas novas condições. E Rick reconheceu que nunca havia conversado com o novo chefe sobre a melhor forma de priorizar projetos críticos. Priorizar é essencial em ambientes corporativos nos quais a carga de trabalho excede os recursos, mas muitas pessoas ainda adotam uma abordagem "primeiro a entrar, primeiro a sair". Com algumas crenças do porquê "não sempre, não tudo" em vigor, novas soluções se abriram para Rick, e ele começou a retomar o controle.

Rick usava a resiliência em tempo real sempre que o trabalho parecia avassalador, lembrando-se de que não era um teste de sua integridade como ser humano. Ele se concentrava nos aspectos controláveis: "Acho que não concluirei este projeto no prazo, pois tenho outras tarefas a fazer. Mas posso consultar meu chefe para definir as prioridades de modo que consiga gerenciar melhor meu tempo. Talvez signifique que não obterei a qualidade desejada em cada projeto, mas preciso ser realista sobre o que é viável." Cinco meses depois de nosso treinamento, Rick nos telefonou para dizer que já não estava tomando ansiolíticos e que seu desempenho no trabalho havia melhorado consideravelmente.

Usando a Resiliência para Mudar a Cultura Corporativa

Por anos, uma história intrigante circulou entre consultores corporativos.[3] Quatro macacos foram introduzidos em um ambiente novo — um cercado com um poste alto no meio. No topo do poste estava o "tesouro", um cacho de bananas doces e suculentas. De fato, muito tentador. Os macacos começaram a escalar o mais rápido possível. Mas uma surpresa desagradável os aguardava. Ao se aproximarem do topo, os experimentadores dispararam um jato de água — algo detestável para nossos quatro aventureiros. (Macacos gostam menos de água do que gatos.) Os macacos desceram rapidamente, agrupando-se no canto mais distante do cercado, e nunca mais se aproximaram do poste ou das bananas. Os experimentadores removeram três dos macacos, deixando apenas um. (Gostamos de pensar que esses três foram recompensados com um verdadeiro banquete de bananas.) Três novos macacos foram colocados no cercado, e eles reagiram às bananas da mesma forma, escalando o poste. Claro, não tinham testemunhado o jato de água, mas o quarto macaco sim. E ele fez o possível para salvar os recém-chegados de um banho desconfortável. Ele os agarrou pelas pernas e os puxou para baixo. Guinchou e mostrou os dentes, conseguindo afastá-los. Como nunca chegaram ao topo do poste, os três macacos não se molharam. Na fase final do estudo, dois dos recém-chegados foram removidos, assim como o macaco original que havia sido encharcado, e três novos macacos foram introduzidos. Note que esses macacos não sabiam do jato de água, pois nenhum deles presenciou o evento. Apenas um havia sido impedido de chegar ao topo, mas provavelmente não tinha ideia do porquê. O que ele fez? Puxou os recém-chegados para baixo, mostrou os dentes, guinchou e os impediu de continuar a escalada. Ouvimos essa história muitos anos atrás, mas só refletimos sobre ela no verão de 1999, durante uma consultoria.

Naquela época, conduzimos um painel de dois dias com quatorze executivos de alto escalão de uma empresa de manufatura. A organização era um grande player, mas o setor estava em declínio. Em 1975, a empresa tinha 40 mil colaboradores; quando fizemos o painel de discussão, contava com apenas 12 mil. Iniciamos a mesa-redonda pedindo para que cada um se apresentasse. A primeira pessoa, que estava à nossa direita, disse: "Sou Robert Greenwood, VP de produção para o Nordeste, e no ano passado fechei uma fábrica que empregava 5 mil pessoas." O homem à sua direita continuou: "Hal Jenkins, VP de produção para o Centro-Oeste. Há três anos, supervisionei o fechamento de nossa fábrica em Indiana, e devo ter feito um bom trabalho, pois me pediram para ajudar Bob a fechar a fábrica em Pittsburgh." E assim prosseguiram as apresentações, relatos inquietantes dos grandes impactos que o setor havia sofrido ao longo da última década.

A adversidade era óbvia — a empresa estava perdendo dinheiro, com prejuízos de milhões de dólares a cada ano, o que levou ao fechamento de várias fábricas e, consequentemente, a uma maior dificuldade de gerar receita. Das quatorze pessoas no grupo, apenas duas participaram da discussão sobre o que estava dando errado. Donna, uma executiva jovem e talentosa na casa dos 30 anos, abordou as circunstâncias: "Estamos presos a ideias ultrapassadas sobre o que esta empresa faz. Precisamos pensar em como diversificar para atingir novos mercados. Todo mundo, nós e nossos concorrentes, perdeu enormes quantias de dinheiro com produtos antigos. Nosso problema vai além de uma mera queda de mercado; não há uma única empresa expandindo essas linhas de produtos antigas." Donna entrou no modo de solução, como pessoas resilientes tendem a fazer: "Com um gasto mínimo, poderíamos reformar nossas fábricas para criar produtos em crescimento. Devemos nos afastar da ideia de que estamos à mercê dos produtos antigos. Eles não precisam fazer parte do nosso futuro."

Todos os outros se mantiveram impassíveis e em silêncio, exceto Kenny, que assentia enquanto Donna falava. Ele se pronunciou: "Eu concordo. Precisamos mudar o foco para novos produtos. Mas também gostaria de salientar que, em vinte anos, não reavaliamos nossas práticas de marketing e vendas. Ainda temos vendedores inflexíveis, tentando vender a todo custo.

Eles são muito agressivos e não se importam em manter os clientes existentes, só querem saber da comissão. Nossos clientes não desejam isso. Eles buscam construir um relacionamento com nossos vendedores. Precisamos reestruturar a força de vendas em equipes, designando uma pessoa responsável por gerenciar o cliente, com a cooperação dos outros vendedores."

Seguiu-se um silêncio absoluto, e a tensão era palpável. Donna e Kenny estavam em minoria. Todos os outros davam sinais de desaprovação, se não de desgosto, pelo que ambos haviam sugerido. O silêncio e o balançar de cabeças continuaram até que um dos vice-presidentes seniores se manifestou: "Já discutimos sugestões parecidas, e não faz o menor sentido. Nunca fabricamos esse tipo de produto. Nunca adotamos essas estratégias de vendas. Vocês dois fazem parte desta organização há uns cinco ou dez anos. Muitos de nós estão aqui há trinta anos ou mais. Conhecemos a empresa melhor do que vocês. Sabemos o que funciona e o que não funciona. Sabemos o que os funcionários aceitarão e o que não aceitarão. Sabemos o que a diretoria e os investidores querem. Suas ideias jamais darão certo. Esta empresa já existia bem antes de eu começar no chão de fábrica, décadas atrás. Nunca fizemos as coisas desse jeito e nunca faremos."

Naquele momento, nos lembramos da história dos macacos e tivemos que segurar o riso. Kenny e Donna estavam tentando salvar a empresa com uma boa resolução de problemas. No entanto, seus colegas e superiores estavam, figurativamente, os agarrando pelas pernas e os puxando para baixo. Quando tentavam escalar o poste novamente, eram repreendidos. Ninguém conseguia articular por que suas ideias eram "tolas" e ineficazes. Assim como aqueles macacos que jamais tinham visto o jato de água, eles apenas "sabiam" que escalar até o topo não daria certo.

Isso é, essencialmente, o poder de uma cultura corporativa. Uma metodologia é estabelecida anos antes, talvez por ser adaptativa na época. A trajetória é então consolidada, ganhando impulso ao longo do tempo. De muitas maneiras, esse processo reflete o desenvolvimento de crenças subjacentes. Construímos crenças sobre o mundo, muitas vezes incompletas e imprecisas. Mas essas crenças se tornam nossa "realidade", adquirindo vida própria. A ironia de nossa colaboração com essa empresa reside no fato de que os catorze participantes eram executivos do mais alto escalão. Se não tinham o poder de mudar a cultura da empresa, então ninguém mais tinha.

Adoraríamos que essa história tivesse um final feliz, mas não tem. Kenny e Donna permaneceram na empresa cerca de três a seis meses após nossa reunião e, quando perceberam que seu pensamento inovador nunca seria acatado, agiram como pessoas resilientes: já que não havia alternativa, pediram demissão e assumiram cargos de alta gerência em outros setores. No final de 2001, soubemos que a organização havia declarado falência.

Usando as Habilidades de Resiliência para Mudar a Cultura Corporativa

Então, como as pessoas podem desafiar a cultura corporativa em que se encontram? Em qualquer organização, há líderes informais e inovadores, e tivemos o privilégio de ensinar as habilidades de resiliência a muitos deles. Ao conversar com essas pessoas, compreendemos como são capazes de promover mudanças significativas em seus departamentos, mesmo que lhes falte o poder formal do cargo, do título ou do tempo de empresa. Elas ajudam os colegas a entender que a prática vigente não é uma realidade fixa.

Quando conhecemos Carl, ele estava em seu terceiro mês de um novo emprego, como diretor do departamento de pedidos de verba em uma ONG que oferece assistência a jovens em situação de risco. Ao assumir o cargo, ele esperava trabalhar com pessoas motivadas e otimistas — o tipo de pessoas que, a seu ver, seriam atraídas por uma organização como essa. Ele estava errado. Não demorou muito para que a verdadeira cultura da organização emergisse. Muitas pessoas estavam exaustas e se mostravam pessimistas quanto à capacidade de mudar a vida dos jovens atendidos. E, sempre que Carl tentava revigorar o entusiasmo, as pessoas reagiam com ceticismo.

Para promover mudanças em sua equipe, Carl sabia que precisava controlar as próprias emoções. O primeiro passo foi colocar em perspectiva as crenças catastróficas que o assolavam quando percebeu que o novo emprego não era o que esperava: "Não conseguirei motivar minha equipe, e a única opção será largar esse emprego ou entrar em burnout. Se eu pedir demissão depois de apenas seis meses, vai pegar mal no meu currículo e será impossível encontrar outro emprego. Não conseguiremos pagar as contas e teremos que nos mudar para um apartamento pequeno do outro lado da cidade, onde não há escolas boas — a educação de nossos filhos será prejudicada. Minha esposa nunca me perdoará por isso. Já pedi a ela para abrir mão de muita coisa devido ao salário mais baixo desse emprego, e isso causará ainda mais estresse em nosso casamento." Após aplicar a habilidade colocar em perspectiva, Carl percebeu que a situação estava longe de ser tão grave quanto o pior cenário sugeria. Claro, haveria um detalhe desfavorável em seu currículo, mas seu histórico profissional era sólido e ele tinha competências que garantiriam um bom emprego. Ele poderia manter-se atento a outras oportunidades profissionais — caso não conseguisse executar o plano que estava elaborando para impulsionar seu departamento.

Carl percebeu que havia caído na supergeneralização, enxergando *todos* os seus funcionários da mesma forma: "Eles são céticos, pessimistas e desmotivados." Ao refletir melhor sobre sua equipe, ele reconheceu que duas pessoas estavam menos desiludidas do que o restante e pareciam ser líderes informais. Como parte de seu plano, Carl se reuniu com essas duas pessoas para obter informações. Por que a equipe estava tão desanimada? Quais eram os maiores obstáculos? Ele descobriu que a maioria de seus funcionários acreditava que a qualidade dos pedidos de verba não era importante. A equipe compartilhava da crença de que as decisões orçamentárias estavam além de seu controle: "De vez em quando, se houver excedente no orçamento, a prefeitura nos destinará algum dinheiro, mas não somos uma prioridade, ou seja, nos anos mais difíceis, independentemente de como elaborarmos o pedido de verba, nenhum dinheiro será concedido." A equipe submetia pedidos mal escritos e pouco convincentes, pois, em sua opinião, não fazia diferença.

Carl telefonou para o departamento municipal responsável pela concessão de verbas e, com certa persistência, conseguiu agendar uma reunião entre um representante e sua equipe. Durante essa reunião, ficou evidente que os pedidos de verba eram meticulosamente analisados e que, a cada ano, o dinheiro alocado para alguma ONG dependia dos méritos de sua solicitação. Carl marcou conversas individuais com a equipe, perguntando a cada membro por que havia se juntado à organização e o que esperava alcançar para si mesmo e seu departamento ao longo do ano seguinte. Ele ajudou cada um a escrever uma declaração de missão que incluía esses objetivos, e uma cópia foi fixada em cada mesa.

Carl sabia que as "pessoas negativas" eram um ponto sensível — uma adversidade impactante que desencadeava seu pensamento não resiliente. Ele preparou um roteiro de resiliência em tempo real para usar sempre que ouvisse "reclamações": "Não é que essas pessoas sejam ruins. Elas estão desmotivadas porque não conseguem ver uma saída. É meu dever mostrar uma solução. Não supergeneralize. Mantenha o foco na qualidade do pedido de verba, e não no caráter da pessoa que escreveu. No pior cenário, eu largo o emprego. Mas isso é um último recurso, e ainda há muitas possibilidades. Se conseguirmos uma concessão de verba, essas pessoas terão mais esperança."

O clima no departamento de Carl não mudou da noite para o dia. Mas, ao longo do tempo, ele conseguiu redirecionar a atenção da equipe, que deixou de focar os aspectos incontroláveis — a política municipal e as restrições orçamentárias — e passou a se concentrar no aspecto controlável — a qualidade de seu trabalho. Da última vez que falamos com Carl, seu departamento havia recebido concessões de verba da prefeitura a cada trimestre em que submeteu o pedido, e a equipe estava confiante de que era o momento certo para buscar recursos federais. A essa altura, ele havia completado três anos na organização.

Preconceito no Ambiente de Trabalho — Questões de Raça, Gênero e Idade

A demografia da força de trabalho norte-americana mudou drasticamente nas últimas décadas e continua a fazê-lo. Em 1970, as mulheres representavam apenas 38% da população ativa. Em 1990, essa porcentagem era 45%, e previa-se que, entre 1990 e 2005, o número de empregos aumentaria em 26 milhões, com quase dois terços ocupados por mulheres. Além disso, minorias raciais e étnicas expandiram seus papéis na esfera corporativa e espera-se que aumentem ainda mais sua presença no local de trabalho nos próximos anos. Prevê-se que, entre 1990 e 2040, o número de asiático-americanos aumentará em 500%, o número de hispânicos triplicará, e o número de afro-americanos aumentará em 50%. À medida que esse crescimento rápido ocorre entre as minorias, prevê-se que o número de trabalhadores caucasianos aumente apenas cerca de 13%. E, como todos sabemos, a população está envelhecendo. A força de trabalho se tornará significativamente mais diversificada em termos de gênero, raça e idade, desafiando as organizações a entender, aceitar e gerenciar melhor a diversidade.[4]

Nossa capacidade de abordar problemas raciais no local de trabalho decorreu dos resultados de um estudo conduzido por Andrew na Universidade da Pensilvânia. Essa pesquisa, e nosso trabalho posterior, demonstrou que as habilidades de resiliência podem criar conexões e mitigar as divisões raciais.

Em maio de 1994, Andrew estava conversando com Lani Guinier, proeminente professora de direito da Universidade da Pensilvânia, sobre a possível mudança de estereótipos raciais. Essa conversa originou um programa de pesquisa de três anos para investigar como as habilidades cognitivas poderiam ser aplicadas a questões raciais. Junto com Susan Sturm, colaboradora de Guinier, Andrew e seus colegas, Esteban Cardemil e Veronica Rice, começaram a desenvolver e testar um programa cognitivo projetado para orientar as pessoas a uma compreensão mais profunda de suas crenças sobre raça e de como essas crenças afetavam suas interações com os outros. No estudo, grupos racialmente diversos se reuniram para discutir questões raciais tradicionalmente polêmicas. Os participantes foram divididos em três programas: uma intervenção colaborativa que representava o treinamento de diversidade mais avançado na época; um grupo de controle sem intervenção; e um programa cognitivo com muitas das habilidades de resiliência, incluindo aprender seus ABCs, evitar armadilhas de pensamento e detectar icebergs. As discussões de cada grupo aconteceram uma semana antes e uma semana depois do programa de quatro sessões. No final de cada discussão, todos os participantes avaliaram seu progresso, quantas soluções o grupo havia elaborado e o grau de concordância com as soluções, além de preverem quantas horas adicionais seriam necessárias para chegar a um consenso. Em todos os critérios, os participantes do programa de habilidades cognitivas se mostraram significativamente mais eficazes na resolução de problemas do que os outros. A partir desses resultados, constatamos que as habilidades de resiliência poderiam ser aplicadas a questões de raça e preconceito.

O estudo mostrou que o preconceito interfere na capacidade de trabalhar em equipe. Lembra-se de Louise, a leitora da mente mencionada no Capítulo 5? Após oito anos em uma empresa da Fortune 500, ela ainda ocupava um cargo de baixo nível, tendo se candidatado sem sucesso a cinco ou seis promoções. Louise era inteligente e dinâmica, e nós também ficamos surpresos com a falta de progressão em sua carreira. Louise, uma mulher afro-americana, atribuía esse obstáculo ao racismo, e, como já dissemos, no cenário corporativo é comum testemunhar a influência do preconceito nas práticas de contratação, seja com base em raça, gênero ou idade. Mas também sabíamos que afro-americanos haviam alcançado cargos elevados nessa empresa, inclusive no departamento de Louise. Acabamos constatando que pelo menos parte do problema de Louise era a leitura da mente. No meio de uma entrevista, ela pressupunha que os membros do comitê estavam buscando uma forma de descartar uma afro-americana do processo. Isso a deixava compreensivelmente irritada, e ela arruinava a entrevista. Louise era uma leitora da mente, mas isso significa que o racismo não desempenhava um papel em sua sucessão de fracassos nas entrevistas? De maneira alguma. A contribuição de ambos os fatores é bastante provável.

Nossa pesquisa revelou que as pessoas desenvolvem estilos explicativos para questões raciais, assim como desenvolvem estilos explicativos gerais. Em um estudo, apresentamos a estudantes brancos, afro-americanos e asiático-americanos uma série de histórias retratando interações entre pessoas de diferentes raças. Em cada caso, a situação terminava mal para a "minoria", e pedimos aos estudantes que explicassem o motivo. Por exemplo, imagine que você está em uma loja e observa várias pessoas se dirigirem ao balcão para fazer suas compras. Você percebe que uma jovem afro-americana chega antes de um homem branco de meia-idade. Você também nota que o balconista, que também é branco, atende o homem primeiro. Como as pessoas explicam o comportamento do balconista? É racismo, sexismo, etarismo ou apenas o fato de o balconista não ter visto quem chegou primeiro? Constatamos que a raça dos estudantes influenciava a atribuição das circunstâncias ao racismo. Mas também havia diferenças substanciais nas explicações entre indivíduos dentro de cada raça. As pessoas desenvolvem estilos explicativos para questões raciais.

Assim como na vida real, nessa história não temos acesso às crenças e motivações do balconista. E, como discutimos no caso de Louise, o mesmo acontece em uma entrevista de emprego. A situação é dúbia. A menos que o preconceito seja explícito — um comentário racista, por exemplo —, é difícil ter certeza. É exatamente nessas condições de incerteza que os estilos de pensamento entram em ação para preencher as informações ausentes com nossas suposições e crenças. O estilo de Louise era pressupor o racismo, e, como vimos, não era uma estratégia resiliente. Ele provocava raiva em um momento em que ela deveria se manter lúcida, prejudicando seu desempenho na entrevista, e provavelmente não era preciso. O estilo de outras pessoas pode envolver a suposição de que não se trata de racismo, e isso também não é resiliente, pois afeta a resolução de problemas. A capacitação profissional, a reformulação do currículo e as horas extras não garantirão um cargo executivo se houver uma barreira invisível para grupos minoritários em sua empresa. O preconceito existe; e, se estiver influenciando seu local de trabalho, é preciso tomar medidas para lidar com ele.

Então, como Louise usou as habilidades para aumentar sua resiliência? Ela reconheceu sua tendência a cair na leitura da mente e também percebeu que costumava tirar conclusões precipitadas — por exemplo, quando os gerentes lhe designavam muitas tarefas ou a pressionavam para entregar um projeto no prazo, Louise presumia que estavam sendo severos porque ela era uma mulher negra. Ao se ver presa nessas armadilhas de pensamento, ela usava as técnicas para focar a fim de se manter no caminho certo. Sua técnica favorita era percorrer mentalmente sua casa de infância, pensando em cada cômodo e nas brincadeiras com os irmãos e as irmãs. A habilidade acalmar e focar foi especialmente útil em sua entrevista para um cargo de gerência júnior. Ela conseguiu a promoção.

Louise aprendeu a evitar as armadilhas de pensamento, mas como abordou o preconceito real que existia em sua empresa? Ela usou a habilidade Desafiar crenças para entender o que motivava o racismo existente e, assim, elaborar soluções possíveis. Louise se familiarizou com os regulamentos que garantiam oportunidades iguais de emprego no local de trabalho. Ela e seu diretor organizaram uma série de seminários sobre diversidade e políticas antidiscriminatórias para as pessoas de seu departamento. A habilidade desafiar crenças a ajudou a identificar os fatores passíveis de mudança.

Conversamos com Louise alguns anos atrás, e ela nos disse: "Eu precisava entender minhas crenças sobre raça, e a habilidade detectar icebergs foi ótima para isso. Aprendi que há muitas pessoas brancas que não são racistas. Algumas delas falam coisas insensíveis às vezes e, quando acontece, digo a mim mesma: 'Louise, elas não são pessoas ruins, apenas têm icebergs assim como você.' Em algumas situações, converso com elas sobre o que disseram e como me senti. Às vezes, isso acarreta uma compreensão recíproca; às vezes, não. E acho que algumas pessoas em minha empresa realmente não gostam de afro-americanos. Percebi que, além dos seminários sobre diversidade, não há muito que eu possa fazer para mudar suas atitudes. Mas posso responsabilizá-las se forem preconceituosas — tenho o apoio da lei."

Nas palavras de Louise: "Não sou o Dr. King. Não posso mudar o mundo. Mas posso promover algumas mudanças no meu trabalho. Agora me sinto confortável com meu emprego. Não reajo a tudo que vejo ou ouço, mas também não permito que as pessoas me menosprezem. Estou me mantendo firme." Louise aprendeu o princípio central da resiliência: mude o que puder e, quando possível, aceite o que não pode mudar.

Lidando com o Desemprego

Centenas de artigos de pesquisa foram publicados sobre os efeitos emocionais e psicológicos do desemprego. A capacidade de sustentar nossa família por meio do trabalho e, ao longo do processo, contribuir para nossa sociedade é uma parte fundamental do significado que buscamos na vida. Por essa razão, ser demitido é uma adversidade particularmente ameaçadora, que ativa icebergs significativos e resulta em uma grave catastrofização.

Antes de mudar para os EUA, Andrew trabalhou por algum tempo no Departamento de Previdência Social da Austrália. Sua responsabilidade era entrevistar pessoas que haviam sido demitidas e avaliar seu direito a benefícios de desemprego. Como a situação econômica estava difícil, um fluxo constante de pessoas passava pelo escritório.

Andrew trabalhava com pessoas que estavam naquela função há muito mais tempo do que ele e, após alguns meses, pediu para participar de uma entrevista com um colega mais experiente. O entrevistado era um homem na casa dos 40 anos que havia perdido seu cargo de gerente devido a uma redução de funcionários. Ele era articulado e perspicaz. Falou sobre seu histórico profissional e o quanto desejava voltar ao trabalho o mais rápido possível. Ele vestia um terno, enquanto muitos dos entrevistados apareciam de jeans e camiseta, tinham históricos profissionais irregulares e não demonstravam vontade de voltar ao mercado de trabalho. Esse homem estava motivado, e Andrew achava que ele não demoraria para arranjar um emprego em tempo integral. Portanto, ficou surpreso quando, após a entrevista, seu colega disse: "Esse cara receberá o benefício por um bom tempo." Andrew discordou. "De jeito nenhum. Com sua motivação, qualificação profissional e inteligência, ele logo arrumará outro emprego." Mas, seis meses depois, esse homem ainda estava desempregado. Nessa mesma época, ele foi ao escritório buscar seu cheque, e Andrew notou que vestia roupas amassadas, estava com o cabelo desarrumado e a barba por fazer.

Como os colegas de Andrew conseguiam prever quem se recuperaria do desemprego e quem encontraria dificuldades? O segredo era prestar muita atenção às crenças do porquê que os entrevistados expressavam — as crenças sobre a causa da demissão. Como era de se esperar, aqueles que permaneciam resilientes tinham um pensamento flexível e preciso, reconhecendo que a recessão econômica havia influenciado a demissão, ou seja, eles não personalizavam o problema e, portanto, não ficavam depressivos. Eles eram capazes de analisar sua contribuição para o problema e, assim, tomar medidas para remediá-lo. A flexibilidade e a precisão os mantinham em modo de resolução de problemas por mais tempo e os ajudavam a voltar ao trabalho.

Stephen, um de nossos clientes de treinamento executivo, nos foi encaminhado por sua agência de empregos, pois sua resiliência estava prejudicada. Fazia um mês que ele perdera seu cargo de gerente de projetos, que ocupou por cinco anos em uma empresa de consultoria corporativa.

Nos dois anos anteriores, a empresa havia experimentado um crescimento fenomenal, realizando mais de cem contratações. Mas acabou enfrentando dificuldades e precisou reduzir funcionários, e Stephen foi uma das vítimas. Os especialistas em recolocação profissional da agência de empregos notaram que Stephen parecia muito estressado e ansioso e que não havia aproveitado nenhuma das oportunidades de trabalho apresentadas.

Stephen estava na casa dos 30 anos, era casado e tinha um filho de 2 anos. À medida que se sentiu mais à vontade conosco, ele conseguiu falar sobre o que realmente o incomodava. "Nunca me senti tão desanimado. Para dizer a verdade, não é como se eu quisesse ficar naquele emprego ou naquela empresa para sempre, mas também não esperava ser demitido." Nós o ajudamos a analisar a situação usando o ABC.

ADVERSIDADE: Fui demitido.
BASE DE CRENÇAS: Este trabalho contribuía com US$45 mil por ano para nossa renda. Minha esposa ganha aproximadamente o mesmo, e temos economias. Mas esse trabalho era importante financeiramente, ainda mais com o bebê. Muitas pessoas que entraram na empresa depois de mim conseguiram manter seus empregos. Devo ter estragado tudo.
CONSEQUÊNCIA (EMOCIONAL): Depressão intensa (9 ou 10 em uma escala de 1 a 10).
CONSEQUÊNCIA (COMPORTAMENTAL): Passividade, inércia e apatia. Evitação de novas oportunidades de trabalho.

Enquanto ensinávamos a Stephen as conexões B–C, perguntamos se ele achava que as consequências (C) condiziam com a base de crenças (B). É possível manter a crença "devo ter estragado tudo" e ainda assim continuar procurando outro emprego. A crença de Stephen girava em torno da perda de autoestima, e a depressão seria esperada. Mas até Stephen concordou que sua crença instantânea não explicava a intensidade de sua resposta emocional. Era o momento de usar a habilidade detectar icebergs.

CRENÇA INSTANTÂNEA: *Devo ter estragado tudo.*
PERGUNTA: *O que é mais inquietante?*
STEPHEN: *O mais inquietante é que fui demitido, enquanto muitas pessoas que entraram depois de mim conseguiram permanecer na empresa. Ou seja, devo ter falhado. Eu me tornei um alvo por parecer incompetente.*
PERGUNTA: *O que isso significa?*
STEPHEN: *Sei que nunca fui o funcionário mais ambicioso nem o mais esforçado, mas eu me importava com esse trabalho e com a empresa, e achava que era muito bom no que fazia. A demissão foi uma surpresa para mim.*

Observe que, na última resposta, Stephen descobriu mais detalhes de sua crença superficial sobre a perda de autoestima. No entanto, ele não se aprofundou a ponto de detectar o iceberg que flutuava abaixo do nível da consciência. Foi um movimento lateral, não descendente, então o encorajamos a prosseguir com as perguntas para cavar mais fundo.

PERGUNTA: *O que é o pior?*
STEPHEN: *Manter um emprego é o mínimo, não é? Talvez você não chegue a um cargo de alto nível nem consiga o maior salário do mundo, mas pelo menos deveria ser capaz de manter um emprego.*
PERGUNTA: *O que quero dizer com "deveria"? Por que eu deveria ser capaz de manter um emprego?*
STEPHEN: *Eu sou um adulto. Pode ser aceitável ficar mudando de emprego quando se é jovem, mas preciso construir uma carreira. Minha esposa tem um bom emprego. Não é como se eu fosse inteiramente responsável por colocar comida na mesa. Mas nós temos um filho. Somos uma família. Eu deveria contribuir. Deveria ajudar a sustentar minha esposa e meu filho.*
PERGUNTA: *Se eu não ajudar a sustentar minha família, o que isso diz sobre mim?*
STEPHEN: *Não sou pai há muito tempo, mas isso é a coisa mais importante do mundo. Gostaria de ser para meu filho o que meu pai foi para mim. Ele sempre nos apoiou. Podíamos contar com ele, confiar nele, depender dele. Ele trabalhou na mesma empresa por cinquenta anos, desde o dia em que se formou no ensino médio até o dia em que se aposentou.*
PERGUNTA: *Ele trabalhou na mesma empresa por todo esse tempo, mas eu não, o que isso significa?*
STEPHEN: *Significa que nunca serei um bom pai como ele. Não há nada que eu possa fazer para compensar. Nunca serei um bom pai para meu filho.*

Stephen teve a epifania ao descobrir essa crença final e profunda. Perder o senso de competência em relação ao trabalho é uma coisa, mas ele atribuiu um significado muito mais profundo à perda do emprego. Para Stephen, a demissão significava que ele não era e nunca poderia ser um bom pai. Essa crença de "perda" significativa explica a depressão intensa. E, se sua autoestima não pode ser resgatada, qual é o sentido de conseguir outro trabalho? Qualquer rejeição durante a busca por emprego só destruiria ainda mais a autoestima — então é melhor evitar, certo?

Claro que não. Essa não é uma atitude resiliente. A situação de Stephen é um exemplo perfeito de como as crenças podem prejudicar a resiliência.

Na verdade, por meio da profecia autorrealizável, as crenças de Stephen o conduziam à direção oposta de seus objetivos — conseguir um novo emprego e ajudar a sustentar a família.

O próximo passo foi usar a habilidade desafiar crenças para analisar as crenças do porquê. O primeiro gráfico circular foi dominado pela crença "Sou incompetente". A seguir, apresentamos o segundo gráfico circular, que refletia maior flexibilidade e precisão sobre as causas da perda de emprego.

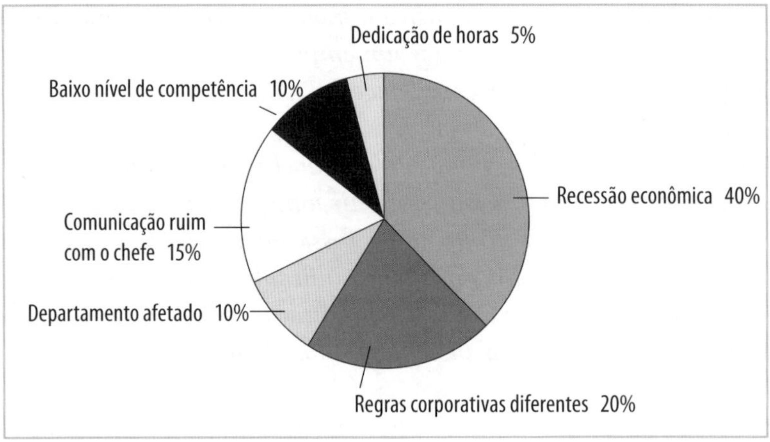

Stephen reconheceu que a recessão econômica foi uma das principais razões pelas quais a empresa recorreu à redução de funcionários. Também é verdade que as corporações passaram a seguir regras diferentes — não estão mais dispostas, ou não são mais capazes, de suportar recessões econômicas com uma equipe completa. Na economia moderna, as empresas sacrificam a lealdade aos funcionários para minimizar o impacto na rentabilidade e preservar a satisfação dos investidores. Mas Stephen precisou encarar os fatos: pessoas menos experientes foram mantidas, enquanto ele foi demitido. Ao procurar evidências, ele analisou o motivo da perda de seu emprego. Parte da razão não tinha nada a ver com a competência e o desempenho — muitas pessoas que permaneceram na empresa apenas trabalhavam em áreas consideradas mais cruciais para gerar receita. No entanto, ainda era inegável que algumas pessoas de seu departamento, contratadas após Stephen, conseguiram manter o emprego. Por quê?

Atribuir esse fato à "incompetência" não é proveitoso. O conceito de incompetência é difuso, vago e irresolúvel. Encorajamos Stephen a ser objetivo — a detalhar sua contribuição para a adversidade. Ele concluiu que não havia se esforçado para atualizar suas competências. Outras pessoas em seu departamento buscaram treinamento e desenvolveram aptidões em áreas centrais da empresa. Stephen não era ambicioso e costumava trabalhar apenas das 9h às 17h. Talvez se tivesse dedicado um pouco mais de tempo, a empresa o consideraria indispensável. Por fim, embora tenha tido alguns sucessos, ele não os comunicou ao chefe. Stephen caiu na leitura da mente ao pressupor que seria visto como um funcionário valioso.

A habilidade desafiar crenças forneceu as bases para a mudança das crenças de Stephen. Mas o que se revelou mais eficaz foram as habilidades rápidas, especialmente a resiliência em tempo real. Quando participava das sessões de recolocação profissional, Stephen percebia que as crenças não resilientes o bombardeavam. "Sou um fracassado. Olhe para essas pessoas sentadas aqui, ouvindo a explicação de como elaborar um currículo. Somos todos fracassados. Nenhum de nós consegue manter um emprego." Como vimos, esses pensamentos estavam vinculados a crenças mais profundas — icebergs — que causavam depressão intensa e apatia. Como resultado, Stephen evitava novas oportunidades de emprego. Ele criou poderosas respostas em tempo real para combater as crenças não resilientes: "Não sou um fracassado, apenas estou em uma época muito diferente da que meu pai viveu. Nessa nova economia, há altos e baixos quanto a contratação e demissão. Quase ninguém está imune. Ser demitido não significa que não sou confiável e responsável. O verdadeiro teste é o quanto me esforçarei para conseguir outro emprego. E não posso cometer os mesmos erros quando for contratado. Muitas pessoas são demitidas, e quase todas encontram trabalho novamente." Seis semanas depois, Stephen conseguiu outro emprego.

Equilibrando Trabalho e Vida Pessoal

Carol Gilligan, socióloga da Harvard, identificou diferenças importantes na criação tradicional de meninos e meninas.[5] Os meninos costumam ser encorajados a se tornar competitivos e a alcançar metas, enquanto as meninas não recebem incentivo nesses aspectos. Em vez disso, são motivadas a estabelecer amizades, aprendendo que é melhor sacrificar o próprio sucesso do que prejudicar um relacionamento. Esse aprendizado nos acompanha na vida adulta, moldando nossas crenças sobre o que significa ser homem ou mulher — o que, por sua vez, é uma parte central da autoimagem. Por esse motivo, os homens são mais impactados pelo desemprego, que afeta a realização — o âmbito que muitos deles aprenderam a valorizar ao longo do tempo. Mas também vivemos em uma época de mudanças. Nunca houve tantas mulheres no mercado de trabalho, e elas desenvolveram crenças sobre a importância da profissão, que se tornou um elemento essencial de sua autoimagem. No entanto, o aprendizado inicial permanece codificado em nossas crenças subjacentes. O desemprego tende a afetar mais os homens, mas o equilíbrio entre trabalho e casa, o confronto entre carreira e relacionamentos familiares, é particularmente problemático para as mulheres.

Em 1974, 60% das mulheres preferiam ficar em casa. Em 2001, essa porcentagem caiu para 53%. Mas, mesmo sendo ambiciosas, muitas mulheres enfrentam um dilema entre carreira e vida pessoal — e bem mais do que os homens. Em comparação a eles, quase o dobro de mulheres escolheriam não trabalhar.[6] Muitas delas se veem divididas entre o impulso de realização e o desejo de cuidar da família.

Em nosso trabalho com um grande departamento de vendas em uma organização da Fortune 500, tivemos a oportunidade de conhecer Andrea. Sempre perguntamos às pessoas o que elas esperam alcançar com nosso treinamento, e Andrea foi categórica. "Preciso de ajuda ou vou enlouquecer. Não estou conseguindo lidar com a situação", confidenciou. "Estou neste emprego há seis anos e realmente gosto dele. As pessoas não conseguem acreditar, mas é verdade." Andrea fazia vendas por telefone. Seu trabalho consistia em ligar para escritórios comerciais, descobrir quem era o responsável e convencê-lo a comprar um anúncio. Era um trabalho desafiador, e a baixa taxa de retenção comprovava isso. "Sei que esse trabalho não é para todo mundo. Mas adoro conversar com as pessoas e ver por quanto tempo consigo mantê-las ao telefone até que digam não. E aí me esforço para transformar esse não em um sim." Andrea era muito boa no que fazia. Ela foi eleita a melhor funcionária do escritório, composto por trinta vendedores, duas vezes nos últimos quatro anos. E ainda assim nos disse: "Não quero, mas estou pensando em pedir demissão."

Andrea nos explicou o grande problema em sua vida. "Com este emprego, não tenho tempo suficiente para meus filhos. Estava tudo bem alguns anos atrás, quando eles eram menores, mas agora precisam de mim para mais coisas. Eu quero levá-los ao futebol, mas preciso trabalhar todos os sábados de manhã, pois há potenciais clientes que só negociam nos fins de semana. Outro dia, meu filho ficou doente. Perguntei à minha gerente de vendas se eu poderia tirar meio período de folga para cuidar dele. Ela negou, dizendo que eu não havia atingido minhas metas do mês. Entramos em um conflito, mas acabei cedendo, afinal, ela é a chefe. Tive que pedir para a minha mãe levá-lo ao médico. Fiquei arrasada."

Pedimos para Andrea reviver a situação e, a partir dela, descrever a adversidade, acessar sua crença instantânea e identificar as consequências emocionais e comportamentais:

ADVERSIDADE: Meu filho está doente e precisa ir ao médico. Minha gerente me disse que não posso tirar meio período de folga para levá-lo.

BASE DE CRENÇAS: Sei que meu filho só está com gripe, não é nada grave. Mas não conseguir conciliar minhas responsabilidades do trabalho e de casa é uma situação que tem acontecido com frequência. É porque a empresa nos trata como robôs. Devemos atingir as metas, como se fôssemos máquinas sem uma vida além do trabalho.

CONSEQUÊNCIA (EMOCIONAL): Raiva (5 em uma escala de 1 a 10). Tristeza (9 em uma escala de 1 a 10).

CONSEQUÊNCIA (COMPORTAMENTAL): Fiz o mínimo pelo restante do dia. Não fechei uma única venda.

A crença causal de Andrea, sua explicação para o motivo pelo qual não consegue conciliar trabalho e casa, gira em torno da convicção de que sua gerente a trata como um robô. É uma crença de violação de direitos, o que poderia explicar sua raiva. Mas e quanto à tristeza? A habilidade detectar icebergs pode ser útil quando temos uma emoção intensa e não conseguimos identificar uma crença que poderia explicá-la. Andrea decidiu usar essa habilidade e fez o processo em voz alta para facilitar nossa orientação.

PERGUNTA: *A empresa nos trata como robôs. O que é o pior?*

ANDREA: *O pior é que os gerentes não nos respeitam como seres humanos. Eles nos veem como máquinas sem uma vida além do trabalho. É como se não existíssemos fora do escritório, como se fôssemos desligados no fim do expediente e religados ao bater o ponto no dia seguinte. Bem, não é assim. Tenho uma família que é mais importante do que esse emprego.*

Observe como essa linha de questionamento apenas aprofunda a violação de direitos e a raiva, em vez de revelar as crenças de "perda" que poderiam explicar a tristeza. Por esse motivo, Andrea mudou de rumo.

PERGUNTA: *É uma situação que tem acontecido com frequência. O que isso significa?*

ANDREA: *Significa que não consigo ser uma boa mãe e uma boa profissional ao mesmo tempo.*

PERGUNTA: *O que significa ser uma "boa mãe"?*

ANDREA: *Uma boa mãe sempre apoia os filhos. Uma boa mãe sempre está presente nas refeições e sempre prepara o jantar — nada de delivery. Uma boa mãe larga tudo quando um dos filhos está doente. Uma boa mãe deveria estar em casa...*

Andrea parou no meio da frase e olhou para nós, boquiaberta. "Meu Deus. Não acredito que eu disse isso. Pareço minha mãe falando. Ela era a típica mãe que fica em casa. Preparava nossa lancheira todas as manhãs, sempre estava lá quando voltávamos da escola, esse tipo de coisa. Eu e minha irmã *não* queríamos uma vida semelhante. Nós duas trabalhamos e, mesmo que mamãe não diga nada, sempre suspeitamos de sua desaprovação."

KAREN: *Então, o que é uma boa mãe?*
ANDREA: *Uma boa mãe ama os filhos. Ela cuida deles quando estão doentes, mas não precisa ser uma mãe que fica em casa. Uma boa mãe também pode contribuir financeiramente para o lar. É por isso que estou neste emprego. Só quero ajudar meus filhos.*
ANDREW: *Imagine se pagássemos seu salário e sua comissão para ficar em casa, você aceitaria?*
ANDREA: *(Sorrindo) Provavelmente não.*
KAREN: *Então, se você tivesse que escolher entre trabalho e casa, o que seria o pior?*
ANDREA: *Sou boa no meu trabalho. Não quero desistir dele. Todos os dias eu acordo animada porque quero trabalhar. Quando passo um tempo com meus filhos, sei que posso manter a cabeça erguida, pois contribuo financeiramente e sou competente em algo. Isso me dá confiança. Tenho uma filha, e quero mostrar a ela que as mulheres podem fazer o que desejarem.*
ANDREW: *Então, se tivesse que escolher entre manter o emprego e ser uma mãe em tempo integral, o que seria o pior?*
ANDREA: *De qualquer forma, eu perco. Quero este emprego, mas também quero ser uma boa mãe. Não posso ter os dois.*

Agora entendemos a tristeza de Andrea. Ela havia transformado as circunstâncias em uma decisão. E não apenas uma decisão entre trabalho e vida pessoal, mas uma decisão entre tudo o que esses aspectos representavam para ela, conforme codificado em suas crenças mais profundas. Nas palavras de Andrea, uma boa mãe é capaz de cuidar dos filhos quando estão doentes ou de estar presente quando precisam de algo. E o trabalho não permitia isso. No entanto, uma boa mãe também contribui financeiramente, se sente realizada e confiante e é um exemplo de competência. Se escolhesse permanecer no emprego, por sua própria definição, Andrea seria uma péssima mãe. Se escolhesse desistir do emprego, por seus próprios critérios, também seria uma péssima mãe. Uma perda significativa era inevitável, resultando no alto nível de tristeza.

Orientamos Andrea a desafiar suas crenças, ajudando-a a gerar alternativas para a única crença causal que havia identificado. Como trouxe seus icebergs à superfície, ela reconheceu uma possível solução. E se conversasse com o diretor de vendas sobre horários mais flexíveis? Quando precisasse ir embora para cuidar dos filhos, poderia compensar esse tempo depois. Achamos uma sugestão plausível, mas a empresa não aceitou. Pessoas resilientes conseguem enfrentar esses contratempos, e Andrea tentou outra abordagem, pedindo para trabalhar meio período, pois, assim, conseguiria conciliar vida profissional e pessoal. A resposta: não. Depois que reforçamos o treinamento e o uso da habilidade desafiar crenças, Andrea concluiu (e nós concordamos) que a empresa não cederia.

Ela aplicou a habilidade desafiar crenças para se reorganizar e resolver os problemas diante dessas recusas. Nove vezes em cada dez, esse processo acarretará a mudança desejada. Uma vez em cada dez, esse processo levará a um impasse. No entanto, pessoas resilientes sabem que fizeram o possível para alcançar seu objetivo. Elas reconhecem que nem tudo está sob seu controle e, portanto, focam apenas os aspectos controláveis. Andrea decidiu se candidatar a cargos de vendas em outras empresas e recebeu várias ofertas. Sua prioridade era a flexibilidade de horário, e ela acabou encontrando a opção perfeita.

Conclusão

Vimos como as habilidades de resiliência podem ser aplicadas às adversidades no local de trabalho. No último capítulo, aplicaremos essas habilidades a questões mais amplas — para lidar com grandes desastres, como o 11 de Setembro, para nos orientar durante o luto e para expandir e encontrar significado na vida.

CAPÍTULO 13

Resiliência na Vida

Nossa época é essencialmente trágica, por isso nos recusamos a vê-la tragicamente. O cataclismo já aconteceu e nos encontramos em meio às ruínas, começando a construir novos pequenos habitats, a adquirir novas pequenas esperanças. É trabalho difícil: não temos mais pela frente um caminho aberto para o futuro, mas contornamos ou passamos por cima dos obstáculos. Precisamos viver, não importa quantos tenham sido os céus que desabaram.

Como o 11 de Setembro Mudou o Mundo

O trecho que acabamos de citar foi escrito em 1928 por D. H. Lawrence, mas poderia ser uma descrição da nossa vida desde 11 de setembro de 2001. Os eventos daquele dia afetaram todos de inúmeras maneiras. Algumas pessoas perderam entes queridos. Outras perderam colegas e conhecidos. A maioria dos norte-americanos não conhecia pessoalmente alguma das vítimas fatais, mas mesmo assim todos sentiram a perda. Comentadores e especialistas sugeriram que a nação perdeu a ingenuidade, e, embora algumas pessoas tenham se identificado com essa afirmação, não foi assim para todos. O povo norte-americano não é ingênuo. Já passou por tempos turbulentos, econômica e politicamente. Não era inocente. E ainda assim perdeu algo muito precioso. Perdeu o senso de justiça. Perdeu o senso de segurança. E, de repente, foi confrontado com a própria mortalidade.

Os eventos do 11 de Setembro e suas consequências revelaram aspectos antes ocultos de nossa vida, não apenas para os norte-americanos, mas para o mundo como um todo. Começamos a examinar certos aspectos com mais atenção — muitos de nós pela primeira vez. Demos uma pausa e fizemos um balanço. Fomos levados a nos perguntar: Que tipo de pessoa eu sou? Quais são as minhas prioridades? Estou realmente dedicando tempo ao que é importante? Por que muitas vezes permito que o trabalho venha antes daqueles que amo? Minha vida tem significado? E, é claro, percebemos que essas são as perguntas que deveríamos ter feito desde o início.

Você pode usar as habilidades de resiliência para responder a essas grandes questões. Como vimos, a resiliência nos permite superar obstáculos da infância, enfrentar as adversidades do dia a dia e nos recuperar de traumas profundos. A resiliência nos ajudou a enfrentar as consequências do 11 de Setembro. Essa tragédia nos recordou que precisamos expandir e nos conectar com nossos entes queridos — que a vida pode ser efêmera demais, então devemos aproveitar as oportunidades quando se apresentam. Para fazer isso, você precisa entender melhor que tipo de pessoa é e assumir o controle das forças que, mesmo no presente, moldam o futuro "você". Munido do conhecimento de quem você é e de quem deseja ser, é possível encontrar significado em sua vida. As habilidades de resiliência podem ser utilizadas para desenvolver uma intimidade maior com aqueles que ama, preenchendo sua vida com propósito e significado por meio do seu trabalho ou do envolvimento com a comunidade. E também para encarar novos desafios.

Moldando Sua Essência: Quem Você É e Quem Deseja Ser

Desde o movimento hippie, na década de 1960, muitas pessoas passaram a se concentrar na ideia de "se encontrar". Na verdade, muitos livros de autoajuda são elaborados com o propósito de guiá-las nessa jornada. Não nos interprete mal: a autodescoberta é uma parte essencial da resiliência (representa as primeiras três habilidades de autoconhecimento). Mas, parafraseando George Bernard Shaw, a identidade não é algo a ser "encontrado", como uma moeda na calçada. Ela deve ser criada — moldada pelas experiências de toda uma vida.

Como você pode aplicar as habilidades de resiliência para expandir e se tornar o tipo de pessoa que deseja ser? Primeiro, você deve se conscientizar do tipo de pessoa que *é*, e isso significa examinar crenças e valores profundos sobre si mesmo, o mundo e seu lugar nele. É preciso compreender quais crenças acarretam os comportamentos arraigados dos quais você não gosta, bem como os pensamentos que o impedem de atingir seu ideal. E você deve desafiar essas crenças. Munido das habilidades projetadas para ajudá-lo nesse processo, do ABC até a resiliência em tempo real, você pode moldar sua própria identidade.

Allen é um executivo de alto nível em uma importante agência de publicidade em Nova York. Ele procurou nosso treinamento executivo em busca de ajuda com um problema específico — controlar a agressividade. Allen era o retrato do sucesso: 40 e poucos anos; muito apaixonado pela esposa, com quem está casado há dezoito anos; tem três filhos maravilhosos; e é considerado um prodígio no trabalho. Ele sempre viu seu comportamento agressivo como sua maior qualidade. "Tenho o maior volume de negócios da empresa. Isso não acontece com pessoas boazinhas. Insisti com potenciais clientes até que deixassem nossos concorrentes. Gritei com o gerente do escritório pelo telefone até conseguir a equipe de apoio de que precisava. E sabe por que tenho o maior escritório do andar? Porque confrontei o gerente distrital e lhe disse que, se não me desse a sala, eu iria embora."

Mas, ultimamente, a agressividade de Allen parecia impedi-lo de alcançar suas verdadeiras ambições e realizar seus desejos. Seu chefe não o levou a sério quando ele pediu para orientar o novo contratado. "Estou em um ponto da minha carreira em que quero retribuir. Mas muitas pessoas na empresa pensam, provavelmente com razão, que eu não tenho o temperamento adequado para ser mentor. Elas não querem que eu 'corrompa' a próxima geração de publicitários. E não é só no trabalho. Eu amo muito minha esposa — ela é uma pessoa incrível —, mas acho que muitas vezes a sufoco com minha personalidade. Sou um cara dominador, e estou preocupado que um dia ela se canse disso. Eu sempre pareço irritado com meus filhos. Nunca bati neles, mas os repreendo muito, e outro dia vi meu filho caçula se encolher ligeiramente quando fui em sua direção. Eu poderia estar entre as vítimas do 11 de Setembro. Se eu tivesse morrido naquela manhã, que memória minha família, meus amigos e meus colegas teriam de mim? Provavelmente, a de um cara sempre irritado que apontava o dedo para eles. Não quero ser assim. Não gosto da pessoa que me tornei."

Nas primeiras sessões, Allen detalhou vários incidentes em que "perdeu o controle" — no trabalho, com a esposa e os filhos, com um vizinho, em uma reunião da Associação de Pais e Mestres, e em uma partida de futebol. Quando uma única emoção, nesse caso a raiva, se manifesta com tanta frequência e abrange diversas áreas da vida, pode ter certeza de que é causada por um iceberg. Sem dúvida, era uma oportunidade para detectar icebergs, uma vez que Allen mapeou o ABC:

ADVERSIDADE: Fui a uma reunião da Associação de Pais e Mestres (APM) e outro pai apresentou suas ideias para angariar fundos para a escola. Ao discordar dele, expressei minha opinião a todos de maneira categórica. Mas o plano dele foi aprovado.
BASE DE CRENÇAS: Eu entendo muito de marketing, e o plano não vai funcionar. Não acredito que votaram a favor desse idiota e contra mim.
CONSEQUÊNCIAS: Raiva intensa. Mas, quando cheguei em casa, senti vergonha por ter saído da sala indignado e batido a porta.

Esse é um clássico exemplo de como Allen se prejudicava — destruindo conexões interpessoais em todas as áreas de sua vida. Ele foi capaz de detectar seu próprio iceberg:

PERGUNTA DE ALLEN: *A meu ver, eles deveriam ter concordado comigo, e não com ele. O que é mais inquietante?*
RESPOSTA DE ALLEN: *Sou eu quem tem experiência, não ele. Eles não reconhecem que sou um dos melhores na minha área?*
PERGUNTA: *Vamos supor que seja verdade — que eles não reconheçam o meu trabalho. O que é o pior?*
RESPOSTA: *O pior é que eles não respeitam ou não querem o meu conhecimento, me desrespeitam. As pessoas deveriam ficar felizes de poder contar com minha experiência, especialmente quando a ofereço de graça.*
PERGUNTA: *Quando as pessoas não respeitam minha experiência, o que isso significa?*
RESPOSTA: *Significa que não me respeitam. Deveriam me respeitar, independentemente de eu estar falando sobre marketing ou não. Sou um sobrevivente, e sei mais sobre a vida do que a grande maioria das pessoas. Deveriam ouvir o que tenho a dizer. Não, eles não deveriam apenas ouvir meu conselho, deveriam acatá-lo.*

Allen descobriu as crenças de violação de direitos que causavam toda sua raiva. Por meio da habilidade desafiar crenças, Allen percebeu que seus icebergs não eram precisos — não é verdade que as pessoas deveriam ouvir tudo que ele tem a dizer e sempre acatar seus conselhos. Ele reconheceu que não tinha privilégios ilimitados no escritório e que, se seu gerente se recusasse a atender uma de suas solicitações, isso não significava necessariamente uma violação de seus direitos. No entanto, apesar de motivado a detectar seus icebergs, Allen tinha dificuldade em usar a resiliência em tempo real. "Em meio à situação, quando sinto que estou sendo prejudicado, a raiva parece tomar conta. Parte do motivo é que a raiva funciona para mim — sempre provou ser uma forma útil de conseguir o que eu quero."

Allen precisava de uma habilidade rápida que não exigisse muito esforço — a raiva vinha à tona com facilidade e minava suas tentativas de descobrir e desafiar as crenças de violação de direitos. Muitas de suas explosões aconteciam em seu escritório, quando estava ao telefone. Allen acreditava que, se conseguisse se lembrar do objetivo de ser uma pessoa melhor, poderia evitar a raiva. Ele optou por usar algumas técnicas para acalmar. Ao lado de seu telefone, colocou as iniciais HF em letras garrafais para se recordar de que tendia a ser o "homem-fúria". Em cima de seu computador, colou um papel com os dizeres AQUI JAZ para não se esquecer de como gostaria de ser lembrado depois de partir. Também posicionou estrategicamente um porta-retratos de sua família na estante, pois seus entes queridos eram a principal motivação para sua vontade de mudar.

Suas táticas funcionaram. Poucos meses depois de concluirmos o treinamento de Allen, recebemos uma carta de sua esposa. Ela contou que Allen era um novo homem — raramente ficava com raiva e, quando ficava, era justificada. Ao controlar a agressividade, ele provou para si mesmo que não precisava dela para ter sucesso. Notou mudanças positivas em seus relacionamentos com a família e os colegas, e as reações de todos acarretaram o desejo de ser ainda melhor. Com o tempo, seu iceberg desapareceu. Ao ficar menos irritado, menos pessoas *passaram* a agir contra ele.

Assim como Allen, você também pode usar as habilidades de resiliência para reinventar quem você é. E, então, expandir para encontrar mais significado em sua vida — significado que decorre das conexões íntimas com os outros ou da disposição de aproveitar novas oportunidades.

A Perda de Significado e o Paradoxo da Existência

Os eventos do 11 de Setembro nos recordaram de nossa própria mortalidade. No entanto, pesquisas mostram que, ao longo dos últimos setenta anos — muito antes dessa tragédia — nos tornamos cada vez mais preocupados com a morte. Alguns psicólogos atribuem esse fato ao enfraquecimento do apego ao que é mais importante e está além de nós mesmos. Eles argumentam que ficamos cada vez mais individualistas e, ao mesmo tempo, perdemos a fé nas grandes instituições cuja existência se estende muito além da nossa.

A crença na religião diminuiu. A confiança nas instituições políticas norte-americanas despencou drasticamente após a era Nixon. Nos grandes centros urbanos dos Estados Unidos, as comunidades se desintegraram. Todas essas instituições preenchem a lacuna existencial — elas existiam antes de chegarmos e existirão depois que partirmos. Mas igreja, comunidade, sociedade e até nossa família ampliada já não são a fonte de conexão que costumavam ser. Estamos à deriva. Nossa vida perdeu o significado.

A nossa mortalidade gera um paradoxo — nos leva tanto a desejar quanto a evitar o risco. Nosso tempo neste mundo é finito, e nunca temos certeza das consequências de nossas ações. Podemos ficar apreensivos em viajar de avião e nos ferir em um acidente de carro a caminho do aeroporto. A vida não oferece garantias. Simplesmente não temos como saber. E isso nos torna vulneráveis a cometer erros muito caros. Claro, se fôssemos imortais, teríamos uma eternidade para cometer erros e nos recuperar deles. Mas somos mortais, e isso torna cada decisão pelo menos um pouco assustadora. Nossa mortalidade e nossa falibilidade nos levam a evitar riscos, até mesmo os calculados. Elas nos fazem ser mais cautelosos — nos mantendo na defensiva em vez de nos incentivarem a expandir.

É nossa mortalidade que torna o tempo precioso. Nossa consciência de que a vida é um espetáculo breve, sem ensaios, é o que nos incentiva a expandir, desenvolver nossos talentos, testar nossos limites e nos conectar com os outros. Nossa mortalidade nos detém, mas também nos liberta para buscar propósito. E esse é o paradoxo. Ao encontrar significado, precisamos desafiar as crenças que nos prendem, assim como aproveitar o impulso para nos conectar ao que está muito além de nós.

Encontrando Significado ao Expandir

Ele era o prisioneiro número 119.104 em um campo de concentração nazista. Assim como milhões de outros, foi forçado a viver e trabalhar sob condições terríveis e inimagináveis. E, tal como aconteceu com quase todos os prisioneiros, seu mundo encolheu a proporções mínimas. Havia sido um psiquiatra bem-sucedido que lecionava para centenas de estudantes e participava de congressos acadêmicos. Mas seu mundo agora consistia em vestir roupas esfarrapadas, conseguir a próxima refeição e sobreviver. Toda sua energia mental estava concentrada nas decisões mais simples — se deveria trocar seu último cigarro por sopa ou onde encontrar um pedaço de arame para usar como cadarço.

Após a guerra, o prisioneiro número 119.104 escreveu sobre suas experiências e contou sobre um dia que transformou sua vida:

Fiquei indignado com minha situação, que me obrigava a constantemente pensar apenas em coisas triviais. Eu me forçava a direcionar meus pensamentos a outros assuntos. De repente, me vi em pé no púlpito de uma sala de palestras bem iluminada, quente e agradável. À minha frente, havia uma plateia atenta em confortáveis assentos estofados. Eu estava fazendo uma palestra sobre a psicologia do campo de concentração! Tudo que me oprimia naquele momento tornou-se objetivo, e era visto e descrito a partir do ponto de vista remoto da ciência. Por esse método, consegui de alguma forma me distanciar da situação, do sofrimento do momento, e observar tudo como se fosse passado. Tanto eu quanto meus problemas nos tornamos objeto de um interessante estudo psicocientífico realizado por mim. Como é mesmo a frase de Spinoza em *Ética*?... "A emoção que é sofrimento deixa de ser sofrimento no momento que dela formamos uma ideia clara e nítida."

O prisioneiro número 119.104 era o Dr. Viktor Frankl, eminente psiquiatra que fundou uma forma de terapia conhecida como logoterapia — ou análise existencial. O objetivo da logoterapia é extrair o significado central do paciente e recolocá-lo nessa trajetória. O que a vida de Viktor Frankl demonstra de forma mais poderosa é que a busca por significado é crucial para nossa existência. Sem ela, estamos tão perdidos quanto prisioneiros desesperançados. Imbuídos de significado, podemos suportar até mesmo as piores condições, pois nos tornamos resilientes. A maioria dos prisioneiros aprendeu a superar, enfrentar e se recuperar, mas não foi o bastante. Como Frankl descobriu, a verdadeira salvação decorre de expandir, encontrando significado na vida. Nossas circunstâncias não envolvem as experiências trágicas do Dr. Frankl, mas também podemos encontrar significado profundo na expansão — estreitando a conexão com os outros e com nossa comunidade, descobrindo propósito no trabalho e buscando novas oportunidades.[1]

Encontrando Significado ao Se Conectar com os Outros

Muitas pessoas têm problemas com a intimidade. Talvez, nesse exato momento, você esteja cheio de medos e dúvidas, questionando se deve se comprometer com um parceiro de longa data. Talvez, na infância, você tenha experienciado o divórcio de seus pais, algo que nunca superou completamente, e agora, ao enfrentar problemas em seu casamento, seu impulso é fugir. Ou talvez tenha percebido que, embora seu trabalho e seu casamento estejam indo muito bem, você não tem amigos próximos e sente falta desse tipo de conexão. A habilidade detectar icebergs pode ajudá-lo a identificar suas crenças sobre amor e compromisso e avaliar se elas o impedem de construir os tipos de relacionamentos que deseja.

Nossas crenças subjacentes sobre relacionamentos e intimidade são moldadas a partir dos alicerces estabelecidos pela percepção do relacionamento de nossos pais — e essas crenças acabam adquirindo vida própria. A única maneira adequada de testar esses icebergs é examinar objetivamente as evidências. Aos 40 anos, Gordon tem dificuldade em lidar com a intimidade. Sempre que se sente mais próximo de uma mulher, passa a se comportar mal, o que inevitavelmente leva ao fim do relacionamento. Após o término, ele se sente triste e solitário e tenta reatar. Mas, em geral, é tarde demais. Gordon usou a habilidade detectar icebergs para identificar suas crenças sobre intimidade e entender por que estava preso a esse padrão destrutivo. Ao aplicar a habilidade, ele percebeu que uma de suas crenças centrais era "Ser vulnerável é sinal de fraqueza" e descobriu que a raiz dessa crença eram as mensagens aprendidas com o pai. Gordon sabia que, se quisesse ter o tipo de relacionamento que desejava, precisava encontrar um novo significado para a vulnerabilidade. Ele usou a habilidade desafiar crenças para mostrar a si mesmo que a vulnerabilidade não precisa estar associada à fraqueza. Na verdade, muitos dos homens que ele mais admirava eram expressivos — não do tipo que chora ao assistir a um filme romântico, mas emocionalmente honesto, capaz de falar o que sente e disposto a escutar sua parceira. Ao identificar sua crença e desafiá-la, Gordon conseguiu mudar a maneira como abordava os relacionamentos. Não precisava mais se sabotar quando começava a se sentir próximo de uma mulher e, portanto, seus relacionamentos tinham uma chance de prosperar.

Assim como Gordon, se você tem problemas com intimidade, deve reconhecer seus padrões de emoção e raciocínio, bem como as armadilhas de pensamento às quais é mais vulnerável. Use a habilidade detectar icebergs, uma poderosa ferramenta de autoconsciência, para entender o tipo de pessoa que você é — seus pontos fortes e fracos. E acima de tudo: deve reconhecer que suas percepções não são a realidade. Ao desafiar as crenças que o limitam, você será capaz de relaxar e criar o tipo de conexão que deseja.

Encontrando Significado ao Expandir no Trabalho

Outra maneira de expandir sua vida é encarar novos desafios no trabalho. As oportunidades se apresentam de diversas formas — projetos interessantes, responsabilidades de liderança, cargos mais elevados, transferências para novos departamentos da organização, mudança para outra empresa ou até o início de uma carreira totalmente diferente. Se desafios como esses o deixam empolgado, mas hesitante, acesse sua crença instantânea enquanto pondera a decisão. Em nosso trabalho com funcionários corporativos, descobrimos que, em momentos de escolha como esses, crenças subjacentes entram em cena. Algumas são icebergs relacionados à autonomia: "Eu não tenho os atributos necessários para lidar com a responsabilidade de um cargo mais elevado." Outras giram em torno da iniciativa e da motivação: "Isso exigirá muito trabalho. Se eu aceitar essa promoção, ficarei à mercê da empresa o tempo todo. É melhor continuar nesse cargo mais baixo, no qual sou mais independente." Já vimos crenças sobre identidade impedirem a expansão. Uma cliente com quem trabalhamos estava considerando deixar o cargo de gerente, que ocupava há quinze anos, para ingressar na faculdade de direito. Na época, Sharon tinha 38 anos e nos disse: "Nunca quis tanto fazer algo. Não consigo tirar essa ideia da minha cabeça. Sonho com isso o tempo todo. Sinto que advogar é o que desejo fazer pelo resto da vida, mas não posso. É como se eu não conseguisse me libertar de onde estou agora. Prestei o vestibular e fui muito bem. Passei em uma faculdade local que acho perfeita para mim. Mas, à medida que a data de início das aulas se aproxima, estou com dificuldades em seguir adiante. Não sei o que me prende, mas continuo dizendo a mim mesma que é melhor manter meu emprego e optar pela segurança."

Sharon percebeu que, no momento da indecisão, sua crença instantânea era "Eu estou bem no meu trabalho. É melhor não complicar. Algumas coisas simplesmente não são destinadas a acontecer". Usamos essa crença como ponto de partida para detectar icebergs.

Enquanto identificava seus valores centrais, Sharon percebeu que estava preocupada em assumir riscos. Em suas palavras: "Se você está indo bem, por que arriscar? Se eu estivesse em uma situação ruim, tudo bem assumir o risco — o que teria a perder? Mas eu tenho muito a perder, e seria tolice pedir demissão."

Ficou claro que Sharon não gostava de correr riscos e isso se refletia em sua escolha. Ela via o curso de direito como algo arriscado. Mas será que seria um grande risco ir para a faculdade? Talvez fosse um problema se ela pedisse demissão para estudar para o vestibular — ou seja, sem saber se teria chances de entrar. Mas ela passou. A pergunta agora é: ela conseguiria se formar? Pedimos que Sharon investigasse a taxa de conclusão na faculdade escolhida. Ela descobriu que as probabilidades eram muito favoráveis. Mas, mesmo com essa evidência, continuamos a sondar as camadas de crenças na tentativa de chegar ao cerne da questão. Constatamos que ela também estava preocupada com a perda de sua identidade e com sua capacidade de retribuir ao mundo.

À medida que continuava a identificar suas crenças, ela nos contou que, se fosse para a faculdade de direito e não desse certo, se sentiria muito burra. Ela conseguiu conectar esse medo a mensagens que ouvia durante a infância. "Meu pai sempre dizia que eu não chegaria a lugar algum. Provei que ele estava errado quando fui promovida a esse cargo de gerente. E, se eu estragasse tudo, daria razão a ele." Ela também percebeu que parte de sua ambivalência era alimentada por crenças sobre respeito. Havia conquistado o respeito de seus colegas, mas estava preocupada em recomeçar e ter que lutar para subir novamente ao topo — provar seu valor a fim de obter o respeito que é tão importante para sua identidade.

Depois de trabalhar com as perguntas, Sharon foi capaz de identificar a causa principal de sua indecisão. "Não posso me dar ao luxo de estragar tudo. Quero fazer o melhor que posso na vida. Esse sempre foi meu lema. Tenho 38 anos e não sou casada, então acho que não terei filhos. Uma das razões para querer estudar direito é achar que poderia retribuir à comunidade. Abrir um pequeno escritório de advocacia no meu antigo bairro. Com um diploma de direito, serei capaz de fazer muito mais do que faço agora. Mas posso contribuir muito mais hoje do que se perdesse esse emprego e não conseguisse substituí-lo por algo significativo."

Ficou claro para todos que as apostas eram altas. Estava em jogo sua capacidade de dar ordens, em vez de recebê-las. Estava em jogo a chance de se destacar em uma profissão e prosperar aos olhos da sociedade. Estava em jogo a percepção de quem ela era, a forma como é percebida por outras pessoas, bem como a oportunidade de contribuir para o mundo e para a próxima geração. E, dadas as apostas, seu iceberg de que assumir riscos é ruim a fez recuar de sua decisão. No entanto, como Sharon percebeu, sua cautela não estava baseada na realidade. Seus estilos de pensamento e seus icebergs a limitavam sem necessidade.

Sharon tomou a decisão de expandir. Ela concluiu o curso de direito há dois anos e atualmente trabalha em um grande escritório em sua cidade natal. Da última vez que nos falamos, ela nos contou que, dentro de alguns anos, com experiência suficiente e a aprovação de seus atuais colegas, espera abrir o próprio escritório.

Encontrando Significado ao Assumir Riscos

Existem outras maneiras de expandir. Você pode realizar ações simples todos os dias para ter uma vida mais rica e significativa. No início deste livro, apresentamos Joan — uma mulher de 60 e poucos anos que valoriza a abertura a novas experiências e se esforça para expandir o horizonte de sua vida. Algumas pessoas provavelmente se identificam com ela. Gostam de experimentar coisas novas e anseiam pela satisfação que decorre de assumir riscos — não os mais perigosos, mas aqueles que as ajudam a crescer e expandir seu mundo. No entanto, nossa experiência nos mostra que a maioria das pessoas se acomoda em uma rotina confortável — come sempre o mesmo cardápio, faz as mesmas rotas, viaja aos mesmos lugares nas férias, lê o mesmo tipo de livro — e fica apreensiva só de pensar em se libertar dessa rotina.

Quando foi a última vez que você experimentou um prato novo? Ou conversou com uma pessoa que não era seu "tipo"? Quando foi a última vez que fez um trabalho voluntário em sua comunidade? Ou frequentou um curso não relacionado à sua profissão? Há quanto tempo não sai para jantar sozinho (sem se esconder atrás de um livro, para que as outras pessoas não percebam sua solidão)? Em nossas experiências, ficou claro que as crenças impedem as pessoas de quebrar a rotina, experimentar coisas novas e expandir. Sejamos sinceros, o mais difícil não é descobrir o que fazer (dedique dez minutos para elaborar uma lista de atividades simples que poderia experimentar e verá que essa é a parte fácil), mas, sim, superar as crenças que lhe dizem para se ater ao que já conhece.

Crenças "limitantes" — aquelas que o mantêm preso à mesma rotina de sempre e o impedem de assumir riscos — costumam gerar ansiedade ("Ela não vai querer falar comigo", "Nunca vou aprender a pintar, a menos que 'pintura por números' conte como arte") ou constrangimento ("Vou parecer um idiota se tentar fazer isso" ou "Não conseguirei captar o simbolismo da obra, enquanto os demais membros no clube do livro terão percepções profundas a compartilhar"). A ansiedade nos impede de experimentar coisas novas.

Conhecemos Sheila em um de nossos seminários. Ela usou as habilidades de resiliência para evitar que suas crenças prejudicassem sua expansão. "Sempre quis fazer um curso de culinária mexicana, mas, para ser sincera, não sou uma cozinheira incrível. Minha família aprendeu a lidar com minha inabilidade de temperar a comida deixando uma bandeja de especiarias sempre à mão. Apesar de minhas muitas tentativas fracassadas de criar sabores ricos e vibrantes, eu ainda acreditava que, lá no fundo, havia uma cozinheira talentosa esperando para ser libertada."

Sheila viu o anúncio de um curso de culinária mexicana e queria se inscrever. Depois de muita procrastinação, ela finalmente preencheu o formulário, mas, enquanto dirigia para a primeira aula, bateu a insegurança. Sheila usou a resiliência em tempo real para não perder o ânimo e dar meia-volta.

CRENÇA INSTANTÂNEA DE SHEILA: *Isso é ridículo. Eu deveria encarar os fatos — não sou uma boa cozinheira. Aposto que todos os outros serão chefes promissores e vou fazer papel de boba.*

RESPOSTA DE RESILIÊNCIA EM TEMPO REAL DE SHEILA: *É uma aula de culinária, não um reality show de chefes de cozinha. Não tem problema ser inexperiente, esse é o objetivo do curso. Todos estaremos no mesmo barco. Nenhum grande chefe se inscreveria em uma aula chamada "Uma Introdução ao Mundo dos Sabores Picantes e Condimentados".*

CRENÇA INSTANTÂNEA: *Tudo bem não ter experiência, mas sou um desastre. Meus filhos estão até perdendo peso e, às vezes, vejo um lampejo de medo nos olhos do meu marido quando sirvo a comida.*

RESPOSTA DE RESILIÊNCIA EM TEMPO REAL: *Ah, relaxa! Vai ser divertido. Aprenderei algumas técnicas e conhecerei pessoas — não é como se eu estivesse prestes a abrir um restaurante. De qualquer forma, é bom que meus filhos vejam que estou disposta a experimentar coisas novas e que não tenho medo de falhar. Isso é muito mais importante do que a mãe deles ser uma cozinheira gourmet.*

CRENÇA INSTANTÂNEA: *Mas que tolice. Estou fadada ao fracasso. Eu deveria fazer um curso de algo em que tenho talento. Acho que é uma espécie de desejo intrínseco de me humilhar.*

RESPOSTA DE RESILIÊNCIA EM TEMPO REAL: *Não é um desejo intrínseco de me humilhar, é uma vontade de cozinhar bem. Em vez de me preocupar tanto, eu deveria focar minha disposição para assumir riscos. Muitas pessoas não agem por medo do fracasso, mas estou provando para mim mesma que não sou esse tipo de pessoa. Estou orgulhosa por fazer isso.*

Ao perceber que está evitando novas experiências, com medo de libertar o chefe de cozinha que há em você, tente identificar as crenças que o impedem de seguir em frente e, então, aplique as habilidades aprendidas.

Usando as Habilidades de Resiliência para Se Curar da Perda

Uma parte inevitável da vida é a perda de um ente querido. Em nosso trabalho, com frequência nos perguntam se a resiliência pode ajudar uma pessoa durante esse difícil período de transição. O que significa lidar com o luto de maneira resiliente? Em primeiro lugar, queremos deixar claro que não acreditamos que há muito sentido em testar a precisão de suas crenças imediatamente após uma perda. Como já destacamos, às vezes, os eventos de nossa vida são tão impactantes que eles próprios, e não a forma como os interpretamos, impulsionam nossa reação. No entanto, isso não quer dizer que a resiliência não seja útil ao lidar com a morte de um ente querido. Ela pode ajudá-lo a se manter conectado às pessoas ao seu redor e, ao buscar esse apoio, o processo de luto se tornará mais fácil.

Julie e Sophie se falavam por telefone algumas vezes ao dia. Não eram conversas longas — um rápido "olá" entre as tarefas diárias, para compartilhar algum comentário engraçado de uma das crianças ou até para pedir uma ideia para o jantar. O contato diário entre as irmãs sempre fez parte de seu relacionamento.

Quando o telefone tocou, Julie presumiu que era Sophie. Naquele horário, às 13h, era comum conversarem rapidamente enquanto as crianças almoçavam. Mas era a mãe, ligando para contar que Sophie havia falecido em um acidente. As semanas seguintes à morte da irmã foram terríveis, mas, ao menos, Julie ocupou seu tempo com as providências a serem tomadas: fazer os preparativos para o funeral, comunicar parentes e amigos, preparar refeições para o cunhado e as crianças, e assim por diante. Embora estivesse devastada, Julie se sentia entorpecida e estava focada em ajudar o cunhado e os sobrinhos da melhor forma possível e garantir que a própria família lidasse com o trauma.

Cerca de dois meses após a morte de Sophie, Julie realmente sentiu o baque. Ela se lembrou do momento exato: "Era uma tarde de quinta-feira. Um dia lindo. Meus filhos estavam brincando na piscina infantil, e o correio havia acabado de chegar. Eu estava olhando os catálogos e vi uma jarra que minha irmã adoraria. Por hábito, peguei o telefone. De repente, senti como se tivesse levado um soco no estômago. Não conseguia respirar e caí no choro. Continuei olhando para aquela jarra azul idiota e não conseguia mais conter as lágrimas."

A morte da irmã foi um desafio sem precedentes na vida de Julie. Na superfície, ela se mantinha firme — precisava agir assim pelos filhos. Mas, em um nível mais profundo, a dor parecia insuportável. Ela começou a se distanciar do marido e dos amigos. Se a conversa se voltasse para lembranças de Sophie, Julie saía da sala em silêncio. Quando a mãe mostrou as fotos do último encontro da família, ela não teve coragem de olhar.

A experiência de Julie é perfeitamente normal. Não há forma correta de vivenciar o luto, assim como não há maneira correta de amar. E, embora a resiliência possa ajudá-lo a se curar após a morte de um ente querido, ela não evitará que você sinta dor, raiva ou tristeza. Nem deveria. Essas emoções são saudáveis e normais, e é importante vivenciá-las. As habilidades de resiliência podem ajudá-lo a entender o que está sentindo e a permanecer conectado às pessoas que ama enquanto lida com as emoções complexas inerentes ao luto. A resiliência é útil quando o luto interfere em sua capacidade de seguir sua vida, apesar da perda.

Certo domingo, cerca de dois meses após a morte de Sophie, Julie e a família foram convidadas para um churrasco na casa de amigos. David, o marido de Julie, estava ansioso por passar momentos de tranquilidade com os amigos e achou que faria bem para a esposa estar na companhia de pessoas conhecidas e que se importavam com ela. Julie estava relativamente de bom humor naquela manhã, mas, perto da hora de saírem, ela perdeu o ânimo. Quando chegaram à casa de George e Wendy, ela teve que se esforçar para não chorar, e quase tudo que Wendy falava a irritava. Julie queria relaxar e aceitar o apoio que seus amigos estavam desesperados para oferecer, mas ela se sentia como uma bola de pinball saltando de emoção em emoção. Vamos mostrar como Julie usou a resiliência em tempo real para impedir que o luto afastasse as pessoas que queriam ajudá-la durante a crise.

CRENÇA INSTANTÂNEA DE JULIE: *Como esperam que eu relaxe e me divirta quando me tratam como uma pessoa frágil, que vai desmoronar caso falem algo errado? Se querem que eu me divirta, eles têm que parar de me tratar como uma pessoa emocionalmente devastada.*

RESPOSTA DE RESILIÊNCIA EM TEMPO REAL DE JULIE: *Eu posso até estar prestes a desmoronar, mas não é assim que eles me tratam. Provavelmente eles estão* *se sentindo um pouco desconfortáveis, pois é difícil saber o que dizer para alguém que acabou de perder um ente querido. Mas o desconforto vai desaparecer se eu relaxar um pouco e disser a eles que não tem problema falar sobre minha irmã.*

CRENÇA INSTANTÂNEA: *A quem estou tentando enganar? Estou devastada! Sinto tanta falta dela que dói. Não posso continuar me sentindo assim. Tenho que me recompor e seguir em frente — é isso que Sophie gostaria.*

RESPOSTA DE RESILIÊNCIA EM TEMPO REAL: *Sophie desejaria que eu parasse de ser tão dura comigo mesma. O luto não é uma competição. Cada pessoa tem seu tempo. Compartilhamos uma conexão que nunca senti com mais ninguém. O mundo é um lugar diferente sem ela, e ignorar esse fato não é uma opção. Eu tenho direito de ficar triste e de mau humor. Mas a verdade é que Sophie gostaria que eu deixasse outras pessoas me ajudarem nesse processo. Não há mérito em carregar o fardo sozinha.*

CRENÇA INSTANTÂNEA: *Ainda assim, o que passou pela cabeça de Wendy para contar aquela história sobre a irmã dela? Como pôde ser tão insensível? Não é preciso um diploma em psicologia para perceber que não se deve mencionar seu ótimo relacionamento com a irmã querida para alguém que acabou de perder a irmã querida. Que idiota!*

RESPOSTA DE RESILIÊNCIA EM TEMPO REAL: *Ok, talvez não tenha sido a melhor história para compartilhar naquele momento específico, mas ela está fazendo o melhor possível. Ela ficou claramente constrangida depois de começar a história, mas acho que não quis interrompê-la abruptamente porque sabe que isso me deixaria ainda mais desconfortável. Por mais difícil que seja, preciso ajudar meus amigos a entenderem o que espero deles. Se eu conseguir reunir forças e ser mais aberta sobre como estou me sentindo, eles poderão me ajudar melhor nesse processo.*

Nos primeiros meses após a morte da irmã, Julie utilizou a resiliência em tempo real diariamente. Para ela, as habilidades de resiliência a ajudaram a permitir que os outros a reconfortassem. Para você, a resiliência pode ajudar a compreender a culpa que sente, a desafiar as crenças que geram raiva intensa ou a detectar icebergs que podem interferir na sua capacidade de expressar emoções para aqueles que ama. Experimente usar as técnicas para acalmar a fim de se sentir mais relaxado e no controle. É importante lembrar que o objetivo não é fazer com que você volte à “normalidade”. O objetivo é ajudá-lo a se curar e contar com o apoio de seus amigos e familiares enquanto lida com o processo de luto.

Uma Nação Resiliente

No início deste capítulo, afirmamos que o povo norte-americano sentiu os impactos após o 11 de Setembro. Perdeu o senso de justiça e de segurança. A justiça é um componente essencial de nossa visão de mundo. Queremos acreditar que o mundo é justo: que coisas boas acontecem com pessoas boas e coisas ruins acontecem com pessoas ruins. Essa crença é tão consolidada que, quando ficamos sabendo que alguém está passando por um infortúnio, presumimos que há uma razão para isso. Essa é a base da tendência comum de culpar as vítimas de estupro e de outros crimes.

A maioria das pessoas creem no mundo justo. Mas, no 11 de Setembro, essa crença desmoronou. Os milhares de pessoas que foram trabalhar naquele dia não fizeram nada para merecer a tragédia. Estavam apenas seguindo sua vida como qualquer um de nós: foram trabalhar para ganhar o sustento de sua família. Naquele dia, o povo norte-americano e o resto do mundo perderam o senso de justiça, a sensação de estarem em um jogo limpo.

Não só acreditamos que o mundo é justo, mas a maioria de nós também desenvolve a crença de que ele é basicamente seguro — ao menos é disso que tentamos nos convencer ao seguir nossa vida. É uma crença útil que nos permite viver sem preocupações constantes. Quando ela é abalada, surgem terríveis consequências emocionais reconhecidas pelos psicólogos. No primeiro capítulo deste livro, discutimos o transtorno de estresse pós-traumático (TEPT) — um conjunto de sintomas de ansiedade elevada que atinge algumas pessoas após um grande trauma.

Combatentes da Guerra do Vietnã desenvolveram TEPT em taxas significativamente mais altas do que os da Segunda Guerra Mundial, em que o combate era mais convencional. Havia um fronte; o perigo se limitava à frente de batalha e, longe dela, os soldados estavam seguros. O inimigo usava uniformes. Havia sinais claros de segurança e de perigo. Não era assim no Vietnã. Não havia um fronte. O inimigo não usava uniformes. Na mente de muitos soldados aliados, uma mulher idosa em uma aldeia poderia ser tão mortal quanto um vietcongue. Suas crenças sobre segurança foram abaladas.

Mulheres que são estupradas em suas casas ou por uma pessoa conhecida têm muito mais chances de desenvolver TEPT do que se o crime ocorresse em outro lugar ou fosse perpetrado por um estranho. Nosso lar deveria ser um local seguro. Deveríamos estar seguros com pessoas que conhecemos.

O mundo deveria ser justo e íntegro. Deveríamos poder ir e vir do trabalho em segurança. O 11 de Setembro aniquilou essas crenças — que são essenciais para nossa vida diária. Mas, assim como as crenças básicas sobre justiça e segurança foram destruídas, elas podem ser reconstruídas.

Brenda é pesquisadora e parte de seu trabalho requer viajar de avião para congressos. Ela iria participar de um congresso no final de setembro de 2001, mas ninguém — nem mesmo seu chefe — se importou quando ela cancelou a viagem após os ataques de 11 de setembro. No entanto, isso se tornou um problema quando, em dezembro daquele ano, ela ainda se recusava a pegar um avião e seu chefe considerava demiti-la. Em nossa sessão com Brenda, descobrimos que, para ela, assim como para muitos norte-americanos, o mundo de repente parecia inseguro e imprevisível. Claramente, as ilusões que havia construído para si mesma de que "Coisas ruins só acontecem com pessoas ruins" ou "Isso nunca aconteceria com alguém como eu" não passavam de ilusões, e ela tinha dificuldades em se sentir segura novamente. A devastação provocada pela tragédia a fez ignorar os fatos: viajar de avião ainda é seguro, provavelmente ainda mais após o ataque; a maioria das pessoas que ela encontra na rua é boa; abrir a correspondência não envolve um risco biológico.

Brenda, como muitos de nós, começou a catastrofizar, e quanto mais ela catastrofizava, mais difícil era seguir em frente. Brenda usou a habilidade Colocar em Perspectiva para baixar sua ansiedade a um nível gerenciável e se propôs a, todos os dias, encontrar pelo menos uma evidência de que ainda havia justiça e bondade no mundo. Ela leu histórias de como, nos meses que se seguiram aos ataques, pessoas de todo o mundo se desdobravam para ajudar. Passou a notar os atos cotidianos de bondade que costumava ignorar — o motorista que aguardou enquanto ela corria para alcançar o ônibus; o colega que ofereceu ajuda em um projeto a fim de que Brenda saísse mais cedo para um compromisso familiar; a pessoa que colocou uma moeda no parquímetro para que o carro dela não fosse multado. Brenda também procurou ativamente sinais de justiça e integridade — a cliente da loja que devolveu dez dólares porque recebeu o troco a mais, o homem que disse ao atendente que outra pessoa havia chegado primeiro, a notícia sobre o grupo de direitos humanos que conseguiu libertar uma chinesa da prisão. Ao se obrigar a perceber essas evidências, Brenda gradualmente conseguiu reconstruir sua fé nas pessoas, e seu medo diminuiu.

O que Esperamos para Você

Os Estados Unidos e o resto do mundo percorreram um longo caminho desde o 11 de Setembro. Passo a passo, todos os dias, reconstruímos nossa visão do mundo. Ao expandir um pouco mais a cada dia — ir e voltar do trabalho, ver nossos filhos ao chegar em casa, viajar de avião e retornar em segurança —, reconstruímos nossas crenças. Parafraseando D. H. Lawrence: Pode ser uma tarefa árdua. Pode não haver mais um caminho tranquilo para o futuro. Mas somos resilientes. Estamos superando, enfrentando, nos recuperando — e expandindo mais uma vez. Viveremos e prosperaremos, não importa quantos céus tenham desabado sobre nós.

Juntos, percorremos as sete habilidades de resiliência. Compartilhamos histórias de pessoas que utilizaram essas habilidades para se destacar no trabalho, aprofundar seus relacionamentos com parceiros e filhos, e aproveitar novas experiências. A vida das pessoas com quem trabalhamos não mudou magicamente da noite para o dia. Mudou porque elas aplicaram o que descrevemos neste livro e se comprometeram a se tornar mais resilientes. Assim como os norte-americanos e o resto do planeta, elas reconstruíram seu mundo passo a passo, todos os dias, ao mudar a forma de pensar.

Elas conseguiram, e você também pode.

Esperamos que, ao concluir este livro, você se sinta mais confiante em sua capacidade de encarar os desafios e buscar uma vida rica em significado e propósito. Ao utilizar essas habilidades diariamente, terá mais controle de sua vida. Em vez de estar à mercê dos eventos, *você* estará no comando. O segredo é usar as habilidades todos os dias. Se o fizer, em questão de semanas, perceberá que elas se tornaram parte de sua rotina e que sua abordagem básica em relação à vida mudou. Você será mais feliz e otimista. E, com mais resiliência, estará mais bem preparado para uma conexão profunda com aqueles que ama. Reviravoltas são inevitáveis, mas, com resiliência, você pode prosperar, não importa quais obstáculos surjam em seu caminho.

Ao mudar sua maneira de pensar, você pode transformar sua vida para melhor.

AGRADECIMENTOS

Este livro não seria possível sem a ajuda de inúmeras pessoas. Queremos agradecer a nossos colegas e colaboradores que nos ajudaram a desenvolver e validar o Programa de Resiliência Penn (PRP) e o APEX. Esses programas não existiriam sem o trabalho árduo dos Drs. Rob DeRubeis, Arthur Freeman, Jane Gillham, Steve Hollon, Lisa Jaycox, Martin Seligman e Peter Schulman.

Um agradecimento especial a Jane Gillham, que liderou os esforços para garantir que o trabalho interminável no PRP fosse de fato concluído. Obrigado, Jane.

Também queremos agradecer a Esteban Cardemil, que adaptou o manual do PRP para crianças latino-americanas; David Yu, que adaptou o PRP para estudantes na China; e Barbara Samuels, Andrea Levy, Marisa Lascher e Samantha Litzinger, que gerenciaram as operações diárias do PRP ao longo dos anos. Um agradecimento especial a Derek Freres, que foi o grande responsável pela administração do PRP. Obrigado, Derek, estaríamos perdidos sem você.

O PRP e o APEX foram desenvolvidos na Universidade da Pensilvânia e inicialmente implementados em nossa própria comunidade. Porém, ao longo dos anos, muitas pessoas trabalharam arduamente para levar esses programas às suas comunidades, e queremos agradecê-las pelo espírito pioneiro. Simon Andrews, em Adelaide, Austrália; Darlene Hall, em Toronto, Canadá; Sam Moreno, em Rock Island, Illinois; Diedre Quinlan, em Duluth, Minnesota; Clare Roberts, na Austrália Ocidental; Russell Roberts, em Queensland, Austrália; Ellen Lerner, em Oakland, Califórnia; Joan Burnham, em Austin, Texas; e Terrill Hellander, em Pasadena, Califórnia. Hal Bloss garantiu que cada aluno do quinto ano do Distrito Escolar de Hazelton aprendesse as habilidades do PRP; e Skip McCann foi a força motriz por trás da introdução do PRP em vários distritos escolares da Pensilvânia.

Também queremos agradecer aos educadores e administradores na Filadélfia e em seus arredores, que foram a base de nossa pesquisa do PRP ao longo das últimas décadas. Três distritos em particular nos abriram as portas, e somos profundamente gratos. Joe Galli, Barbara Shafer, Carolyn Felker, Ed Speer e Jane Archibald, do Distrito Escolar de Upper Darby, nos deram um apoio incondicional e nos dedicaram grande parte de seu tempo para garantir que os estudantes participassem de nossos programas. Também agradecemos a Steve Bell, Wendy Brown, Jean Cooney, Denise McDermott, Adair Ruff, Faith Mattison, Barbara Mendell, Annette Brandolini, Holly Farnese, Cheryl Macklin e Arlene Sarley, que apresentaram os programas a seus alunos e merecem o crédito por tornar o PRP um grande sucesso.

O Distrito Escolar de Wissahickon e as famílias que frequentam essas escolas trabalharam conosco por muitos anos, e somos gratos por terem nos acompanhado nessa missão. Um agradecimento especial a Mary Hornyak, Neil Evans e Bob Andersen, bem como aos professores que implementaram os programas: Ginny Atlee, Cheryl Dillon, Mike Schneider, Kathy Briggs, Tom Finnegan, Victoria Rodney e Sue Wyatt.

Agradecemos aos administradores, aos professores e às famílias do Distrito Escolar de Cherry Hill que nos ajudaram no desenvolvimento do programa para genitores. Em particular, um muito obrigado a Toni Rath, Nick Lorenzetti, Brian Betze, Tammy McDonald e Ed Collins, que foram essenciais para a implementação do programa em seu distrito.

Queremos agradecer aos colaboradores de Andrew pelo auxílio na pesquisa sobre questões raciais, mencionada no Capítulo 12: Lani Guinier, Veronica Rice, Susan Sturm, Esteban Cardemil e vários alunos de iniciação científica que tornaram esse trabalho possível.

Nossos programas de resiliência são fundamentados no trabalho pioneiro dos Drs. Aaron Beck e Albert Ellis. Gostaríamos de agradecê-los por nos proporcionar uma base sólida para a construção de nosso trabalho.

Também queremos agradecer aos psicólogos e à equipe do Centro de Terapia Cognitiva na Filadélfia, onde concluímos nossa formação como psicoterapeutas. Um muito obrigado a nossos supervisores, Drs. Cory Newman e Robert DeRubeis, que nos ajudaram a aprimorar nossas habilidades e a aprofundar nossa compreensão do modelo cognitivo.

Agradecemos a todos que contribuíram para a Adaptiv Learning Systems, especialmente Dean Becker, Lou Berneman, Tony Jannetta e Frank Slattery. Um muito obrigado a Dean Becker, nosso amigo e parceiro de negócios; sem ele, este livro não existiria.

Queremos agradecer a todos que ajudaram na criação do Adaptiv Training for Corporations. Patty Newbold foi nossa consultora de design instrucional e nos ajudou a transformar nossos materiais em um programa de treinamento corporativo eficaz. Steve Hollon, Rob DeRubeis, Marty Seligman, Dan Oran e Peter Schulman desenvolveram o programa predecessor no final dos anos 1980, e somos gratos por ter um modelo sólido para nosso trabalho.

Também agradecemos aos representantes dos departamentos de recursos humanos e treinamento nas corporações em que atuamos, que acreditaram em nosso trabalho e na eficácia das habilidades, e aos milhares de pessoas que participaram do Adaptiv Training. Expressamos nossa gratidão a todos que completaram o Teste de QR e aos pesquisadores que nos ajudaram a desenvolvê-lo e validá-lo, especialmente Jen Warren.

Vários graduandos da Universidade da Pensilvânia nos ajudaram nas pesquisas para este livro: Alyssa Friede, Rachel King, Ella Masson, Jen Dibiase e Susie Flood. Também agradecemos aos alunos de nosso seminário sobre resiliência que leram rascunhos dos capítulos e forneceram comentários perspicazes: Marilyn Arenas, Nicholas Balisciano, Elizabeth Beothy, J. Harley Chivers, Maria Dominguez, Rebecca Hashim, Sueihn Lee, Yuliya Lelchuk, Heather Lochridge, Sarah Master e Talia Master.

E expressamos nossa gratidão a Richard Pine, nosso agente, que nos incentivou ao longo deste projeto, e a Stephanie Land, nossa editora na Doubleday/Broadway, que se mostrou fascinada por este livro desde o começo.

Agradecimentos de Andrew:

Veronica. Sem você, sem seu amor, sem sua paciência, sem sua resiliência, eu não teria escrito uma palavra sequer.

Agradeço de coração à minha mãe e ao meu pai, Betty e Lloyd — vocês sempre acreditaram em mim, mesmo naqueles momentos em que todas as evidências indicavam que sua fé estava profundamente equivocada.

Um agradecimento especial a três amigos maravilhosos, Gareth, Sarah e Dara. Vocês me encorajaram a cada passo, com seu humor, sua companhia e seu interesse genuíno neste livro. Agradeço a Lou e Flo, que sempre se mostraram prontos para uma taça de vinho e uma ótima conversa quando eu mais precisava. Um muito obrigado a toda turma do McCrossen's, especialmente Bill Moriarty, Amanda Benner, Becca Raley, Ed Doty, Brian Lesher, Bill Roller e Togo Travalia — e saudações a Dale, Chris e Matt.

Por fim, agradeço a Karen Reivich. Já se passou mais de uma década desde que iniciamos nossa colaboração, e esses anos têm sido os melhores da minha vida profissional. Karen é minha amiga, minha confidente, e valeu a pena cruzar o Pacífico só para trabalhar com ela.

Agradecimentos de Karen:
Eu não seria capaz de escrever este livro sem meu marido, Guy Diamond. Obrigada, Guy, por todos os finais de semana em que levou os meninos para longos passeios (*muito* longos), a fim de que eu tivesse uma casa tranquila para escrever, e por me inspirar com sua dedicação a todos os seus projetos. Meus três filhos, Jacob, Aaron e Jonathan, passaram muitas tardes trabalhando em seus "livros" enquanto eu trabalhava no meu. Obrigada, meninos, por me interromperem durante a escrita e me lembrarem do que é mais essencial na minha vida. Agora vocês não precisam mais perguntar: "Já terminou o livro?" Minha mãe, Joan Reivich, leu rascunhos de cada capítulo e forneceu comentários detalhados; porém, o mais importante, ela me animou quando me senti desencorajada, me escutou quando eu precisava pensar em voz alta e fez piadas quando eu precisava rir. E agradeço à minha irmã, Jennifer Jones, que me ligou todos os dias para saber como eu estava e me ofereceu seu amor e apoio.

Também gostaria de agradecer aos meus amigos Kate Kimbel e Peter Badgio, que sempre perguntavam sobre o livro e realmente se importavam com a resposta.

E, finalmente, agradeço a Andrew Shatté. Ele é meu colega desde os dias de pós-graduação na Universidade da Pensilvânia. Juntos, trabalhamos em nossas dissertações, fundamos a Adaptiv Learning Systems e, é claro, escrevemos este livro. Os melhores momentos da minha carreira sempre foram compartilhados com Andrew. Porém, o mais importante, ele é um amigo querido. Sua compaixão e seu ótimo humor me motivam a seguir em frente.

NOTAS

CAPÍTULO 1: *A Importância da Resiliência*

1. Neste livro, compartilhamos muitas histórias e estudos de caso para ilustrar a resiliência e o uso das habilidades. Sempre que possível, os apresentamos exatamente como ocorreram. Em algumas situações, mudamos certos fatos ou combinamos os fatos de dois ou mais casos a fim de preservar o anonimato dos envolvidos. Todos os nomes foram alterados, sem exceção.
2. A Harris Poll revelou que cerca de 60% das pessoas se preocupam "um pouco" ou "muito" com aspectos de seu futuro. Dos mais de mil entrevistados em todos os EUA, 69% se preocupam em "não ter dinheiro suficiente para viver confortavelmente", 60% se preocupam em "não ter plano de saúde para despesas médicas elevadas", 59% se preocupam com a possibilidade de seu "cônjuge ou alguém muito próximo não viver por muito tempo", 60% se preocupam com a chance de sua "saúde piorar" e 61% se preocupam em ser "vítima de crime violento". Essas estatísticas são surpreendentemente altas, considerando que a pesquisa foi realizada em outubro e novembro de 1999, muito antes dos eventos de 11 de setembro de 2001 e da recessão econômica que começou em 2000. Fonte: www.gallup.com
3. John Gray (1992), *Men Are from Mars, Women Are from Venus* (Nova York: HarperCollins). Publicado no Brasil com o título *Homens São de Marte, Mulheres São de Vênus.*
4. Fonte: www.selfhelpmagazine.com
5. As habilidades apresentadas nos quatro programas que desenvolvemos são baseadas no modelo cognitivo de Aaron Beck, Albert Ellis e Martin Seligman. Também somos gratos a inúmeros colegas que contribuíram substancialmente para o desenvolvimento desses programas.

6. O efeito adverso do baixo peso ao nascer, da pobreza e do abuso físico na resiliência foi estudado extensivamente — e talvez de forma mais abrangente — por Suniya Luthar e Norman Garmezy. Cada um deles forneceu uma excelente análise: N. Garmezy (1993), "Children in poverty: Resilience despite risk", *Psychiatry* 56, 127–136; S. Luthar (1991), "Vulnerability and resilience: A study of high-risk adolescents", *Child Development* 62, 600–616.
7. A síntese talvez mais elucidativa dos três usos da resiliência pode ser encontrada no artigo "Resilience and development: Contributions from the study of children who overcome adversity", escrito por Ann Masten, Karin Best e Norman Garmezy e publicado no periódico *Development and Psychopathology*. Eles usam os termos *superação, resistência ao estresse* e *restauração* em vez dos termos empregados neste livro — *superação, enfrentamento* e *recuperação*. Nossa contribuição para o trabalho sobre as aplicações da resiliência é reconhecer que as pessoas a usam não apenas para consertar o que está quebrado, mas para expandir, a fim de se conectar com os outros, aceitar desafios e aproveitar oportunidades.
8. Em estudos longitudinais bem conduzidos, Dante Cicchetti e seus colegas analisaram a relação dinâmica entre os aspectos da família, a vida interna da criança e o efeito na resiliência futura. Um exemplo pode ser encontrado em D. Cicchetti e F. A. Rogosch (1997). Para entender como a auto-organização contribui para o desenvolvimento da resiliência em crianças que sofrem maus-tratos, consulte *Development and Psychopathology* 9, 797–815.
9. Os efeitos prejudiciais do funcionamento familiar inadequado na resiliência foram bem documentados, principalmente por Michael Rutter, renomado pesquisador britânico.
10. Os efeitos de diferentes estilos de parentalidade como fatores de risco ou de proteção para as crianças estão documentados em A. Masten e D. Coatsworth (1998), "The development of competence in favorable and unfavorable environments: Lessons from research on successful children", *American Psychologist* 53, 205–220.
11. Um estudo que demonstra o efeito positivo do QI na resiliência é A. Masten, N. Garmezy, A. Tellegen, D. Pellegrini, K. Larkin e A. Larsen (1988), "Competence and stress in school children: The moderating effects of individual and family qualities", *Journal of Child Psychiatry* 29, 754–764. O excelente trabalho de Howard Gardner sobre a natureza da inteligência é muito respeitado. Uma amostra de sua teoria sobre inteligências múltiplas pode ser encontrada em: Howard H. Gardner, "Beyond a Modular View of Mind".

In: W. Damon (ed). (1989), *Child Development Today and Tomorrow*. The Jossey-Bass Social and Behavioral Science Series (222–239) (São Francisco: Jossey-Bass Inc., Publishers). Você pode ler o trabalho colaborativo inicial de Peter Salovey e John Mayer em: P. Salovey e J. D. Mayer (1989), "Emotional Intelligence", *Imagination, Cognition & Personality* 9, 185–211.

12. Fonte: www.madd.org

13. J. Herman (1997), *Trauma and Recovery* (Nova York: Basic Books).

CAPÍTULO 2: *Quão Resiliente Você É?*

1. E. Werner e R. Smith (2001), *Journeys from Childhood to Midlife: Risk, Resilience, and Recovery* (Ithaca, NY: Cornell University Press).

2. E. Werner (1989), "High-risk children in young adulthood: A longitudinal study from birth to 32 years", *American Journal of Orthopsychiatry* 59, 78.

3. Nosso trabalho com o Teste de QR começou em 1997, com uma série de análises estatísticas chamadas análises fatoriais. Elaboramos centenas de perguntas que abordavam uma ampla gama de aspectos da resiliência, garantindo que contemplássemos a superação, o enfrentamento e a recuperação, bem como a expansão, que suspeitávamos ser uma parte da resiliência. As análises fatoriais nos ajudaram a determinar quais categorias de itens, ou fatores, compunham o construto da resiliência. Após milhares de pessoas fazerem o Teste de QR, concluímos que sete fatores explicavam melhor a variação entre as respostas. Por razões de propriedade intelectual, o Teste de QR deste livro contém 56 itens, em vez dos 70 que aplicamos atualmente.

4. Daniel Goleman (1995), *Emotional Intelligence* (Nova York: Bantam Books). Publicado no Brasil com o título *Inteligência Emocional.*

5. Eleanor H. Porter (1996), *Pollyanna* (Nova York: Puffin Books). Publicado no Brasil com o título *Poliana.*

6. O conceito de estilo explicativo foi abordado pela primeira vez no artigo de L. Y. Abramson, M. E. P. Seligman e J. D. Teasdale (1978), "Learned helplessness in humans: A critique and reformulation", *Journal of Abnormal Psychology* 97(1), 49–74.

CAPÍTULO 3: *Preparando o Terreno*

1. Somos gratos a toda a área de resiliência por suas contribuições para o nosso conhecimento coletivo. Fomos particularmente influenciados e inspirados

pelo trabalho de Dante Cicchetti, Norman Garmezy, Suniya Luthar, Ann Masten, Michael Rutter, Ruth Smith e Emmy Werner.

2. Em seu notável livro *The Story of Psychology*, Morton Hunt descreve o desenvolvimento da psicologia moderna desde sua origem na filosofia grega e romana. Hunt menciona essa citação de B. F. Skinner, retirada do livro *History of Psychology*, de 1984, escrito por D. Hothersall (Filadélfia: Temple University Press). Publicado no Brasil com o título *História da Psicologia*.

3. Morton Hunt menciona essa citação em *The Story of Psychology* (Nova York: Doubleday), 257.

4. S. T. Fiske e S. E. Taylor (1984), *Social Cognition* (Reading, MA: Addison-Wesley), 88.

5. Para mais informações sobre ilusões positivas, consulte S. E. Taylor (1983), "Adjustment to threatening events: A theory of cognitive adaptation", *American Psychologist* 38, 1161–1173; e S. E. Taylor e J. D. Brown (1988), "Illusion and well-being: A social psychological perspective on mental health", *Psychological Bulletin* 103, 193–210.

6. Consulte J. Shedler, M. Mayman e M. Manis (1993), "The illusion of mental health", *American Psychologist* 48, 1117–1131. Para uma boa visão geral das questões relacionadas à área do otimismo realista e das ilusões positivas, consulte S. Schneider (2001), "In search of realistic optimism", *American Psychologist* 56(3), 250–263.

7. Abordamos essa fase da história da psicologia em: A. J. Shatté, M. E. P. Seligman, J. E. Gillham e K. Reivich, "The Role of Positive Psychology in Child, Adolescent, and Family Development". *In*: R. E. Lerner, F. Jacobs e D. Wertlieb (eds.), *Promoting Positive Child, Adolescent, and Family Development: A Handbook of Program and Policy Innovations* (Thousand Oaks, CA: Sage Publications).

8. Marty Seligman apresentou seus objetivos de construção do novo movimento de psicologia positiva nas edições de 1998 da Monitor, revista da Associação Americana de Psicologia (APA).

9. Nos EUA, a prevalência da depressão clínica ao longo da vida aumentou drasticamente nas duas últimas gerações, conforme relatado em L. N. Robins, J. E. Helzer, M. M. Weissman, H. Orvaschel, E. Greunberg, J. D. Burke e D. A. Reiger (1984), "Lifetime prevalence of specific psychiatric disorders in three sites", *Archives of General Psychiatry* 41, 949–958.

   As estimativas atuais indicam que quase 10% das crianças, antes dos 14 anos de idade, e até 20% dos adolescentes, antes de se formarem no ensino médio, sofrem de depressão clínica. P. M. Lewinsohn, H. Hops, R. Roberts e J. Seeley (1993), "Adolescent psychopathology: I. Prevalence and incidence of depression and other DSM-III-R disorders in high school students", *Journal of Abnormal Psychology* 102, 110–120.

10. Somos gratos a nossos colegas Jane Gillham, Lisa Jaycox, Karen Reivich e Marty Seligman, que desenvolveram o PRP original para crianças.

11. A pesquisa que conduzimos para prevenir a depressão e promover a resiliência em adolescentes e universitários foi financiada pelo Instituto Nacional de Saúde Mental (1 R01 MH52270-013 e 1 R01 MH63430-01). Somos gratos por seu apoio contínuo a essa pesquisa.

12. O programa para universitários, chamado APEX, foi desenvolvido por Robert DeRubeis, Art Freeman, Jane Gillham, Steven Hollon, Lisa Jayox, Karen Reivich, Peter Schulman e Marty Seligman.

13. Os resultados do estudo APEX são relatados em: M. E. P. Seligman, P. Schulman, R. J. DeRubeis e S. D. Hollon (1999), "The prevention of depression and anxiety", *Prevention and Treatment.*

14. Jane Gillham foi a primeira de nosso grupo a desenvolver e testar um programa parental que acompanhasse o PRP para crianças, sendo uma das principais desenvolvedoras do programa até hoje. Os dados mencionados ainda não foram publicados. Eles foram coletados ao longo de 2002, em pesquisas conduzidas por Jane, Karen e Andrew.

15. Somos vice-presidentes de pesquisa e desenvolvimento na Adaptiv Learning Systems. Para mais informações, acesse: www.adaptivlearning.com.

CAPÍTULO 4: *Aprender Seus ABCs*

1. Há um longo histórico sobre o que são as emoções, o que as causam e quais funções elas desempenham. Em geral, existem quatro tradições básicas no estudo das emoções: a tradição evolutiva, a tradição psicofisiológica, a tradição neurológica e a tradição dinâmica. Os psicólogos também debateram intensamente a relação entre as emoções e os pensamentos. Alguns, mais notavelmente Robert Zajonc, argumentam que as emoções podem preceder o pensamento, ou seja, que o pensamento não é uma condição necessária para a emoção. Outros, como Richard Lazarus, afirmam que as emoções acompanham avaliações cognitivas específicas — por exemplo, a raiva segue a avaliação de dano. Robert Plutchik escreveu sobre as funções evolutivas desempenhadas pelas emoções. Para uma explicação evolutiva das emoções, consulte R. Plutchik (1984), "Emotions, a General Psychoevolutionary

Theory". *In*: K. Scherer e P. Ekman (eds.), *Approaches to Emotion* (Hillsdale, NJ: Lawrence Erlbaum Associates), 197–219.

2. P. Wong e B. Weiner (1981), "When people ask 'why' questions, and the heuristics of attributional search", *Journal of Personality and Social Psychology* 40, 650–662.
3. O psicólogo Dolf Zillmann estudou as avaliações cognitivas que desencadeiam a raiva, bem como os efeitos da raiva no processamento cognitivo posterior. Consulte D. Zillman (1994), "Cognition-excitation Interdependencies in the Escalation of Anger and Angry Aggression". *In*: M. Potegal e J. F. Knutson (eds.), *The Dynamics of Aggression: Biological and Social Processes in Dyads and Groups* (Hillsdale, NJ: Lawrence Erlbaum Associates).
4. *Ética a Nicômaco*: o desafio de Aristóteles.
5. Para mais informações sobre as experiências cotidianas de culpa, consulte R. Baumeister, H. Reis e P. Delespaul (1995), "Subjective and experiential correlates of guilt in daily life", *Personality and Social Psychology Bulletin* 21, 1256–1268.
6. Para uma explicação mais detalhada sobre a propensão à vergonha versus a propensão à culpa, consulte P. Niedenthal, J. Tangney e I. Gavanski (1994), "'If only I were' versus 'If only I hadn't': Distinguishing shame and guilt in counterfactual thinking", *Journal of Personality and Social Psychology* 67, 585–595, ou J. Tangney (1990), "Assessing individual differences in proneness to shame and guilt: Development of the self-conscious affect and attribution inventory", *Journal of Personality and Social Psychology* 59, 102–111.
7. Para uma discussão aprofundada da perspectiva cognitiva sobre a ansiedade, consulte A. Beck, G. Emery e R. Greenberg (1985), *Anxiety Disorders and Phobias* (Nova York: Basic Books).
8. A. Modigliani (1968), "Embarrassment and embarrassability", *Sociometry* 32, 313–326.
9. Para uma discussão mais ampla das teorias sobre o constrangimento e suas diferenças em relação à vergonha, consulte M. Babcock e J. Sabini (1990), "On differentiating embarrassment from shame", *European Journal of Social Psychology* 20, 151–169.
10. A expressão "sequestro da amígdala" foi popularizada por Daniel Goleman em *Inteligência Emocional*. Para uma explicação detalhada do papel da amígdala no processamento de conteúdo emocional e para uma descrição minuciosa das pesquisas mais recentes sobre como o cérebro processa

informações sensoriais, consulte J. LeDoux (1996), *The Emotional Brain* (Nova York: Simon & Schuster).

CAPÍTULO 5: *Evitar Armadilhas de Pensamento*

1. Caso queira ler o trabalho inovador de Aaron Beck, sugerimos: A. T. Beck (1967), *Depression: Causes and Treatment* (Filadélfia: University of Pennsylvania Press); A. T. Beck (1976), *Cognitive Therapy and the Emotional Disorders* (Nova York: International Universities Press); A. T. Beck, A. J. Rush, B. F. Shaw e G. Emery (1979), *Cognitive Therapy of Depression* (Nova York: Guilford Press).
2. P. Wason e J. Evans (1975). "Dual processes in reasoning?", *Cognition* 3, 141–154.
3. Grande parte da estrutura e das informações contidas nessa seção é mérito de Jon Baron, nosso professor e colega. Como estudantes de pós-graduação, tivemos o privilégio de participar das aulas de Jon sobre pensamento e tomada de decisões. Recomendamos seu livro a quem tiver interesse em explorar as peculiaridades do raciocínio humano: J. Baron (1988), *Thinking and Deciding* (Cambridge: Cambridge University Press).
4. A. Tversky e D. Kahneman (1983), "Extensional versus intuitive reasoning: The conjunction fallacy in probability judgment", *Psychological Review* 90, 297.

CAPÍTULO 6: *Detectar Icebergs*

1. A. Beck, G. Emery e R. Greenberg (1985), *Anxiety Disorders and Phobias* (Nova York: Basic Books).

CAPÍTULO 7: *Desafiar Crenças*

1. Para mais informações sobre trepanação, consulte T. Stewart (1957), *Stone Age Surgery: A general review, with emphasis on the New World. Annual Review of the Smithsonian Institution* (Washington, DC: Smithsonian Institution).
2. Seguimos o sistema de pontuação elaborado por Seligman e seus colegas quando eles desenvolveram o Questionário de Estilo de Atribuição (Estilo Explicativo).
3. Para um excelente resumo das evidências científicas sobre o papel causal do estilo explicativo pessimista na depressão, consulte C. Robins e A. Hayes

(1995), "The Role of Causal Attributions in the Prediction of Depression". *In*: G. Buchanan e M. Seligman (eds.), *Explanatory Style* (Hillsdale, NJ: Lawrence Erlbaum).

4. O livro *Explanatory Style*, de Buchanan e Seligman, é um excelente resumo da pesquisa sobre pessimismo e otimismo em áreas como faculdade, trabalho, esportes e saúde física.

5. O Dr. Jason Satterfield, nosso colega de pós-graduação, conduziu um dos primeiros estudos a indicar que, em certas áreas, o otimismo era um obstáculo. Jason e seus colaboradores avaliaram os estilos explicativos de quase 400 calouros de direito e acompanharam seu progresso longitudinalmente ao longo da faculdade. Eles constataram que os alunos com explicações "eu, sempre, tudo" para acontecimentos negativos superavam os alunos otimistas em relação a média de notas e publicações em periódicos jurídicos: J. Satterfield, J. Monahan e M. Seligman (1997), "Law school performance predicted by explanatory style", *Behavioral Sciences & the Law* 15(1), 95–105. Além disso, nossa pesquisa com graduandos demonstrou que o otimismo extremo não é preditivo do desempenho acadêmico satisfatório.

CAPÍTULO 8: *Colocar em Perspectiva*

1. Abordamos essa conexão entre estilo explicativo, estilo de pensamento para acontecimentos passados e crenças futuras, ou do depois, em: A Shatté, K. Reivich e J. Gillham (1999), "Learned Optimism in Children". *In*: C. Snyder (ed.), *Coping Skills* (Oxford: Oxford University Press), 165–181.

2. Taylor e seus colegas constataram que homens soropositivos eram mais otimistas em relação a não desenvolver aids do que seus homólogos que não contraíram HIV: S. Taylor, M. Kemeny, L. Aspinwall, S. Schneider, S. Rodriguez e M. Herbert (1992), "Optimism, coping, psychological distress, and high-risk sexual behavior among men at risk for AIDS", *Journal of Personality and Social Psychology* 63, 460–473.

3. W. Middleton, P. Harris e M. Surman. (1996), "Give 'em enough rope: Perception of health and safety risks in bungee jumpers", *Journal of Social and Clinical Psychology* 15(1), 68–79.

CAPÍTULO 9: *Habilidades Rápidas: Acalmar e Focar e Resiliência em Tempo Real*

1. S. Cohen, D. Tyrrell e A. Smith (1991), "Psychological stress and susceptibility to the common cold", *New England Journal of Medicine* 329 (9), 606–611.

2. D. Krantz, D. Sheps, R. Carney e B. Natelson (2000), "Effects of mental stress in patients wth coronary artery disease: Evidence and clinical implications", *Journal of the American Medical Association* 283(14), 1800–1802.
3. W. Jiang, M. Babyak, D. Krantz, R. Waugh, E. Coleman, M. Hanson, D. Frid, S. McNulty, J. Morris, C. O'Connor, J. Blumenthal (1996), "Mental-stress induced myocardial ischemia and cardiac events", *Journal of the American Medical Association* 275(21), 1651–1656.
4. Por exemplo, em comparação com períodos mais tranquilos do semestre, estudantes de medicina estressados devido às provas apresentaram uma menor atividade das células assassinas naturais. Esse e outros estudos destacam a toxicidade do estresse: ele compromete o sistema imunológico, e você fica doente com mais frequência. Para mais informações sobre os efeitos do estresse na atividade das células assassinas naturais, consulte R. Glaser, J. Rice, C. E. Spiecher, J. C. Stout e J. K. Kiecolt-Glaser (1986), "Stress depresses interferon production by leukocytes concomitant with a decrease in natural killer cell activity", *Brain, Behavior, and Immunity* 1, 7–20. Para uma revisão sobre a importância do apoio social no enfrentamento do estresse e no funcionamento imunológico, consulte W. Stroebe e M. Stroebe (1996), "The Social Psychology of Social Support". *In*: E. T. Higgins e A. W. Kruglanski (eds.), *Social psychology: Handbook of Basic Principles* (Nova York: Guilford Press). E, para uma revisão sobre os efeitos positivos do casamento na mortalidade e na doença arterial coronariana, consulte A. Reifman (1995), "Social relationships, recovery from illness, and survival", *Annals of Behavioral Medicine* 17, 124–131.
5. As pesquisas demonstram que certos eventos positivos, como o nascimento de um bebê e o casamento, são considerados mais estressantes do que alguns eventos negativos, como a morte de um amigo. T. H. Holmes e R. H. Rahe (1967), "The social readjustment rating scale", *Journal of Psychosomatic Research* 11, 213–218.
6. A Dr. Suzanne Kobasa estudou o impacto do controle, do comprometimento e do desafio na minimização dos efeitos do estresse na saúde. Em geral, ela constatou que as pessoas com altos níveis dessas variáveis de personalidade permanecem mais saudáveis do que aquelas com baixos níveis, apesar do estresse semelhante. Consulte S. Kobasa (1990), "Stress-resistant Personality". *In*: R. Ornstein e C. Swencionis, (eds), *The Healing Brain: A scientific reader* (Nova York: Guilford Press). Ou S. Kobasa e M. Puccetti (1983), "Personality and social resources in stress resistance", *Journal of Personality & Social Psychology* 45(4), 839–850.

7. A fim de obter uma descrição detalhada das técnicas para lidar com o estresse e de como evitar problemas comuns ao implementá-las, consulte D. Barlow e R. Rapee (1991), *Mastering Stress: A Lifestyle Approach* (Dallas, TX: American Health Publishing Company).
8. Para uma descrição da teoria do estilo de resposta e dos efeitos da ruminação e da distração no humor depressivo, consulte S. Nolen-Hoeksema (1991), "Responses to depression and their effects on the duration of the depressive episode", *Journal of Abnormal Psychology* 109, 569–582.
9. É importante salientar que, embora as mulheres sejam duas vezes mais propensas à depressão do que os homens, isso não significa que todas as técnicas de distração são saudáveis. Por exemplo, recorrer a bebidas alcoólicas como forma de se distrair ou lidar com o humor depressivo é uma prática perigosa. De fato, o consumo excessivo e a dependência de álcool são muito mais comuns em homens do que em mulheres, com uma proporção de 5:1.
10. S. Lyubomirsky, K. Tucker, N. Caldwell e K. Berg (1999), "Why ruminators are poor problem solvers: Clues from the phenomenology of dysphoric rumination", *Journal of Personality and Social Psychology* 77(5), 1041–1060.

CAPÍTULO 10: *Resiliência no Casamento e em Relações de Longo Prazo*

1. Para mais informações sobre como melhorar o relacionamento, recomendados dois livros que consideramos úteis e fundamentados na ciência: H. J. Markman, S. M. Stanley e S. L. Blumberg (2001), *Fighting for Your Marriage* (São Francisco: Jossey-Bass) e J. M. Gottman e N. Silver (1999), *The Seven Principles for Making Marriage Work* (Nova York: Three Rivers Press).
2. Em *Fighting for Your Marriage*, Markman e seus colegas descrevem cinco filtros de comunicação: distrações (estímulos externos, como a televisão, ou estímulos internos, como os pensamentos); estados emocionais; crenças e expectativas; diferenças de estilo (uma pessoa ser aberta e expressiva, e a outra ser discreta e hesitante ao compartilhar crenças e sentimentos); e autopreservação (medo de ser rejeitado). Esses filtros estão além de nossa consciência, influenciando a forma como nos comunicamos com nosso parceiro e interpretamos suas palavras.
3. Para uma ótima revisão sobre a importância das crenças nas discussões e seus efeitos no casamento, consulte F. D. Fincham e T. N. Bradbury (1990), *The Psychology of Marriage* (Nova York: Guilford Press).

Para pesquisas sobre os efeitos das discussões nos filhos, consulte R. E. Emery (1982), "Interparental conflict and the children of discord and divorce", *Psychological Bulletin* 92, 310–333; E. M. Cummings e P. Davies (1994), *Children and Marital Conflict* (Nova York: Guilford Press); M. A. Easterbrooks, E. M. Cummings e R. N. Emde (1994), "Young children's responses to constructive marital disputes", *Merrill-Palmer Quarterly*, 42, 1–21. Para mais informações sobre a hipótese de segurança emocional, consulte P. T. Davies e E. M. Cummings (1998), "Exploring children's emotional security as a mediator of the link between marital relations and child adjustment", *Child Development* 69(1), 124–139.

4. Gottman descreve seis atributos que preveem o divórcio, alguns dos quais não são específicos ao estilo de discussão do casal. Ele explica cada um desses atributos em *Sete Princípios para o Casamento Dar Certo.*
5. Em *Sete Princípios para o Casamento Dar Certo*, Gottman descreve os problemas solucionáveis e os problemas perpétuos, além de incluir exercícios para ajudar o leitor a diferenciá-los.
6. Gottman descreve atividades criativas para resolver o impasse nas relações em *Sete Princípios para o Casamento Dar Certo.*

CAPÍTULO 11: *Resiliência na Parentalidade*

1. Esses números são um subconjunto dos resultados publicados pelos Centros de Controle e Prevenção de Doenças. Para consultar o relatório completo, acesse www.cdc.gov/mmwr/preview.
2. P. Lewinsohn, P. Rohde, J. Seeley e S. Fischer (1993), "Age-cohort changes in the lifetime occurrence of depression and other mental disorders", *Journal of Abnormal Psychology* 102, 110–120; C. Garrison, C. Addy, K. Jackson, et al. (1992), "Major depressive disorder and dysthymia in young adolescents", *American Journal of Epidemiology* 135, 792–802.
3. Há vários estudos que destacam problemas coexistentes em crianças e adolescentes com sintomas de depressão, como ansiedade, alterações de comportamento, tabagismo, uso de drogas, baixo desempenho acadêmico, aumento das taxas de gravidez, saúde física debilitada e suicídio. Para pesquisas empíricas que corroboram essa coexistência, consulte G. Downey e J. C. Coyne (1990), "Children of depressed parents: An integrative review", *Psychological Bulletin* 108, 50–76; J. Garber, M. R. Kriss, M. Koch e L. Lindholm (1988), "Recurrent depression in adolescents: A follow-up study", *Journal of the American Academy of Child and Adolescent Psychiatry* 27, 49–54; R. Harrington, H. Fudge, M. Rutter, A. Pickles e

J. Hill (1990), "Adult outcomes of childhood and adolescent depression", *Archives of General Psychiatry* 47, 465–473; e P. Rohde, P. Lewinsohn e J. R. Seeley (1991), "Comorbidity of unipolar depression: II. Comorbidity with other mental disorders in adolescents and adults", *Journal of Abnormal Psychology* 100, 214–222.

4. A causalidade entre autoestima e uma série de resultados, como desempenho acadêmico, uso de substâncias e violência, suscita debates contínuos. Para exemplos de argumentos que sugerem que a baixa autoestima acarreta esses resultados negativos, consulte E. Gondolf (1985), *Men Who Batter* (Holmes Beach, FL: Learning Publications) ou J. Levin e J. McDevitt (1993), *Hate Crimes* (Nova York: Plenum Press). Para evidências de que a violência não é causada pela baixa autoestima, consulte R. F. Baumeister, B. J. Bushman e W. K. Campbell (2000), "Self-esteem, narcissism, and aggression: Does violence result from low self-esteem or from threatened egotism?", *Psychological Science* 9(1), 26–29.

5. Para mais informações sobre a relação entre autoestima e violência, consulte R. Baumeister (1997), *Evil: Inside human violence and cruelty* (Nova York: W. H. Freeman) ou B. Bushman e R. Baumeister (1998), "Threatened egotism, narcissism, self-esteem, and direct and displaced aggression: Does self-love or self-hate lead to violence?", *Journal of Personality and Social Psychology* 75, 219–229.

6. O conceito de apego foi popularizado pelo psiquiatra John Bowlby. Ele e sua colega Mary Ainsworth escreveram extensivamente sobre a importância do que chamam de "vínculo de apego" — o apego de uma criança a um adulto mais forte e mais sábio — e sobre como esse vínculo é imprescindível para o desenvolvimento social e emocional da criança. Para uma descrição mais detalhada da teoria do apego e da criação de filhos com base nessa teoria, consulte J. Bowlby (1988), *A Secure Base* (Nova York: Basic Books). Para informações sobre a importância do apego ao longo da vida, consulte M. D. S. Ainsworth (1989), "Attachments beyond infancy", *American Psychologist* 44, 709–716.

7. Vários estudos mostram que problemas comportamentais na adolescência estão relacionados à falta de apego parental. Consulte M. Dadds e T. A. McCugh (1992), "Social support and treatment outcome in behavioral family therapy for child outcome problems", *Journal of Consulting and Clinical Psychology* 60, 252–259; G. R. Patterson e R. J. Dishion (1985), "Contribution of families and peers to delinquency", *Criminology* 23,

63–79; R. Loeber (1990), "Development and risk factors of juvenile antisocial behavior and delinquency", *Clinical Psychology Review* 10, 1–14.

8. Para uma descrição mais detalhada dos estilos parentais, consulte D. Baumrind (1967), "Child care practices anteceding three patterns of preschool behavior", *Genetic Psychology Monographs* 75, 327–333, e E. E. Maccoby (1992), "The role of parents in the socialization of children: An historical overview", *Developmental Psychology* 28(6), 1006–1017.

9. D. Baumrind (1967), "Child care practices anteceding three patterns of preschool behavior", *Genetic Psychology Monographs* 75, 327–333.

10. J. Shedler e J. Block (1990), "Adolescent drug use and psychological health", *American Psychologist* 45(5), 612–630.

11. Os efeitos da parentalidade permissiva nas crianças variam de acordo com a categoria em que os genitores se enquadram: permissivos, mas acolhedores; ou permissivos e indiferentes. Consulte L. D. Steinberg, N. Darling, A. Fletcher, B. Brown e S. Dornbusch (1995), "Authoritative Parenting and Adolescent Adjustment: An Ecological Journey". *In*: P. Moen, G. H. Elder e K. Luscher (eds.), *Linking Lives and Contexts: Perspectives on the Ecology of Human Development* (Washington, DC: American Psychological Association).

12. Muitos estudos mostram que, em uma variedade de áreas, filhos de genitores democráticos têm um desempenho superior aos filhos de genitores autoritários ou permissivos. Para um resumo dessas pesquisas, consulte E. E. Maccoby (1992), "The role of parents in the socialization of children: An historical overview", *Developmental Psychology* 28(6), 1006–1017.

13. As habilidades apresentadas no Capítulo 11 derivam do trabalho que realizamos com nossos colegas — Drs. Jane Gillham, Lisa Jaycox e Martin Seligman — ao longo dos últimos anos. Sabemos que essas habilidades funcionam, pois avaliamos sua eficácia com milhares de estudantes nos EUA, na Austrália e na China. No nosso primeiro estudo em larga escala, o objetivo era prevenir a depressão em alunos do quinto e sexto ano que tinham propensão ao transtorno. Antes do início do programa, 24% das crianças nos grupos de controle e prevenção relataram depressão moderada a grave; mas, logo após o término do programa de resiliência, apenas 13% dos estudantes que aprenderam as habilidades apresentaram depressão moderada a grave em comparação a 23% do grupo de controle. Mais importante, dois anos depois, 44% do grupo de controle manifestou depressão moderada a grave, enquanto apenas 22% das crianças que aprenderam as habilidades apresentaram o transtorno. Também constatamos que as habilidades de resiliência aumentavam o otimismo. De fato, as crianças que apresentaram os maiores aumentos no otimismo tiveram as maiores diminuições na depressão. Quando analisamos os dados após dois anos e meio e após três anos, descobrimos que o efeito do programa na depressão havia desaparecido — as diferenças entre os grupos já não eram significativas. Porém, o efeito do programa no otimismo permaneceu consistente. Após dois anos e meio, as crianças esqueciam algumas das habilidades aprendidas, então "sessões de reforço" seriam benéficas à medida que passavam pela adolescência. É exatamente o que estamos fazendo na atual implementação em larga escala do programa. E, devemos ressaltar, mesmo que o programa tenha *apenas* adiado por dois anos o aumento natural da depressão, considere o enorme impacto que isso representa: dois anos a menos de depressão significam dois anos sem os muitos problemas que o transtorno pode acarretar — ideação suicida, uso de drogas, baixo desempenho acadêmico, gravidez precoce. Prevenir a depressão por dois anos pode mudar a trajetória de vida de uma criança. Desde o primeiro estudo, conduzimos vários outros, cada um mostrando que, em comparação a crianças em uma condição de controle sem intervenção, as crianças que aprendem as habilidades do PRP apresentam menos sintomas de depressão ao longo de dois anos. Além disso, realizamos um estudo no qual pré-adolescentes participaram do PRP padrão, enquanto seus genitores frequentaram uma versão parental com duração de seis semanas. Constatamos que a intervenção "familiar" reduziu os sintomas de depressão e ansiedade e, assim como em estudos anteriores do PRP, o efeito se fortaleceu com o tempo. No acompanhamento de seis meses, um terço do grupo de controle relatou níveis moderados a graves de sintomas de depressão. Em contraste, apenas 10% dos participantes da intervenção relataram sintomas semelhantes. Para mais informações sobre o programa de resiliência para crianças, consulte M. Seligman, K. Reivich, L. Jaycox e J. Gillham (1995), *The Optimistic Child* (Nova York: Houghton Mifflin). Publicado no Brasil com o título *A Criança Otimista*. Para mais detalhes sobre os estudos e resultados, consulte L. H. Jaycox, K. Reivich, J. Gillham e M. Seligman (1994), "Preventing depressive symptoms in schoolchildren", *Behavior Research and Therapy*, 32, 8, 801–816; J. E. Gillham, K. Reivich, L. H. Jaycox e M. Seligman (1995), "Preventing depressive symptoms in schoolchildren: Two-year follow-up", *Psychological Science*, 6, 343–351; J. E. Gillham e K. Reivich (1999), "Prevention of depressive symptoms in schoolchildren: A research update", *Psychological Science*, 10, 461–462.

CAPÍTULO 12: *Resiliência no Trabalho*

1. Estatísticas de pesquisa da Gallup. Fonte: www.gallup.com
2. Esses dados foram divulgados pela Organização Mundial de Saúde, pela Organização Internacional do Trabalho das Nações Unidas e pelo National Council on Compensation Insurance.
3. A história desse estudo é bem conhecida entre consultores e psicólogos, mas parece ser apócrifa, pois não encontramos tal estudo na literatura científica.
4. Essas estatísticas foram publicadas online pelo Departamento de Trabalho dos Estados Unidos.
5. Carol Gilligan (1977), "In a different voice: Women's conception of the self and of morality", *Harvard Educational Review* 47(4), 481–517, 577.
6. Esses números refletem pesquisas da Gallup realizadas ao longo de quase trinta anos. Fonte: www.gallup.com

CAPÍTULO 13: *Resiliência na Vida*

1. Viktor E. Frankl (1959), *Man's Search for Meaning* (Nova York: Simon and Schuster), 94–95.

SOBRE OS AUTORES

© DEBORAH BOARDMAN

A DRA. KAREN REIVICH é codiretora do Projeto de Resiliência Penn no Centro de Psicologia Positiva e pesquisadora associada no Departamento de Psicologia da Universidade da Pensilvânia, onde também leciona. Ela é uma líder no campo de prevenção da depressão; resiliência; intervenções de psicologia positiva; e pesquisa em intervenções escolares. Além disso, a Dr. Reivich fornece treinamento e consultoria a organizações nas áreas de resiliência, otimismo e desenvolvimento de pontos fortes. Ela e seu trabalho foram destaque em diversos veículos de comunicação, incluindo *Oprah*, *The Early Show*, *ABC News*, revista *Parenting* e *New York Times*.

O DR. ANDREW SHATTÉ é professor assistente de pesquisa no Departamento de Medicina de Família e Comunidade da Universidade do Arizona. Ele é diretor-executivo da Phoenix Life Academy, uma organização focada em pesquisar e fortalecer a resiliência e a conexão com a vida e o trabalho. O Dr. Shatté também é membro do corpo docente do Institute for Management Studies e da Brookings Institution.

SOBRE OS AUTORES

ÍNDICE

D

E

F

G

H

Q

R

S

T

Este livro foi impresso nas oficinas gráficas da Editora Vozes Ltda.,
Rua Frei Luís, 100 – Petrópolis, RJ.